LE CERVEAU DU BIEN-ÊTRE

Note de l'éditeur : L'auteur de ce livre ne dispense pas de conseils médicaux et ne prescrit pas l'utilisation d'une technique quelconque comme forme de traitement de problèmes physiques, émotionnels ou médicaux sans l'avis d'un médecin, que ce soit directement ou indirectement. L'intention de l'auteur est uniquement d'offrir des informations de nature générale pour vous aider dans votre quête de bien-être émotionnel, physique et spirituel. Dans le cas où vous utiliseriez l'une des informations contenues dans ce livre pour vous-même, l'auteur et l'éditeur n'assument aucune responsabilité pour vos actes.

Titre original anglais : *Bliss Brain*.

Publié pour la première fois par Hay House.

Traduit de l'anglais par Jean-Michel Gurret.
Conception de la couverture : Victoria Valentine.
Design d'intérieur : Nick C. Welch.

ISBN : 978-2-8132-2447-7

www.editions-tredaniel.com
info@guytredaniel.fr

www.facebook.com/editions.tredaniel

@editions_tredaniel

LE CERVEAU DU BIEN-ÊTRE

Profitez des neurosciences et de la méditation pour plus de calme, d'efficacité et de compassion

DAWSON CHURCH

Guy **Trédaniel** éditeur
19, rue Saint-Séverin
75005 Paris

ÉLOGES

« Ce livre est un chef-d'œuvre d'un adepte de la méditation qui est aussi un scientifique. Dawson captive le lecteur avec des histoires inoubliables et des neurosciences de pointe qui ouvrent l'esprit, réchauffent le cœur et élèvent l'âme. Ses descriptions éloquentes de l'extase méditative et les explications factuelles de ses causes permettent de comprendre l'évolution de la conscience dans son ensemble. Ce livre brille par sa lucidité et sa bienveillance. Il attire de façon convaincante les lecteurs vers les sommets de la conscience humaine. »

~ **Judith Pennington**, présidente, Institute for the Awakened Mind

« Ce livre est tellement supérieur aux dizaines de livres populaires sur la méditation que j'ai lus au fil des ans que j'ai envie de le crier sur tous les toits ! Il fera une belle différence dans la vie des gens ! Je l'ai ouvert avec le scepticisme auquel son titre ambitieux invite, et je l'ai terminé en étant surpris par le nombre d'idées fascinantes que j'ai pu trouver sur le thème du Cerveau du bien-être ou Bliss Brain.

Au minimum, les lecteurs qui perçoivent les bénéfices potentiels de la méditation mais estiment qu'ils ne sont pas durables dans le temps et la pratique auront perdu cette excuse. Dawson Church a brillamment synthétisé la vaste littérature sur les avantages neuraux, comportementaux, de style de vie et subjectifs de la méditation. Il applique ensuite systématiquement les principes dérivés de cette analyse et les fruits de sa propre pratique durant cinquante ans pour formuler un programme d'une simplicité désarmante.

Mais contrairement à la plupart des programmes d'autoassistance, celui-ci a été testé scientifiquement, et il amène les participants dans des états de conscience et de neurochimie qui nécessitaient auparavant des années de pratique longue et assidue. Ce livre est un antidote puissant et urgent à fournir à une société en plein bouleversement. »

~ **David Feinstein**, PhD, coauteur de *The Energies of Love*

« La science et l'amour s'embrassent dans ce livre incroyable. C'est plus qu'une description claire et inspirante de la façon dont notre cerveau change radicalement en réponse aux expériences spirituelles ; il nous montre comment maîtriser les bizarreries de l'évolution qui nous détournent de notre quête de l'illumination. De la part d'un des plus brillants scientifiques et auteurs accomplis d'aujourd'hui, cet ouvrage est un cadeau pour nous tous. »

~ **Dianne Morrison**, présidente, Effective Action Consulting

« Ce livre brillant est une feuille de route pour transformer la tragédie en béatitude. Au cours de mes nombreuses années de connaissance de Dawson Church, j'ai trouvé en lui un phare de positivité et de joie, un exemple vivant des valeurs qu'il enseigne. Ses recherches sur la façon dont la méditation active les centres de bonheur du cerveau mettent le Bliss Brain *à la portée de tous. Dawson montre comment vous pouvez développer votre résilience même face à une grande perte personnelle, en utilisant l'adversité pour remodeler votre cerveau en vue de la félicité. Ce livre va bouleverser votre monde, et vous montrer que le bonheur est vraiment réalisable, même s'il semble lointain aujourd'hui. »*

~ **Lisa Garr**, animatrice de l'émission The Aware

« La science sait depuis des décennies que le cerveau est modifié par la conscience. Jusqu'à présent, nous n'avions jamais eu de guide vraiment pratique montrant comment mettre ces connaissances en pratique. Ce livre complet et accessible intègre les recherches d'une douzaine de domaines scientifiques et les traduit pour notre vie quotidienne. Il nous montre clairement comment appliquer la plasticité neuronale tout en nous donnant un cheminement fondé sur des preuves pour créer un cerveau heureux, paisible et plein de ressources. C'est un livre "à lire absolument". »

~ **Marilyn Schlitz**, PhD, doyenne de la faculté de psychologie transpersonnelle, université de Sofia

« Superbe ! Ce livre est un chef-d'œuvre de science, d'inspiration et de possibilités ; il ouvre à chacun d'entre nous des portes sur ce qui est possible dans notre vie et démêle le vrai sens du potentiel humain. Je vais le lire encore et encore et le partager avec ceux que j'aime ! »

~ **Nick Ortner**, auteur de *The Tapping Solution*

« Alors que "Le Secret" rencontre le scientifique dans le travail de Dawson, les limites de ce que vous avez cru possible seront repoussées bien au-delà de votre image actuelle de la réalité. »

~ **Jack Canfield**, coauteur de la série *Chicken Soup®*, best-seller du *New York Times*, et enseignant vedette dans « Le Secret »

« Le rythme du changement et la pression de la performance amènent souvent les professionnels au bord de l'épuisement. Les recherches menées dans cet ouvrage montrent que la méditation offre un îlot de paix intérieure dans un monde stressant. Elle conduit à l'augmentation de la productivité, de la créativité, du bonheur et de la capacité à résoudre les problèmes. Les techniques que Dawson nous offre nous permettent de répondre aux défis auxquels sont confrontées les organisations et la société. Ce sont les secrets qui permettent aux entreprises et aux équipes de s'épanouir, tant sur le plan personnel que professionnel. »

~ **Dr Ivan Misner**, fondateur de BNI et auteur à succès du *New York Times*

« L'accumulation de preuves suggère que l'entraînement à la méditation améliore la régulation émotionnelle et génère des changements durables dans les fonctions cérébrales, même en dehors des séances de méditation, pour tous types de populations. Dawson Church passe en revue de manière succincte toutes les plus récentes preuves neurologiques dans ce livre complet et fiable, et montre comment nous pouvons tous atteindre des états de béatitude par la méditation. Il nous entraîne magnifiquement dans sa propre histoire de perte et de chagrin, de rétablissement et de résilience. C'est une lecture obligatoire pour tous, quel que soit votre chemin de vie. »

~ **Professeure associée Peta Stapleton**, PhD, auteure de *The Science Behind Tapping*

« Quatre milliards d'années d'évolution nous ont conditionnés à faire de la sécurité et de la survie le système d'exploitation par défaut de notre cerveau. Mais nous sommes maintenant au milieu d'un changement d'époque où l'Illumination s'impose comme le nouveau système d'exploitation. Nous en sommes aux premières étapes de cette transition et ce travail est le catalyseur dont nous avons besoin pour accélérer le processus. Dans ce livre, vous trouverez les instructions précises que la science fournit pour reformater votre cerveau afin de vivre dans le bonheur à chaque instant. Achetez ce livre. Vous serez très heureux de l'avoir fait. »

~ **Martin Rutte**, fondateur du Projet Paradis sur Terre

Ce livre est dédié à mon oncle,
Alan Butler (1930-2011). Sa sérénité et sa joie,
qu'il a su maintenir tout en travaillant
dans les circonstances les plus difficiles,
m'ont montré le chemin.

SOMMAIRE

AVANT-PROPOS

Les scientifiques pensaient que le cerveau avec lequel on naissait était le même que celui avec lequel on mourrait. Alors que les neuroscientifiques savaient que les muscles se développent avec l'exercice, ils croyaient que le cerveau était dès le départ aussi fonctionnel qu'il le serait à sa pleine maturité, à l'âge adulte.

Rien ne saurait être plus éloigné de la vérité. Votre cerveau grandit et se modifie jusqu'à votre mort. Chaque fois que vous apprenez quelque chose de nouveau, que vous lisez quelque chose de nouveau, que vous goûtez quelque chose de nouveau... des changements se produisent dans votre tête à chaque seconde.

La neuroplasticité est la loi du cerveau. La neuroplasticité signifie que ce que vous faites avec votre cerveau peut produire des changements dans sa structure. Que vous en soyez conscient ou non, vous créez des voies neurales dans votre cerveau par ce que vous pensez, faites et ressentez.

Dans ce livre, le chercheur Dawson Church se penche sur les dernières études qui portent sur comment ce que vous faites change votre cerveau. Il vous dit aussi précisément ce que vous devez faire pour régler votre cerveau sur la positivité. Cela permet de s'assurer que les changements structurels que vous produisez à travers vos émotions, vos pensées, vos habitudes et votre comportement sont ceux qui vous permettront de mener une vie longue et heureuse, au lieu d'un déclin précoce.

Dawson se concentre sur les techniques qui permettent de réduire le stress chronique et de se libérer des émotions qui vous maintiennent dans un état réactif – en réponse au passé – plutôt que dans le présent. Il vous montre comment obtenir des ondes cérébrales spécifiques, celles qui sont associées à la relaxation et à la résilience. Avec ces méthodes, vous pouvez atteindre un état méditatif profond en quelques minutes. Il montre les remarquables effets sur l'organisme, de la création de nouvelles cellules souches à l'activation de vos mitochondries pour allonger vos télomères antivieillissement.

Les recherches minutieuses de Dawson utilisent des marqueurs biologiques clés pour mesurer à la fois le stress et la relaxation. Il cartographie les états du cerveau à l'aide d'EEG (électroencéphalogrammes) et d'IRM (imagerie par résonance magnétique), et utilise des indicateurs comme le cortisol et les immunoglobulines pour mesurer le stress dans l'organisme. Lorsqu'il recommande une méthode, celle-ci n'est pas basée sur des suppositions ou des traditions, mais ancrée sur une science solide.

Il illustre également la science par des histoires. Cet ouvrage est rempli d'histoires de personnes réelles dont la vie a été bouleversée par ces techniques. Des vétérans de guerre. Des survivants de l'inceste. Des malades du cancer. Des victimes de traumatismes. Les personnes souffrant d'anxiété, de dépression et d'autres troubles mentaux qui limitaient leurs capacités. Même un trafiquant de drogue repenti !

Personnellement et professionnellement, je suis en recherche permanente de performance. J'ai beaucoup travaillé avec les EEG, je connais donc leur fiabilité et leur potentiel en tant qu'outil. Avec la bonne information, vous pouvez entraîner votre cerveau à atteindre des schémas d'ondes cérébrales qui améliorent les performances personnelles, inspirent la créativité, réinitialisent les réponses autonomes du système nerveux et favorisent la santé physique et mentale.

Dans mon entreprise, 40 Years of Zen, nous avons même utilisé l'entraînement par neurofeedback mesuré par un électroencéphalogramme (EEG) avec des personnes ayant subi un traumatisme grave. Les vétérans, les victimes d'accidents de voiture et les survivants d'abus dans l'enfance peuvent trouver un soulagement grâce à ces méthodes. Ils peuvent être formés pour éliminer les ondes cérébrales associées à un traumatisme afin de ne plus être influencés par celui-ci. En utilisant les données de l'EEG, nous leur montrons l'état de leur cerveau lorsque le traumatisme est déclenché, et aussi comment l'éteindre.

Une des raisons pour lesquelles j'ai créé 40 Years of Zen était d'augmenter mes ondes cérébrales alpha. Je ne pense pas que je pourrais faire autant de choses créatives si je n'avais pas les ondes cérébrales pour cela. Et je sais avec certitude qu'elles peuvent être domestiquées. Les techniques de Dawson dans ce domaine m'intriguent et le fait qu'elles me permettent d'aller très rapidement là où je veux être est un merveilleux cadeau.

Dans *Le Cerveau du bien-être* (titre original anglais : *Bliss Brain*), Dawson explique les différents états d'ondes cérébrales et comment chaque personne peut modifier son corps et comment elle peut activer les états qui améliorent le fonctionnement du cerveau et la santé en général. L'état optimal du cerveau est un état de « flux ». Les études EEG l'ont identifié chez les maîtres spirituels, les pianistes de concert, l'élite des athlètes, des créatifs de haut vol et des « super-performeurs ».

Dawson appelle cet état « *Bliss Brain* » en raison du flot de substances neurochimiques agréables qui accompagnent le flux (*bliss* se traduit par

« béatitude » ou « félicité »). Il décrit les sept hormones et neurotransmetteurs primaires produits par le flux méditatif, et comment vous pouvez déclencher leur libération en utilisant des postures mentales et physiques spécifiques.

Je suis un méditant de longue date et je connais les difficultés à essayer d'entrer dans un espace mental calme. Dawson explique pourquoi c'est si difficile et pourquoi nous ne pouvons pas « éteindre » notre cerveau lorsque nous méditons. Les neurosciences nous disent que l'activité cérébrale ne fluctue pas plus de 5 % vers le haut ou vers le bas, le jour ou la nuit, quoi que nous fassions ou ne fassions pas.

Lorsque vous vous détendez, votre cerveau ne se détend pas. Votre activité cérébrale reste au même niveau élevé. Lorsque nous n'effectuons pas une tâche, le cerveau voit toutes ces capacités inutilisées et les saisit.

Ces régions cérébrales sont appelées le réseau du mode par défaut. Et malheureusement, ce n'est pas le bonheur que votre cerveau recherche par défaut. Il rumine les désastres de votre passé et les menaces possibles pour votre avenir. C'est pourquoi nous constatons autant de difficultés lorsque nous essayons de méditer.

Dans ce livre, nous découvrons l'Éco-Méditation, la méthode scientifique de Dawson pour atteindre rapidement des états élevés. Les recherches montrent que ces techniques calment le réseau du mode par défaut, puis débloquent cette cascade de produits chimiques du plaisir. Je ne connais aucune autre méthode qui permet d'atteindre cet objectif en moins de quatre minutes.

Dawson rapporte des recherches montrant que lorsque les personnes terminent une session d'Éco-Méditation, elles maintiennent un état de flux même après avoir ouvert leurs yeux. Cela signifie que vous pouvez garder cet état émotionnel élevé et tous les avantages associés se répercuteront dans votre vie quotidienne, dans votre travail, votre rôle de parent, vos amitiés, l'exercice, la création, dans toutes les parties de votre vie.

Les outils présentés dans ce livre peuvent améliorer considérablement votre santé et votre longévité. J'ai consacré une tonne de temps, d'énergie et d'argent à ce sujet, et le point culminant en a été mon livre *Super Human*. Il y a beaucoup de choses que vous pouvez faire pour améliorer votre longévité, mais la réduction du stress, la méditation régulière et l'entraînement répété de votre cerveau sont des éléments clés. Ils sont au cœur de cet ouvrage.

En interviewant certains des meilleurs experts au monde et en écrivant leur histoire, des personnes que j'appelle les « Game Changers » (ceux qui « changent la donne »), j'ai été frappé par le nombre de celles qui méditent.

La plupart ne sont pas des professeurs de méditation professionnels ; ils sont simplement intéressés par l'optimisation de leur vie. C'est la pratique la plus courante décrite par les « Game Changers ». Dans *Le Cerveau du bien-être*, Dawson montre comment vous aussi vous pouvez « hacker » leurs performances.

La progression de cet ouvrage est convaincante. Dawson partage certaines des catastrophes personnelles qu'il a vécues, en utilisant son histoire personnelle comme exemple de la résilience que peut apporter la méditation sur la durée. Il partage à quel point il était difficile pour lui de méditer, bien qu'il ait rejoint une communauté spirituelle à l'adolescence. Dans un langage simple et clair, entrecoupé d'histoires et d'analogies, il explique comment fonctionne le réseau du mode par défaut ainsi que « le circuit de l'illumination ». Il montre comment la science trace la voie pour atteindre les états de flux profond rapidement.

Dawson illustre comment le logiciel de l'esprit façonne la matière du cerveau dans les huit semaines suivant le début d'une pratique efficace de la méditation. Comment il produit ces délicieuses molécules de félicité qui inondent notre cerveau lorsque nous entrons dans des états de flux. Dawson décrit chaque région du cerveau modifiée par la méditation et conclut par une vision de l'épanouissement humain qui vous inspirera et vous élèvera.

Faites vôtre la « routine du bonheur » de Dawson, utilisez les outils de ce livre, et cela peut transformer votre vie. *Bliss Brain*, le cerveau du bien-être, vous montre le chemin qui libère le potentiel naturel de votre cerveau pour le bonheur.

~ **Dave Asprey**, auteur de *Super Human: The Bulletproof Plan to Age Backward and Maybe Even Live Forever*

CHAPITRE 1

AU FEU !

« Quelque chose ne va vraiment pas ! »

Christine, mon épouse, me secoue l'épaule et me tire d'un profond sommeil.

Je regarde à moitié endormi par la fenêtre de notre chambre alors qu'elle me montre le ciel nocturne.

Il y a une lueur orange à l'horizon, soulignant la crête en face de notre maison. Le réveil indique 0 h 45.

Je sors du lit en titubant, j'ouvre la porte vitrée coulissante du patio et j'avance vers l'extérieur. Un feu massif atteint la crête opposée et commence à descendre en dévalant à toute allure vers nous.

Je crie à Christine : « On se sauve d'ici TOUT DE SUITE. »

J'attrape au vol un T-shirt, un pantalon et une veste en duvet.

L'électricité saute et toutes les lumières s'éteignent.

Chaussures ou chaussettes ? Pas le temps pour les deux… chaussures.

Je cours à la cuisine et je cherche à tâtons les clés de la voiture dans le noir. « Nous prenons la Honda ! » hurlai-je à Christine. En faisant un détour rapide, je sprinte à travers le salon pour prendre mon ordinateur portable. Christine et moi détalons de la maison.

Fermer la porte ? Le verrouiller ? Pas le temps. Chaque seconde compte.

Les voitures sont garées près de nos bureaux, à l'arrière de la propriété. Des nuages de braises blanches brûlantes tourbillonnent dans l'allée, comme des flocons dans une tempête de neige surréaliste.

« Est-ce que je réagis de façon excessive ? » m'interrogé-je.

Un énorme brasier s'élève juste derrière le bureau. Il a la forme d'une flamme de bougie, mais fait dix mètres de haut.

Non, je n'exagère pas.

LA FUITE

Nous sautons dans la Honda et je lance le puissant moteur de 271 chevaux au maximum alors que je dévale notre longue allée plus vite que je ne l'ai jamais fait auparavant.

J'agrippe le volant à m'en faire blanchir les articulations des doigts. Les phares sont allumés, mais je ne peux pas voir l'asphalte à cause de l'épaisse fumée blanche qui brille dans les phares. J'ai peur de perdre le contrôle de la voiture dans notre propre allée à cause de la vitesse folle à laquelle je roule.

Je monte sur les freins en arrivant sur la route. D'autres voitures fuient vers l'ouest sur Mark West Springs Road, le havre de paix où nous vivons depuis une décennie. Attendre mon tour ? Être poli ? C'est tout moi habituellement.

Mais pas de temps pour la politesse. Pas de temps pour le moi habituel. Je fais irruption dans la file, imposant notre Honda Crosstour rouge entre deux autres voitures.

Christine sent la chaleur sur sa tête, et est perplexe. Elle lève les yeux par le toit ouvrant.

Toutes les branches d'arbres au-dessus d'elle sont en feu.

À trois kilomètres de là, je sais que nous sommes hors de danger immédiat. Que faire ensuite ? Mon ex-femme vit à cinq kilomètres de là, mais le feu se propage dans sa direction. Christine et moi décidons de la rejoindre en voiture pour nous assurer qu'elle et sa famille sont au courant du danger.

Je sonne à sa porte, mais personne ne répond. Je fais le tour par la porte de derrière et trouve une porte latérale déverrouillée. Je traverse la maison, mais elle est vide et sombre. Elle voyage fréquemment, elle doit donc être absente.

De retour dehors, je me demande s'il faut réveiller les voisins. Nous sommes à cinq kilomètres du feu et il se peut qu'il ne les atteigne jamais. Et je suis une personne polie…

Pas ce soir. J'écrase en continu le klaxon.

Un voisin somnolent apparaît, ses yeux bleus clignotent dans l'éblouissement du réverbère. Cheveux gris, lunettes en « cul de bouteille », pyjama rayé gris et noir. Je lui dis qu'on vient d'échapper à un incendie. Il réveille rapidement les autres voisins qui n'ont pas encore été alertés par mon klaxon.

En quelques minutes, ils rassemblent des objets de valeur, des documents, leurs animaux de compagnie, et font leurs bagages.

Alors que Christine et moi nous tenons à côté de la Honda et regardons dans la direction d'où nous venons, le feu culmine à un kilomètre de là. Il se déplace lentement maintenant. Sans électricité, c'est la seule lumière dans ce quartier.

Nous regardons la silhouette d'un énorme manoir de trois millions de dollars sur la colline. Le feu brûle toute la végétation autour de la bâtisse, mais il se déplace ensuite, laissant un cercle noirci autour de la maison intacte. Un anneau jaune flamboie autour un cercle noir, avec la maison au centre.

Soudain, l'avant-toit gauche prend feu. Puis l'avant-toit droit. La maison s'embrase dans une énorme bulle de flamme ronde.

On dirait que nous sommes au milieu d'un champ de bataille. Les réservoirs de gaz des voitures explosent dès que le feu les touche. Les bonbonnes de propane des maisons éclatent bruyamment. Les collines amplifient et font écho aux bruits de destruction.

Le feu se déplace toujours lentement vers l'ouest, en notre direction. Nous décidons de nous rendre en voiture chez nos amis Bill et Jane, qui vivent à Forestville, vingt minutes plus à l'ouest. Nous remontons dans la Honda, sa carrosserie rouge piquée d'éclaboussures blanches où les braises ont frappé.

Maintenant, les routes sont bloquées. Des quartiers entiers fuient. Il nous faut une demi-heure pour rejoindre l'autoroute 101, un trajet qui prendrait normalement trois minutes. Là, un officier de police nous dit que nous ne pouvons aller que vers le nord, même si nous devons prendre vers le sud pour aller à Forestville. Nous savons pertinemment que le feu vient du nord-est, et qu'il envoie probablement les gens dans la mauvaise direction, mais non, il ne veut rien entendre, nous ne pouvons rien y faire. Il semble encore plus effrayé que nous.

Nous sommes de la région, nous savons donc comment éviter les bouchons des routes principales et emprunter les itinéraires secondaires. Nous arrivons au domicile de Bill et Jane. Nous sommes gênés de les réveiller car il est maintenant trois heures du matin. Nous restons assis dans la Honda rouge pendant un moment, en nous demandant quoi faire. Finalement, je sonne à leur porte, mais personne ne répond. Puis, nos amis endormis ouvrent la porte. Nous leur racontons ce qui s'est passé et ils sont immédiatement réveillés.

Après, nous montons à l'étage pour dormir dans leur chambre d'amis. Mais nous ne parvenons pas à fermer l'œil et nous redescendons. Jane a allumé la télévision, mais les seules nouvelles disponibles sont celles de San Francisco, loin de la zone d'incendie. Bill va au garage et s'assoit dans sa voiture pour écouter la radio locale. Nous téléphonons à la fille de Christine, Julia, qui vit tout près, à Petaluma, et elle glane des fragments d'informations sur le Web.

Il est frustrant de constater qu'il n'existe pas d'informations précises sur l'ampleur de l'incendie, la direction qu'il prend ou ce que les habitants du comté de Sonoma doivent faire ensuite. Pendant longtemps, Christine et moi avons parlé à Bill et Jane, partageant notre ignorance.

DEUX CENTS DOLLARS

Nous avons besoin d'informations concrètes sur la direction du feu afin de lui échapper. Les journaux télévisés ne disposent que de rapports fragmentés provenant de correspondants isolés décrivant une scène horrible ou une autre à un endroit particulier. Nous savons que l'incendie se dirige vers l'ouest, vers Forestville, vers nous. Il est quatre heures du matin.

Le téléphone sonne. C'est un avis d'évacuation automatique pour Forestville. Bill commence à passer des coups de téléphone, à chercher un endroit où nous pourrions aller. Tous les hôtels sont déjà pleins.

Il finit par trouver deux chambres au Fort Ross Lodge, un hôtel tout à l'ouest, proche de l'Océan. C'est la distance la plus éloignée possible du feu sans traverser le Pacifique à la nage. Tard dans la matinée, nous commençons nos préparatifs pour nous rendre sur la côte.

Bill me donne un cabas pour les courses rempli de ses vieux vêtements. Des T-shirts et des sweats à capuche colorés. Ce n'est pas mon style, mais je ne fais à ce moment plus partie de la police de la mode.

Jane ouvre son placard et dit à Christine de prendre tout ce dont elle a besoin. Nous leur empruntons des valises, ce qui nous permet d'y mettre le peu de choses que nous avons pu sauver.

Nous sortons. De petits flocons de cendre tombent tout autour de nous, comme une douce neige. Ces flocons de cendre sont tout ce qui reste des écoles, des maisons, des magasins, des arbres, des jardins et des rêves.

Bill et Jane montent dans leur voiture, nous dans la nôtre, et nous nous mettons en route.

Le marché local est toujours ouvert, alors Christine et moi nous nous arrêtons pendant que Bill et Jane partent devant. La caissière nous dit que, comme Forestville est en train d'être évacuée, le marché va bientôt fermer. Ils ne prennent pas les cartes de crédit, mais seulement l'argent liquide.

Nous essayons de forcer nos esprits tourbillonnants à penser de manière rationnelle. Combien avons-nous ? Nous comptons. À nous deux, nous avons environ deux cents dollars. Ces deux cents dollars devront-ils nous durer un mois ? Comment pouvons-nous conserver des aliments réfrigérés ? Qu'est-ce qui ne sera pas disponible sur la côte ? Que faut-il acheter maintenant ?

Certains articles sont évidents. Des brosses à dents et du dentifrice. Des peignes. Du savon.

Mais des gens ont déjà fait une razzia sur le marché et de nombreuses étagères sont vides. Qu'y avait-il dans ces emplacements vides ? Qu'avons-nous manqué ? Nous paniquons. Nous nous demandons : « Serait-ce la dernière nourriture disponible pendant des jours ? » Nous écoutons l'autoradio en permanence, mais il n'y a toujours pas d'informations sérieuses sur ce qui se passe.

J'achète trois kilos de saucisses de poulet cuites, une boîte de barres nutritives, et quelques fruits. Christine n'a pas de lunettes. Elle ne se souvient pas de la correction qu'elle utilise. Elle en achète trois, chacune d'une force différente. Mais que se passerait-il si elles ne vont pas ? Elle en ajoute trois autres à sa collection. Avec notre collection de saucisses et de lunettes de lecture de dingue, nous nous rendons sur la côte.

À la radio, le présentateur dit que trois personnes sont mortes dans le feu. Mon cœur saigne : Je sais au plus profond de mes tripes que ce nombre est bien trop faible. Nous étions parmi les dernières personnes à fuir Mark West Springs. Il n'y avait pas de sirènes et le système d'alerte aux catastrophes du comté n'a pas été activé.

L'ANNONCE DES MORTS

Plus tard, nous avons appris que le responsable du comté avait décidé que si l'alarme était donnée et que tout le monde recevait des alertes mobiles, la panique s'installerait et les routes seraient bouchées. En raison de cette décision fatidique, tous ceux qui, comme nous, se trouvaient sur le chemin de l'incendie n'ont jamais été avertis.

Le bilan final est de vingt-deux morts. Huit personnes sont mortes à moins de mille mètres de notre maison. Certaines sont mortes dans leur lit. D'autres sont mortes dans leur garage alors qu'elles essayaient frénétiquement de faire démarrer leur voiture. Leur sort a été décidé en quelques secondes.

Nous avons passé le reste de la journée avec nos amis, toujours accrochés aux rares informations disponibles. Les services d'urgence et le système d'information semblaient être dans le même chaos. J'ai envoyé un SMS à Heather, la personne géniale qui dirige notre organisation et qui vit près de Mark West. Elle a pris contact avec les membres de notre équipe et a constaté qu'ils étaient tous en sécurité, bien qu'ils aient été évacués.

Heather m'a aidé à rédiger un message pour mon blog sur le Huffington Post, faisant savoir à la communauté internationale des soignants que nous avions survécu. Au cours des semaines suivantes, j'ai régulièrement publié des mises à jour.

Dans l'après-midi, le ciel s'est assombri bien avant le coucher du soleil. Les cendres des feux couvraient la région comme une brume grise. Le soleil brillait, rouge et immense, comme un coucher de soleil tropical. Vers la tombée de la nuit, il devenait cramoisi en plongeant sous l'horizon, et les premières étoiles scintillaient à travers la pénombre. Ce soir-là, nous nous sommes assis dans la chambre d'hôtel de Bill et Jane pour prendre un repas de fortune et boire du vin tout en regardant les nouvelles. De temps en temps, Christine se mettait à trembler en pleurant. Nous étions allongés ensemble sur le lit et je la gardais tout contre moi.

Nous avons rencontré certains de nos collègues à l'hôtel, sauvés du feu eux aussi, dont certains à quatre pattes. L'hôtel avait assoupli sa politique « sans animaux ». Une dame promenait deux chats en laisse. Ils n'ont pas aimé ça. Ils parlaient de « troupeau de chats ».

Le lendemain matin, Christine et moi avons pris un brunch avec un groupe de personnes de l'hôtel. Nous avons appris que pendant la nuit, le feu avait traversé l'autoroute 101 et détruit le quartier ouest de Coffey Park avant d'être maîtrisé par les pompiers. Il semblait très peu probable que notre maison soit restée intacte.

Quitter les chats

17-10-2017 15 h 58 ET – Huffington Post – Santa Rosa Fire Blog Post 4

Dans une tentative désespérée d'atteindre notre Honda et de nous éloigner de la tempête de feu qui approchait, nous sommes passés en courant devant le garage. C'est là que nos deux chats blancs siamois, Pierre et Apple, passent chaque nuit. Ce sont des jumeaux et nous les avons depuis qu'ils sont comme deux petites boules de poils.

Pendant que je courais, mon esprit luttait furieusement : A-t-on le temps d'aller chercher les chats ?

Une boule de feu de dix mètres de haut a éclaté derrière l'immeuble de bureaux. Nous n'avons pas eu le temps de faire autre chose que de sauter dans la voiture et de nous échapper.

Nous avons ralenti après avoir parcouru trois kilomètres. Nous n'avons rien dit, mais nous pensions à la même chose. Les chats.

1. 1. Apple et Pierre se câlinant.

Christine a dit : « Peut-être que le feu va faire le tour de la maison. Ça arrive parfois. Peut-être qu'ils trouveront un moyen de sortir du garage. Les animaux sauvages sont intelligents dans un incendie. »

« C'est bien possible », l'ai-je rassurée, sachant dans mes tripes que rien ne pouvait survivre à l'enfer dont nous venions de sortir.

Quand nous avons vu les photos des cendres de notre maison le lendemain, nous avons su que les chats n'avaient pas pu survivre. Selon le *Wall Street Journal*, l'incendie se déplaçait à la vitesse d'une longueur d'un terrain de football toutes les trois secondes, le feu a donc dû les engloutir rapidement. Les réservoirs d'essence des voitures étaient en éruption tout autour d'eux ; une de mes voitures classiques a été projetée à six mètres par l'explosion. La pensée la plus réconfortante que j'ai pu avoir est que les chats étaient morts rapidement.

Dans les quelques jours qui ont suivi l'incendie, nous avons versé cent fois plus de larmes pour les chats que pour la perte de tous nos biens et de notre maison.

J'ai rejoué la scène plusieurs fois dans mon esprit. Je cours vers la voiture. Je passe devant le garage et je me demande si j'aurais pu les sauver.

Chaque fois que je me repasse le film mentalement, je me demande si j'aurais pu faire autre chose, cette horrible nuit, qui aurait pu les sauver. Je sais que la réponse est non, mais je continue à chercher une faille dans la réalité qui me permettrait de réécrire le passé.

Je sais logiquement que si j'avais détourné mon attention de nous extraire – Christine et moi – du feu et que j'avais essayé de trouver les chats dans le garage sombre, je ne serais pas là pour raconter cette histoire. Ni Christine ni moi n'aurions survécu. Cette idée ne m'aide pas à me sentir mieux.

Nous avions pris des précautions contre les feux de forêt, suivant les conseils des autorités locales qui nous avaient recommandé de couper la végétation sur une distance de trente mètres autour de la maison. Mais le matin avant l'incendie, j'avais lavé mes voitures et regardé la végétation autour de moi. J'ai pensé : *je n'ai jamais vu cette herbe aussi sèche depuis dix ans.*

La première journée est passée dans un tourbillon de communications, pour prévenir nos amis et la famille que nous n'étions pas parmi les personnes qui avaient péri dans l'incendie.

Bien que la Garde nationale ait fermé les routes autour du périmètre brûlé, ne laissant entrer personne, Heather a réussi à passer devant notre propriété. « Quelle est l'ampleur des dégâts ? » lui ai-je demandé par SMS.

« Il n'y a plus rien », a-t-elle répondu en retour. Elle nous a envoyé des images de la destruction. Seule la cheminée est restée debout, comme une sentinelle désespérée parmi les cendres. Même les mobiliers métalliques comme les classeurs et les appareils de cuisine avaient fondu dans la fournaise. La maison voisine de Heather et Ray avait résisté. C'est l'une des six maisons du quartier à avoir tenu face à l'incendie.

1. 2. Après l'incendie.
Voir la version en couleurs au centre du livre.

1. 3. La même perspective deux ans avant l'incendie.
Voir la version en couleurs au centre du livre.

LA COULEUR DES CENDRES

Avant l'incendie, l'un de mes passe-temps les plus amusants était de collectionner les voitures anciennes. J'avais réduit ma collection à quelques-unes que j'aimais particulièrement. J'avais deux Jensen-Healey de 1974, une rouge et une blanche. Cette belle voiture de sport britannique classique a été conçue à la fin des années 1960 et fut construite à la main à West Bromwich, en Angleterre. J'ai également gardé une Fiat Spider italienne de 1980, ma préférée de tous les temps pour conduire sur les routes sinueuses de cette région viticole. Enfin, il y avait une magnifique Rolls-Royce Silver Spirit, toujours à l'état neuf après quarante ans, un hommage à la vision des constructeurs de « la meilleure voiture du monde » et un exemple de la raison pour laquelle la moitié des Rolls-Royce construites au cours des cent dernières années roulent toujours.

Il ne restait plus que des coques brûlées.

La couleur des photographies de notre site était d'un gris-brun uniforme. On aurait dit qu'elles avaient été artistiquement teintées en sépia. La chaleur intense avait tout transformé en couleur de cendre. La Garde nationale a annoncé qu'il faudrait plusieurs semaines avant que les résidents ne soient autorisés à retourner dans leurs propriétés.

1. 4. Restes de voitures.

Nos enfants désespéraient de nous voir. Même si nous leur avions parlé au téléphone, ce n'était pas suffisant. Il fallait les prendre dans les bras, les tenir, les ébouriffer, les serrer contre nous, puis les étreindre à nouveau. Pour célébrer la réalité que nous étions en vie. La fille de Christine, Julia, et son mari, Tyler, se sont installés chez un ami et nous ont prêté leur appartement le temps que nous réfléchissions à la suite des événements.

LE BARIL DES MISSIONNAIRES

Le point numéro 1 de l'ordre du jour était l'habillement. Christine et moi étions étourdis, comme des réfugiés en état de choc fuyant une zone de guerre. Julia et Tyler nous ont traités avec indulgence, comme si nous étions de jeunes enfants. Ils nous ont accompagnés jusqu'au gymnase d'un lycée voisin qui avait été transformé à la hâte en dépôt de vêtements et en abri. Mon fils Lionel a pris un avion de New York pour traverser le pays, tandis que ma fille Rexana est venue en voiture de Berkeley, en Californie.

L'autre fille de Christine, Jessie, ainsi que les autres « enfants », ont formé un comité de sauvetage improvisé. Quelques heures avant notre arrivée de Fort Ross, ils ont listé les différentes démarches à faire en utilisant des applications sur leurs téléphones, chacun s'engageant à gérer une pièce du puzzle.

1. 5. Le cercle de l'amour.

Trouver où se situe le refuge local. Voir si des vêtements sont disponibles. Contacter la compagnie d'assurances. Annuler le téléphone et les services de ramassage des ordures à la propriété. Acheter des chargeurs pour nos ordinateurs portables et nos téléphones portables. Trouver comment obtenir des passeports d'urgence, afin que nous puissions nous rendre au Canada où je devais prononcer le discours d'ouverture de la conférence annuelle sur la psychologie énergétique le week-end suivant. Acheter des articles de toilette et des sous-vêtements. Trouver des valises et des conteneurs de stockage. Trouver des soupes populaires.

Ce soir-là, nous sommes allés manger au pub local, qui servait de la nourriture gratuite aux survivants des incendies. J'ai embrassé tous les enfants et nous avons pleuré et ri ensemble. Nous avons fêté le fait d'être ensemble. J'ai dit : « Je veux que nous soyons comme ça tous les jours, pas seulement en cas d'urgence. »

Le personnel du refuge a été gentil et m'a indiqué les articles dont je pourrais avoir besoin. J'ai continué à refuser, pensant « je n'ai pas besoin de rasoir, je vais juste prendre mon rasoir de rechange dans le camping-car ». Puis je me suis rendu compte que j'avais vu notre véhicule de loisirs sur l'une des photos. Il n'en restait plus que le squelette.

En farfouillant dans les vêtements, j'ai fait émerger des souvenirs douloureux de mon enfance. Mes parents ont déménagé à Colorado Springs quand j'avais 4 ans, après avoir servi comme missionnaires en Afrique pendant de nombreuses années. L'Église leur a donné une petite cabane pour y vivre, mais ils n'avaient pas d'argent à dépenser. Les vêtements que ma sœur Jenny et moi portions provenaient du « baril de missionnaire » de l'Église. Là où les parents laissaient les vêtements de leurs enfants pour les moins fortunés.

J'avais des souvenirs amers du baril des missionnaires. Ma mère ne me permettait pas d'en prendre plusieurs, et ces anciennes instructions réveillées par le traumatisme du feu, ont resurgi de mon subconscient.

Je me suis souvenu d'une fois où j'avais trouvé une veste de garçon élégante et chaude dans le baril des missionnaires. Beige avec des rayures horizontales bleu royal sur les manches. C'était juste ce qu'il fallait pour les hivers rudes du Colorado, et je l'ai fièrement revendiquée comme étant mienne.

Ma mère s'est montrée très dure avec moi. J'avais commis le péché d'orgueil. L'orgueil est un péché mortel. Les péchés mortels sont ceux qui vous condamnent à l'enfer pour l'éternité.

Heureusement, ma mère m'a sauvé du péril en insistant pour que je remette la veste dans le tonneau des missionnaires le dimanche suivant. Elle a été remplacée par une parka miteuse en polyester orange, usée, quatre tailles trop grandes pour moi, complétée par un pantalon vert néon.

Dans cet étrange accoutrement de vêtements dépareillés et mal ajustés, j'ai fait ma première incursion à la maternelle. J'avais un drôle d'accent, des parents pauvres, de la nourriture étrange dans ma gamelle et des vêtements bizarres. Pas une bonne combinaison pour le premier jour d'école. J'ai appris à quel point les enfants pouvaient être impitoyables.

Les professeurs ont décrété que mon accent britannique devait être corrigé, j'ai donc été envoyé dans des classes de rattrapage de langue. Victime des dures tentatives de correction, j'ai développé un trouble de la parole – un bégaiement sévère – et une phobie sociale. L'un de mes premiers souvenirs de Colorado Springs est de marcher dans la neige pour aller à l'école, en regardant fixement mes pieds qui creusaient des sentiers dans la neige fondue. Le cœur lourd dans mes bottes de pluie, alors que j'imaginais le ridicule et la solitude auxquels je serais confronté le jour suivant.

Avec les souvenirs de Colorado Springs qui revenaient, j'avais envie de pleurer. Mais ma bien-aimée Christine pleurait facilement avec tant de tremblements que les enfants devaient la soutenir. Elle avait besoin d'un roc pour rester debout, alors j'ai gardé mon propre chagrin sous contrôle.

1. 6. Au centre d'évacuation.

Le refuge avait des montagnes de vêtements offerts, mais aucun d'entre eux ne m'allait parce que je suis trop grand. Le directeur du refuge a dit : « Nous avons un volontaire qui fait votre taille. Je vais lui téléphoner pour voir s'il a des vêtements qui pourraient vous aller. » Le lendemain, je suis reparti avec un énorme sac de vêtements sur l'épaule, mon cœur submergé des câlins et de la gentillesse des gens qui étaient là.

Un autre homme, apprenant que j'étais orateur et que je n'avais plus ni veste ni costume, nous a donné mille dollars en billets de vingt enroulés et m'a dit d'aller faire des courses.

Que son cœur soit béni. Si je devais aller à la conférence, je voulais avoir l'air en forme et ne pas porter l'énergie de la perte ou du malheur. J'ai utilisé les mille dollars pour acheter deux nouvelles tenues et ma confiance a gonflé pour remplir les costumes.

LES DÉCISIONS DÉCISIVES DE NOTRE VIE

1. 7. Moi et l'autre géant.

Christine et moi ne pouvions pas retourner à Mark West, et nous ne pouvions pas faire autre chose que de passer du temps avec nos proches et répondre aux courriels. Je devais partir pour le Canada le lendemain. Il était encore possible de faire le voyage si je partais quelques jours plus tard. Mais cela impliquait de quitter Christine, qui était encore en état de choc, ainsi que tous les généreux amis et membres de la famille qui nous aidaient.

J'ai cherché les réponses au plus profond de moi-même. Dois-je partir ou rester ? J'ai eu l'impression que c'était l'une des décisions les plus importantes que j'aurais à prendre de toute ma vie. Un tournant décisif. Après le discours d'ouverture à Vancouver, je devais donner une formation d'une semaine à des thérapeutes.

Le sujet ? Le traumatisme psychologique.

Mon expertise dans ce domaine venait de se développer de manière exponentielle.

De Vancouver, je devais me rendre à New York et dans quelques autres villes pour donner des conférences et former des professionnels de la santé. Personne ne se plaindrait si j'annulais le voyage, étant donné les circonstances. Mais je ne pouvais pas non plus faire grand-chose en restant ; notre merveilleux comité d'enfants de vingt ans était bien plus habile que moi à trouver des ressources et à mettre en œuvre des plans.

J'ai prié et j'ai cherché un guide intérieur.

ACCOMPLIR SA MISSION DE VIE

J'ai décidé d'y aller.

Après tout, c'est Ma mission de vie. C'est ce que je fais. J'ai compris à ce moment critique à quel point mon engagement dans cette mission est profond, parce que j'ai décidé que même la perte de mon bureau et de ma maison n'allait pas me dissuader de faire le travail pour lequel je suis né. Je me demande encore si j'ai pris la bonne décision, mais une fois la décision prise, les roues se sont mises en mouvement.

J'avais besoin d'un passeport et j'en avais besoin en soixante-douze heures. Christine et moi sommes allés au bureau des passeports de San Francisco, et le lendemain, nous les avions. Les gens lisaient mon premier blog sur l'incendie et publiaient des commentaires disant à quel point ils étaient inspirés. Même si je n'avais pas le temps, j'ai commencé à tenir régulièrement un blog sur mes expériences.

1. 8. Un des quartiers dévastés par l'incendie.

Des mois auparavant, je m'étais engagé à encadrer les participants à une retraite du Nouvel An que Christine et moi proposions chaque année. La prochaine téléconférence était prévue à l'heure exacte de mon retour en voiture. Sans maison ni bureau, comment pouvais-je penser à honorer cet engagement ?

Puis je me suis souvenu que je m'étais connecté au réseau Wi-Fi d'un hôtel de Mill Valley quelques semaines plus tôt alors que je participais à un séminaire animé par mon ami John Gray, auteur du best-seller *Les hommes viennent de Mars, les femmes viennent de Vénus*. Mill Valley était sur le chemin du retour, et le mot de passe Wi-Fi était probablement encore bon. Je me suis arrêté sur le parking de l'hôtel et je me suis connecté. Assis près de la piscine, j'ai parlé aux participants sur mon ordinateur portable.

Il était difficile de rester concentré, d'écouter les visions de vie des personnes que je conseillais et de ne pas partager la perte cataclysmique que nous venions de subir. Je me suis concentré sur leurs histoires et personne n'a deviné que je donnais le cours sur une terrasse au bord de la piscine au lieu de mon bureau de Mark West deux jours après avoir perdu ma maison.

1. 9. Des trésors dans les cendres.

Lorsque je suis arrivé à Vancouver pour prononcer mon discours d'ouverture, personne ne voulait voir les 196 diapositives PowerPoint que j'avais soigneusement préparées deux mois plus tôt. Tout ce qu'ils voulaient entendre, c'était l'histoire de l'incendie. J'ai donc changé le titre de mon discours pour « À travers le feu » et j'ai partagé avec eux la réalité brute de ce que Christine et moi venions de traverser.

Lorsque je suis monté sur scène, deux cents paires d'yeux se sont tournées vers moi. Beaucoup des personnes présentes étaient des professionnels de la santé mentale spécialisés dans le traitement des traumatismes psychologiques. Je pouvais les voir me diagnostiquer en silence pour déterminer si j'étais en train de plonger dans les profondeurs du déni ou si mon comportement enjoué était réel.

72 heures

17-10-2017 15 h 23 ET – Huffington Post – Santa Rosa Fire Blog Post 2

C'est drôle comme l'esprit vous joue des tours. Soixante-douze heures après m'être échappé de l'incendie qui a ravagé notre maison, je fais mes valises pour un voyage. Depuis un an, je suis chargé de prononcer le discours de clôture de la conférence canadienne sur la psychologie énergétique qui se tiendra à Vancouver le week-end prochain, suivi d'une formation de trois jours sur les traumatismes. Comme ma famille et mes amis s'occupent de tant de choses, je peux maintenant partir, avec seulement un jour de retard sur le planning.

J'ai une routine avant mes nombreux voyages, ateliers et discours. J'emballe exactement les mêmes choses. La liste a été tellement affinée au fil des ans que je peux maintenant faire un voyage de formation en Europe de six semaines avec un simple bagage à main.

Maintenant, mon esprit continue de penser à des choses comme : « Je dois emballer les chemises noires en microfibre que je porte pendant les séances de soin. Ai-je récupéré mon pantalon au pressing ? Ma veste argentée préférée va-t-elle s'écraser si je ne la porte pas à bord de l'avion ? Je dois mettre mes écouteurs dans ma poche. »

Puis je me rends compte que je n'ai pas de veste argentée. Ni de chemise, de pantalon ou d'écouteurs. Je n'ai même pas de valise. Même si cela fait trois jours depuis l'incendie, il faut beaucoup de temps pour s'adapter.

Il y a seulement soixante-douze heures, je n'avais pas de chaussettes. Quand nous avons fui la maison, le feu tout autour de nous, je n'ai pris que mon téléphone, mon ordinateur portable et la main de Christine. Pas de cordon d'alimentation, pas d'articles de toilette, pas de biens précieux.

Aujourd'hui, je regarde ma vieille liste de choses à faire sur mon ordinateur portable et je ris. Les choses qui semblaient si prioritaires il y a peu me paraissent aujourd'hui insignifiantes.

Je pense de temps en temps aux biens que nous avons perdus. L'édition de 1861 des œuvres complètes de Sir Walter Scott, publiée par Adam et Charles Black, Édimbourg. Les douze volumes. Les photos en ferrotype de mon arrière-arrière-grand-père de 1864. Toutes les aquarelles que j'ai peintes. Les mille deux cents dossiers de cours d'art bien organisés qui constituaient l'entreprise artistique de Christine. Ma Jensen-Healey rouge de 1974.

1. 10. Christine avec des cadeaux.

Rien de tout cela ne me manque, la vie est infiniment plus précieuse.

Même si les incendies font encore rage dans certaines parties du comté, nous voyons des habitants se reprendre en main et recommencer à zéro. Nos voisins ont lancé hier un projet de rénovation.

Ce matin, mon cœur déborde de gratitude. J'ai vécu l'une des pires catastrophes de ma région. Christine et moi avons réussi à nous échapper à quelques secondes près. J'ai une femme et une famille merveilleuses. Je me réveille amoureux tous les jours. Je me sens guidé par le Grand Esprit à chaque instant. Le jour suivant l'incendie, Christine et moi avons médité pendant une longue heure et nous avons revu le feu comme une ouverture pour l'univers afin d'apporter de nouvelles choses merveilleuses dans nos vies. La vie est précieuse, et feu ou pas feu, nous pouvons choisir de nous délecter de sa douceur tous les jours.

Barnet Bain, producteur du film primé *Au-delà de nos rêves*, fait partie des centaines de personnes qui m'ont écrit des courriels d'encouragement. Je lui ai répondu et l'ai remercié en disant : « Nous sommes entiers en esprit, ce qui est la réalité ultime. »

Mon ami et collaborateur David Feinstein, un psychologue clinicien qui a écrit plusieurs manuels clés dans ce domaine, a introduit ma conférence de manière fantaisiste. « Soit Dawson Church est une fraude totale », a-t-il dit, « soit c'est un être humain incroyablement résistant et ces méthodes que nous enseignons dans notre profession fonctionnent vraiment. Je vous laisse le soin de décider. »

À la fin de mon discours, les auditeurs se sont levés d'un bond et m'ont réservé une longue et enthousiaste ovation. La conférence m'a permis de recevoir un prix pour mes contributions scientifiques dans le domaine de la guérison.

La semaine de formation qui a suivi la conférence a été poignante. Tout le monde savait que je venais de traverser le feu, au sens propre du terme, et était incroyablement gentil. L'une des principales méthodes que j'enseigne, les techniques de libération émotionnelle (EFT), consiste à stimuler avec les doigts des points d'acupuncture pour soulager les traumatismes psychologiques. J'avais fait beaucoup de « tapping » (comme on l'appelle aux États-Unis) depuis l'incendie, et j'en ai fait beaucoup plus pendant ce voyage.

À New York, un de nos experts praticiens certifiés a fait plusieurs heures de travail de libération des traumatismes avec moi. L'image qui a été « brûlée » dans mon cerveau était cette flamme de dix mètres de haut, en forme de bougie. Il m'a fallu encore quelques heures de traitement avant d'être émotionnellement neutre en me rappelant de cette image.

Comme je parlais à mon épouse bien-aimée au téléphone tous les jours, j'entendais dans sa voix qu'elle souffrait, alors j'ai écourté mon voyage. J'ai annulé les derniers ateliers. Je suis retourné en Californie pour la retrouver au centre d'un lien d'amour, alors que ses enfants et ses amis s'occupaient de tous ses besoins physiques. Mais elle avait besoin de moi émotionnellement tous les jours.

La bénédiction des petites choses

24-10-2017 18 h 29 ET – Huffington Post – Santa Rosa Fire Blog Post 6

Je porte une vieille paire de lunettes abîmées. Elles sont extrêmement précieuses pour moi.

Avant l'incendie, les lunettes étaient un bien de consommation. Je les commandais par lot de trois. C'est parce que je savais qu'aucune paire ne durerait longtemps. Je m'asseyais régulièrement dessus, ou je les laissais tomber ou les laissais dans les endroits que je visitais. Chaque année, j'ai perdu plusieurs paires de cette façon.

Depuis l'incendie, il ne m'en reste qu'une seule paire, les lunettes jetables qui se trouvaient accrochées au pare-soleil de la voiture dans laquelle nous avons pris la fuite. Soudain, une chose qui avait une valeur négligeable pour moi est devenue extrêmement précieuse. Grâce à ces lunettes abîmées, je peux voir. Je suis très reconnaissant de ce privilège. L'incendie a réorganisé mes priorités.

Coupe-ongles. J'en ai toujours une paire dans ma trousse de voyage et une deuxième dans le tiroir du haut de ma salle de bains. J'ai cette habitude depuis si longtemps qu'elle s'est glissée en dessous du niveau de ma conscience. Maintenant, je suis ici à Vancouver et il me manque mon coupe-ongles.

Je note mentalement d'en acheter à la première pharmacie que je croise, mais j'oublie chaque jour, car cela fait une décennie que je n'ai pas eu de coupe-ongles sur ma liste de courses.

Chaque matin, quand j'enfile mes chaussettes, je dis merci. Avant l'incendie, je n'avais jamais pensé consciemment à l'une des milliers de fois où j'ai ramassé une chaussette. Mais les perdre toutes dans le feu, et en être démuni pendant les deux jours qui ont suivi, m'a fait prendre conscience de la bénédiction de porter des chaussettes douces et chaudes.

Imaginez si nous vivions toute notre vie en ayant conscience de la bénédiction des petites choses. Imaginez si le fait d'apprécier les plus petits objets, de la brosse à dents à la cuillère en passant par le casque, était notre approche habituelle de la vie.

J'ai décidé de vivre ma vie à partir de maintenant en ne considérant rien comme acquis. Hier, j'ai marché sur le trottoir, en éprouvant de la gratitude pour chaque respiration. Pour l'air frais de la Colombie britannique qui entre dans mes poumons. Pour les chaussures que j'ai aux pieds. Pour la capacité à marcher. Pour les feuilles qui tombent des arbres. Pour la pluie qui tombe doucement sur mon parapluie.

L'un des nombreux amis qui a été en résonance avec ces messages que j'écris sur l'incendie a envoyé ce poème du poète persan médiéval Rûmî intitulé *La maison d'hôtes*. Il nous rappelle que les catastrophes de notre vie peuvent nous apporter des bénédictions, à condition de lâcher prise et de remercier.

Cet être humain est une maison d'hôtes.
Chaque matin, une nouvelle arrivée.
Une joie, une dépression, une méchanceté,
une prise de conscience momentanée
comme un visiteur inattendu.
Accueillez-les et divertissez-les tous !
Même s'il s'agit d'une foule de chagrins, qui balaient violemment
votre maison et la vide de ses meubles, néanmoins,
traitez chaque invité avec honneur.
Il se peut qu'il vous libère pour un nouveau délice.
Les pensées sombres, la honte, la malice,
retrouvez-les à la porte en riant et invitez-les à entrer.
Soyez reconnaissants pour tout ce qui arrive,
car chacun d'entre eux a été envoyé tel un guide de l'au-delà.

Je souhaite que vous puissiez voir les problèmes de votre vie comme des « guides de l'au-delà », vous invitant à une vie consciente. Que vous puissiez vous rendre et remercier le miracle d'être simplement en vie à chaque instant. Que vous appréciez chaque respiration, chaque chaussette, chaque paire de lunettes et chaque autre petite chose dans votre vie.

Il a fallu une tempête de feu au cours de laquelle j'ai perdu toute chose matérielle pour me réveiller à la préciosité de toutes ces choses. Ma prière pour vous est qu'il ne faille pas un désastre pour vous souvenir de savourer la magie de chaque instant. Que vous vous réveilliez reconnaissant, que vous rendiez grâce à chaque respiration et que vous vous endormiez chaque nuit en vous baignant dans la merveille d'une vie vécue consciemment.

Christine avait fait plusieurs visites à la propriété de Mark West, et pour la première fois nous y sommes allés ensemble. Nous avons passé les cendres au crible et avons été stupéfaits. Le feu était si chaud que les roues en aluminium de mes Jensen-Healey avaient fondu et n'étaient plus que des flaques de métal. Un ami m'a suggéré de récupérer le célèbre emblème de la *Flying Lady* qui avait orné le capot de ma Rolls-Royce. Mais le feu avait fait fondre tout l'avant de la voiture et la *Flying Lady* n'était plus. Le pare-brise s'était liquéfié. Cela montrait que le feu avait atteint des températures de plus de 1 600 °C, le point de fusion du verre.

1. 11. Les restes d'une roue en aluminium d'une voiture de sport classique de Jensen-Healey.

Nous avons rassemblé quelques souvenirs, comme des tessons de la porcelaine Royal Doulton de ma grand-mère, mais il était difficile de distinguer les objets individuels dans les décombres gris bruts.

Étonnamment, une statue du Bouddha était restée intacte. Elle se trouvait dans les cendres de notre immeuble de bureaux, entourée de débris. Calme et sereine, elle rappelait la permanence des valeurs immatérielles. J'ai écrit ce blog à ce sujet dans le Huffington Post.

Le saint dans les cendres

24-10-2017 18 h 42 ET – Huffington Post – Santa Rosa Fire Blog Post 12

Aujourd'hui, c'est le premier jour où ma femme, Christine, a pu se rendre à la propriété. Elle y est allée avec Heather, notre merveilleuse responsable des opérations de EFT Universe qui habite tout près. Ray, le mari d'Heather, a apporté des outils pour tamiser les cendres.

Christine a dit que cela ressemblait à une zone de dynamitage. Le personnel d'urgence sur place lui a dit que la maison avait été réduite en cendres dans les cinq minutes suivant l'arrivée du feu.

Il ne restait pas grand-chose à passer au crible. Elle a trouvé quelques clés, mais le métal avait été tordu par la chaleur. Les céramiques et les sculptures avaient survécu.

L'image la plus poignante était celle de ce Bouddha assis dans les cendres.

Pour moi, il représente la vérité centrale de mon expérience dans le feu :

Bien que les choses matérielles puissent aller et venir, le noyau d'énergie éternelle qui est la vérité de notre être ne peut pas être brûlé.

Les choses importantes – l'amour, la connexion, la compassion, la conscience, la confiance, la foi – ne peuvent pas être détruites. Lorsque tout ce qui les entoure est brûlé par les feux de la vie, leurs contours se dessinent avec plus d'audace.

Lorsque Christine et moi avons parlé au téléphone après sa visite à la propriété, nous avons réfléchi à toutes nos bénédictions. Nous avons parlé de ce que nous avions perdu, et nous avons aussi parlé du grand avenir que nous savons que nous allons créer ensemble.

1. 12. Le saint dans les cendres.

Le message du Bouddha est : plus vite nous libérerons le passé, plus vite nous pourrons embrasser un nouvel avenir positif. Quoique de nombreux biens précieux aient été perdus dans l'incendie, ceux que nous possédons dans notre cœur sont le trésor ultime. Grâce à eux, nous nous sentirons toujours riches et bénis, quels que soient les défis que nous devrons relever dans le monde extérieur.

RECRÉER L'ANCIEN

Christine et moi agissions encore de manière désordonnée. La compagnie d'assurances nous a envoyé cinq mille dollars pour couvrir nos dépenses initiales, et j'ai fait une folie d'achat d'outils. J'avais travaillé dans la construction pendant et après mes études à l'université Baylor au Texas, j'ai donc les compétences nécessaires pour réparer des maisons et des voitures. Bientôt, un coin de notre chambre d'hôtel a été rempli de marteaux, de tournevis, de scies et de niveaux, ainsi que d'outils pour réparer des voitures anciennes.

Consciemment, je savais que je n'avais plus de maison. Plus de voitures de collection. Le message n'avait pas encore atteint mon subconscient, et j'achetais des outils pour réparer des objets qui n'existaient plus. Il faut à la psyché un temps étonnamment long pour s'adapter à des réalités radicalement nouvelles.

Le fonctionnement de l'assurance vous prédispose à recréer l'ancien. Si vous achetez exactement le même réfrigérateur ou le grille-pain que vous aviez auparavant, la compagnie d'assurances vous rembourse le « coût de remplacement », soit la valeur totale du nouvel appareil.

Mais si vous ne remplacez pas un bien, ils ne vous paient que la « valeur dépréciée », c'est-à-dire la valeur qu'il vaut dans un marché aux puces. Tout le système vous oriente inexorablement vers la recréation d'une nouvelle vie identique à votre ancienne vie. Acheter les mêmes biens, remplir les blancs de votre nouvelle vie avec les pièces du puzzle du passé.

Un jour, environ deux mois après l'incendie, Christine et moi, nous sommes regardés comme si nous sortions d'un rêve. Nous nous sommes dit : « Nous ne voulons pas retrouver notre ancienne vie. Nous ne voulons pas de toutes nos anciennes affaires. Nous voulons créer à nouveau. Nous voulons construire la réalité nouvelle et vivante que nos cœurs désirent maintenant, et non recréer la vieille réalité que nous avions auparavant. » Nous avons donc cessé de faire des achats inutiles. Nous avons savouré chaque achat. Nous avons rendu grâce pour nos nouveaux biens, choisis consciemment et délibérément, un par un.

Nous étions reconnaissants à Julia et Tyler de nous avoir permis de rester dans leur appartement, et nous avons ensuite emménagé avec une brillante amie artiste et son mari. Mais nous devions maintenant relever le défi de trouver un endroit permanent où loger.

Le marché de l'immobilier était tendu avant l'incendie. Le stock de logements neufs était rare et les prix étaient très élevés. Les locations sont presque inexistantes et les locataires se disputent furieusement les quelques logements disponibles.

Puis cinq mille trois cents maisons sont parties en fumée. Il était impossible pour les compagnies d'assurances de reloger localement les personnes déplacées. Ils ont loué des maisons à celles venant Sacramento ou de San Francisco, à une centaine de kilomètres de là. Beaucoup ont été forcés de vivre dans des roulottes sur leur terrain incendié, ou de se garer dans les allées de leurs proches. Où allions-nous vivre ?

LA VOIX

« Appelle Marilyn », m'a dit un jour Christine. Marilyn est une de nos amies, ancienne présidente de l'Institut des sciences noétiques, elle vivait à l'époque à Petaluma, là où nous avions le plus envie de déménager avant l'incendie.

« Chérie, je suis plus que bouleversé et je n'ai pas le temps d'appeler Marilyn », lui ai-je répondu.

Quelques jours plus tard, à sa manière, Christine m'a de nouveau gentiment suggéré d'appeler Marilyn. Quand elle parle sur ce ton, je sais par expérience qu'elle est « connectée ». Sa voix change légèrement, et je peux sentir les anges parler à travers elle. J'ai appelé Marilyn.

Marilyn était intriguée. Elle a déclaré : « Je viens de signer un contrat dans la Silicon Valley et mon mari travaille chez Tesla. C'est un long trajet en voiture chaque semaine. Si votre compagnie d'assurances loue ma maison, vous pourrez vous y installer et je pourrai payer la location de l'endroit où je désire vivre à Mountain View ! »

En un seul coup de téléphone, nous avions une maison de rêve, exactement à l'endroit où nous voulions le plus vivre.

LE STANDARD FOUR SEASONS

Nous avons adoré la maison de Marilyn. Un portail dans la clôture de la cour arrière menait à une immense réserve d'espace ouvert. À deux blocs de là, il y avait un court de tennis. Contrairement à Mark West Springs, le quartier était assez plat pour que nous puissions sortir nos vélos et les enfourcher dès la porte d'entrée franchie. Près du court de tennis se trouvait un grand parc du comté avec des kilomètres de pistes de VTT et de sentiers de randonnée. Je pouvais faire du paddle dans la rivière Petaluma, à cinq minutes de route.

La maison était deux fois plus grande que notre ancienne maison, avec de nombreux détails luxueux dont nous ne pouvions que rêver auparavant. Un jour, avec surprise, nous avons pris conscience que la maison de Marilyn était presque exactement celle que nous avions affichée sur notre tableau de souhaits comme étant notre maison idéale. L'univers nous l'avait offert, bien que d'une manière très inattendue.

Un ami et collègue de travail nous a proposé d'utiliser gratuitement son bureau libre. Heather et notre équipe se sont entassées dans cet espace tous les mardis et jeudis, travaillant à domicile les autres jours. Nous avons commencé à remettre sur pied notre entreprise, EFT Universe, ainsi que notre association à but non lucratif, le National Institute for Integrative Healthcare (NIIH).

Le processus a duré de nombreux mois et a été rempli de défis. L'un d'entre eux était que la poste a eu des problèmes de réexpédition du courrier pendant environ six mois, et tous les chèques que nous recevions par la poste avaient des semaines de retard ou n'arrivaient jamais. Ce fut une période difficile sur le plan financier et émotionnel.

LES RÊVES PASSÉS ET PRÉSENTS

Une fois que Christine et moi avons pris conscience que nous étions en train de créer une nouvelle vie pour nous-mêmes, et que nous pourrions la construire à partir de nos rêves actuels plutôt qu'à partir des visions de notre passé, nous avons fait des choix différents. J'ai adopté ce que j'ai appelé Le « standard Four Seasons ». Nous avions toujours apprécié les hôtels Four Seasons dans différentes régions du monde, et ils sont toujours magnifiquement meublés. J'ai décidé que j'aimerais que notre nouvelle maison soit aussi belle qu'un de ces établissements. J'ai dit à Christine : « Je ne veux ici que de l'ameublement ou de la décoration digne d'un Four Seasons. »

Je l'oubliais sans cesse. Un ami nous a offert un vieux canapé recouvert d'une housse. Il n'était pas trop mal ; il avait juste un seul trou où son lapin de compagnie Whitey avait rongé le tissu. Comme nous n'avions pas de canapé, je l'ai accepté et je me suis arrangé pour qu'on le récupère dans un camion qu'on nous avait prêté. Christine m'a demandé avec tact : « Est-ce que tu l'imagines dans un Four Seasons ? » J'ai laissé tomber le canapé.

Nous avons décidé d'acheter le lit de nos rêves, sans renâcler sur la dépense, car nous savions que nous y dormirions pendant une décennie. Nous sommes allés dans de nombreux magasins de matelas et nous nous sommes allongés sur de nombreux lits. Notre amie Jane – qui vend des matelas pour enfants – nous a dit qu'il existait de nombreux produits chimiques nocifs qui pouvaient être utilisés dans la fabrication de matelas commerciaux.

Cela était-il vrai ? J'ai consulté des études scientifiques sur les produits chimiques qui peuvent être légalement utilisés dans les matelas. J'ai été choqué de découvrir que Jane avait raison. Nous avons opté pour une solution « bio ». Pour la base, nous avons choisi deux sommiers distincts accolés pouvant chacun être piloté par une télécommande.

Finalement, le lit est arrivé et c'était tout ce que nous avions toujours voulu. Mais nous avons compris au bout de quelques jours que c'était le lit parfait pour notre ancienne maison. Nous avions créé inconsciemment notre avenir à partir de notre passé.

J'étais tout aussi désordonné lorsque je cherchais des véhicules. J'en avais déjà acheté plusieurs aux enchères, alors je suis allé sur Internet et j'ai acheté une Toyota Prius et un vieux camping-car lors d'une vente aux enchères en ligne. Mais il s'est avéré que la société de vente aux enchères avait son siège dans l'Oregon et que le titre de propriété devait être transféré du lot de la vente aux enchères en Californie vers l'Oregon pour qu'ils puissent me les céder – puis les transférer à nouveau en Californie. Ce processus byzantin a duré plusieurs semaines et j'étais sans voiture.

Christine m'a dit : « Tu es un mec à voitures, pourquoi ne pas le faire savoir à tes amis de l'Automobile Club ? » Je l'ai fait, et vingt-quatre heures plus tard, je conduisais un joli camion Ford F250 offert par un membre du Wine Country Car Club. Il m'avait laissé le choix entre son Ford et une Rolls-Royce de 1924, et même si j'aimais la Rolls, ce n'était pas ce qu'il y avait de plus pratique pour déplacer des canapés.

Minuit quarante-cinq

13-11-2017 17 h 31 ET – Huffington Post – Santa Rosa Fire Blog Post 11

Il est 0 h 45 et je suis pleinement réveillé.

J'ai été réveillé à la même heure chaque nuit depuis une semaine. Je n'arrive pas à dormir pendant au moins deux heures, puis je me retourne et je me retourne sans cesse jusqu'à l'aube.

Je ne comprends pas pourquoi. J'ai peut-être des problèmes d'insomnie de temps en temps, mais c'est étrange. Rien de ce que je peux faire n'est capable de calmer mon esprit en ébullition. Je fais du tapping (EFT), je médite, et je me réveille encore à exactement 0 h 45.

Finalement, cela m'a frappé. C'est à ce moment précis que je me suis réveillé le 9 octobre, j'avais conscience que quelque chose n'allait pas, la nuit où j'ai regardé par la fenêtre et vu un feu de forêt courir vers notre maison.

Maintenant, mon corps sait que quelque chose de grave s'est produit à 0 h 45 du matin, et il me réveille avec une poussée de cortisol.

1. 13. Marcher à travers les cendres.

J'ai réalisé une étude clé sur les effets des stimulations d'EFT sur les hormones du stress. Notre équipe de recherche a réparti les personnes au hasard en trois groupes et a testé leurs taux de cortisol avant et après la thérapie. Un groupe a suivi une thérapie classique par la parole, un autre groupe s'est reposé et le troisième a pratiqué l'EFT. L'anxiété et la dépression ont diminué deux fois plus dans le groupe de tapping, le taux de cortisol a diminué de manière significative.

Je sais donc que ces techniques fonctionnent et je sais à quoi ressemble une poussée de cortisol. Je me souviens de l'histoire d'un homme traité dans le cadre du Veterans Stress Project, que j'ai fondé. Il avait subi une attaque au mortier à 4 h 45 lors de son premier jour de déploiement au Vietnam en 1968. Plus de quarante ans plus tard, lorsqu'il venait se faire soigner, il se réveillait encore souvent à 4 h 45.

C'est une poussée de cortisol typique. Bien qu'elle ait été indispensable pour permettre à nos ancêtres de se mettre hors de danger, lorsqu'elle se répète dans la vie courante, elle fait des ravages dans la biochimie des humains d'aujourd'hui.

Comme je me réveille à 0 h 45 et que je reste éveillé malgré tous mes efforts, je décide de fraterniser avec ce schéma. En restant éveillé, je me concentre sur le fait d'être conscient de tout le bonheur de ma vie. Le fait d'avoir survécu à l'incendie. Le fait que j'ai une femme aimante, des enfants qui réussissent et une communauté magnifique. Que j'ai un travail profondément significatif qui contribue à la guérison de milliers de personnes chaque année.

Exactement un mois après l'incendie, jour pour jour, je me suis réveillé à 1 h 45, une heure plus tard que d'habitude. Et je me rendormis rapidement. Cela signifiait que mon corps se laissait convaincre par mon esprit. Il ne répétait plus l'histoire selon laquelle la mort est imminente à moins d'être en pleine alerte à 0 h 45. La même chose s'est produite la nuit suivante.

C'est un changement positif !

Il est important d'aimer nos corps. Souvent, lorsqu'ils ne se comportent pas bien, en tombant malade ou en développant des symptômes comme l'insomnie, nous voulons que les problèmes disparaissent. Nous les ignorons, nous les nions, nous les supprimons, nous nous fâchons contre eux ou nous les soignons.

Si, au contraire, nous pouvons nous efforcer de comprendre nos corps et de les accepter tel qu'ils sont, nous ouvrons la porte à la guérison.

Carl Rogers, le grand thérapeute du XXe siècle centré sur la personne, a appelé cela le paradoxe de la croissance : nous devons nous aimer tels que nous sommes, avec tous nos problèmes et nos limites. Quand nous faisons cela, nous commençons à changer.

Lorsque votre corps sait qu'il sera écouté, il peut parler tranquillement. Un petit grondement ici. Une légère douleur par là. Nous entendons le message et nous prenons soin de ses besoins.

Lorsque j'enseigne des ateliers en direct, je travaille souvent avec des personnes qui ignorent ou même détestent leur corps depuis de nombreuses années. Ils ne sont pas en phase avec les messages de leur corps. Ils ne captent pas ces signaux subtils.

Lorsque ses communications douces sont ignorées, le corps doit parler plus fort. La petite douleur peut se transformer en arthrite. Si elle est ignorée, elle peut devenir une maladie auto-immune à part entière. De nombreuses personnes sont en guerre avec leur corps, essayant de mettre en sourdine leurs messages avec des médicaments ou des substances addictives.

La croissance commence par l'amour de soi. La guérison commence par l'acceptation de soi, même lorsque les circonstances semblent inacceptables. La pratique de l'amour de soi réduit notre niveau de stress et nous ouvre la conscience du potentiel de notre vie. Grâce à cette fenêtre de possibilités, l'amour, la paix et la beauté de l'univers peuvent briller. Même à 0 h 45 du matin.

L'UNIVERS CRÉATEUR

Après une grande perte comme celle de l'incendie, nous, les humains, avons naturellement besoin de stabilité et de certitude. Les parties craintives de Christine et de ma personnalité voulaient reconstruire à Mark West Springs, ou acheter une nouvelle maison à Petaluma, dès que possible. Réapprovisionner notre mobilier. Remplir nos garages de voitures et nos chambres d'objets. Nos possessions confirment le fait que nous sommes en vie.

Chaque lampe, chaque chaise, chaque vase, chaque tasse représente un totem de stabilité. De normalité.

Mais chaque trou, chaque coin vide de la maison, nous rappelait la perte, les belles choses que nous avions autrefois et que nous n'avons plus maintenant. Jusqu'à ce que nous nous arrêtions pour réfléchir et décidions de choisir consciemment nos acquisitions, nous nous sommes précipités pour combler le vide.

Pourtant, cette ruée vers la preuve de notre survie sous forme de biens matériels a un coût élevé. Elle encombre l'espace dans lequel notre bien le plus important et le plus inattendu pourrait se déployer naturellement.

Ainsi, chaque fois que nous ressentons le désir compulsif d'acheter ou de prendre une grande décision, nous faisons désormais une pause. Nous méditons jusqu'à ce que nous nous sentions à l'aise dans le mystère. Nos amis étaient perplexes sur le fait que nous étions ravis d'avoir de grands espaces vides dans la maison de Marilyn pendant de nombreux mois. Pourtant, nous avions saisi l'occasion pour abandonner notre besoin compulsif de sécurité et permettre à l'univers de nous surprendre avec ses synchronicités.

Christine s'est inscrite à un groupe de peinture hebdomadaire. L'une des membres, qui avait également tout perdu dans l'incendie, a acheté une nouvelle maison, entièrement meublée. Comme elle n'avait pas besoin de certains des objets dont elle avait hérité du précédent propriétaire, elle nous les a donnés. Parmi eux se trouvaient deux magnifiques tapis persans. Ils étaient parfaitement assortis à notre nouveau schéma de couleurs. Un ami designer nous a rendu visite et nous a dit qu'ils valaient vingt mille dollars. Comme nous faisions confiance à l'univers, cela s'est répété encore et encore.

Intuitivement, nous nous sommes abstenus de prendre des engagements rapides ou fermes, comme des achats importants ou à long terme. Comme nous méditons chaque jour, nous avons l'impression de nous aligner sur un univers bienveillant. Nous avons ressenti que notre vision humaine locale de notre avenir était limitée, et que l'univers avait un rêve beaucoup plus grand pour nous par rapport à celui que nous étions capables d'imaginer. Imposer nos désirs limités, surtout dans la panique qui a suivi l'incendie, ne laissait pas de place à l'épanouissement naturel de ce qu'il y a de mieux pour nous. Nous avons donc suivi le mouvement. Nous voulions laisser de la place aux synchronicités qui pourraient se présenter.

Beurre + café

07-12-2017 15 h ET – Huffington Post – Santa Rosa Fire Blog Post 12

Miam! Café mélangé à quelques cuillères à soupe de beurre biologique non salé. Si vous n'avez pas encore essayé, cela vous paraîtra probablement bizarre. Si vous l'avez essayé, vous pourriez bien devenir un accro, comme moi. Mon ami Dave Asprey, surnommé « Pare-balles », l'a fait connaître au monde entier, il y a quelques années.

Une tasse de café au beurre le matin vous remplit pendant des heures. Cela fait partie de la nouvelle mode du « jeûne intermittent », qui consiste à limiter votre consommation de nourriture à huit heures par jour. Le jeûne intermittent peut être aussi efficace que les jeûnes où vous ne mangez rien du tout, et qui sont notoirement difficiles à maintenir. J'apprécie le café au beurre depuis quelques années.

Cette semaine, j'ai pris ma première tasse de café au beurre depuis l'incendie. Cela fait deux mois maintenant. Nos vies ont été tellement bouleversées que même le rituel matinal de la préparation du café au beurre, qui ne nécessite qu'un mélangeur, une cafetière et un réfrigérateur, était devenu impossible.

En versant le beurre dans le café, mon corps s'est mis à enfler d'une satisfaction démesurée. Beurre + café = normalité. Le rituel du matin était un minuscule symbole de ma vie revenant normale.

Il est difficile d'expliquer à quel point la vie a été loin d'être normale. Vous vous habillez le matin et vous voulez associer une chemise à un pantalon avec des chaussettes de la même couleur. Vous vous rendez compte que les chaussettes sont dans le garage d'un ami, à une demi-heure de là, alors que le pantalon est au pressing.

Vous voulez charger votre haut-parleur Bluetooth, puis vous vous apercevez que le cordon se trouve dans une réserve éloignée et qu'il manque l'alimentation électrique. Les tâches qui ne prennent que quelques minutes prennent des heures lorsque vos affaires sont dispersées en différents endroits. Vous vous enfoncez de plus en plus, même si l'urgence de rattraper votre retard augmente.

Votre boîte de réception est pleine de messages d'amis qui veulent vous aider. Des personnes à des milliers de kilomètres vous offrent un abri. Ces marques de soutien donnent le sentiment d'être aimé et vous appréciez leur sollicitude. Pourtant, répondre à ces courriels prend encore plus de temps que d'accomplir les tâches quotidiennes les plus simples et remettre de l'ordre dans votre vie.

Ainsi, le simple fait de préparer ma tasse de café au beurre du matin m'a donné une sensation de chaleur dans tout le corps. Deux mois après l'incendie, c'était un symbole de normalité dans un monde sens dessus dessous. Quand ces symboles sont peu nombreux et éloignés les uns des autres, vous les chérissez.

Nous passons notre vie à prendre ces routines normales pour acquises. Nos maisons, nos familles et nos biens sont tout autour de nous, et il est facile de penser qu'ils seront là pour toujours.

Ils ne le seront peut-être pas. Savourez-les tant que ça dure ! Ce petit rituel auquel vous vous adonnez chaque jour est peut-être bien plus précieux que vous ne le pensez.

LE TRAVAIL TRIPLÉ

Dans le cours normal d'une semaine de travail, j'ai beaucoup à faire. Plusieurs centaines de personnes suivent nos programmes de certification en psychologie énergétique et en EFT chaque année, et l'un de mes grands plaisirs est de suivre leurs progrès. Cela signifie leur donner un feedback individuel sur leurs séances, ainsi qu'organiser régulièrement des télé-classes.

J'écris beaucoup pour des blogs, des livres et des programmes en ligne. Je voyage souvent pour donner des ateliers aux États-Unis, au Canada et en Europe, et je suis parfois loin de mon domicile et du bureau pendant des semaines. J'ai plus de deux cents interviews à la radio, lors de congrès en ligne et en podcast par an. Et puis, il y a le travail quotidien de gestion d'une association à but non lucratif.

Le National Institute for Integrative Healthcare (NIIH) est une organisation extraordinaire. Notre principal programme est le Veterans Stress Project, qui propose des thérapies énergétiques aux anciens combattants souffrant de trouble de stress post-traumatique (TSPT). Nous aidons des milliers de vétérans et leurs conjoints chaque année.

L'autre branche du NIIH est la Fondation pour la médecine épigénétique. Elle réalise des recherches, généralement avec mon aide en tant que chercheur. Nous avons participé à plus de cent études scientifiques, et plusieurs thérapies énergétiques sont maintenant basées sur des preuves, en partie grâce à nos efforts.

Le NIIH est une organisation entièrement bénévole dans laquelle personne n'est payé. Je consacre environ cinq cents heures par an à la réalisation de ses objectifs.

Avec toute cette activité, il est rare que ma semaine de travail soit inférieure à quarante heures ; souvent, c'est le double.

Rien de tout cela ne s'est arrêté après l'incendie : pas plus que la nécessité de payer les membres de notre équipe, les indépendants, et toutes les infrastructures qui touchent plus d'un million de personnes par an. Je devais encore honorer toutes les réunions prévues – puisque c'est ce qui rapporte les fonds.

Mais en plus de cela, je devais maintenant commencer à reconstruire ma vie. Trouver un logement, l'aménager, rassembler tous les petits bouts de vie.

Avant d'avoir tout perdu, vous ne vous rendez pas compte de vos besoins réels pour vivre une vie normale. C'est en arrière-plan, et vous le prenez pour acquis. Éplucheuse de pommes de terre. Tire-bouchon. Plateaux de service. Pichet à eau. Bols à salade. Cafetière. Mélangeur. Gants de cuisine. Coquetiers. Porte-serviettes en papier. Porte-épices. Et encore, c'est juste pour une seule pièce, la cuisine !

Après une catastrophe, vous devez rééquiper toutes les pièces de votre maison en partant de zéro. Cela demande du temps, de la concentration, de l'argent et de l'énergie.

Les compagnies d'assurances vous demandent de leur fournir une liste exhaustive de vos pertes. Si vous avez été cambriolé ou victime d'une inondation, vous pouvez montrer les reçus de ce qui est parti et vous serez remboursé.

Mais après un incendie, il ne reste plus de papier. Tout a brûlé. Nous avons donc dû reconstituer le contenu de chaque pièce, pièce par pièce, de mémoire, et tout noter.

Comme je suis une personne organisée, j'ai utilisé un tableur en ligne qui nous a permis, à Christine et à moi, de collaborer avec nos enfants à cet effort. Il nous a quand même fallu plusieurs jours sur plusieurs semaines pour compléter les listes.

Un article dans notre journal local sur la difficulté de cette tâche pour les victimes d'incendie estimait à vingt heures le temps nécessaire à effectuer un inventaire. J'ai ri : au moment de cette lecture, il nous avait déjà fallu plus de quatre cents heures. Quatre cents heures, c'est dix semaines de travail. Et nous étions encore loin d'avoir terminé.

Une survivante à Tubbs, sortie des débris deux semaines après l'incendie

01-11-2017 18 h 51 ET – Huffington Post – Santa Rosa Fire Blog Post 9

Il ne semblait pas possible qu'elle ait pu survivre. Tous les autres êtres vivants qui se trouvaient sur le chemin de l'incendie, baptisé Tubbs, le 9 octobre avaient soit fui pour se mettre à l'abri, soit péri.

Personne ne l'avait cherchée pendant les jours qui ont suivi l'incendie, car il semblait impossible de croire qu'une créature ait pu survivre à la tempête de feu.

Deux semaines après la catastrophe, les autorités ont commencé à laisser les propriétaires visiter leurs domaines dévastés. Christine est retournée sur notre propriété de Mark West Springs Road et n'a trouvé que dévastation en lieu et place de notre maison.

Christine a traversé les débris, nos amis Heather et Ray étaient là pour la soutenir. Notre étang, où Christine avait pris soin de notre élégante collection de carpes koï, ressemblait à une décharge de déchets toxiques. Très gentiment, Ray avait enlevé les corps flottants des poissons morts avant que Christine ne puisse les voir. Les larmes sont venues facilement.

Alors qu'elle marchait au bord de l'étang, Christine a cru voir du mouvement, bien que rien ne puisse vivre dans cette eau noire et crasseuse. Le lendemain, notre ami Rick, plein de ressources, est arrivé pour nous aider et a pataugé sans peur dans le bourbier. Il a tâtonné au fond de l'étang, et ses mains ont touché un objet en forme de dôme.

Il a levé ses mains et de l'eau noire est sortie… notre tortue ! D'une manière ou d'une autre, elle avait survécu dans le ragoût toxique pendant deux semaines.

Nous ne lui avions jamais donné de nom. Il s'agit d'une « tortue mâle à oreilles rouges », une espèce commune connue pour sa robustesse. Elle est venue vivre dans notre étang depuis environ sept ans.

Il n'est pas difficile de sortir de l'étang si vous avez des nageoires plutôt que des palmes, et la première année, elle s'est échappée deux fois. Les deux fois, nous l'avons trouvée à une courte distance. Après cela, elle a conclu que les périls de la liberté étaient plus importants que la sécurité de la captivité, et elle ne s'est plus égarée. L'herbe n'est pas toujours plus verte de l'autre côté de la colline.

Elle avait l'habitude de nager avec les poissons, mais elle exigeait un traitement spécial. Lorsque nous saupoudrions de la nourriture dans l'étang pour les koï, elle ignorait la frénésie alimentaire. Au lieu de cela, elle nous regardait avec ses petits yeux jusqu'à ce que nous nous agenouillions et la nourrissions à la main. Elle voulait de l'amour et des liens, pas seulement de la nourriture.

Après l'incendie, nous avons décidé de la baptiser « M. Tubbs ». Elle a été adoptée par un ami qui avait un plus grand étang juste à côté d'un ruisseau.

Célébrez tous les liens qui vous relient à l'amour et à l'espoir, aussi fragiles soient-il. Nous connaissons bien les personnes et les choses qui nous entourent et nous supposons qu'elles sont permanentes. Comme Christine et moi avant l'incendie, vous avez l'illusion que les choses que vous possédez et que les personnes que vous côtoyez aujourd'hui seront là demain.

Pourtant, ils pourraient disparaître de mille façons.

1. 14. Tubbs la tortue.

Traitez-les comme s'ils pouvaient disparaître demain. Traitez chaque moment de la vie comme s'il était précieux, en particulier toutes les choses qui vous relient à votre famille, vos amis, au spirituel et à la nature. Vous ne vivrez peut-être jamais une catastrophe qui vous en privera, mais vous en aurez alors pleinement profité, en savourant leur douceur jusqu'à la fin de vos jours.

LE MANDALA DE LA GUÉRISON

La retraite du Nouvel An que j'avais projetée pendant la télé-classe à Mill Valley s'est remplie. Nous sommes allés à Hawaï comme prévu et avons passé une semaine à animer un groupe de quinze personnes dans une expérience profondément transformatrice.

Il s'agissait de méditer quotidiennement, d'entrer en contact avec notre pouvoir supérieur et de créer à partir de la plus haute version possible de notre identité. L'un des exercices consiste à dessiner un mandala, et Christine et moi avons été inspirés par l'utilisation d'un oiseau dans notre thème. Le fait de guider d'autres personnes dans le processus de visionnement nous a donné l'occasion de faire de même.

L'une des choses tangibles que j'ai perdues dans l'incendie était ma collection de journaux intimes. Je tiens un journal personnel depuis que j'ai 15 ans, et toute mon étagère de journaux avait maintenant disparu. Le lendemain de l'incendie, j'ai acheté un nouveau journal. J'ai écrit toutes les étapes spirituelles de ma vie, résumant des décennies de croissance et de transformation personnelles. Puis, dans les quelques pages suivantes, j'ai noté toutes les étapes importantes de ma vie, comme les emplois et les relations, afin d'ancrer ce nouveau journal intime dans le flux de l'émergence du passé.

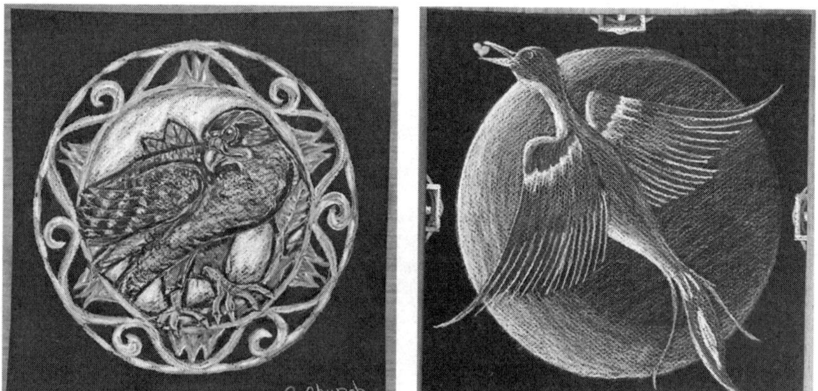

1. 15. Mandalas de guérison.
Voir la version en couleurs au centre du livre.

Chaque jour de la retraite hawaïenne, nous avons commencé par une méditation avant le petit déjeuner, puis nous avons mangé en silence. Nous avons choisi des cartes d'inspiration et fait des exercices pour déclencher le processus créatif et nous mettre en contact avec notre guide intérieur le plus profond.

Je n'ai jamais aimé le rituel conventionnel du Nouvel An. Traîner avec des gens saouls et crier et hurler en regardant la chute du ballon à Times Square à la télévision ? Non, merci. Alors Christine et moi avons créé notre propre rituel avec le groupe. À minuit, nous avons parcouru le labyrinthe du centre de retraite, en gardant silencieusement nos visions pour l'année à venir. C'était la pleine lune et un moment magique.

NOUS NOUS SOUTENONS MUTUELLEMENT ET LES CHOSES S'ARRANGENT

Le dernier objet ménager que j'ai remplacé était un ensemble de couverts japonais Mikasa. Tous les cadeaux que Christine et moi avions reçus à notre mariage bien des années auparavant avaient été détruits dans l'incendie, et certains me manquent. Le jour où j'ai remplacé le service de couverts Mikasa, la maison m'a semblé entière.

1. 16. Retraite à Hawaï.

Quatre mois plus tard, nous étions suffisamment organisés pour tenir notre première fête. Nous avons invité nos amis et avons rempli la maison de rires, de vin, de nourriture et d'amour. Je me suis levé et je leur ai expliqué tous les miracles qui s'étaient produits depuis l'incendie et notre profonde gratitude pour leur soutien. J'ai eu le sentiment que nous étions enfin revenus à la normale.

Un événement durant de la fête a symbolisé les neuf mois écoulés depuis l'incendie. Bill et moi étions assis l'un à côté de l'autre au dîner, tandis que Jane et Christine discutaient au bout de la table. Alors que Bill appréciait le dessert et un verre d'excellent vin, il soupira profondément. Il repoussa sa chaise et se détendit, se laissant complètement aller.

Le pied arrière de la chaise glissa par-dessus le côté de la terrasse, et soudain il vola en arrière. Le poids de son corps propulsait sa tête vers les pierres du patio situé en contrebas.

J'ai saisi l'avant-bras de Bill dans une tentative désespérée d'arrêter sa chute. Il a attrapé le mien. J'ai enfoncé mes talons dans le sol afin de prendre appui plutôt que d'être traîné sur le côté par l'élan du poids de Bill.

Lorsque nos avant-bras se sont rejoints, nous nous sommes sentis comme des rocs. La chute de Bill a été arrêtée comme s'il avait heurté un mur. Je l'ai tiré vers moi et le pied de sa chaise est revenu sur la terrasse.

Quelle métaphore de la vie ! Nous nous soutenons mutuellement et les choses s'arrangent.

CŒUR À CŒUR AVEC TONY

Le mois de notre fête, mon livre *De l'esprit à la matière* a été officiellement publié. Il a atteint la première place sur la liste Amazon Neuroscience le premier jour et est resté dans le Top 10 le reste de l'année. J'avais terminé le manuscrit et l'avais envoyé à mon merveilleux éditeur Reid Tracy de Hay House le mois précédant l'incendie.

Je n'ai pas ménagé mes efforts pour écrire et commercialiser le livre. J'ai lu des centaines d'études scientifiques, puis j'ai traduit les recherches sous une forme compréhensible pour les non-scientifiques. Il s'agit de la science de la manifestation – comment nous pouvons créer une réalité matérielle à partir de nos pensées et vivre en harmonie synchrone avec l'univers. Ces preuves ont convaincu des milliers de personnes de commencer à méditer et ces idées sont devenues virales, les gens les partageant avec leurs amis et collègues.

Plusieurs de mes amis, comme Jack Canfield, qui a coécrit la série de livres *Chicken Soup*, connaissent Tony Robbins, et depuis des années, je voulais le rencontrer en personne. J'avais pensé demander à Jack de me le présenter, mais je n'en avais rien fait.

Tout à coup, j'ai reçu un courriel me demandant si j'aimerais faire une présentation lors d'un événement de Tony Robbins. J'ai répondu oui avec enthousiasme et j'ai demandé à la responsable de l'événement de Tony comment il connaissait mon travail. « Il est un de vos fans depuis des années », m'a-t-elle répondu, à ma grande surprise.

Quelques semaines plus tard, un an après l'incendie, je me suis retrouvé dans un avion à destination d'Abu Dabi au Moyen-Orient pour rencontrer Tony et présenter l'EFT et la méditation à sa communauté. De l'esprit à la matière.

J'ai apprécié l'énorme « accolade d'ours » dont Tony m'a gratifié lors de notre rencontre. Il est encore plus grand que moi, et nous nous sommes tous les deux tenus comme des géants sur la scène, embrassant le public dans l'énergie de notre passion pour la transformation. J'ai pratiqué l'EFT avec ses stagiaires et je les ai ensuite tous guidés dans une profonde expérience méditative. Je suis rentré à la maison comme si ma rencontre avec Tony avait été une initiation – une de plus dans la longue série de synchronicités bienfaisantes, comme l'appel téléphonique à Marilyn, par lequel l'univers a affirmé la valeur de ma vie et de mon travail.

1. 17. Tope là avec Tony.

Une semaine plus tard, j'animais un atelier à l'Institut Esalen de Big Sur, en Californie. Le dernier jour, nous avons fait nos bagages avec Christine et sommes allés au bureau chercher une amie qui faisait du covoiturage avec nous. J'étais impatient de partir, mais nous ne l'avons pas trouvée au point de rendez-vous. Christine est alors partie la chercher pendant que j'attendais dans la voiture.

Vingt minutes plus tard, j'ai remarqué un homme qui passait par là. Je l'ai reconnu immédiatement : Tim Ferriss, l'auteur de *La Semaine de 4 heures* et *Les Outils des géants*. Un des meilleurs blogueurs de la planète.

« Tim ! » ai-je crié. Je me suis présenté et nous avons eu une discussion sur l'EFT, sur laquelle il voulait enquêter. L'univers venait de s'arranger pour qu'il me rencontre, moi, l'auteur de la dernière édition du *Manuel EFT* ! Et si Christine et moi n'avions pas été retardés par notre amie, j'aurais quitté Esalen avant que Tim ne passe. Synchronicité après synchronicité.

J'ai envoyé un e-mail à Reid Tracy avec les grandes lignes d'un nouveau livre sur les états extatiques du cerveau, et après le succès de *Mind to Matter*, lui et son équipe ont été enthousiasmés par son potentiel. J'ai commencé à rassembler les idées que je voulais présenter. L'ébauche a commencé par un chapitre sur la façon dont la méditation active les centres de bonheur du cerveau.

Dans les chapitres suivants, j'avais prévu de montrer qu'à mesure que nous utilisons ces parties du cerveau quotidiennement en méditation, elles se développent, en ajoutant des synapses et des neurones. Dans le même temps, les centres de traitement de la peur du cerveau, qui ne sont plus utilisés, commencent à rétrécir. Avec le temps, notre cerveau se remodèle littéralement, transformant le « logiciel » de l'esprit en matériel cérébral.

Ce changement dans la composition du cerveau nous rend plus résiliants. Lorsque nous subissons un revers dans la vie, nous disposons de tissus denses dans les parties du cerveau dédiées au bonheur.

Nous disposons de l'équipement neural *ad hoc* pour rebondir rapidement. Le terme « croissance post-traumatique » fait référence à la façon dont le fait de faire face aux inévitables défis et déceptions de la vie peut en fait nous rendre plus forts. J'ai écrit deux livres sur les traumatismes psychologiques et mené plusieurs études scientifiques avec des vétérans de guerre. Je pense qu'avec l'attention que le public porte au syndrome de stress post-traumatique, l'autre possibilité, à savoir que le traumatisme peut nous rendre plus forts, est souvent négligée.

CROISSANCE POST-TRAUMATIQUE

Hay House m'a encouragé à raconter mon histoire de l'incendie comme un exemple de croissance post-traumatique. Bien sûr, lire les explications scientifiques d'un expert peut être fascinant, mais entendre une personne qui est littéralement « passée par le feu » vous met face à la réalité. L'histoire de la façon dont j'ai mis en pratique mes enseignements et utilisé le feu comme tremplin pour une croissance post-traumatique est donc devenue ce premier chapitre.

Nous avons tous des incendies dans notre vie. Ils peuvent brûler nos mariages ou détruire nos relations avec nos enfants. Ils peuvent calciner nos vies professionnelles et réduire nos carrières en cendres. Ils peuvent incinérer nos richesses ou nos projets de retraite. Aucun être humain n'en est exempté.

Les expériences traumatisantes jettent de nombreuses personnes dans une spirale de peur dont elles ne se remettent jamais. Elles deviennent hypervigilantes face aux menaces éventuelles, anxieuses face à l'avenir et se méfient de la joie. Des cauchemars, des croyances autodestructrices et des pensées intrusives hantent leur esprit.

Pourtant, les mêmes expériences traumatisantes peuvent déclencher une saine réévaluation de ses anciennes valeurs. Elles peuvent ouvrir de nouveaux horizons de possibilités. Ancrés dans une relation avec un univers aimant, nous utilisons même la perte la plus dévastatrice comme un tremplin pour notre croissance. Des pratiques comme la méditation et les stimulations d'EFT nous donnent accès à nos forces, nous amènent à une perspective plus élevée, redonnent un sens au désastre et créent des vies encore plus profondément merveilleuses que celles que nous avions auparavant.

Je brûle littéralement de passion pour éveiller les gens à cette possibilité.

DE CINQUANTE ANS À CINQUANTE SECONDES

Dans ce livre, je partage avec vous les découvertes des cinquante années et plus que j'ai passé à étudier le potentiel humain depuis que j'ai appris à méditer à l'adolescence.

J'écris aussi, ce qui est inhabituel, sur ma propre vie. Normalement, j'écris sur la science, et je laisse la recherche raconter l'histoire. J'illustre toujours la science avec des exemples de la façon dont les individus l'appliquent dans leur vie réelle. Ici, dans *Le Cerveau du bien-être*, la « vraie » personne dont je décris l'expérience c'est parfois moi.

Dans le chapitre 2, je vous montrerai pourquoi la plupart des hommes et des femmes ont tant de mal à méditer. La difficulté n'a rien à voir avec la volonté ou l'intention. Elle est simplement due à la conception du cerveau humain. Lorsque vous aurez bien compris cela, vous serez équipé pour le contourner.

Le chapitre 3 décrit les états d'extase que l'on peut atteindre en méditant. Il examine les régions du cerveau que vous activez, et ce que chacune d'entre elles fait. Il énumère également les nombreux bénéfices que vous tirez de l'activation de chacune de ces régions au niveau de vos pensées et de votre santé.

Au chapitre 4, vous lirez l'histoire de mes expériences de méditation ratées. J'ai appris de nombreux styles de méditation différents, mais je n'ai jamais pu établir une pratique assidue. Mon changement est venu de la science. Lorsque j'ai combiné sept pratiques simples « basées sur des preuves », j'ai trouvé une formule qui *met les méditants dans des états profonds automatiquement et involontairement*. Aucun effort n'est requis.

Lorsque mes collègues et moi-même connectons les personnes à des EEG et des IRM, nous constatons qu'en utilisant ces sept étapes, même les personnes qui n'ont jamais médité entrent dans des états profonds en moins de quatre minutes. Parfois en moins de cinquante secondes.

Historiquement, les secrets de ces états n'ont été accessibles qu'à environ 1 % de la population. Grâce à la science, ils sont maintenant accessibles à tous.

Le chapitre 5 porte sur les sept substances neurochimiques de l'extase. Nous apprendrons comment chacune d'entre elles est comme une drogue qui vous fait du bien. Mais si vous combinez les sept substances ensemble, vous obtenez une puissante formule qui plonge votre cerveau dans le bonheur. La méditation est le *seul* moyen d'obtenir les sept substances en même temps. La star de l'émission est un neurotransmetteur appelé anandamide, *alias* « la molécule de la béatitude ».

Lorsque vous déclenchez quotidiennement ces états d'extase, ils modifient votre cerveau. Le chapitre 6 traite du remodelage cérébral important qui se produit chez les méditants chevronnés. Les circuits du stress se rétrécissent et s'atrophient, tandis que les réseaux du bonheur se développent. Mais il n'est pas nécessaire d'être un adepte pour déclencher ce recâblage. Il commence dès la première semaine où vous méditez efficacement.

Le chapitre 7 traite de la croissance post-traumatique et de la manière dont le cerveau des méditants les rend résistants aux inévitables bouleversements de la vie. Les crises médicales et les catastrophes financières incluses. Il fournit des exemples pratiques de la façon dont la méditation peut vous rendre résilients même lors de bouleversements mondiaux comme la panique due au coronavirus et l'effondrement économique de 2020.

Le chapitre 8 se penche sur une question fascinante : dans quelle mesure notre cerveau peut-il changer ? La réponse est : beaucoup. La lecture des recherches sur cette question m'a conduit à une nouvelle hypothèse scientifique surprenante, qui pourrait changer le cours entier de l'histoire de la planète. Elle montre comment cette tendance s'est manifestée sous forme d'une « incitation de soins » (plutôt que d'une « d'incitation à la peur ») lors du krach de 2020.

La postface vous incite à faire de ces états intérieurs heureux votre nouvelle réalité, en libérant toute l'étendue de votre potentiel humain.

Chaque chapitre se termine par un approfondissement des pratiques et une section de ressources ludiques. Les « Pratiques d'approfondissement » sont des activités simples que vous pouvez utiliser pour appliquer les leçons de ce chapitre dans votre propre vie. La section « Ressources étendues » vous relie à des ressources audio, vidéo et Web qui enrichiront votre lecture de ce livre. Elle comprend une méditation d'accompagnement basée sur le thème du chapitre.

Au cours de ce voyage, vous allez apprendre l'ensemble des meilleures pratiques que j'ai apprises au cours du dernier demi-siècle, et la façon la plus rapide d'appliquer cette science à votre propre état émotionnel. Utilisez les pratiques d'approfondissement et les méditations audio qui les accompagnent, et lorsque vous aurez terminé ce livre, il est fort probable que vous aurez élevé votre bonheur à un tout autre niveau alors que votre cerveau commencera à se remodeler lui-même.

UN AN APRÈS

Christine et moi avons consacré le premier anniversaire de l'incendie à dîner avec Julia et Tyler dans notre nouvelle maison de Petaluma. Cette même semaine, Lionel est venu de New York et Rexana du Texas pour visiter les lieux de son prochain mariage. Le week-end précédent, nous étions allés camper et faire du kayak avec toute la famille, y compris nos petits-enfants. Puis, je me suis envolé pour New York afin de donner un autre cours.

Le mois entier semblait être une célébration symétrique de l'amour et du soutien qui avaient traversé nos vies depuis l'incendie.

Lors de mes ateliers à New York, j'ai demandé à des experts en neurofeedback de connecter les participants à des EEG. Leurs ondes cérébrales ont montré des changements remarquables. En travaillant sur ce livre, j'ai lu des dizaines d'études sur les EEG et l'IRMf. J'ai toujours su que la méditation modifie le cerveau, mais de nouvelles recherches ont révélé des couches d'informations beaucoup plus riches sur le processus.

J'ai commencé à méditer dès l'âge de 15 ans et je suis devenu un méditant quotidien à 45 ans. J'ai affiné ma pratique de la méditation au fil des ans, et lorsque des études IRM de moines tibétains ont été publiées pour la première fois à la fin des années 1990, j'ai été fasciné par le potentiel de la méditation à produire de grandes améliorations de la santé et de la longévité humaines.

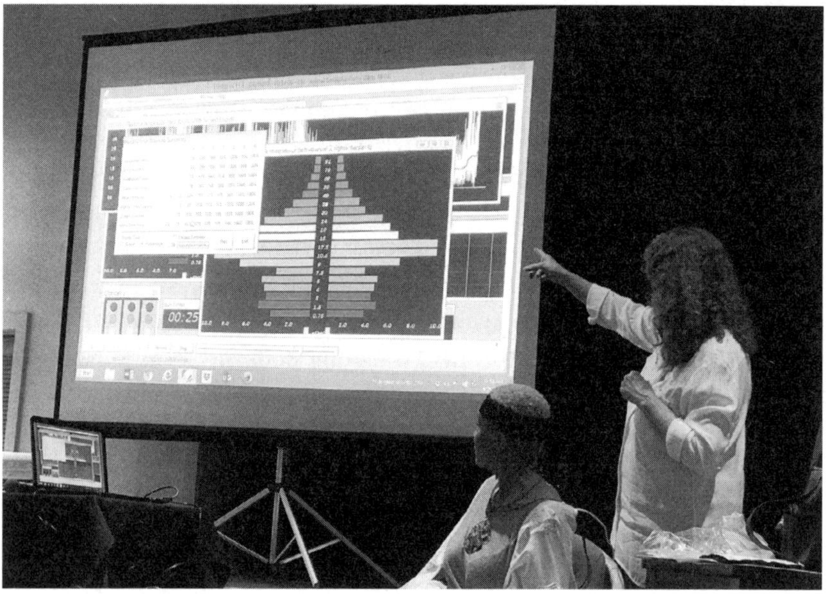

1. 18. Mesure des changements cérébraux des participants aux ateliers.
Voir la version en couleurs au centre du livre.

Comme beaucoup de personnes, mes premières tentatives de méditation ont échoué. Mais au milieu de la quarantaine, pour déterminer quelles méthodes étaient vraiment efficaces, je me suis tourné vers la science au lieu de me fier uniquement aux anciennes traditions. Cela m'a amené à développer une forme de méditation très simple mais basée sur des preuves, que les gens trouvaient facile à faire. Tout dans ma vie a commencé à changer lorsque j'ai commencé à la pratiquer quotidiennement. L'EFT et la méditation nous ont permis, à Christine et à moi-même, de nous remettre du traumatisme de l'incendie en un temps record.

Pendant toute la première année qui a suivi l'incendie, nous avons commencé chaque jour par la méditation. En nous asseyant et en respirant, nos soucis et notre insécurité ont commencé à s'estomper. Je me suis retrouvé à monter en conscience dans un état d'extase. Je l'ai appelé « *Bliss Brain* », ou cerveau du bien-être.

Le Cerveau du bien-être a été notre point d'ancrage pendant les premiers mois chaotiques après l'incendie. Il nous a donné un sentiment de bien-être et de connexion à une réalité qui s'étendait bien au-delà de notre petite histoire locale. En prenant conscience chaque matin, notre perspective a changé et nous avons vu notre vie comme une partie de la grande fresque de la vie, débordante de potentiel, plutôt que comme une île solitaire, d'incertitude et de tragédie. C'est là que la méditation nous a menés juste après l'incendie.

Le moment où tout a changé

19-10-2017 20 h 59 – Huffington Post – Santa Rosa Fire Blog Post 5

Les quarante-huit premières heures après l'incendie, j'étais hébété et confus. Je n'arrivais pas à savoir quoi faire ensuite. Les rumeurs abondaient et les informations concrètes sur ce qui se passait dans le comté de Sonoma étaient rares. Tout le monde autour de moi était craintif et anxieux, et moi aussi.

Puis quelque chose s'est passé, après quoi tout a été différent.

Ma femme, Christine, et moi-même, nous nous sommes réveillés à Fort Ross, à l'hôtel où nous nous étions réfugiés après avoir échappé à l'incendie qui a détruit notre maison. La nuit précédente, le soleil s'était couché dans un ciel rouge coloré par la cendre et le feu. Nous avons passé une nuit agitée, hantée par le rêve de traverser les flammes.

Ce matin-là, j'ai dit à Christine : « Nous devons agir. »

Elle m'a regardé avec curiosité.

« Nous devons méditer. »

Nous nous sommes assis le dos bien droit dans le lit et avons essayé d'entrer dans cet espace. C'était difficile. Les images du ciel rougeoyant d'hier n'arrêtaient pas de me venir en tête. J'ai compris à quel point mon énergie était désorganisée.

Le feu avait brûlé la corde qui attachait le bateau de ma vie à l'ancre de ma pratique spirituelle. J'avais dérivé dans la peur et l'incertitude pendant des heures. Il était temps de me connecter à nouveau. De me brancher sur l'univers, cette grande station de radio éternelle qui diffuse la paix et la sérénité 24 heures sur 24, 7 jours sur 7.

Alors que nous respirions et nous nous centrions, l'énergie familière de la paix et du calme nous a envahis. Nous étions de retour au cœur du Grand Esprit, la maison qui ne peut jamais être endommagée ou détruite.

Nous sommes restés assis pendant une bonne heure à profiter de la profondeur de la connexion. Nous nous sommes ensuite tournés l'un vers l'autre et avons commencé à partager nos pensées. Oui, il y avait eu un incendie. Oui, il avait brûlé notre maison. Mais nous étions là, en sécurité et centrés sur notre essence même.

Nous avons commencé à penser aux biens que nous avions perdus. Mais maintenant, assis dans le Cœur de l'Esprit, nous les voyions différemment. Je me suis souvenu des quatre boîtes de photos de ma mère rangées dans le garage. Quand elle est morte vingt ans plus tôt, elle avait laissé des montagnes de biens à trier.

Les plus imposants ont été traités progressivement. Mais qui a le temps de passer au crible des milliers d'instantanés des années 1960, la plupart flous et mettant en scène des personnes que nous ne connaissions pas ? Les quatre boîtes avaient occupé une étagère entière dans le garage.

Les photos sont lourdes, et elles sont pressées contre les côtés des boîtes. Le carton s'affaisse un peu plus chaque année. La forme détrempée des boîtes en train de se désintégrer reflétait l'absence de joie de la corvée peu attrayante du tri.

Désormais, ces quatre boîtes n'étaient plus là pour me reprocher leur misère chaque fois que je passais devant elles. Elles étaient en cendres. Quel soulagement !

Dans un autre de nos garages se trouvait un fauteuil de massage. Nous en avions acheté un nouveau l'année précédente et avions rangé l'ancien dans le garage. Sur ma liste de choses à faire se trouvait : Vendre un vieux fauteuil de massage sur « le Bon Coin ».

Mais une année s'était écoulée et je n'avais jamais trouvé le temps. Maintenant, le fauteuil était en cendres et mon obligation a miraculeusement disparu.

Je possédais une belle Rolls-Royce Silver Spirit classique. Mais j'avais investi tellement d'argent dedans que je ne pouvais pas me permettre d'acheter une nouvelle voiture plus pratique. J'avais tenté de la vendre, et elle était maintenant brûlée. L'argent de l'assurance allait servir à payer ce nouveau véhicule.

Christine et moi parlions depuis quelques années de déménager à Petaluma. Mais avec nos économies investies dans la maison de Mark West, c'était une chimère. Maintenant, comme nous n'avions plus rien pour revenir en arrière, un déménagement était inévitable.

Nous avons commencé à énumérer les bienfaits du feu.

En psychologie, cela s'appelle un changement cognitif. Même image, cadre différent. Même feu, signification différente.

Tout en énumérant ces bienfaits après avoir médité, notre humeur changeait. Nous avons célébré le fait d'être en vie, avec des possibilités infinies qui s'ouvrent à nous. Nous avons commencé à nous sentir joyeux et heureux. Nous avons plaisanté entre nous. Seulement quarante-huit heures après avoir tout « perdu » !

Après la méditation, le feu signifiait la liberté, pas la perte. Il signifiait l'incinération de l'ancien et non la perte d'une vie entière de trésors. Il signifiait l'ouverture à une vie nouvelle et meilleure, et non pas l'immersion dans la tragédie de l'ancienne.

La méditation a fait la différence.

Ce jour-là, moins de quarante-huit heures après l'incendie, la méditation a changé toute ma vision de la vie. Je suis passé de l'état de perdition et de confusion à celui de confiance et de bonheur, de « sans objectif » et craintif à un état d'équilibre et de joie. J'ai renoué avec la version vibrante et pleine de ressources de moi-même.

Quelques jours plus tard, j'ai écrit dans mon journal : « Je me sens incroyablement heureux. Aimé et protégé par l'Esprit à chaque instant. Heureux avec ma communauté, mes amis, mes enfants et Christine. L'incendie ne semble pas être une perte du tout – la maison et les biens semblent insignifiants en comparaison. »

« Nous ne savons pas comment tout va se passer. Mais nous n'en avons pas besoin. On peut suivre le courant. Quand on est ancré dans l'Esprit, on est en sécurité. Vous n'êtes pas attaché par des possessions matérielles ; ce ne sont pas elles qui donnent un sens à votre vie. »

« Le sens vient de la connexion avec l'Esprit. L'esprit n'est pas une vague abstraction métaphysique, c'est le fondement de la réalité ! Je choisis d'y vivre tous les jours. Il est profond de comprendre que rien ne peut vous enlever votre bonheur. »

L'APPROFONDISSEMENT DES PRATIQUES

Voici des pratiques que vous pouvez faire cette semaine pour intégrer les informations de ce chapitre dans votre vie :

- **Achat d'un cahier personnel** : Achetez un journal ou un cahier personnel tout neuf. Ne le commandez pas en ligne, mais allez plutôt dans un magasin. Prenez-le en main et sentez-le. Trouvez-en un qui vous convienne. Même si vous possédez déjà un journal, achetez-en un nouveau. Faites de cet achat un acte symbolique de nouveau départ. Choisissez-le avec soin et oubliez le coût. Ce nouveau journal représente un nouveau départ dans votre vie. Utilisez-le pour consigner les idées que vous avez acquises en lisant ce livre et utilisez les méditations gratuites qui l'accompagnent.
- **Pratique de la gratitude** : Passez cinq minutes chaque matin ou soir à écrire dans votre journal au moins cinq choses dont vous êtes reconnaissant aujourd'hui. Vous voulez une double dose ? Faites-le matin et soir. On ne peut pas faire une overdose de gratitude !
- **Des catastrophes qui ne se sont jamais produites** : Passez vingt à trente minutes au calme cette semaine à réfléchir à toutes les choses qui auraient pu mal tourner dans votre vie mais qui ne se sont pas produites. Peut-être qu'un ami traverse un divorce difficile et que vous êtes heureux en ménage. Appréciez le désastre que votre mariage aurait pu être.
- **Appréciez tous les quasi-accidents dans chaque domaine de la vie.** Cela inclut la carrière (par exemple : « Lorsque l'entreprise a réduit ses effectifs, j'étais sûr de perdre mon emploi, mais au lieu de cela, j'ai été promu »), l'argent (par exemple : « J'ai vendu mes actions de cette société juste avant qu'elle ne s'effondre »), les relations (par exemple : « Je suis peut-être à la place de Suzie en ce moment parce que je suis sortie avec Gus avant elle ») et la santé (par exemple : « Cet hiver, je n'ai pas eu la grippe alors que tout le monde l'a eue »).
- **Pratique de la méditation** : Chaque chapitre de ce livre est accompagné d'une méditation. Elles durent toutes quinze minutes ou moins. Écoutez celle qui se trouve

ci-dessous chaque matin, avant de faire quoi que ce soit d'autre. Prenez l'habitude de vous offrir ce cadeau de temps de calme et centration tous les matins. Cela peut changer votre vie.

RESSOURCES MULTIMÉDIA COMPLÉMENTAIRES (EN ANGLAIS)

La partie en ligne de ressources complémentaires de ce chapitre comprend :

- l'Éco-Méditation guidée de Dawson : Activer le cerveau du bien-être ;
- les sept étapes de l'Éco-Méditation ;
- le programme audio sur la façon dont notre cerveau transforme l'énergie en matière ;
- la vidéo du discours de Dawson sur la génétique et la résilience ;
- le calendrier des prochains ateliers et événements en direct.

Obtenez les ressources complémentaires en anglais à cette adresse : BlissBrainBook.com/1.

CHAPITRE 2

LE FLUX

UN GUIDE DU VOYAGEUR POUR LE CERVEAU DU BIEN-ÊTRE

À quoi ressemble l'expérience du cerveau du bien-être et de la béatitude, le *Bliss Brain* ?

Tout en méditant ce matin, je vais tenter de vous la décrire comme un voyageur raconterait à ses amis son périple dans un pays lointain.

D'abord, je ferme les yeux et je passe en revue les sept étapes de l'Éco-Méditation énumérées dans les ressources du chapitre 1. J'utilise les stimulations manuelles de l'EFT pour libérer mon corps de tout son stress et de tout obstacle mental ou émotionnel à l'atteinte d'une paix intérieure complète. Je détends ma langue sur le plancher de ma bouche. Je respire à travers mon cœur, et je ralentis ma respiration à six secondes sur l'inspiration et six secondes sur l'expiration. J'imagine ma plage préférée et mes proches en train d'y jouer et j'envoie un faisceau d'énergie depuis mon cœur à cette scène. J'imagine un grand espace vide derrière mes yeux.

Je peux sentir mon corps et je suis vaguement attentif à mon environnement. Mais la plupart de mon attention est centrée sur l'expérience que je vis au niveau de la pure conscience.

Des vagues de félicité commencent à déferler dans mon cerveau et mon corps. De temps en temps, je tremble ou me balance légèrement lorsqu'une nouvelle vague d'extase me touche. Je me concentre intensément sur l'espace au centre de mon être. Entre mes sourcils, mon front et mon crâne picotent à l'endroit où le lien avec cet état élevé de la conscience s'ancre le plus fortement dans mon corps physique.

Il est facile de s'éclipser de cet endroit. Une seule pensée intrusive suffit. Cette pensée en entraîne une autre et avant que je ne m'en rende compte, ma conscience s'échappe du Cerveau du bien-être. Et je me retrouve à composer mentalement un long e-mail à mon responsable marketing. *Je sais que vous voulez une page d'opt-in, mais je pense qu'une page de vente complète expliquerait mieux notre programme.* Ou revivre un conflit éthique avec un collègue. *Recommander un remplacement de la hanche pour un patient aussi âgé, c'est vraiment aller trop loin.*

Des scènes aléatoires du film que j'ai regardé hier soir me viennent à l'esprit. *Quelle était la précision de l'accent écossais de Chris Pine lorsqu'il jouait le roi Robert d'Écosse?* Des fragments d'un rêve bizarre surgissent dans ma conscience: *ne portant qu'un pagne de plumes, je fais frire des œufs pour Tony Robbins à l'aéroport de San Francisco.* Des idées sur la façon de présenter les données dans un article scientifique que je suis en train d'écrire. *Dois-je utiliser un test T ou une ANOVA (analyse de la variance)?* Cette attaque d'arthrite plus tôt cette semaine. *Aurai-je un jour besoin d'une prothèse pour ce genou douloureux?* J'ai dépassé le délai pour un discours que je dois écrire. *L'organisateur de la conférence va-t-il déjà m'envoyer un autre courriel sarcastique?* Et un million d'autres distractions...

Chaque fois que cela se produit, je ramène mon attention au centre. C'est comme syntoniser une station de radio. Je peux facilement perdre le signal et laisser le cadran se déplacer vers une autre station, rempli d'anxiété et de stress.

Mais je sais à quoi ressemble la station du bonheur. Je connais la musique qu'elle joue et je sais ce que mon corps ressent quand je suis absorbé par elle. Comme je suis allé au centre tant de fois, je peux généralement trouver cette station, à peine quelques minutes après avoir fermé les yeux.

Je me remets donc à l'écoute maintenant. Je ressens une expansion immédiate dans ma conscience, un sentiment de connexion avec l'univers entier. Je ressens un sentiment d'accueil, comme si j'étais rentré à la maison. J'habite à l'adresse d'une conscience où le bien-être parfait est la seule réalité.

Alors que je me remets au centre, une autre vague de félicité inonde mon cerveau, mon esprit et mon corps. Je sens ma conscience sortir de mon état normal, comme un ballon qui s'élève dans le vent, pour se rencontrer et se confondre avec une conscience si vaste et en expansion qu'elle n'a pas de fin.

Je sais que c'est cette même intelligence qui dirige l'univers dans un ordre si parfait. Toutes les cellules de mon corps réagissent à cette intelligence. Chaque cellule sait qu'elle est rentrée chez elle, qu'elle est connectée à la conscience universelle avec laquelle mon esprit a fusionné. Le champ de réalité locale de mon esprit et de mon corps s'abandonne à l'union avec le grand champ de réalité non locale de l'univers.

Dans cette conscience, il n'y a pas de place pour l'inquiétude, le doute ou la peur. Les pensées anxieuses avec lesquelles j'ai commencé la session de méditation sont maintenant laissées loin derrière moi, alors que le ballon s'élève au-dessus du monde de la réalité locale ordinaire.

Ma respiration ralentit et s'approfondit. Chaque respiration est une connexion avec cette grande conscience universelle. Chaque respiration sort de cette conscience, tandis que chaque souffle s'écoule dans cette conscience. Une chaude sensation de bien-être inonde mon corps. J'ai commencé la méditation dans l'air froid du matin, mon corps est maintenant imprégné de la lueur de la connexion.

En me centrant encore et encore, je remarque un intense tourbillon de lumière blanc argenté scintillant au-dessus de ma tête. Je dérive vers le haut à travers le portail. Je me trouve à un niveau de lumière indifférenciée. Je regarde mon esprit, et il est inondé de cette même lumière blanche. Je suis dans cet état de *Bliss Brain*, le Cerveau du bien-être.

Tout se dissout dans la lumière. Il n'y a ni corps, ni moi, ni esprit, pas d'univers. Seulement la lumière. La lumière, tout simplement, est présente. Elle n'a pas de commencement ni de fin. Elle s'étend à l'infini. C'est tout ce qu'il y a ; il n'y a rien d'autre que la lumière, dans ce monde de lumière. Je me perds dans l'unité avec la lumière.

2. 1. Entrer dans le Cerveau du bien-être.

Je ressens une sensation de picotement au centre de mon front, là où la connexion au tunnel de lumière est la plus forte. Une musique angélique résonne dans mon cerveau, le son s'ajoutant à la lumière. Mon corps se balance spontanément d'un côté à l'autre. Les muscles se contractent sous l'effet d'énormes chocs énergétiques. Chaque sensation est balayée par la lumière béate de l'unité qui traverse mon corps. Au fond de ma bouche, je goûte de douces gouttes d'ambroisie. Mon cœur est rempli d'un vaste sentiment de calme.

ANCRÉ DANS LA BÉATITUDE

J'ouvre les yeux et je regarde doucement la pièce qui se trouve devant moi. Puis je les ferme à nouveau. Une fois que je suis ancré dans la béatitude, peu importe que mes yeux soient ouverts ou fermés. Je peux maintenir cet état de conscience expansif dans les deux sens. Mon intention est de garder cet état de conscience durant ma journée de travail après la méditation. Je ne veux pas penser ou agir d'ailleurs.

Au bout d'un moment, je regarde à nouveau mon corps assis sur la chaise. Je me rends compte que je dérive, en faisant un avec la lumière, en me prélassant dans la félicité, depuis longtemps. Mon cœur se remplit de joie et mes yeux se remplissent de larmes, car je suis submergé par la gratitude. Pour ma vie, telle qu'elle est. Pour chaque détail de ce qu'elle est. Pour tout ce qui se passera dans le futur, peu importe ce que cela pourrait être. Je remercie pour tout cela. Je me connecte avec tous ceux qui méditent en ce moment même, partout dans le monde.

J'ouvre les yeux et je regarde la lumière du soleil à l'extérieur de la pièce dans laquelle je médite. Je suis à nouveau conscient du temps et de l'espace. La tasse de café oubliée dans mes mains est complètement froide.

Des larmes de gratitude coulent sur mes joues. Je regarde ma tasse. Les mots imprimés dessus disent: *Trouve la joie dans le voyage*. Après avoir emménagé dans la nouvelle maison qui a remplacé celle détruite par le feu, je suis parti à la recherche de tasses imprimées avec des citations inspirantes. Celles offertes par l'aide aux victimes de l'incendie avec des signatures comme «l'Association des distributeurs de matériel de construction» et «Mon chien Médor boit aussi dans ma tasse» ne faisaient pas écho à la vibration énergétique de l'état méditatif.

Je suis reconnaissant pour tout. Mes mains, avec lesquelles je tiens la tasse de café. Mes pieds, avec lesquels je peux marcher. Mon souffle, qui apporte la vie à mes cellules. Ma connexion avec l'univers. Les personnes merveilleuses dans ma vie.

Je ferme les yeux et je suis immédiatement dans la lumière une fois de plus. Je les ouvre et la lumière reste.

En transe, je me lève et je prends une nouvelle tasse de café.

Ma femme s'est réveillée et elle vient dans la pièce pour prendre sa tasse de café du matin. Nous nous embrassons sans paroles. J'enfouis mon visage dans ses cheveux et je suis enchanté par leur parfum.

Nous nous regardons profondément dans les yeux et nous ne disons rien pendant qu'elle s'assoit pour méditer elle aussi. Quand je ferme à nouveau les yeux, je suis de retour dans l'état de *Bliss Brain*, le Cerveau du bien-être.

L'ÉVOLUTION DE LA SITUATION

Je me rends compte que j'ai un rendez-vous dans moins d'une heure et que je dois me préparer – décider des priorités du jour, faire les choses les plus importantes en premier, puis regarder mes courriels. De manière à emporter l'énergie de cette première heure de méditation dans les affaires courantes de la journée. Le processus de communion avec l'univers est terminé.

Dans mon état de *Bliss Brain*, j'envoie de l'amour à tout le monde et à toute chose que je rencontrerai dans ma journée de travail. Toutes les personnes extraordinaires de mon équipe au travail. Celles auxquelles je vais envoyer un e-mail ou que j'aurai au téléphone aujourd'hui. Celles qui collaborent à mes projets de recherche ou de formation.

Je me « branche » avec toutes les personnes que je vais voir et rencontrer et avec lesquelles je vais interagir dans l'avenir, à travers mes blogs, mes télé-classes, mes émissions de radio, mes podcasts, mes courriels, les médias, et les discours d'ouverture. Je ressens un lien avec tout le monde dans mon avenir et tout le monde dans mon passé. Je sens l'amour rayonner de mon cœur vers chacun d'eux.

Je porte en moi l'empreinte indélébile de ce temps passé en communion avec l'infini. Je sais qu'elle imprégnera toute ma journée, élevant mon esprit à un niveau auquel il ne serait jamais capable de fonctionner si je ne m'étais pas centré au début de la journée.

Les intuitions et les idées qui surgissent pendant et après la méditation sont généralement à un niveau de pertinence bien supérieur à celui dont je suis capable dans ma conscience éveillée ordinaire. À partir de cette perspective élevée, je crée des connexions d'une manière que ma conscience ordinaire ne peut pas égaler.

Je sais que je trouverai des solutions, que je résoudrai des problèmes et que je connaîtrai des intuitions que je n'aurais jamais eues si mes activités quotidiennes n'étaient pas imprégnées de la sagesse, de la créativité, de la clarté et de la joie du Cerveau du bien-être. Cela produit une vie fondamentalement différente de celle qui est vécue au niveau de la conscience ordinaire.

J'ai vécu dans cet état pendant longtemps avant de découvrir l'extase de la connexion avec l'infini. À ce niveau de la réalité ordinaire, je croyais que mes craintes étaient réelles. Je croyais que mes limites étaient des faits objectifs. Je croyais que ce que j'étais aujourd'hui était déterminé par mes expériences passées. Mon esprit était prisonnier d'un petit sous-ensemble de possibilités.

Maintenant que je sais que cet état d'expansion est possible et que je peux l'atteindre en méditant tous les jours, je vois des possibilités illimitées. Je ne suis plus coincé dans ce petit esprit local qui considère les problèmes comme réels et les limites comme des faits. Lorsque j'entre dans le Cerveau du bien-être, je vois des perspectives et des possibilités dans lesquelles ces problèmes et ces limitations cessent d'exister. Ils ne sont réels qu'à ce niveau limité de l'esprit, et ils disparaissent lorsque vous choisissez consciemment d'élever votre conscience au niveau de l'esprit non local infini.

Vous ramenez ensuite les solutions et les possibilités de ce niveau à votre parcours quotidien dans la vie. Cela crée une expérience complètement différente de celle d'une vie enfermée dans le confinement de l'esprit local.

Je médite chaque matin – je rate rarement un matin –, donc la méditation est le point d'ancrage de mes journées. Quand je regarde les nombreuses années qui se sont écoulées depuis, tout ce qui semble compter, c'est la méditation de chaque matin. Le temps que j'ai passé dans le monde réel. Mon temps en extase. C'est la couture qui tient tout le tissu de la vie. Ce sentiment de connexion expansive est l'expérience la plus importante de ma vie, une lumière qui illumine chaque expérience moindre.

2. 2. Lorsque nous commençons la journée dans l'état de *Bliss Brain*, cela influence notre réalité quotidienne.

Caractéristiques communes de l'expérience mystique

Mon expérience de la méditation n'est pas unique ; elle est commune à tous les méditants de l'histoire. Un mystique tibétain du XIVe siècle décrit ainsi son expérience de méditation profonde : « [...] un état de conscience nue et transparente ; sans effort et brillamment vivant, un état de sagesse détendu et sans racines ; fixation libre et cristalline, un état sans le moindre point de référence ; une clarté vide et spacieuse, un état ouvert et sans confinement ; les sens sans entrave[...] »

L'expérience mystique n'est pas la propriété des bouddhistes, des catholiques, des taoïstes ou des hindous. C'est la racine commune à toutes les religions. Les grands maîtres spirituels sont entrés dans ces états d'expérience, et lorsqu'ils sont « revenus du sommet de la montagne », ils les ont décrits à leurs disciples dans la langue de leurs cultures.

Le théologien Huston Smith, auteur du manuel à succès *The World's Religions* (les religions du monde), a appelé le mysticisme « l'apogée de toutes les religions ». Les vrais croyants peuvent contester certains points de la théologie, mais il n'y a pas de désaccord entre les mystiques, quelle que soit leur foi, car ils ont partagé la même expérience primaire. Ces expériences sont plus spirituelles que religieuses. Les recherches montrent que les adeptes deviennent beaucoup plus spirituels après des expériences mystiques, tandis que l'intérêt pour l'affiliation religieuse formelle décline. Le mystique soufi du XIVe siècle Hafez s'est exclamé :

« Suis-je un chrétien, un hindou, un musulman, un bouddhiste ou un juif ? Je ne le sais pas… car la Vérité a mis le feu à ces mots. »

L'adepte ne s'identifie plus à une religion particulière, mais à la source de toutes les religions : l'expérience mystique primaire. Ni à une théologie, mais à la source de toute théologie : la connaissance intime de l'univers lui-même.

Le premier chercheur sérieux à examiner les caractéristiques de cet état d'extase a été Andrew Greeley. Dans une étude portant sur 1 467 personnes, il a établi des parallèles entre les états mystiques et extatiques non ordinaires. Greeley a trouvé ces éléments communs à l'expérience de la transcendance :

- sentiment de paix profonde ;
- certitude que tout ira pour le mieux ;
- sentiment de son propre besoin d'être utile aux autres ;
- conviction que l'amour est au centre de tout ;
- sens de la joie et du rire ;
- une expérience d'une grande intensité émotionnelle ;
- grande augmentation de sa compréhension et de ses connaissances ;
- sens de l'unité de tout et de sa propre part dans tout cela ;
- sentiment de vie nouvelle ou de vie dans le monde ;
- confiance dans sa propre survie personnelle ;
- sentiment de ne pas pouvoir décrire ce qui nous arrive ;
- le sentiment que tout l'univers est vivant ;
- la sensation que sa personnalité avait été prise en charge par quelque chose de beaucoup plus puissant que soi.

Lorsque nous échappons au moi subjectif et que nous nous élevons au-dessus de notre souffrance pour voir notre expérience objectivement, nous abandonnons les limitations de notre esprit local pour embrasser la conscience non locale.

Les chercheurs ultérieurs se sont appuyés sur les premières découvertes de Greeley. Ils ont trouvé sept points communs, dont un sentiment d'unité, d'illumination, de crainte et de félicité. La vivacité sensorielle de l'expérience de l'« illumination » dépassait celle de la vie quotidienne. Dans son classique de 1954, *Les Portes de la perception*, le philosophe Aldous Huxley appelle cela « la vision sacramentelle de la réalité ».

Tous les mystiques ont des expériences similaires, qu'il s'agisse de sâdhus hindous qui mendient en errant dans la campagne, de moines bouddhistes qui s'isolent dans des grottes haut perchées dans l'Himalaya, ou les religieuses chrétiennes engagées dans une prière contemplative.

Le premier professeur de psychologie de l'université Harvard, William James, après ses propres expériences transcendantes, a observé en 1902 que « notre conscience éveillée normale [...] n'est qu'un type spécial de conscience, alors que tout autour d'elle, séparée d'elle par le plus filiforme des écrans, se trouvent des formes potentielles de conscience entièrement différentes ». Il a dit qu'aucun compte rendu de l'univers ne serait complet sans tenir compte de ces états.

Ces états altérés sont plus que des expériences subjectives. La science montre maintenant qu'il s'agit également d'états neurologiques objectifs. Dans son livre *How Enlightenment Changes Your Brain*, le chercheur en neurosciences Andrew Newberg appelle cette extase mystique une « expérience subjectivement et neurologiquement réelle ».

TOMBER EN DISGRÂCE

La méditation est appelée une *pratique* pour une raison : vous la pratiquez moment après moment.

Hier, j'ai eu une méditation parfaite, celle décrite ci-dessus. Celle d'aujourd'hui est moins réussie. Dès que je ferme les yeux, une pensée se précipite pour troubler la paix. Puis une autre, et encore une autre.

Ai-je laissé la bouilloire dans la cuisine branchée après avoir fait mon thé? Je soupçonne mon collègue de dire des choses méchantes sur moi dans mon dos. Est-ce aujourd'hui le jour où le nettoyage à sec est prêt pour aller le chercher? Elizabeth Gilbert est un bien meilleur écrivain que moi. Lorsque je me suis disputé avec mon beau-père au sujet de son plan de retraite la semaine dernière, j'aurais pu faire valoir un bien meilleur argument. Est-ce une année bissextile? Quand aura lieu mon prochain examen? Les enfants nous ont-ils entendus faire l'amour hier soir?

Je m'inquiète de chaque pensée. Puis je la lâche et je retourne en *Bliss Brain*. Je souris.

Puis une autre pensée se précipite pour prendre la place de celle que je viens d'expulser. Je fronce les sourcils. Je recommence la procédure d'expulsion.

Je suis frustré par l'invasion constante de mon état méditatif paisible par les pensées et les soucis. Il y a des jours où cela ne s'arrête jamais et je crie en silence: « Mon Dieu, lobotomisez-moi. »

Pourtant, cette frustration n'est qu'un souci de plus à laisser tomber. J'aime mon esprit parce qu'il est si intrigant et curieux, et penser et s'inquiéter, c'est ce que fait l'esprit. Vouloir qu'il change, c'est comme se tenir sur la plage et souhaiter que les vagues s'arrêtent. C'est une demande futile qui ne peut que conduire à plus de malheur.

Ce que je peux faire, c'est continuer à revenir, avec persistance et de manière délibérée, à cet état de *Bliss Brain*. Je peux maintenir une énergie positive et de la bonne humeur malgré l'activité incessante de l'esprit. Cette pratique entraîne le cerveau à faire l'expérience de la sérénité et à se réorienter vers la paix lorsqu'il est perturbé.

Cette pratique consistant à inverser délibérément le commutateur pour revenir au Cerveau du bien-être peut être plus importante que l'atteinte du Cerveau du bien-être lui-même.

Nous sommes habitués à croire que ce qui compte, c'est d'atteindre nos objectifs. Pour le méditant, l'objectif pourrait être de maintenir un état de béatitude constant. Le saint qui réussit à atteindre l'illumination éternelle est-il à coup sûr au summum de la perfection ?

Peut-être pas. Peut-être que le crétin qui tombe en disgrâce, puis se relève et s'approche à nouveau de la grâce, pour retomber dans la fosse et qui répète le processus, fait quelque chose d'important. L'acte de persévérance est peut-être plus essentiel pour le méditant que l'atteinte permanente de la félicité du cerveau. Le vrai héros est peut-être bien celui qui persiste, encore plus que celui qui gagne.

Donc, dans votre pratique de la méditation, échouez avec joie. Échouez un nombre infini de fois. Tomber en extase n'est pas le problème, c'est une partie du processus. Choisir d'élever votre état à nouveau au niveau du Cerveau du bien-être, même si vous ne parvenez à le maintenir qu'une seule seconde, est l'élément crucial d'une pratique de méditation réussie.

LE CYCLE DE MÉDITATION

Une étude importante réalisée à l'université Emory a examiné les régions du cerveau qui sont actives pendant la phase de chute ainsi que durant l'expérience de méditation. Les chercheurs ont trouvé quatre phases distinctes dans le cycle. Ils les ont appelées *concentration, vagabondage mental, conscience* et *bascule*.

La *concentration* est le moment où l'attention est centrée sur l'état méditatif. C'est alors que commence le *vagabondage mental*. Nous prenons *conscience* que l'esprit vagabonde, puis nous basculons à nouveau vers la concentration.

Le fait de considérer la méditation comme un cycle en quatre parties, plutôt que comme un état idéal unique, nous donne une image plus réaliste de ce à quoi nous devons nous attendre lors de nos séances de méditation. Les chercheurs d'Emory soulignent que « la concentration est inévitablement interrompue par le vagabondage mental (VM) ». Nous prenons alors conscience que notre attention a été détournée et nous pratiquons la bascule. Nous reportons alors notre attention sur l'état méditatif. Et ainsi va le cycle, moment après moment.

J'enviais ces quelques chanceux qui avaient réussi à passer de l'autre côté, qui avaient atteint un état permanent de béatitude, de concentration éternelle sans être interrompus par le vagabondage mental. Qui avaient atteint une connexion permanente avec l'univers.

Comme le Bouddha après l'éveil, assis sous l'arbre de la Bodhi. Comme Eckhart Tolle, qui s'est « réveillé » un jour alors qu'il était assis sur un banc dans un parc et qui est resté pour toujours dans cet état. Comme Byron Katie, qui s'est éveillée à la transcendance au milieu du désespoir le plus profond.

Je les comparais aux méditants laborieux comme moi, qui après plus d'un demi-siècle de pratique, doivent encore passer par les quatre étapes, se faisant aspirer hors de la méditation par leur esprit vagabond et devant ensuite se rassurer eux-mêmes, à chaque fois, même pour une seule heure de méditation.

Mais je comprends maintenant que c'est le voyage qui compte, et non la destination. Ce voyage héroïque de retour à la concentration, même lorsqu'il doit être répété d'innombrables fois, est ce qui fait pencher la balance vers la béatitude. Saint François de Sales (1567-1622) a écrit : « Si le cœur se promène ou est distrait, ramène-le au présent gentiment [...] et même si tu ne fais rien d'autre de cette heure que de ramener ton cœur au présent – même s'il s'en va dès que tu l'as ramené – ton heure aura été bien employée. »

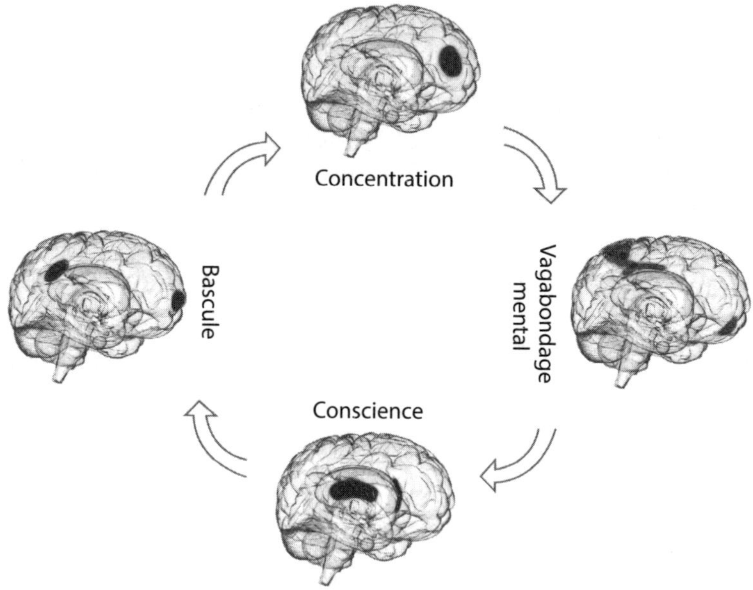

2. 3. Quatre étapes du cycle de méditation.
Le méditant (1) atteint la concentration dans l'état méditatif ;
(2) s'égare dans le vagabondage mental ; (3) prend conscience de la déviation ;
et ensuite (4) bascule consciemment vers la concentration.

C'est comme actionner un interrupteur qui est programmé pour être en position « off ». Vous remarquez que vous êtes dans le noir, et vous mettez l'interrupteur sur « on ». Vous êtes dans la lumière (*concentration*).

Mais ensuite, l'interrupteur revient en arrière, car c'est sa position par défaut (*vagabondage mental*). Vous remarquez à nouveau que vous êtes dans le noir (*conscience*). Alors vous actionnez à nouveau le bouton (*bascule*). Vous êtes à nouveau dans la lumière (*concentration*). Vous découvrez que vous êtes dans l'obscurité et vous considérez cela comme un signal pour remettre l'interrupteur en marche.

Faites-le aussi souvent que possible et le rapport entre l'obscurité et la lumière changera. Dans chaque méditation, vous êtes progressivement plus en *Bliss Brain* qu'en dehors. Chaque activation délibérée de l'interrupteur est une déclaration à l'univers que vous vous êtes engagé à être dans la lumière. Ce n'est pas la durée de votre séjour dans la lumière qui compte ; ce sont les moments où vous êtes dans le noir et où vous appuyez sur l'interrupteur une fois de plus.

Le cafard rampant sur mon pied

Après son divorce, Byron Katie a sombré dans une grave dépression. Elle est devenue incapable de quitter sa maison, puis incapable même de quitter sa chambre à coucher. Agoraphobe, paranoïaque et suicidaire, elle s'est tournée vers la drogue et l'alcool. Elle a vécu dans cet état pendant près de dix ans, pour finir dans un foyer de réinsertion.

Les autres femmes de la maison avaient peur d'elle, alors elle était confinée au grenier, où elle dormait à même le sol. Là, elle a vécu une expérience de transcendance qui a complètement changé sa vie.

« Un matin, je dormais par terre et j'ai senti cette chose ramper sur mon pied et j'ai regardé vers le bas et c'était un cafard », se souvient-elle. « J'ai ouvert les yeux et ce qui était né n'était pas moi… [Cette nouvelle personne] s'est levée, elle a marché, elle a apparemment parlé. Elle était ravie. C'est tellement extatique de naître… »

En ouvrant les yeux, Katie a fait l'expérience de l'émerveillement de la renaissance. « J'appelle ça de l'amour », dit-elle, « parce que je n'ai pas d'autre mot. Mais, simplement, voir ma main devant mon visage, ou mon pied, ou la table, ou quoi que ce soit, c'était comme la voir pour la première fois. C'est un privilège qui va au-delà de ce que l'on peut exprimer. C'est faire l'expérience de la simple image de soi… née dans l'amour. »

À partir de ce moment, sa souffrance a pris fin. Elle est sortie du centre de réadaptation en étant devenue une personne différente. Comme elle le résume, « j'ai découvert que lorsque je croyais en mes pensées, je souffrais, mais lorsque je ne les croyais pas, je ne souffrais pas, et cela est vrai pour chaque être humain. La liberté est simple. J'ai découvert que la souffrance est facultative. J'ai trouvé en moi une joie qui n'a jamais disparu, pas un seul instant. Cette joie est en chacun de nous, toujours. »

Katie est ensuite devenue une conférencière internationale et a écrit *Aimer ce qui est : Quatre questions qui peuvent tout changer dans votre vie*. Elle y décrit « The Work », la méthode d'autoquestionnement qu'elle a développée à la suite de son expérience de transcendance.

FAIRE TOURNER LE MOTEUR DE VOTRE VOITURE SUR LE PARKING

Depuis des décennies, l'un des mystères des neurosciences est le taux de consommation énergétique du cerveau. Bien qu'il ne représente que 2 % de la masse de notre corps, il consomme 20 % de son énergie. Il consomme la même quantité d'énergie qu'il soit engagé dans une tâche exigeante ou au repos.

Une activité qui demande beaucoup d'attention, comme mettre à jour son CV, compter ses respirations, se tenir sur une jambe, composer un poème ou naviguer dans une ville inconnue la nuit, exige que le cerveau se mette en marche à pleine puissance. Un ensemble de régions du cerveau, appelé le réseau dit à « tâches positives », RTP en abrégé (ou TPN en anglais pour Task-Positive Network) se prépare à effectuer la tâche. Il comprend des structures comme le lobe pariétal et le cortex préfrontal latéral. Celles-ci gèrent des fonctions telles que la mémoire de travail, la conscience cognitive et l'attention.

Mais quand vous êtes assis dans votre jardin sur une chaise longue un dimanche après-midi, en train de lire des bandes dessinées ou de regarder les fleurs dans le jardin, avec votre « RTP » en sommeil, votre cerveau consomme encore 20 % de l'énergie de votre corps. Les recherches en IRM montrent que la consommation d'énergie du cerveau varie rarement de plus de 5 % en plus ou en moins au cours d'une journée.

C'est comme un moteur de voiture qui continue à tourner même lorsqu'il est au ralenti. La Honda que Christine et moi avons sortie du feu a un moteur à six cylindres d'une puissance de 271 chevaux. Lorsque nous roulions sur la voie rapide à 130 km/h, le tachymètre nous indiquait que le moteur tournait à deux mille tours par minute. Mais lors de notre arrêt sur le parking de l'épicerie, alors que la boîte de vitesses était au point mort et que le moteur tournait au ralenti, il affichait 150 tr/min, soit moins de 10 % de sa puissance de pointe.

Notre cerveau ne fonctionne pas de cette façon. Il tourne à 2000 tr/min quand vous êtes au point mort. Pourquoi ? Cela a longtemps été l'une des énigmes des neurosciences.

Il s'avère que lorsque vous ne faites rien, votre cerveau n'est pas inerte. Il est très actif. Mais il fonctionne en pilote automatique, avec un ensemble de régions appelé le réseau du mode par défaut (RMD). Le RMD est ce à quoi notre cerveau se réfère par défaut lorsqu'il n'est pas occupé à une tâche comme la création d'un tableur, donner un coup de pied dans un ballon de foot ou jouer aux échecs. Lorsque nous sommes mentalement au repos, notre RTP s'arrête pendant que notre RMD se met en marche, ce qui permet à notre cerveau de fonctionner à 2000 tr/min même si nous n'effectuons aucune tâche mentale spécifique.

Marcus Raichle et l'énergie noire du cerveau

Au milieu des années 1990, dans un laboratoire de l'université Washington à Saint-Louis, dans le Missouri, le neurologue Marcus Raichle a fait une découverte inattendue. Ce n'était pas l'objet de ses recherches, mais tout à coup, c'était là. À l'époque, il ne savait pas quoi en faire et s'est contenté de classer ses résultats de laboratoire sous une étiquette qu'il a inventée sur-le-champ : « Medial Mystery Parietal Area » (zone pariétale médiane mystérieuse), ou MMPA en abrégé.

Sa découverte accidentelle lui a valu de remporter le prix Kavli en neurosciences en 2014. Ce prestigieux prix norvégien récompense les « travaux scientifiques exceptionnels » dans les domaines de l'astrophysique, des nanosciences et des neurosciences.

Quelle a été la découverte mystérieuse ? Raichle effectuait des scanners TEP (tomographie par émission de positrons) sur le cerveau de sujets engagés dans des activités mentales concentrées et sur celui d'un groupe témoin au repos. À son grand étonnement, les scanners cérébraux du groupe de contrôle ont montré une activité accrue dans certaines zones lorsque l'on reste inactif. Ces zones n'étaient pas actives chez les sujets engagés dans des tâches mentales exigeantes.

En décrivant cette découverte, Raichle note : « À un certain moment de notre travail [...], j'ai commencé à regarder les scans de l'état de repos moins les scans des tâches. Ce qui a immédiatement attiré mon attention, c'est le fait que, quelle que soit la tâche étudiée, les baisses d'activité étaient clairement présentes et incluaient presque toujours le cortex cingulaire postérieur et le précuneus adjacent. »

Le cortex cingulaire postérieur, une zone située autour de la ligne médiane du cerveau, est lié au système limbique qui fait partie intégrante de la mémoire et du traitement des émotions. Le précuneus fait partie du lobe pariétal et est également impliqué dans la mémoire. Raichle a observé leur fermeture lors de tâches mentales concentrées et leur activation dans un cerveau ne faisant rien de particulier.

En 1997, Raichle et ses collègues ont analysé neuf études plus anciennes et ont appelé « réseau du mode par défaut » les régions collectives du cerveau qui s'activent pendant un état de repos et se désactivent pendant les tâches exigeant de l'attention. Raichle l'appelle aussi « l'énergie noire (ou sombre) » du cerveau, en référence au terme d'astrophysique pour la force mystérieuse et invisible qui comprend les deux tiers de l'énergie dans l'univers. L'énergie de fond ou « énergie noire (ou sombre) » est celle qui est consommée par le RMD, le réseau du mode par défaut.

« Personne n'avait pensé que le cerveau est en fait aussi occupé quand on se détend que quand on se concentre sur des tâches difficiles », observe Raichle, « mais quand nous nous détendons, le RMD est la zone la plus active du cerveau. »

Il saute entre les pensées, les émotions, les images et les souvenirs. Les méditants l'appellent « l'esprit du singe » d'après la façon dont les singes, jamais immobiles, sautent d'arbre en arbre dans la jungle. Pourquoi le cerveau fonctionne-t-il de cette façon? Nous ne le savons pas encore, bien que Raichle théorise qu'une telle activité peut aider le cerveau à rester organisé.

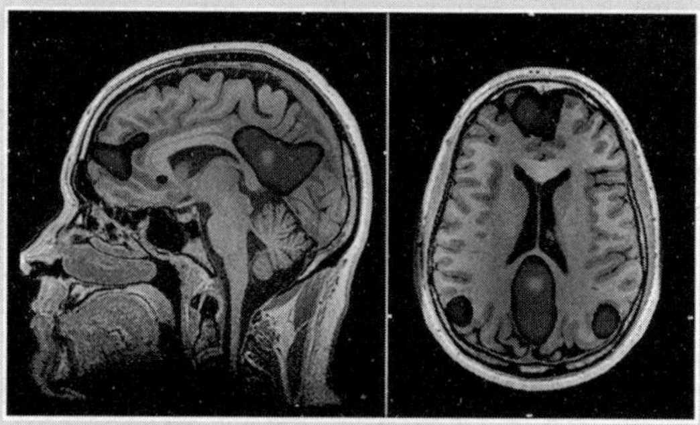

2. 4. Régions cérébrales actives dans le réseau du mode par défaut.
Voir la version en couleurs au centre du livre.

LE RÉSEAU DU MODE PAR DÉFAUT

Les chercheurs d'Emory qui ont identifié les quatre phases de la méditation ont découvert que lorsque les méditants passent de l'attention focalisée du RTP au vagabondage mental, le RMD s'active.

Le vagabondage mental du RMD a une orientation « moi », centrée sur le soi. Il peut passer de l'instant présent (« C'est un moustique qui bourdonne ? ») à des soucis futurs (« Je suis nerveux pour l'examen de la semaine prochaine ») ou au passé (« Je suis tellement en colère contre mon frère Jim pour m'avoir traité de poule mouillée à la fête de mon cinquième anniversaire »).

Le précuneus contribue à la fois à l'autoréférence et à la mémoire épisodique. Les souvenirs dérangeants sont joués et rejoués. Le cerveau inactif se concentre par défaut sur ce qui nous dérange, qu'il s'agisse d'événements récents ou anciens. Ces rêveries égocentriques du vagabondage mental forment la trame de notre sens du « moi ».

Lorsque vous calmez votre RTP en méditation, vous ouvrez un grand espace vide dans la conscience. Pendant quelques instants, le cerveau est silencieux et vous ressentez une paix intérieure. Puis le moteur se met à tourner. Le RMD se met en marche, apportant une cascade de soucis et de pensées aléatoires. Vous êtes à 2 000 tr/min sur votre place de parking, mais vous n'allez nulle part.

Et c'est encore pire. Le RMD possède un riche réseau neuronal qui le relie à d'autres régions du cerveau. Grâce à cela, il commence à recruter d'autres régions cérébrales pour accompagner son auto-absorption pleurnicharde. Il réquisitionne le PDG du cerveau, le cortex préfrontal. Cela impacte les fonctions exécutives comme la mémoire, l'attention, la flexibilité, l'inhibition, la planification et la résolution de problèmes.

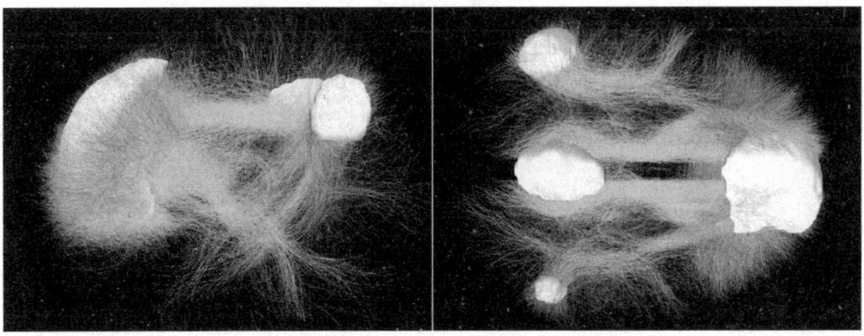

2. 5. Les nerfs du réseau du mode par défaut s'étendent pour communiquer avec de nombreuses autres parties du cerveau.
Voir la version en couleurs au centre du livre.

Le RMD recrute également l'insula, une région qui intègre les informations provenant d'autres parties du cerveau. Il possède des neurones spéciaux activés par les émotions que nous ressentons envers les autres, comme le ressentiment, la gêne, la luxure et le mépris. Nous ne *pensons* pas seulement à des pensées négatives, nous les *ressentons* également *sur le plan émotionnel*.

À ce stade, le méditant ne se contente pas de se vautrer dans un tourbillon de pensées égocentriques. Le RMD a pris en otage le PDG du cerveau, tandis qu'à travers l'insula, il se met à rejouer toutes les moqueries, les insultes et les déceptions que nous avons connues dans nos relations. L'espace de méditation tranquille que nous avons connu quelques instants auparavant a été détruit.

Cela rend les méditants absolument fous. À peine ont-ils atteint le nirvana, l'endroit calme et tranquille du Cerveau du bien-être, que le RMD leur sert un assortiment de fantasmes égocentriques. Il nous entraîne dans des états émotionnels négatifs, puis entraîne le reste du cerveau avec lui. Le RMD est un véritable démon qui me vole la paix intérieure que je recherche par la méditation.

Le Prince et le Démon

Le bouddhisme raconte l'histoire du prince Siddhartha, le futur Bouddha, à la veille de son éveil. Lorsque Siddhartha a commencé sa pratique méditative ce soir-là, un démon est venu le distraire.

Ce n'était pas un démon ordinaire, c'était Devaputra-mâra, le roi des démons. *Mâra* est le mot sanskrit qui signifie « démon ». Il désigne tout ce qui fait obstacle à l'atteinte de l'illumination.

2. 6. Le démon tente d'ébranler la détermination du prince.
Voir la version en couleurs au centre du livre.

Mâra savait que s'il pouvait perturber la concentration de Siddhartha, il l'éloignerait du chemin de l'illumination.

Mâra a fait venir toute sa bande, et ils se sont lancés avec enthousiasme dans la tâche d'empêcher Siddhartha d'atteindre son objectif. Certains démons lui ont lancé des flèches. D'autres lui ont tiré dessus. D'autres encore lancèrent des rochers, et comme cela ne parvint pas à distraire le prince, ils ramassèrent des montagnes entières et les lui lancèrent aussi.

Siddhartha restait concentré sur l'amour. Il transforma les missiles en une pluie de fleurs.

Mâra a ensuite essayé une autre tactique. Il prit le rôle de maître des lieux et organisa le concours de Miss Univers. Il fit apparaître une grande diversité de très belles femmes. Elles étaient de toutes formes, tailles et couleurs. Noires, jaunes, rouges, blanches, petites, grandes, rondes, minces, Mâra offrait à Siddhartha toutes les combinaisons possibles de plaisirs.

Le degré de concentration de Siddhartha s'est encore accru. Il continua à méditer jusqu'à l'aube. Dans cet état de concentration parfaite, il a à jamais levé le voile qui séparait son esprit local de l'esprit non local, et est devenu un être parfaitement éclairé.

Les traditions de méditation ont développé toutes sortes de techniques pour tenter de vaincre le démon : en suivant la respiration ; en se concentrant sur le troisième œil ; en contemplant un objet sacré ; en répétant un mantra ; en chantant ; en marchant lentement ; en étant pleinement conscient ; en invoquant le nom d'un saint. Ce sont tous des efforts pour discipliner le vagabondage mental.

Beaucoup de ces techniques ont un effet neurologique. Elles *activent les parties du cortex préfrontal qui régissent l'attention*. Cela ramène l'esprit à son état méditatif. Des recherches ont montré que la connexion neurale régulatrice des adeptes de la méditation est plus forte que celle des novices. En recentrant votre esprit pendant la méditation, vous renforcez la connexion neurologique qui appuie sur le bouton « stop » du film préféré du démon, le « Moi-moi Show ». Il vous suffira de trois jours de pratique de la pleine conscience pour augmenter ce câblage.

Alors que le démon ne parle que de lui-même, la méditation – en particulier la méditation de l'amour bienveillant – ne parle que d'altruisme. Toutes les traditions mystiques du monde enseignent le non-attachement à soi-même comme clé de l'illumination. Une zone du cerveau appelée « noyau accumbens » fait partie du circuit de la récompense qui régule le plaisir, la dépendance et l'attachement émotionnel. Les recherches montrent que les méditants de longue date voient cette zone rétrécir. Alors qu'ils détournent leur attention des circuits de l'attachement sans fin au démon du « je-moi-mien », ils passent à l'état de transcendance du Cerveau du bien-être.

LE MOI-MOI SHOW

Le christianisme a un thème similaire à celui du bouddhisme. Au seuil de sa maturité dans le ministère public, Jésus a été tenté par le diable à la fin d'un jeûne solitaire de quarante jours. Il avait faim, et le diable lui suggéra de transformer les pierres voisines en pain. Puis le diable lui montra « tous les royaumes de ce monde » et lui dit qu'ils pourraient tous être à lui si Jésus ne faisait que s'incliner et l'adorer.

Ces histoires de sagesse des grandes religions du monde sont plus que d'anciennes fables ou de pittoresques superstitions. Elles contiennent une sagesse archétypale qui éclaire les éléments essentiels du voyage vers l'illumination.

Remarquez les types de tentations auxquelles les maîtres ont dû faire face. La première attaque du diable a joué sur la faim de Jésus. Mâra a présenté au Bouddha ses peurs – tout ce qui va mal. « Les frondes et les flèches de la fortune outrageante », comme l'a dit Shakespeare. C'est la spécialité du RMD : mettre en évidence tout ce qui a mal tourné dans le passé ou pourrait mal tourner dans l'avenir. C'est la première façon dont le démon essaie de vous détourner du Cerveau du bien-être.

Puis le démon a présenté à Bouddha toutes les variantes possibles du plaisir sexuel et sensuel. Le démon offrit à Jésus toutes les merveilles du monde. C'est une autre façon pour le démon d'essayer de nous distraire et de nous déconcentrer : nous faire penser à toutes les bonnes choses que nous pourrions expérimenter. Si le fait de vous présenter toutes vos peurs échoue, alors le fait de vous présenter tous vos désirs pourrait réussir.

Il y a une dernière façon pour le démon de nous arracher à notre concentration. Le cerveau des moines en méditation présente d'énormes amplitudes d'ondes cérébrales gamma, dont nous apprendrons plus dans le chapitre 4.

Gamma est la gamme d'ondes de la perspicacité et de l'intégration. En état de *Bliss Brain*, nous avons des éclairs de perception inégalés. C'est comme dans un brainstorming créatif. Vous avez soudainement des idées de brillants articles de blog que vous pourriez écrire, des images artistiques que vous pourriez peindre, des percées scientifiques que vous pourriez réaliser, des idées marketing que vous pourriez créer et des circonstances de vie que vous apprécierez.

Pourtant, descendre dans ces « terriers de lapins » pourrait être une distraction aussi importante que vos peurs et vos désirs. Tout tourne autour de moi. Ma sécurité, mon plaisir, mon corps, mon argent, ma santé, ma vie amoureuse, ma carrière. De toutes les séries de vidéos en streaming que nos esprits pourraient regarder, le Moi-moi Show est le plus convaincant. C'est l'arme ultime de distraction massive du démon.

Pour atteindre et maintenir l'état du Cerveau du bien-être, il est essentiel de faire ce que le Bouddha et Jésus ont fait : rester concentré sur un seul point.

UN ESPRIT VAGABOND EST UN ESPRIT MALHEUREUX

Deux psychologues de Harvard ont développé une application pour smartphone qui contacte des volontaires à intervalles aléatoires pour suivre leur état d'esprit pendant leurs heures de veille. Ils leur demandent alors s'ils sont heureux, ce qu'ils font à ce moment-là et à quoi ils pensent. Ils peuvent choisir parmi un menu de vingt-deux activités courantes, comme faire des courses, regarder la télévision, marcher ou prendre un repas. Finalement, les chercheurs ont recueilli quelque 250 000 informations auprès de 2 250 personnes.

Ils ont constaté que les gens passaient environ 47 % de leur temps dans la négativité. Les chercheurs ont écrit : « Un esprit humain est un esprit vagabond, et un esprit vagabond est un esprit malheureux. »

Lorsque leurs RTP n'étaient pas centrés sur une tâche, leurs RMD étaient centrés sur eux-mêmes, immergés dans leurs histoires personnelles plutôt que dans le moment présent. Leur cerveau travaillait dur, mais il était enchanté par les histoires malheureuses du démon. « La capacité de penser à ce qui ne se passe pas est un accomplissement cognitif qui a un coût émotionnel », ont observé les chercheurs, qui ont conclu que « l'errance mentale est un excellent annonciateur du bonheur (ou du manque de bonheur) ».

Le vagabondage mental vous fait sortir du présent, et vous amène à regretter le passé ou à vous inquiéter de l'avenir. Le bavardage constant de « l'esprit du singe » détourne notre attention de toute activité dans laquelle nous sommes engagés – et nous éloigne de la joie.

Les participants à l'étude étaient moins heureux lorsqu'ils faisaient l'une de ces trois choses. La première était de pianoter sur leur ordinateur personnel, et la seconde était de travailler. Il n'y a pas de surprise jusqu'ici.

Mais la troisième activité était plus surprenante : se reposer. Pourquoi étaient-ils plus malheureux pendant leur temps de repos ? Sans tâches pour occuper leur esprit, le démon a pris la relève, en recyclant sa malheureuse absorption infinie dans le soi. Lorsque les participants ont échappé à la fixation du démon sur le passé et le futur, ils sont revenus dans le moment présent. C'est à ce moment qu'ils étaient le plus heureux. Les activités du moment présent sont l'exercice, faire l'amour et discuter avec un ami. Le sexe a été la seule activité sur laquelle le démon a porté moins de 30 % de son attention.

2. 7. Par défaut, l'esprit vagabonde entre des souvenirs misérables et des possibilités futures effrayantes.

Leur activité ne faisait guère de différence quant à leur niveau de bonheur par rapport au fait que leur esprit vagabondait ou non. L'errance mentale est deux fois plus importante que l'activité pour déterminer le degré de bonheur. *Ce n'est que dans le présent* que les gens peuvent trouver le bonheur.

POURQUOI LE BONHEUR EST-IL SI FRAGILE?

Si le Cerveau du bien-être est si désirable et agréable, pourquoi est-il si fragile ? Pourquoi notre cerveau peut-il être distrait du bonheur par le moindre soupçon d'une pensée ? Pourquoi le moindre murmure du démon est-il suffisant pour nous arracher à la félicité ? Pourquoi notre cerveau est-il câblé pour la négativité ?

La réponse est simple : c'est ainsi que nos ancêtres ont survécu. Ceux qui étaient les plus sensibles au danger vivaient. Si le cerveau de votre ancêtre avait une mutation génétique qui lui permettait d'entendre le feulement du tigre dans l'herbe une nanoseconde plus tôt, il se mettait à courir un moment plus tôt. Les gènes qui portaient une attention particulière aux menaces conféraient un énorme avantage de survie, comme je l'illustre dans mon livre *Le Génie dans vos gènes*.

Les personnes qui étaient moins sensibles aux menaces potentielles sont mortes, et leurs gènes ont été perdus dans le creuset génétique. Ceux qui ont réagi au moindre signe de danger ont survécu, transmettant leurs gènes paranoïaques à la génération suivante.

En revanche, le bonheur n'avait que peu ou pas de valeur pour la survie. Ne pas remarquer un beau coucher de soleil, ignorer le bruit des enfants qui chantent, passer près d'un rosier sans sentir les fleurs ? Rien de mal n'arrive.

Mais manquer le feulement du tigre ? C'est fatal.

Ainsi, des milliers de générations d'évolution ont affiné notre capacité à répondre au moindre murmure de menace, même minuscule, et ainsi à abandonner le bonheur au moindre soupçon. Mère Nature se soucie beaucoup de votre survie – et pas du tout de votre bonheur.

C'est pourquoi le RMD s'inquiète par défaut, au lieu de se réjouir. Répéter mentalement des choses futures qui pourraient nous blesser, des choses passées qui nous blessent définitivement, et des choses présentes qui pourraient signaler un danger, tout cela est le signe d'un cerveau qui pratique avec succès les stratégies qui ont assuré la survie de nos ancêtres.

Ce n'est pas mal. C'est juste excessif pour le monde moderne et sûr dans lequel nous vivons. Si vous vous trouvez sur un chantier de construction d'un gratte-ciel, vous portez un casque et des lunettes de sécurité. Une telle tenue est tout à fait appropriée dans ce contexte. Comme tenue pour prendre le thé avec la reine ? Pas vraiment.

Bien que le RMD interrompe la méditation, il joue un rôle utile dans notre vie. Il est actif lorsque nous pensons aux autres, nous envisageons notre sécurité, nous nous souvenons du passé et nous planifions l'avenir. Il est également actif dans les tâches sociales et d'orientation personnelle, notamment en mémorisant les expériences que nous vivons lors des activités liées à la tâche.

Votre propre pratique spirituelle *vous élèvera vers l'éveil*. Le but de votre démon intérieur est de vous *garder en sécurité*. Vous ne pouvez pas être éveillé si vous avez été mangé par un tigre. Huxley a observé que « chacun d'entre nous a potentiellement l'Esprit ouvert en grand. Mais dans la mesure où nous sommes des animaux, notre rôle est à tout prix de survivre. »

Les gens s'imaginent qu'ils peuvent modifier les biais négatifs de leur cerveau par une action positive, mais c'est rarement réussi. Lorsque vous passez un week-end dans une retraite de méditation, que vous lisez un livre inspirant ou que vous suivez un cours sur le bonheur en ligne, vous pouvez modifier temporairement votre état. Mais pas pour longtemps. Vous nagez à contre-courant de quatre milliards d'années d'évolution.

LE SOI-DISANT

Ce « je-moi-mien » est en grande partie construit dans et par le cortex préfrontal médian. Il est assisté par le lobe temporal médian, le lobe pariétal, et le cortex préfrontal dont nous reparlerons plus en détail au chapitre 3. Ce réseau cérébral nous permet de faire des choses que les autres animaux ne peuvent pas faire. Nous pouvons composer de la musique et faire des calculs mathématiques. Nous avons un sens du temps qui inclut le passé et l'avenir, ce qui nous permet de retarder la gratification pour atteindre nos objectifs. Nous sommes capables de contempler la nature même de la conscience, en utilisant le cerveau pour réfléchir à nos pensées.

Pourtant, la conscience est toujours allumée. Que nous nous concentrions sur une tâche en utilisant le RTP ou que nous écoutions les divagations du démon, le moteur tourne à 2000 tr/min. Il n'existe pas de moyen facile d'éteindre nos pensées, de sortir du soi.

Dans son livre *The Curse of Self* (la malédiction du soi), le psychologue Mark Leary de l'université Duke montre les nombreux inconvénients de cette perpétuelle conscience de soi. Il montre qu'elle conduit à de nombreuses formes de souffrance, notamment « la dépression, l'anxiété, la colère, la jalousie et d'autres émotions négatives ». Il conclut que la conscience de soi est la « seule responsable de beaucoup, sinon de la plupart des problèmes auxquels les êtres humains sont confrontés en tant qu'individus et en tant qu'espèce ».

On peut résumer cet état par l'expression : « le soi-disant[1] ».

La méditation apaise la conscience de soi et nous soulage du soi-disant. Les parties du « soi » du cortex préfrontal des méditants expérimentés se déconnectent. Le jargon pour cela est « hypofrontalité ». Hypo est l'opposé d'hyper, et hypofrontalité signifie la fermeture des lobes frontaux du cerveau. Le critique intérieur se ferme. Le discours négatif sur « qui je suis », « ce que je fais » et « ce que les autres pensent de moi » cesse. Nous cessons d'être des « soi-disant ».

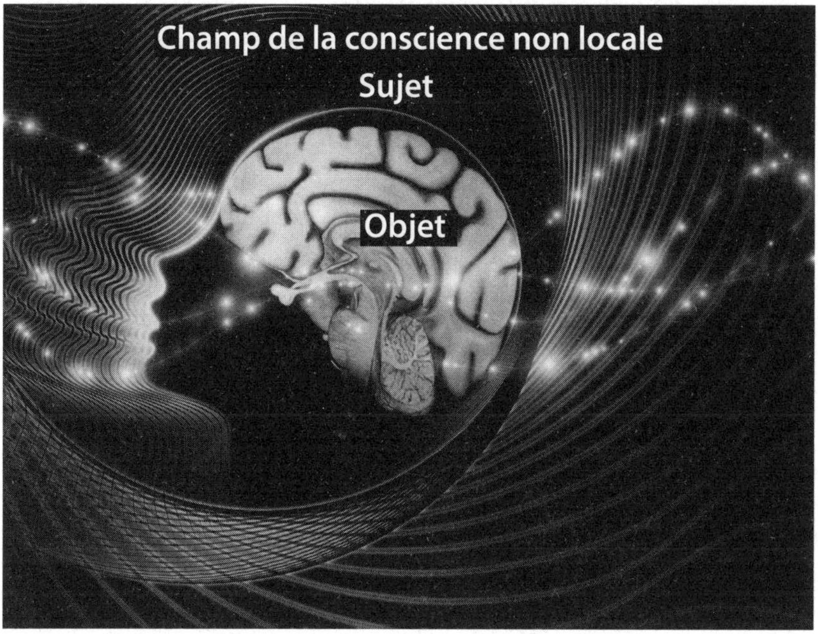

2. 8. Lorsque nous effectuons la bascule sujet-objet, nous échappons aux limites du moi fini.

Cela nous donne un sentiment d'identité au-delà du moi qui souffre et de tous les rôles qu'il joue. Le psychologue Robert Kegan est l'ancien directeur du département de psychologie adulte de l'université Harvard. Il appelle la transcendance du moi la « bascule sujet-objet ». Dans les états altérés, nous sortons du moi subjectif que nous pensons habituellement être.

1. L'auteur utilise le néologisme anglais *selfing* pour décrire le processus d'identification à l'histoire que nous nous racontons sur nous-mêmes et notre vie, alors que nous valons plus que cela.

Pour être objectif, vous ne pouvez pas être l'objet que vous contemplez. Ainsi, lorsque le cerveau entre dans un état d'hypofrontalité et que nous ne sommes plus imbriqués dans le moi local, nous en prenons conscience. Nous comprenons que nous sommes plus que cela. Pour nous rendre compte qu'il s'agit d'un objet que nous observons, nous devons sortir du moi qui souffre. Nous voyons le démon de loin, alors que nous pénétrons dans une identité qui est bien plus grande que celle que nous habitions auparavant.

Kegan pense que faire ce saut est le moyen le plus approprié pour faciliter la transformation personnelle. Il dit qu'après avoir fait la bascule sujet-objet, « le moi est plus une question de mouvement à travers différents états de conscience que de défense et d'identification à une forme quelconque ». Cette capacité à lâcher prise avec la pensée conditionnée qui nous maintient prisonniers du soi quotidien limité ouvre la porte à un sentiment de soi expansif et non local qui englobe tout notre potentiel.

Certaines personnes font même l'expérience de quitter leur corps. Le neuroscientifique Andrew Newberg décrit un mystique soufi qui s'est soudainement retrouvé à regarder son corps de l'extérieur. De nombreux méditants rapportent avoir « dérivé vers le haut » ou « remonté le tunnel de la lumière » ou « vu leur corps d'une grande hauteur ».

Newberg note que lorsque vous effectuez la bascule sujet-objet, cela « réduit l'activité dans les centres de peur et d'inquiétude de votre cerveau, et à mesure que vous observez votre anxiété, vous devenez moins anxieux » et plus apte à transcender le moi qui souffre. En écrivant une étude sur le sida, je suis tombé sur une histoire similaire racontée par un patient.

Personne n'a le monopole de Dieu

John est un Afro-Américain homosexuel et séropositif qui a fait des études universitaires. Un jour, après avoir dépassé sa préoccupation pour sa propre souffrance afin d'aider un homme blanc ivre en détresse, John a vécu une expérience hors de son corps. Voici comment il la décrit :

« J'avais l'impression de flotter au-dessus de mon corps, et je n'oublierai jamais cela. Alors que je flottais au-dessus de mon corps, j'ai baissé les yeux, et je l'ai vu comme un pruneau ratatiné, rien d'autre qu'un pruneau, comme une vieille peau séchée. Et mon âme, mon esprit flottait au-dessus de mon corps. Tout était séparé. Je me sentais comme si je me trouvais dans des dimensions différentes, je le sentais dans mon corps comme un souffle de vent.

Je me souviens avoir dit à Dieu : "Dieu ! Je ne peux pas mourir maintenant, parce que je n'ai pas atteint mon but", et, juste au moment où j'ai dit cela, l'esprit et le corps sont devenus un, tout s'est heurté, et j'ai pu sentir ce souffle de vent. J'étais à nouveau une personne entière.

C'était vraiment une expérience révolutionnaire. Avant de devenir séropositif, ma foi était fondée sur la peur. J'ai toujours voulu sentir que j'appartenais à un lieu, une communauté, que je m'intégrais, ou que j'étais aimé. Ce qui m'a aidé à surmonter la peur de Dieu et la peur du changement, c'est que j'ai compris que personne n'avait le monopole de Dieu. J'ai pu commencer à remplacer beaucoup de comportements destructeurs par une sorte de désir spirituel. Je pense aussi que ce qui a changé a été mon désir de me rapprocher de Dieu, de m'aimer et de vraiment embrasser l'amour inconditionnel. »

Tout cela s'est passé en un instant, une fois que John a effectué la bascule sujet-objet. Les expériences de transcendance qui nous permettent de nous voir comme distincts du moi qui souffre peuvent complètement réorganiser le tissu de nos vies, en changeant le comportement et la personnalité. Selon les termes de Newberg, « l'observation autoréfléchie [...] active les structures du cerveau directement associées à l'illumination et à la transformation ».

Depuis des siècles, les religions orientales nous disent que c'est notre ego qui nous piège dans la souffrance. Au ve siècle, l'adepte indien Vasubandhu a écrit : « Tant que vous vous saisissez du moi, vous restez lié au monde de la souffrance. » Ces traditions spirituelles mettent l'accent sur la méditation, la contemplation, le service altruiste et la compassion comme moyens d'échapper à l'ego. Nos émotions et nos pensées deviennent moins « collantes » et « je-moi-mien » « perdent leur pouvoir autohypnotique ». C'est comme ça qu'on sort du « soi-disant ».

Une fois que nous abandonnons notre identification avec le moi-ego inscrit dans le cortex préfrontal et que nous entrons dans le Cerveau du bien-être, nous effectuons la bascule sujet-objet. Nous pouvons nous demander : « Si je ne suis pas mes pensées, et que je suis celui qui pense ces pensées, alors qui pourrais-je être ? »

Cette perspective nous fait sortir de l'égoïsme et nous amène au moment présent. Dans le présent méditatif, nous pouvons nous connecter avec le grand champ de conscience non local. Différentes traditions portent des noms différents : le Tao, l'Anima Mundi, l'Esprit universel, Dieu, le « Tout ce qui est ». Nous voyons alors notre moi local comme l'objet.

Avec cette vue du sommet de la montagne, nous sommes en mesure de percevoir de nouvelles possibilités de ce que nous pourrions devenir, cette fois-ci du point de vue de l'unité avec l'univers. Libéré de la traînée de l'ego, découplé du bavardage du démon, les personnalités conditionnées dont nous avons hérité de notre histoire et de nos expériences passées ne limitent plus notre sens du moi. Comme John, le fait d'effectuer la bascule sujet-objet nous permet de réécrire le scénario de notre vie. Cela nous rend également plus résistants face aux bouleversements de la vie, comme nous le découvrirons au chapitre 8.

SORTIR DE VOTRE TÊTE

Compte tenu des tourments que le démon nous cause, il n'est pas étonnant que nous voulions « sortir de nos têtes ». Il y a sept décennies, Aldous Huxley a écrit que « la plupart des hommes et des femmes mènent des vies au pire si douloureuses, au mieux si monotones, pauvres et limitées que le besoin de s'échapper, l'envie de se transcender ne serait-ce que pour quelques instants, est et a toujours été l'un des principaux appétits de l'âme[1] ».

Outre la méditation, l'homme a imaginé de nombreuses autres échappatoires. Parmi celles-ci, on trouve la drogue et l'alcool. Selon une étude de la société RAND, les Américains dépensent chaque année près de cent cinquante milliards de dollars en drogues illicites. Il s'agit notamment de la cocaïne, de l'héroïne, du cannabis et de la méthamphétamine. Cent cinquante-huit milliards de dollars supplémentaires sont consacrés à l'alcool.

Dans le livre *Stealing Fire*, les auteurs Steven Kotler et Jamie Wheal décrivent de nombreuses autres méthodes que les gens utilisent pour faire taire les incessants aspects négatifs bavardage du RMD et briser le sort du moi local. Il s'agit notamment :

- des sports extrêmes comme le vol en wingsuit et le kitesurf ;
- des médicaments sur ordonnance qui altèrent l'humeur, comme l'oxycodone et l'Adderall® ;
- des programmes de thérapie et d'autoassistance dispensés en face-à-face et en ligne ;

1. *Les Portes de la perception*, 1954.

- des jeux d'argent ;
- des jeux vidéo ;
- des expériences visuelles immersives comme la pornographie, la 3D et les films IMAX ;
- des médias sociaux ;
- du sexe ;
- des expériences de groupe comme les cérémonies chamaniques, les groupes spirituels et les Burning Man ;
- des états de créativité accrue dans les arts et les sciences ;
- des expériences mystiques ;
- des performances collectives telles que la danse, le tambour, la musique et le théâtre ;
- de l'art immersif ;
- du neurofeedback et du biofeedback.

Si, de l'extérieur, ces expériences semblent complètement différentes, de l'intérieur, elles ont beaucoup en commun. Elles produisent toutes des changements positifs dans notre expérience intérieure. Elles nous placent dans le moment présent. Elles désactivent le démon et nous font sortir de nos têtes.

Qu'il s'agisse d'un participant au Burning Man qui jongle avec le feu, d'un moine qui médite dans une grotte de l'Himalaya, d'un wingsuiter qui vole dans le Grand Canyon, un client de psychothérapie qui vit une fulgurance, un spectateur des Trois Ténors au Metropolitan Opera, un codeur informatique ayant une vision des uns et des zéros dans la matrice après une séance de caféine post nuit blanche, un médium qui canalise la voix d'un ange, un adolescent en pleine rave porté par le rythme de la musique techno, un physicien nucléaire qui flashe sur une nouvelle théorie, un accro à l'oxycodone en plein trip, ou un croyant ayant une vision de la Vierge Marie à Lourdes, ces expériences de sortie de notre tête ont un profil neurobiologique commun. Elles font taire le démon et nous permettent de nous libérer de nos pensées tournoyantes incessantes.

Kotler et Wheal ont longtemps étudié l'état intérieur de « flux » dans le cadre de leur projet « Flow Genome Project ». Ils sont tous deux experts en matière de performances de pointe et conseillent de nombreuses entreprises et organisations de haut niveau. Leurs recherches portent sur la façon dont nous pouvons échapper à la tyrannie du démon et s'immerger dans ce délicieux état de flux.

Pour mesurer à quel point nous voulons désespérément échapper au bavardage dans notre crâne, ils calculent combien de dollars nous dépensons pour tenter de sortir de notre moi ordinaire. Ils appellent cette somme l'économie des états modifiés.

Leur conclusion étonnante est que l'économie des états modifiés représente quatre mille milliards de dollars par an rien qu'aux États-Unis, soit plus que ce que nous dépensons pour l'éducation de la maternelle à la terminale, les soins de maternité et l'aide humanitaire réunis. Cette somme est supérieure à la taille de l'économie de l'Inde, de la Russie ou du Royaume-Uni.

Le pharmacologue de l'UCLA Ronald Siegel appelle le besoin de nous intoxiquer pour sortir de nos états de conscience ordinaires la « quatrième pulsion » des humains et des animaux, et elle peut être aussi irrésistible que nos trois autres pulsions : la nourriture, l'eau et le sexe.

La méditation n'est qu'une des techniques que les gens utilisent pour échapper au démon, mais elle a des qualités qui la rendent particulièrement efficace. Elle est essentiellement gratuite ; vous pouvez l'apprendre en ligne (voir les ressources à la fin de ce chapitre), et elle ne comporte aucun des désavantages financiers des jeux de hasard ou des consommables.

La méditation n'a pas de conséquences sociales négatives, contrairement à la consommation d'alcool ou de drogue. Plutôt que les sanctions au niveau de la santé associées aux substances addictives, elle a des effets secondaires positifs. Elle ne comporte aucun des risques des sports extrêmes. Elle est portative et peut être utilisée de manière flexible à tout moment et en tout lieu désiré par l'utilisateur.

LES QUATRE CARACTÉRISTIQUES DE L'EXTASE

Des études sur des moines tibétains ayant des dizaines de milliers d'heures de pratique montrent qu'ils sont capables d'activer ce que Newberg appelle le « circuit de l'illumination » et de mettre le réseau d'égoïsme hors ligne. Ils désactivent le CCP du cerveau et le cortex préfrontal médian, l'axe neurologique du démon.

Dans cet état modifié, les parties du cerveau associées au bonheur, à la compassion et à l'équanimité s'illuminent. Kotler et Wheal décrivent quatre caractéristiques expérientielles de ces états d'extase. Elles sont :

- l'altruisme ;
- l'intemporalité ;

- l'absence d'efforts;
- la richesse.

Ils résument ces quatre qualités par un acronyme que l'on pourrait traduire par AISER en français. L'avantage de cette caractérisation des états altérés est qu'elle n'est pas liée à une philosophie, une religion, un gourou ou un culte. Elle se concentre sur les expériences communes aux états transcendantaux, plutôt que sur les chemins par lesquels les gens y accèdent.

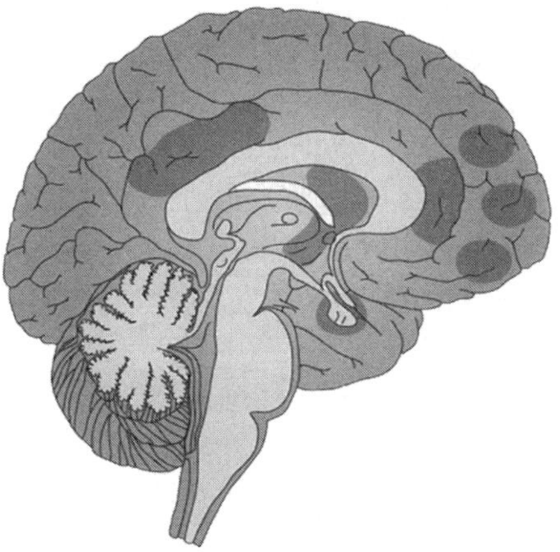

2. 9. Le circuit de l'illumination associé au Cerveau du bien-être.
Les régions du cerveau comprennent celles qui sont impliquées dans l'attention (l'insula et le cortex cingulaire antérieur), la régulation du stress et du RMD (cortex préfrontal ventromédian et système limbique), l'empathie (jonction temporo-pariétale, cortex cingulaire antérieur et l'insula) et la régulation de la conscience de soi (précuneus et cortex préfrontal médian).

A pour altruisme. L'altruisme représente un lâcher-prise du sens du « je-moi-mien » et de tous les éléments qui nous maintiennent coincés dans la souffrance de nos personnalités locales par défaut.

I pour intemporalité. L'intemporalité signifie être dans le moment présent. C'est l'endroit où nous sommes libérés des regrets du passé ainsi que des inquiétudes concernant l'avenir. Nous sommes dans l'intemporel maintenant, le seul endroit où nous pouvons faire l'expérience de l'état de flux. Selon les mots de Huxley, « l'œil retrouve une partie de l'innocence perceptive de l'enfance », tandis que « l'intérêt pour l'espace diminue et l'intérêt pour le temps tombe presque à zéro ».

SE pour « sans effort ». Dans cet endroit, nous nous détendons dans un sentiment d'absence d'effort. Nous nous sentons connectés à l'univers et à tous les êtres vivants.

R pour richesse. Dans cet état, notre vie est imprégnée d'un sentiment de richesse. Nous établissons des liens entre les idées et la coordination entre toutes les parties de notre cerveau est renforcée.

Ces riches expériences sont profondément significatives. Kotler et Wheal datent la pulsion humaine pour l'extase aussi loin qu'au temps des Grecs anciens, en disant que Platon la décrit comme « un état modifié où notre conscience éveillée normale disparaît complètement, remplacée par une intense euphorie et une connexion puissante à une plus grande intelligence ». Le mot anglais *ecstasy* vient des mots grecs *ex* et *stasis*. Il signifie « sortir de » (ex), « l'endroit statique » où se trouve habituellement votre conscience (stase).

C'est ça le Cerveau du bien-être, le *Bliss Brain*. Lorsque vous faites taire le démon, vous ouvrez un espace dans la conscience pour une connexion avec l'univers. Cela produit une expérience riche dans laquelle le temps, l'espace et l'effort s'effacent, et vous fusionnez avec la riche infinité de l'esprit non local.

GAGNER À LA LOTERIE DE L'EXPÉRIENCE

L'un des magazines que je trouve dans les aéroports s'appelle le *Robb Report*. C'est un magazine pour les « ultrariches ». Il présente des publicités sur papier glacé pour des yachts de soixante-quinze millions de dollars, des jets privés, des vêtements de marque et des bijoux exclusifs. Vous êtes toujours égoïste, mais maintenant vous le faites dans la suite présidentielle, au dernier étage.

Lorsque je feuillette le magazine, je réfléchis au nombre d'enfants de pays en développement qui pourraient obtenir de l'eau potable pour le prix d'un de ces yachts. Combien de vétérans pourraient bénéficier des six séances d'EFT nécessaires pour soigner le trouble de stress post-traumatique ? Combien de femmes pourraient se mettre à l'abri de la violence domestique ? Combien de rhinocéros blancs en voie d'extinction pourraient être protégés contre les braconniers ? Combien de tonnes de plastique pourraient être retirées des océans ?

Pourquoi voulons-nous des yachts et des jets ? Pourquoi voulons-nous cette maison sur la colline ou la nouvelle voiture tape-à-l'œil ? Pourquoi voulons-nous une petite amie glamour ou une montre Rolex ?

C'est parce que nous croyons qu'ils nous rendront heureux.

Danser sur la plage au clair de lune

En route pour animer un atelier à l'Institut Esalen, Christine et moi avons récemment séjourné chez des amis à Carmel, en Californie, une ville de villégiature chic au bord de l'océan.

Shiloh McCloud est une artiste visionnaire dont le travail en « créativité intentionnelle » a inspiré des milliers de personnes à trouver l'artiste qui est en eux. Son mari Jonathan est un chef gastronomique à l'esprit curieux et au sourire facile. Après une soirée de conversations cœur à cœur animées, magnifiée par le steak fondant de Jonathan arrosé d'un puissant malbec, nous avons tous les quatre passé une bonne nuit de sommeil.

Je me suis réveillé tôt le matin avant tout le monde. J'ai concentré mon esprit sur le lâcher-prise du démon et sur la connexion au Cerveau du bien-être. En entrant dans le flux, j'ai eu envie de sortir de la maison. J'ai souri à la lune et à l'énorme anneau lumineux qui l'entourait.

2. 10. Danser sur la plage à l'aube.

J'ai écouté le fracas des vagues sur les falaises en bas. L'océan m'a fait signe. J'ai marché sur le chemin de la plage.

Le démon me rappelait sans cesse mes problèmes. « Tu n'as dit à personne que tu quittais la maison », me rappelait-il. « Et si tu tombais de la falaise dans le noir ? Il peut se passer des heures avant que quelqu'un trouve ton corps fracassé sur les rochers en dessous. Et si Christine se réveille et commence à s'inquiéter ? » Je respire et j'essaie de rester concentré sur l'air environnant.

Le démon n'abandonne pas. « Tu as laissé ton déodorant à la maison », bafouille-t-il. « Où en trouveras-tu sur cette route désolée entre Carmel et Esalen ? Tu vas enseigner à tous ces étudiants et tu vas puer ! »

Les attaques démoniaques ne cessent de se succéder et de déverser une quantité inépuisable de ténèbres et de malheurs. Dès que je relâche un problème, le démon m'en présente un autre.

Quand j'arrive à la plage, j'enlève mes sandales et je profite du sable qui s'écoule entre mes orteils. Je remplis mon esprit de gratitude, en repoussant les cris persistants du démon. Spontanément, mon corps s'écoule dans des postures de qi gong. L'éveil du Qi. Sonnerie du Temple Gong. Roulant l'acier.

Le démon est oublié. Entièrement dans le présent, je me détends dans l'étreinte du Cerveau du bien-être.

Je me mets à chanter, en chantant un hymne de gratitude. Une vague rebelle s'écrase contre un rocher voisin. Le ressac déferle le long de la falaise pour me tremper jusqu'à la taille. Je ris du baiser de l'eau salée. Je commence à courir le long de la plage, en esquivant les algues et les rochers au clair de lune.

À bout de souffle, je me repose. Je fais appel à mes guides préférés et j'accorde mon esprit à leurs fréquences. La joie. La vitalité. La sagesse. La compassion. La beauté. Le rire. L'intégrité. La protection.

Une demi-heure plus tard, toujours dans le bonheur, je remonte le chemin de la falaise jusqu'à la maison de mes amis. L'aube se lève, des nuages orangés strient le ciel turquoise. Jonathan me salue à la porte avec une tasse de café fumant. J'entre dans la chambre et Christine ouvre les yeux. Nous nous fixons du regard pendant plusieurs minutes, nos yeux brillent d'amour. La journée a commencé.

Pourtant, nous pouvons être heureux chaque jour sans eux. Le bonheur est une expérience, et nous pouvons nous le donner gratuitement. Tout ce que nous avons à faire pour nous perdre dans le Cerveau du bien-être, c'est d'arrêter d'être égoïste. Nous pouvons nous entraîner à nous orienter vers cet état au début de chaque journée.

De telles expériences sont inestimables. Elles vous rendent heureux d'une manière que le yacht et la Rolex ne peuvent pas apporter. Vous pouvez choisir l'extase tous les jours. Vous pouvez commencer chaque journée dans la gratitude et en harmonie avec l'univers, peu importent les distractions avec lesquelles le démon essaie de détourner votre esprit.

Le bonheur est une démocratie d'égalité des chances. L'autochtone qui mène une vie de subsistance digne de l'âge de pierre au fin fond du Sahara peut l'obtenir aussi sûrement qu'un des cinq cents PDG les plus fortunés. Vous pouvez posséder un yacht de soixante-quinze millions de dollars et être beaucoup moins heureux que le fou qui danse gratuitement sur la plage au clair de lune. Vous pouvez n'avoir rien d'autre qu'un short trempé et vous sentir délirant de bonheur, plongé dans le Cerveau du bien-être et libéré du bavardage incessant du RMD.

C'est *l'expérience* qui a de la valeur, pas les biens. Nous désirons des biens parce que nous pensons qu'ils nous rendront plus heureux, mais des recherches approfondies montrent qu'une fois que nos besoins de survie de base sont satisfaits, l'augmentation des biens n'augmente pas le niveau de bonheur.

La méditation nous donne la possibilité d'aller directement au bonheur et de sauter l'étape intermédiaire des possessions. Les acquérir demande beaucoup de travail et de temps, et tous ces efforts peuvent nous faire perdre le fil. Nous pouvons passer quarante ans de carrière à accumuler les biens et l'argent qui, nous le croyons, nous apporteront le bonheur à la retraite. Sauter l'étape de l'accumulation et aller directement à la félicité nous donne le but dès le début. Nous gagnons la médaille d'or avant même que le concours ne commence. La partie n'a pas lieu dans un avenir imaginaire où nos vies sont parfaites. La partie se déroule maintenant.

Nous pouvons devenir milliardaires d'expériences heureuses, les voûtes bancaires de nos esprits débordant de joie. C'est la seule monnaie qui compte. Nous avons alors acquis l'état final sans passer par l'état intermédiaire de l'obtention de choses. Nous avons pipé les dés, de sorte que chaque jet de dés produit de la félicité.

Pourquoi ne pas vivre comme ça tous les jours ?

L'APPROFONDISSEMENT DES PRATIQUES

Voici des pratiques que vous pouvez faire cette semaine pour intégrer les informations de ce chapitre dans votre vie :

- **Libérez le moi qui souffre** : C'est le thème de la méditation qui accompagne ce chapitre. Utilisez le lien ci-dessous pour écouter cette méditation gratuite de quinze minutes chaque matin.
- **Jouez au jeu « Nommez votre démon »** : Donnez à la partie égoïste de vous-même un drôle de nom personnel, ou demandez-lui quel est son nom et notez la réponse. Une femme a baptisé la sienne « Boule puante ». Une autre, « Yuggo ». Cet exercice vous sépare de l'identification avec le démon et vous rappelle que vous avez le contrôle.
- **Faites la bascule sujet-objet** : Chaque fois que vous faites du vagabondage mental pendant votre méditation, remerciez simplement votre RMD par son nom (par exemple, « Merci, Yuggo ! ») et replacez ensuite votre attention sur la concentration.
- **Application de pleine conscience** : Pour devenir conscient, inscrivez-vous à l'étude sur le vagabondage mental de Harvard en utilisant le lien ci-dessous pour télécharger l'application pour smartphone.
- **Du temps dans la nature** : Passez du temps dans la nature au moins trois fois cette semaine. Inscrivez ces moments sur votre planning dès maintenant, et traitez-les avec le même sérieux que si vous aviez un rendez-vous médical. Cet exercice d'autogestion de la santé est un moyen de centrer votre esprit et de vous soigner.
- **Tenue de votre journal** : Dans votre nouveau journal intime, notez les idées que vous avez eues cette semaine. Remarquez la façon dont votre esprit fonctionne en méditation, et décrivez-le dans votre journal. Quelques mots suffisent, par exemple : « J'ai eu du mal à me rendre à un bon endroit ce matin. Beaucoup de pensées vagabondes, mais je me suis calmé en quinze minutes. »

RESSOURCES MULTIMÉDIA COMPLÉMENTAIRES (EN ANGLAIS)

La partie ressources complémentaires de ce chapitre comprend :

- l'Éco-Méditation guidée par Dawson : Libérer le moi qui souffre ;
- la vidéo de la routine du qi gong ;
- la vidéo d'une brève introduction au RMD ;
- Marcus Raichle sur le RMD ;
- la version complète de la description de la méditation du début du chapitre. Cela comprend deux sections, « Communier avec les archétypes » et « Chercher des réponses dans l'univers ».

  Obtenez les ressources complémentaires à cette adresse : BlissBrainBook.com/2.

CHAPITRE 3

EXTASE ORDINAIRE

Le cerveau humain est un organe étonnant. Il coordonne simultanément des millions de fonctions physiologiques à chaque seconde. C'est l'interface entre notre conscience et notre corps.

Votre cerveau est composé à 75 % d'eau. 60 % du reste est constitué de graisse. Elle représente 2 % de votre poids corporel mais consomme 20 % de votre énergie. Pour satisfaire ses besoins énergétiques voraces, il dispose d'environ 160 000 kilomètres de vaisseaux sanguins par lesquels il absorbe 20 % de l'approvisionnement en oxygène du corps. Il génère jusqu'à 23 watts de puissance, soit assez pour éclairer une pièce.

Le tissu neural de couleur grise, ou matière grise, représente 40 % de son volume. Les 60 % restants sont constitués par la matière blanche.

En se développant au début de la grossesse, le cerveau humain ajoute 250 000 neurones par minute. Entre la naissance et l'âge de 18 ans, il triple de taille. Même s'il ne grossit plus par la suite, il continue d'augmenter sa surface avec une série de plis de plus en plus complexes.

Les neurones sont reliés entre eux par des extensions appelées synapses. Un seul neurone peut avoir jusqu'à 7 000 synapses et se mettre en réseau avec des milliers d'autres neurones de cette manière.

De nouvelles synapses peuvent être formées rapidement, et lorsque vous stimulez un faisceau de neurones en y faisant passer des informations, le nombre de synapses augmente. En une heure de signalisation répétée, le nombre de connexions synaptiques peut doubler. Au fur et à mesure que vous utilisez les voies neurales, elles augmentent.

Si vous cessez d'utiliser une voie neurale, elle commence à se rétrécir. Après environ trois semaines, le cerveau remarque que vous n'envoyez plus d'informations par ce canal et commence à désassembler les cellules qui le composent.

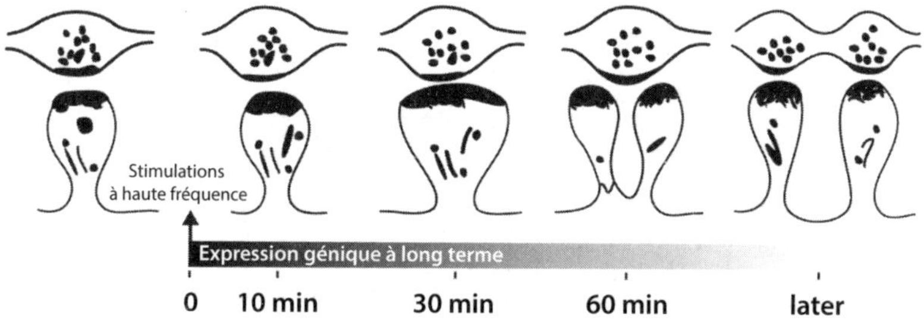

3. 1. En une heure de stimulation répétée, le nombre de synapses d'un faisceau de neurones peut doubler.

Par conséquent, les régions du cerveau que vous utilisez le plus s'agrandissent et/ou émettent des signaux plus rapidement, tandis que celles que vous n'utilisez pas s'atrophient et se rétrécissent.

Le cerveau et son système nerveux associé ont commencé à évoluer il y a quelque six cents millions d'années. La première partie à évoluer a été le cerveau postérieur, y compris le tronc cérébral et le cervelet. Il coordonne les fonctions de survie telles que la respiration, la digestion, la reproduction et le sommeil. Les dinosaures avaient un cerveau postérieur comme le nôtre. Tout comme leurs descendants, les lézards et les oiseaux. C'est pourquoi le cerveau postérieur est souvent appelé le cerveau reptilien. Il est si bon pour réguler les fonctions de survie qu'il n'a pas beaucoup changé depuis des millions d'années.

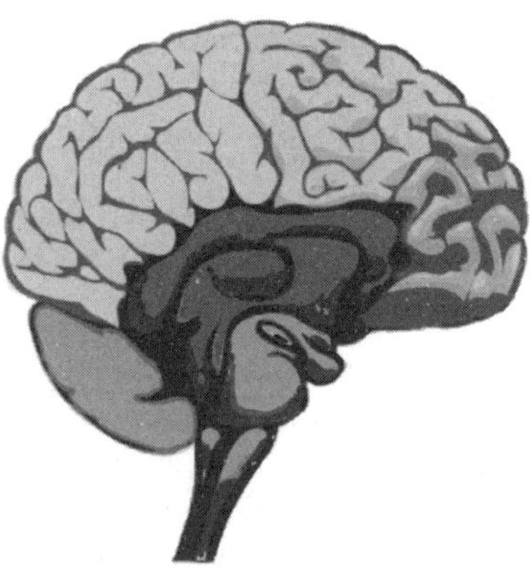

3. 2. Le cerveau en trois parties.
Voir la version en couleurs au centre du livre.

Au-dessus du cerveau postérieur se trouve le mésencéphale ou système limbique. Il gère la mémoire et l'apprentissage, ainsi que les émotions. Dans le système limbique se trouvent plusieurs sous-structures ayant des fonctions spécialisées, comme le thalamus, l'hypothalamus, l'hippocampe et l'amygdale. Il a évolué plus récemment, il y a environ cent cinquante millions d'années, avec l'apparition des mammifères. Les mammifères peuvent faire des choses que les reptiles ne peuvent pas, comme réguler leur chaleur corporelle, donner la vie à des petits vivants (et non dans des œufs), tisser des liens affectifs forts entre eux et apprendre à partir d'expériences émotionnelles.

La plus grande partie du cerveau humain est le néocortex. C'est aussi le plus récent, en termes de développement évolutif. L'évolution de primates tels que les chimpanzés et les singes a conduit à une croissance de la taille du cerveau, qui s'est accélérée chez nos ancêtres hominidés. Depuis que les premiers humains ont commencé à fabriquer des outils il y a environ trois millions d'années, la taille du cerveau a triplé.

Le néocortex gère la pensée consciente, le langage, la perception sensorielle et la génération d'instructions pour les autres régions du cerveau. Les chats possèdent environ 4 % du volume humain de ce type de tissu cérébral, tandis que les chiens en possèdent 7 %. Désolé pour les « pro-chats ».

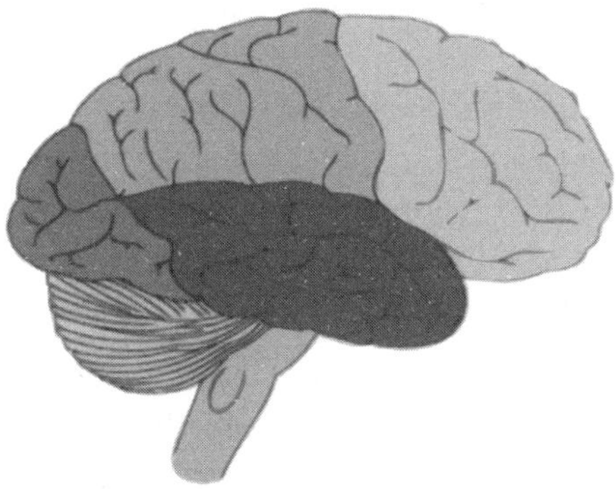

3. 3. Les quatre lobes du cortex.
Voir la version en couleurs au centre du livre.

Le cortex cérébral est divisé en quatre lobes : le lobe frontal (avant de la tête), le lobe pariétal (haut de la tête), le lobe occipital (arrière de la tête) et le lobe temporal (côtés de la tête). Chacun d'entre eux a des fonctions distinctes. Le lobe occipital traite l'information à partir de nos yeux. Le lobe temporal intègre la mémoire avec les informations en provenance de nos sens : les sons, le toucher, le goût, l'odorat et la vue. Les informations sur le mouvement, la température, le goût et le toucher sont traitées par le lobe pariétal. Les fonctions évoluées comme les pensées et le contrôle de nos actions sont le domaine du lobe frontal, qui est aussi le siège de ce que nous considérons comme le « soi ».

VOTRE CERVEAU EN ÉTAT DE FÉLICITÉ

Au cours du siècle dernier, des systèmes d'imagerie cérébrale avancés tels que l'imagerie par résonance magnétique fonctionnelle (IRMf), l'électroencéphalographie (EEG), la tomographie par émission de positrons (TEP) et la magnétoencéphalographie (MEG) ont été mis au point. Ils permettent aux scientifiques de déterminer les régions du cerveau qui sont actives et celles qui sont inactives dans différents états.

Les chercheurs mesurent quelles parties du cerveau sont engagées dans la prise de décision, le sommeil, le stress, l'attention, la rêverie, la perspicacité, le jeu, l'interaction sociale et les expériences émotionnelles. Ils se sont également intéressés au fonctionnement du cerveau pendant la méditation et d'autres états transcendants.

Des études sur des adeptes spirituels tels que les moines bouddhistes tibétains et les sœurs franciscaines fournissent des données sur les états cérébraux communs aux pratiques spirituelles. Les histoires de personnages célèbres tels qu'Albert Einstein et Babe Ruth (un des plus célèbres joueurs américains de baseball décédé en 1948) permettent également de comprendre comment leurs prodigieuses capacités étaient liées à l'amélioration des fonctions de certaines parties de leur cerveau.

Lors d'expériences transcendantales, le cerveau traite l'information différemment. Cela se traduit sur les scanners cérébraux par la désactivation de certaines régions et par l'activation d'autres. Après avoir examiné les fonctions cérébrales de milliers de méditants, les chercheurs ont maintenant une image précise de la façon dont la méditation modifie le fonctionnement du cerveau.

Les structures cérébrales telles que l'amygdale, qui déclenche la réaction de combat ou de fuite, et les parties du lobe pariétal qui traitent les entrées sensorielles s'éteignent. D'autres, telles que l'insula qui est associée au bonheur, à la bonté et à la compassion, le corps calleux qui relie les hémisphères gauche et droit, et l'hippocampe qui gère la maîtrise de soi émotionnelle, s'allument.

Les parties du cortex préfrontal (CPF) qui gardent votre attention concentrée et régulent les émotions sont actives pendant la méditation, tandis que les parties qui représentent votre personnalité – votre sens de vous-même – sont plus sombres. Dans ce chapitre, nous allons passer en revue chacune des parties de ce que le neuroscientifique Andrew Newberg appelle le « circuit de l'illumination » du cerveau.

L'examen de chaque région du circuit de l'illumination nous permet de dresser un tableau complet du fonctionnement de notre cerveau lorsque nous méditons (au chapitre 6, vous découvrirez les quatre réseaux qui composent ce circuit et comment certaines parties du cerveau augmentent effectivement de volume avec la méditation). Nous pouvons alors comprendre comment nous pouvons méditer le plus efficacement possible et déclencher les nombreux bienfaits de la méditation pour la santé et le bonheur.

LE LOBE PARIÉTAL : UN PONT VERS LE MONDE EXTÉRIEUR

Le lobe pariétal se trouve au sommet de la tête et joue un rôle important en nous aidant à établir des relations avec le monde extérieur. C'est le lieu où les informations provenant de nos sens arrivent et sont intégrées aux informations provenant de nos états internes.

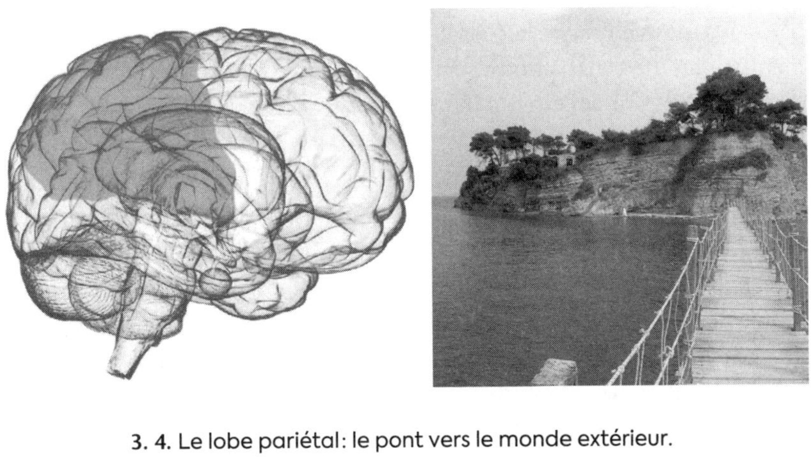

3. 4. Le lobe pariétal : le pont vers le monde extérieur.

Le lobe pariétal reçoit les données de nos sens, perçoit le toucher, le goût et la température, et détermine où nous nous trouvons par rapport au monde qui nous entoure. Lorsque vous tendez la main pour prendre un verre d'eau, le lobe pariétal détermine l'endroit où vos doigts se terminent et où le verre commence. Les personnes dont le lobe pariétal est endommagé peuvent être incapables de remplir des fonctions simples comme ramasser des objets.

Lorsque vous dansez avec un partenaire, que vous grattez une piqûre de moustique, que vous utilisez votre GPS pour vous rendre à une destination inconnue, que vous marchez sur un trottoir, que vous plantez votre fourchette dans une boulette de viande ou que vous caressez la tête de votre enfant, votre lobe pariétal guide le mouvement de votre corps dans l'espace. Il mesure les angles et les distances. Il est chargé de définir la frontière entre le soi et l'autre.

Le lobe pariétal de votre cerveau coordonne les actions de vos membres avec vos yeux et joue également un rôle dans le traitement du langage et de l'attention. Même sans apport visuel, le lobe pariétal peut déterminer l'emplacement d'objets familiers. Vous pouvez facilement le tester vous-même. Fermez les yeux et touchez votre joue. Vous pouvez bouger votre main en parfaite coordination, même sans apport visuel.

Chez les méditants de longue date, tels que les moines tibétains qui ont médité pendant plus de dix mille heures, le lobe pariétal montre une activité fortement réduite pendant la méditation. Alors que la consommation d'énergie du cerveau ne varie que de plus ou moins 5 % chaque jour, elle chute jusqu'à 40 % lorsqu'ils entrent dans un état modifié de conscience.

Les personnes isolées et solitaires montrent l'effet inverse. Leurs lobes pariétaux peuvent être très actifs. Les sentiments de solitude et d'isolement augmentent dans notre société fragmentée, selon un certain nombre d'études, et ils ont des effets néfastes sur notre santé. Nous sommes des êtres sociaux, et le sentiment d'appartenance se traduit par un bien-être physique et émotionnel global.

Dans une méta-analyse de cent quarante-huit études portant sur un total de 308 849 participants, les chercheurs ont constaté « une probabilité de survie accrue de 50 % pour les participants ayant des relations sociales plus fortes. Cette constatation est restée constante quels que soient l'âge, le sexe, l'état de santé initial, la cause du décès et le suivi ». Même lorsque les chercheurs ont corrigé les biais comportementaux tels que le tabagisme, l'obésité et le manque d'exercice, l'effet est resté constant.

Rappelez-vous les moments de votre vie où vous étiez le plus heureux. Pour la plupart d'entre nous, des moments privilégiés en famille et entre amis nous viennent à l'esprit. Nous avons peut-être été en vacances avec des êtres chers ou en train de savourer un repas ou une blague avec des amis. Il se peut que nous chantions des chants de Noël pendant les vacances, lorsque des milliards de personnes se joignent à nous pour affirmer « la paix sur terre, la bonne volonté des hommes ».

Ce qui est commun à tous ces moments heureux, c'est que votre attention était entièrement tournée vers le moment présent, « l'intemporalité » du chapitre 2. Vous n'étiez pas préoccupé par le passé ou stressé par l'avenir, comme vous le seriez peut-être si vous n'aviez pas de personnes précieuses pour occuper vos pensées. Le temps et l'espace ont reculé alors que le présent rempli d'amour occupait votre attention.

Ce n'est que dans le moment présent que vous pouvez échapper à l'obsession du « démon » avec les erreurs du passé et les problèmes du futur. Les expériences de l'intemporalité, alors que le lobe pariétal s'éteint, façonnent notre perception du monde et la façon dont nous y agissons. Une étude de Stanford sur les personnes qui ont vécu « le profond moment présent » a constaté que cela a changé leur comportement. Ils ont « senti qu'ils avaient plus de temps à leur disposition [...] et sont moins impatients [...] plus disposés à donner de leur temps pour aider les autres [...] préfèrent les expériences aux produits matériels et connaissent une plus grande satisfaction dans leur vie ».

Un lobe pariétal calme favorise l'empathie, la compassion, la relaxation, l'appréciation, la connectivité et l'estime de soi.

Andrew Newberg, le neuroscientifique qui a étudié les moines tibétains et les sœurs franciscaines à l'aide d'IRMf et de TEMP (tomographie par émission monophotonique), déclare que « lorsque les gens perdent leur sens du soi [dans la méditation], ressentant alors un sentiment d'unité [...] cela entraîne un effacement de la frontière entre soi et les autres [...] sans aucun sens de l'espace ou du temps ».

Les experts de la méditation se perdent littéralement dans un sentiment d'unité avec l'univers, comme le montre l'apaisement de leurs lobes pariétaux. Les religieuses franciscaines utilisent le latin de leur foi pour décrire l'expérience, *unio mystica* (union mystique). Les bouddhistes l'appellent « conscience unitaire ».

Newberg affirme que « l'unité est [...] la notion fondamentale dans presque toutes les traditions religieuses [...] les gens décrivent souvent l'unité comme étant plus "fondamentalement réelle" que tout ce qu'ils ont jamais connu. Plus réelle que la réalité ». Dans une enquête menée auprès de deux mille personnes ayant vécu des expériences d'illumination, plus de 90% d'entre elles ont déclaré qu'elles étaient plus réelles que la réalité quotidienne.

Ce sentiment d'hyper-réalité peut se produire parce que dans ces états, l'énergie économisée par la désactivation de 40 % du lobe pariétal est redéployée pour améliorer l'attention. Newberg déclare : « C'est un échange d'efficacité [...] l'énergie normalement utilisée pour dessiner la limite du moi est réaffectée à l'attention. À ce moment, pour autant que le cerveau puisse le dire, vous ne faites plus qu'un avec tout. » Newberg note que cela produit un sentiment d'émerveillement.

Les méditants ne se sentent pas seuls. Ils décrivent un sentiment de connexion avec tout et chacun dans l'univers, faisant partie d'un tableau infiniment grand. Sur le plan matériel, comme tout le monde, vous avez toujours de solides liens avec votre famille et vos amis. Mais vous avez aussi une source de soutien social qui ne dépend pas de la disponibilité d'autres êtres humains. En fusionnant avec la conscience universelle, vous vous sentez uni avec tous les êtres et l'univers lui-même.

Un aperçu des études sur la méditation menées par un groupe d'experts de haut niveau montre que cela ouvre « ce que l'on a appelé les aspects "non locaux" de la conscience humaine [...] les gens rapportent des expériences de perception d'informations qui ne semblent pas limitées aux cinq sens typiques ou semblent s'étendre à travers l'espace et le temps, comme la précognition, la clairvoyance et les interactions esprit-matière (décrites comme « siddhis » dans les traditions yogiques hindoues) ».

Perdre ma personnalité et trouver le bonheur

L'une des plus célèbres descriptions de l'expérience de la perte d'attachement à sa personnalité vient de la chercheuse en neurosciences Jill Bolte Taylor. En 1996, un vaisseau sanguin a éclaté dans son cerveau, éteignant son hémisphère gauche.

Lorsque son lobe pariétal s'est éteint, la personnalité qu'elle avait incarnée pendant les trente-sept années précédentes n'était plus accessible. Elle ne pouvait plus se rappeler qui elle était, ni l'histoire de sa vie. Elle ne pouvait ni parler ni comprendre le langage. Sans la capacité de son lobe pariétal à déterminer où elle se terminait et où le sol commençait, elle ne pouvait pas marcher.

Loin d'être terrifiée, elle a trouvé l'expérience libératrice. Sa formation en neurosciences l'a préparée à raconter son histoire de l'intérieur de l'expérience. Elle l'a décrite lors d'une conférence de TED, qui est devenue virale. Elle a écrit un livre intitulé en français *Voyage au-delà de mon cerveau* (titre original : *My Stroke of Insight*), qui est devenu un best-seller du *New York Times*. Elle a illustré cet événement dans une interview donnée au magazine Unity :

« La conscience de mon cerveau droit n'a pas du tout reconnu les frontières de mon corps. La région pariétale gauche du cerveau, dans ce que l'on appelle la zone d'association d'orientation, contient une image holographique de votre corps afin que vous sachiez où vous commencez et où vous finissez. Lorsque ces cellules se sont déconnectées après l'AVC, je n'avais plus cette perspective.

Je me sentais aussi grande que l'univers ! Mon corps était attaché à moi, mais je ne l'ai pas vécu comme mon essence. Au contraire, j'étais le tout collectif, connecté à tout et à tous, j'étais complètement fluide. Notre cerveau droit ne voit pas la division artificielle des corps individuels que le cerveau gauche nous impose. Nous sommes en réalité tous composés d'énergie. Nos corps ne sont que de l'énergie compactée en une forme dense.

Pendant l'attaque cérébrale, je me suis sentie énorme, comme un génie qui vient de sortir de sa toute petite bouteille. C'est la force de ce que nous sommes vraiment… Nous sommes toute cette énormité qui se presse dans ces petits corps minuscules et nous pensons que ce petit, petit corps minuscule est ce que nous sommes. Mais ce n'est en fait que l'outil que nous utilisons pour faire des choses dans ce monde physique. »

Sur les 1 120 méditants interrogés dans le cadre de l'étude, 56 % ont fait état d'expériences de clairvoyance ou de télépathie, 82 % d'une augmentation des synchronicités dans leurs vies, 86 % d'une altération du sens du temps et 89 % de moments de perspicacité typiques des ondes cérébrales gamma.

Les praticiens ont été plus nombreux à déclarer avoir été en contact avec des entités non physiques, plus qu'avec un professeur de méditation dans la vie réelle. Plus de la moitié ont eu des contacts multiples avec un être qu'ils ont qualifié de guide, d'ange, de Dieu ou d'une puissance supérieure. L'esprit local du méditant ne fait plus qu'un avec l'esprit non local de l'univers.

Cela donne au méditant un sentiment profond de connexion dans les deux états ; qu'il interagisse avec d'autres êtres humains dans la vie quotidienne ou qu'il interagisse avec l'univers dans la méditation. La mise hors ligne du lobe pariétal vous met dans le moment présent, en détachant votre conscience du temps et de l'espace. Les méditants perdent la notion du temps dans un sentiment d'intemporalité. À mesure que votre petit moi local fusionne avec l'univers non local, votre sens de l'espace s'étend jusqu'aux frontières de l'infini. La désactivation du lobe pariétal vous ancre dans le moment présent.

Avantages de la désactivation du lobe pariétal

- sentiment d'unité;
- centration sur le moment présent;
- sentiment de connexion;
- empathie;
- compassion
- estime de soi;
- bonheur.
- solitude;
- anxiété sociale.

LE CORPS CALLEUX: LE LIEN HÉMISPHÉRIQUE

Le corps calleux relie les hémisphères droit et gauche de votre cerveau. Il représente la plus grande agrégation de substance blanche de tout le cerveau. Il existe des différences entre les deux hémisphères de votre cerveau, et ils communiquent par l'intermédiaire du corps calleux.

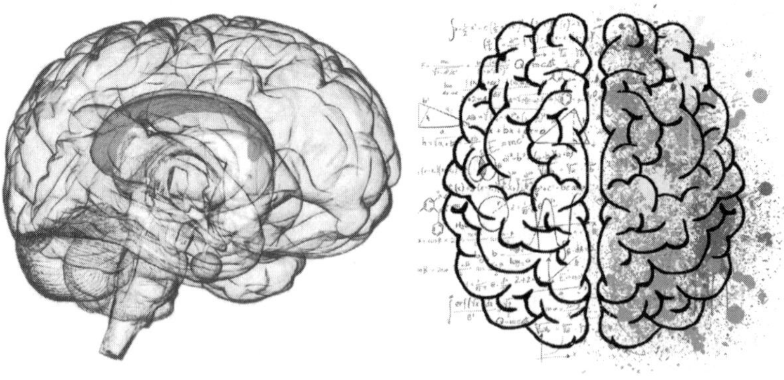

3. 5. Le corps calleux (ou *corpus callosum*):
échange d'informations entre les hémisphères.

Cette intégration est importante car certaines fonctions ne sont pas réparties de manière égale entre les hémisphères gauche et droit mais sont dominantes dans un seul hémisphère. Par exemple, le langage et la parole sont principalement générés dans l'hémisphère gauche. L'hémisphère droit, en revanche, est spécialisé dans la communication non verbale et les émotions. Un corps calleux bien développé intègre les informations provenant des deux hémisphères et équilibre leur activité.

Lorsque nous méditons, notre corps calleux s'illumine. Nous échangeons des informations entre les hémisphères droit et gauche de notre cerveau. Cela nous permet d'établir des connexions et d'équilibrer le fonctionnement des deux moitiés du cerveau. Une étude comparant trente méditants et trente non-méditants a montré que les méditants avaient une quantité de tissu beaucoup plus importante dans le corps calleux. Les personnes créatives sont également plus à même d'intégrer des informations provenant de nombreuses sources pour arriver à des solutions inédites aux problèmes.

Le corps calleux contient une structure appelée cortex cingulaire antérieur (CCA), qui joue un rôle dans notre capacité à ressentir de l'empathie. L'ACC est activé par l'hormone ocytocine, souvent appelée « l'hormone du lien » car le contact avec les personnes qui nous sont chères stimule sa libération. Le CCA est l'une des structures éclairées dans le circuit de l'illumination.

Un plus grand volume du corps calleux est associé à l'intuition, la créativité, la concentration, la mémoire, la capacité de résolution de problèmes et la coordination. Lorsque vous méditez, vous activez le corps calleux. Cela vous donne accès à toutes les ressources disponibles dans les deux hémisphères de votre cerveau, ainsi qu'à la capacité d'intégrer les informations que vous recevez.

Le cerveau de Babe Ruth

Babe Ruth, également connu sous le nom de Sultan du Swat, a joué vingt-deux saisons de baseball en ligue majeure, de 1914 à 1935. Son record du plus grand nombre de saisons, avec plus de quarante *home runs*, est toujours d'actualité. Il est mondialement considéré comme le plus grand joueur de baseball de tous les temps.

En 1921, le magazine *Science* a publié un article sur les recherches qui ont rendu le swing de Babe Ruth si phénoménal. Les enquêteurs Albert Johanson et Joseph Holmes du laboratoire de psychologie de l'université Columbia ont soumis Ruth à une batterie de tests physiques et psychologiques. Ils ont retracé ses capacités à partir de ces résultats :

- Les actions physiques de Ruth étaient efficaces à 90 %, contre une moyenne humaine de 60 %.
- Ses yeux fonctionnaient environ 12 % plus vite que ceux d'une personne moyenne.
- Ses oreilles répondaient au moins 10 % plus vite que les oreilles de l'homme moyen.
- Ses nerfs étaient plus stables que ceux de 499 des 500 autres personnes testées.
- Il était une fois et demie au-dessus de la moyenne en termes d'attention et de rapidité de perception.
- Son intelligence était environ 10 % supérieure à la normale, comme en témoignent la rapidité et la précision de sa compréhension.

Les yeux et les oreilles de Babe Ruth fonctionnaient plus vite que ceux des autres personnes. Son cerveau enregistrait plus rapidement les données sensorielles de son corps et envoyait plus rapidement les ordres qui en découlaient à ses muscles. La coordination entre les yeux de Ruth, son cerveau, ses nerfs et ses muscles était presque parfaite.

Il a été testé lors d'une soirée très chaude après un match épuisant de baseball durant l'après-midi, au cours duquel Ruth a frappé un home run. Le test, qui s'est déroulé dans une pièce étouffante, a duré plus de trois heures et a obligé Ruth à rester debout pendant la plus grande partie du temps, ainsi qu'à monter et descendre les escaliers cinq fois.

Les observateurs ont rapporté que Ruth ne présentait aucun signe de fatigue et ont noté que les résultats déjà impressionnants auraient probablement été encore meilleurs s'il avait été frais et dispos.

Les tests ont également révélé que Ruth retenait sa respiration lors de la frappe de la batte. Nous savons maintenant qu'une telle constriction inhibe la puissance d'un swing. Son swing déjà surhumain aurait été encore meilleur s'il n'avait pas retenu sa respiration.

Ruth était un batteur et un lanceur gaucher. Les gauchers comme les ambidextres ont 11 % de tissus en plus dans le corps calleux que les droitiers.

Avantages de l'activation du corps calleux

- focus ;
- mémoire ;
- créativité ;
- communication entre les hémisphères gauche et droit ;
- intuition ;
- clarté perceptuelle ;
- bonheur ;
- aptitude musicale ;
- coordination ;
- intégration de l'information ;
- ambidextérité ;
- vision.
- dyslexie.

Albert Einstein avait également un corps calleux amélioré. Les chercheurs ont comparé son cerveau à celui de quinze hommes âgés de 76 ans, l'âge auquel Einstein est mort, ainsi qu'à celui de cinquante-deux jeunes hommes en bonne santé. Son corps calleux était une autoroute de la connectivité, « plus épais dans la grande majorité des sous-régions » que ceux des autres cerveaux.

L'HIPPOCAMPE : PISTER LES MENACES ET CRÉER DES SOUVENIRS

L'hippocampe est, comme son nom l'indique, une structure en forme de « cheval de mer » située au centre du système limbique. Dans mes ateliers en présentiel, l'analogie que je choisis pour parler de l'hippocampe est celle de l'historien militaire. Son travail le plus essentiel est de comparer les informations entrantes avec le souvenir des menaces passées. S'il y a une correspondance, il donne l'alarme en activant l'amygdale, qui à son tour met en marche tout le système de combat, de fuite et d'inhibition[1].

1. FFF en anglais pour *Fight, Flight, Freeze* que l'on pourrait aussi traduire par Frapper, Fuir et Figer pour garder la correspondance des initiales (NdT).

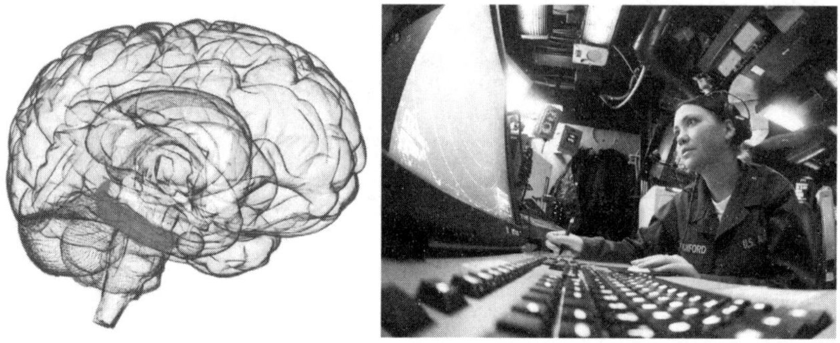

3. 6. L'hippocampe: pister les menaces et enregistrer les souvenirs.

En décidant quels signaux transmettre à l'amygdale et ceux à ignorer, l'hippocampe régule nos émotions. Certaines personnes ont un hippocampe actif qui régule efficacement les émotions. D'autres non ; ces malheureux ont une réaction en chaîne à leurs propres émotions. Au moindre stimulus, ils se mettent en colère, ont peur ou sont anxieux. Leur comportement est dicté par leurs émotions.

L'hippocampe est également le siège de l'apprentissage. Les nouvelles expériences produisent la croissance de nouvelles connexions synaptiques dans l'hippocampe. Allez suivre un cours de chinois mandarin, apprenez à jouer au tennis, sortez avec votre nouvel amour, expérimentez les recettes d'un livre de cuisine hongroise – votre hippocampe commencera à développer de nouvelles connexions.

Mais la fonction la plus essentielle de l'hippocampe est de cataloguer les mauvais souvenirs. Si un événement se produit dans le présent qui les rappelle à notre mémoire, l'hippocampe établit une correspondance et active la réponse FFF.

Le tableau d'identification des aéronefs

En grandissant dans l'Empire britannique de l'après-guerre, j'étais entouré de souvenirs de la guerre. Des canons de campagne à la retraite, montés de part et d'autre de l'entrée des bureaux du gouvernement. Des sifflets à pièces de monnaie fabriqués à partir de douilles usagées. Des casques d'acier dans les placards de la famille. Des modèles d'avions et de chars d'assaut fabriqués à partir de balles.

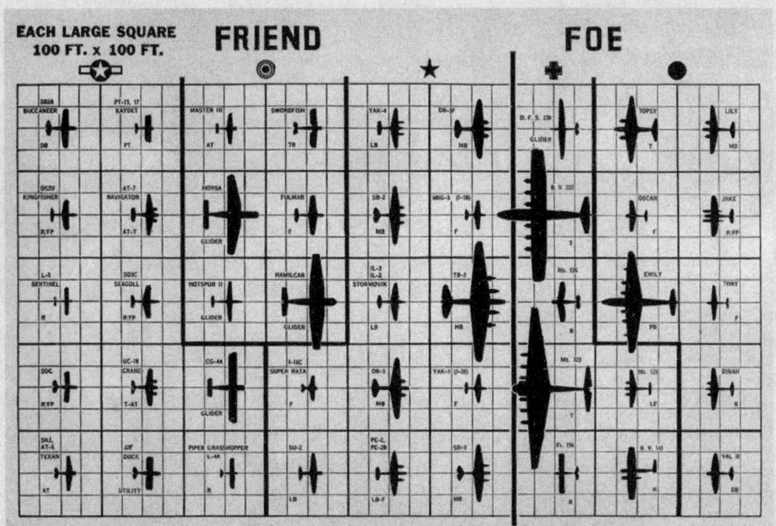

3. 7. Tableau d'identification des aéronefs.

L'un de ces rappels était le tableau d'identification de l'avion. Lorsque la Grande-Bretagne était bombardée pendant le blitz, le bruit des moteurs d'avion était courant. Lorsque les gens regardaient le ciel nocturne, ils pouvaient voir la silhouette d'un avion au-dessus d'eux. Savoir si cette forme est celle d'un avion britannique ou allemand peut faire la différence entre la vie et la mort.

Le gouvernement en guerre a mis des affiches d'identification des avions partout, et même dans les années 1960, je me souviens les avoir vues fréquemment dans des coins oubliés des pubs ou des hôtels. Avant l'âge de deux ans, je pouvais distinguer d'un seul coup d'œil le bombardier britannique *Lancaster* du Heinkel He 111 allemand. Lorsque, enfant, j'ai été emmené au musée impérial de la Guerre, je pouvais regarder n'importe quel avion de la Seconde Guerre mondiale et lui donner un nom.

Mais à cette époque, ces connaissances étaient inutiles. La guerre était terminée depuis 10 ans et il n'y avait aucune valeur pour ma survie de mémoriser les formes des avions sur les cartes. Pourtant, elles étaient gravées de façon indélébile dans les voies neurales de mon hippocampe.

Ce type de reconnaissance des formes est le travail de l'hippocampe. Il compare les informations entrantes, telles que la forme d'un avion, avec son immense encyclopédie des connaissances passées. S'il s'agit d'une menace – « Heinkel 111 ! » –, il envoie un signal à l'amygdale, qui interrompt toute autre fonction physiologique en criant : « Lâchez tout ! Courez vers l'abri antiaérien ! »

S'il n'y a pas de correspondance avec les menaces passées – *Lancaster* –, l'hippocampe reste silencieux.

Lorsque nous recevons des menaces dans notre enfance, et qu'elles sont accompagnées d'émotions fortes comme la peur, elles peuvent rester ancrées à vie dans les circuits neuronaux de l'hippocampe. Les neuroscientifiques appellent cela des « apprentissages émotionnels profonds ».

Comme les anciennes affiches, elles n'ont peut-être plus aucune utilité dans le présent. Elles peuvent même nous inciter à réagir à des menaces qui sont tout à fait imaginaires. Pourtant, une fois apprises, et renforcées par un comportement conditionné, elles sont difficiles à changer. Comme les affiches poussiéreuses des pubs, elles peuvent rester en place longtemps après avoir cessé d'être utiles.

Lorsque l'hippocampe ne sait pas trop quoi faire d'une information, il la renvoie au cortex préfrontal (CPF) du cerveau. C'est le centre exécutif du cerveau, le siège de la discrimination et de la connaissance. Il reçoit les informations en provenance de l'hippocampe et détermine si la menace apparente est réelle.

Par exemple, vous entendez une forte détonation et vous êtes immédiatement alarmé. « Des coups de feu ? » se demande l'hippocampe. « Non », lui dit le CPF. « C'était le pot d'échappement d'une voiture. » L'hippocampe rassuré ne transmet alors pas l'alarme à l'amygdale. Ou peut-être que le CPF dit : « Ce groupe de jeunes hommes qui traînent dans le parking semble suspect », et l'hippocampe signale alors à l'amygdale, qui met le corps en code rouge.

L'utilisation de ce chemin du centre émotionnel du cerveau au centre exécutif est cruciale pour réguler nos émotions. Parce qu'il implique une boucle de rétroaction avec des informations allant d'abord au CPF puis revenant à l'hippocampe depuis le CPF, on appelle cela la voie longue : hippocampe > CPF > hippocampe > amygdale > FFF. La voie longue est le chemin par défaut pour les personnes ayant une autorégulation émotionnelle efficace.

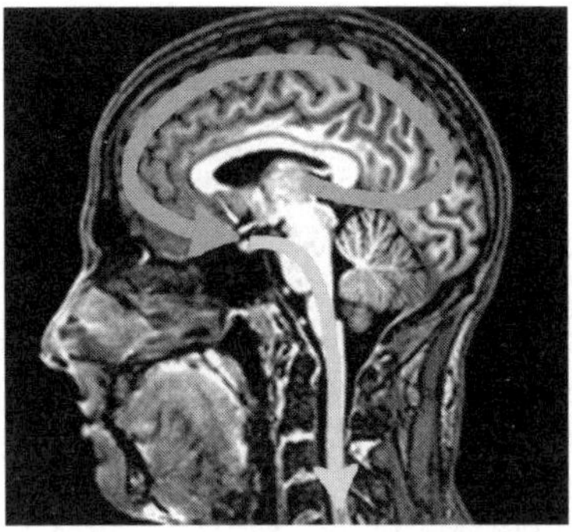

3. 8. La voie longue.

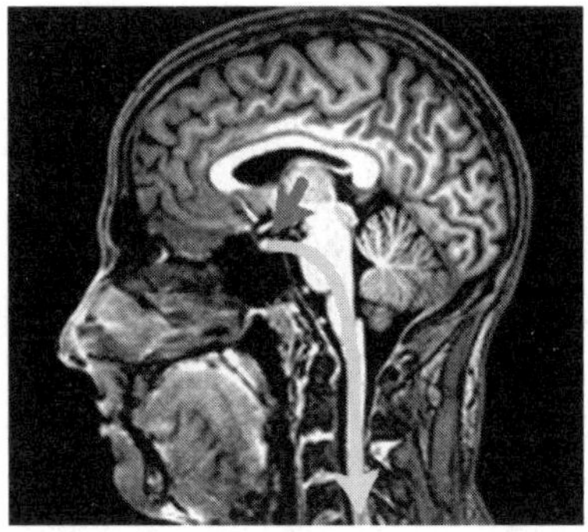

3. 9. La voie la plus courte.

Voir la version en couleurs au centre du livre.

Chez les personnes dont l'autorégulation émotionnelle est faible, comme les patients souffrant de trouble de stress post-traumatique (TSPT), ce circuit est altéré. Elles sursautent facilement et réagissent de manière excessive à des stimuli inoffensifs. L'hippocampe «court-circuite» le CPF. Au lieu de renvoyer les menaces entrantes à la sage discrimination du cerveau du primate, où le bang peut être classé dans la catégorie des «pétarades de voiture», l'hippocampe traite les stimuli, même légers, comme s'ils étaient des catastrophes mortelles et active l'amygdale. Ce court-circuit de la voie longue crée une voie courte: hippocampe > amygdale > FFF. Le court-circuit améliore la vitesse de réaction, mais au détriment de la précision.

L'hippocampe est également au centre de la mémoire et de l'apprentissage. Il nous aide à traiter au moins deux types différents de mémoire: les mémoires déclaratives et les mémoires spatiales. Les mémoires déclaratives ont trait à des événements et des faits tels que la mémorisation de votre texte lors de la pièce de théâtre de l'école ou le classement des équipes de la coupe du monde.

Les mémoires spatiales ont trait à la navigation; elles aident les chauffeurs de taxi à mémoriser les itinéraires au cœur d'une cité médiévale ou permettent aux violonistes de savoir exactement où placer leurs doigts sur les cordes.

C'est la preuve d'un autre exploit remarquable que réalise l'hippocampe: transformer les mémoires à court terme en mémoires à long terme. Lors des premières leçons de violon, il faut se concentrer intensément pour placer le bout de ses doigts aux bons endroits. Avec l'expérience, une fois que vous avez gravé les informations dans la mémoire à long terme, vous pouvez jouer sans effort, sans réfléchir. L'hippocampe peut contrôler simultanément les fonctions de plusieurs parties distantes du cerveau, en coordonnant leurs activités.

Lorsque nous méditons, nous activons l'hippocampe, en particulier une sous-région appelée le *gyrus denté*. Sa fonction est de synchroniser la régulation émotionnelle dans différentes parties du cerveau, et nous découvrirons à quel point cela peut être étonnant au chapitre 6. Cette synchronisation signifie que nous sommes capables de calmer nos émotions turbulentes, d'activer la voie longue qui mène au CPF, et de donner à notre conscience une pause entre l'amour et la peur, l'envie et le désir, et le ressentiment et l'attraction qui balaient le réseau du mode par défaut (RMD). Sans ces émotions pour nous distraire, nous créons alors un espace émotionnel calme pour atteindre le Cerveau du bien-être.

Avantages de l'activation de l'hippocampe

- mémoire ;
- apprentissage ;
- contrôle émotionnel ;
- acquisition de compétences ;
- navigation spatiale ;
- sens de l'orientation ;
- sérotonine ;
- coordination des régions du cerveau.
- dépression ;
- hyperactivité ;
- amnésie ;
- maladie d'Alzheimer.

L'AMYGDALE : L'ALARME INCENDIE

L'amygdale est souvent appelée « l'alarme incendie » du cerveau. Elle est activée par des signaux que d'autres zones du cerveau, principalement l'hippocampe, interprètent comme un danger. Si vous nagez dans la mer des Caraïbes et que vous voyez une grande nageoire dorsale dépasser de l'eau, l'hippocampe la compare à des images similaires en un clin d'œil – « Requin ! » conclut-elle –, et envoie un signal à votre amygdale.

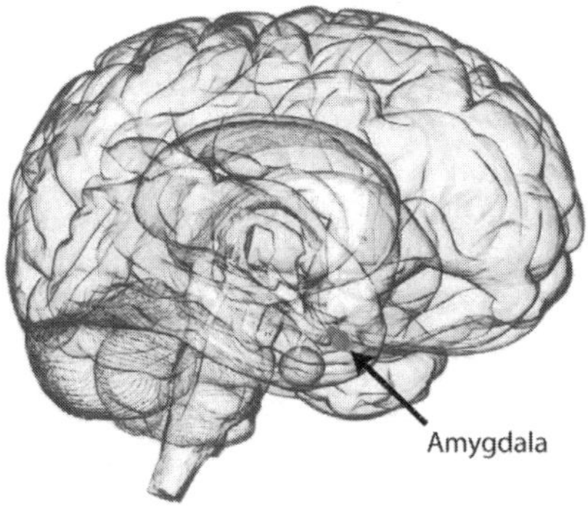

3. 10. L'amygdale: l'alarme incendie.

Les nerfs de l'amygdale se dirigent vers les parties du tronc cérébral qui régissent la réaction de combat/fuite/inhibition. De là, ils rayonnent vers tous les organes de votre corps: le cœur, les poumons, les muscles, le tube digestif, le système immunitaire et la peau.

Lorsque votre corps entre en combat/fuite/inhibition, chacun de ces systèmes d'organes est touché, car la survie est le moteur primordial de tout être vivant. Vos poumons pompent furieusement de l'oxygène dans votre sang, aidés par votre cœur qui accélère pour augmenter l'apport sanguin à vos muscles. Ils se gorgent de sang, en particulier les gros muscles de vos bras et de vos jambes, lorsqu'ils se préparent à courir ou à se battre.

Votre digestion s'arrête. Les minuscules veines et artères capillaires qui transportent le sang vers votre intestin rétrécissent jusqu'à 80% alors que votre corps déploie de précieuses ressources, passant de systèmes non essentiels comme la digestion à des systèmes essentiels comme la circulation et la respiration.

Votre système immunitaire s'éteint aussi. Une étude a montré que les couples qui se battent ont une baisse de leur fonction immunitaire pouvant aller jusqu'à 40%. La plupart des parties de votre cortex préfrontal (CPF) s'arrêtent alors que les capillaires se contractent; votre corps n'a plus besoin de la capacité du CPF de composer une symphonie ou de faire des calculs mentaux lorsque votre premier objectif est d'échapper à l'attaque d'un requin.

Si vous avez une bonne autorégulation émotionnelle, et que votre «voie longue» fonctionne, votre hippocampe réfère l'image de la nageoire au CPF, qui dit «dauphin». Une fois que l'hippocampe reçoit l'information que le stimulus est inoffensif, que l'aileron appartient à un dauphin joueur plutôt qu'à un requin prédateur, il n'active pas l'amygdale et vous restez calme.

Si votre « voie longue » est court-circuitée par le stress et que votre cerveau utilise plutôt le chemin le plus court, vous pourriez être si alarmé à la seule pensée d'un requin que vous pourriez déclencher une crise de panique rien qu'en imaginant aller nager dans l'océan.

Toute la machinerie corporelle de la réponse Fuir/Frapper/Figer se trouve alors engagée par cette menace imaginaire, comme si vous étiez en plein milieu des *Dents de la mer*. Vos tripes se serrent, votre cœur s'emballe, votre respiration devient rapide et superficielle, et votre concentration se restreint au point que vous ne pouvez penser à rien d'autre qu'à la menace.

Cela a un impact biologique énorme sur le corps. Un taux élevé d'adrénaline entraîne une réduction spectaculaire de la durée de vie. Les personnes stressées sont beaucoup plus malades et vivent beaucoup moins longtemps que les personnes non stressées. Quelle que soit la forme que prend le stress, la dépression, l'anxiété ou le syndrome de stress post-traumatique sont associés à des taux plus élevés de cancer, de diabète et de maladies cardiaques. Les réductions de la durée de vie des personnes stressées se mesurent en décennies plutôt qu'en années.

Chez les méditants, l'amygdale est au calme. Elle devient encore plus calme avec la pratique. La différence d'activation de l'amygdale entre les méditants de longue durée et leurs pairs moins expérimentés a été mesurée. Les adeptes réguliers montrent 400 % de réactivité en moins aux événements stressants. Même les novices qui pratiquent la pleine conscience pendant trente heures sur huit semaines constatent une diminution de l'activité des amygdales.

D'autres structures du mésencéphale ou du système limbique travaillent en collaboration avec l'hippocampe et l'amygdale. L'une d'elles, le thalamus, est comme une station relais. Proche du corps calleux, il identifie les informations provenant des sens comme le toucher, l'ouïe et le goût, et les dirige vers les centres de conscience du cortex préfrontal. Le thalamus devient généralement plus actif pendant la méditation, car il travaille plus dur pour supprimer les entrées sensorielles (comme « ce moustique qui bourdonne » ou « cette chaise qui est trop dure ») qui nous tirent hors de l'état de *Bliss Brain*.

L'hippocampe régulant les émotions, le thalamus régulant les entrées sensorielles et la « voie longue » en bon état de fonctionnement, les signaux induisant le stress ne sont pas envoyés à l'amygdale. À son tour, toutes les machines FFF du corps restent hors ligne. Cela produit des avantages biologiques correspondants. Le rythme cardiaque est régulier. La respiration est profonde et lente. La digestion est efficace. L'immunité est élevée. C'est pourquoi tant d'études montrent des avantages omniprésents en matière de santé et de longévité chez les méditants.

Avantages de la désactivation de l'amygdale

- calme;
- immunité;
- détente;
- longévité.

- peur;
- stress;
- réponse Fuir/Frapper/Figer;
- anxiété;
- dépression;
- cortisol;
- inquiétude;
- colère;
- dépendance;
- nervosité;
- phobies;
- sautes d'humeur.

L'INSULA: L'INTÉGRATEUR COMPATISSANT

L'insula est une région de tissus située au fond de la crevasse séparant le lobe temporal du cerveau des lobes frontal et pariétal. Elle contient une grande concentration d'un type spécial de neurones appelés «neurones de von Economo» (NVE) qui facilitent l'intégration des informations provenant de nombreuses parties différentes du cerveau. Ces cellules spécialisées ne se trouvent que dans quelques espèces qui forment des groupes sociaux très organisés: les humains, les gorilles, les singes, les baleines et les éléphants.

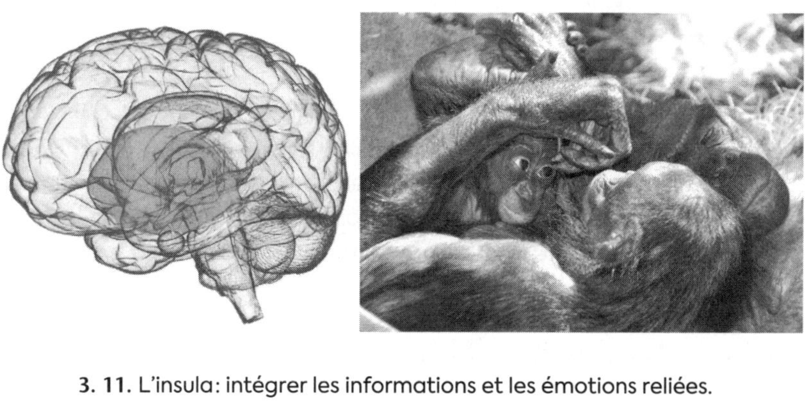

3. 11. L'insula: intégrer les informations et les émotions reliées.

Cela s'explique par le fait que l'insula fait partie de notre circuit de soins, un circuit que l'on retrouve chez d'autres mammifères. Les parents mammifères s'occupent de leurs petits, plutôt que de pondre un œuf et de s'en aller en rampant. Nous prenons également soin des membres de notre famille et des autres membres de notre tribu.

L'insula joue un rôle prépondérant dans les émotions qui nous relient aux autres membres de l'espèce humaine. Il s'agit des « émotions sociales », et elles comprennent la fierté, le dégoût, la culpabilité, la gratitude, le ressentiment, la gêne, le mépris et la luxure. L'insula a été caractérisée comme étant « cruciale pour comprendre ce que l'on ressent en tant qu'être humain ».

Dans les milieux sociaux, les neurones de von Economo dans l'insula nous aident à reconnaître des émotions comme le dégoût et la culpabilité dans les expressions faciales des autres. Ils nous permettent d'apprécier les plaisanteries ou de nous sentir humiliés lorsqu'un ami nous ignore.

Quelle est la taille de votre tente?

Il existe une vieille blague de la Nouvelle-Angleterre sur Jess, un fermier baptiste maussade du Maine. Jess disait la même prière tous les soirs : « Dieu, bénis-moi et ma femme. Mon frère Jim et sa femme. Nous quatre, pas plus. »

Pour reprendre une métaphore de l'Ancien Testament, les limites de la tente de Jess ne s'étendaient qu'à sa famille proche. Vous avez probablement un plus grand cercle de personnes dont vous vous préoccupez : peut-être que les frontières de votre tente s'étendent à votre communauté, votre ville, ou même votre pays.

Les méditants expérimentés ont des frontières infinies à leurs tentes. Richard Davidson et son importante équipe de laboratoire à l'université du Wisconsin ont testé vingt et un de ces adeptes. Le plus expérimenté d'entre eux, un moine tibétain du nom de Mingyur Rinpoché, a accumulé plus de 62 000 heures de méditation avant l'âge de 42 ans.

Lorsque Davidson a branché Mingyur pour la première fois à un IRM, il lui a donné un certain nombre d'exercices à effectuer, afin de déterminer quelles régions du cerveau étaient engagées par chacun.

Lorsque Mingyur a reçu le signal pour faire preuve de compassion, Davidson et les autres chercheurs dans la salle de contrôle du laboratoire ont été stupéfaits. Le niveau d'activité dans les circuits d'empathie de Mingyur a augmenté de 700 %. « Une telle augmentation extrême est incompatible avec la science », a écrit Davidson. En moyenne, les adeptes avaient vingt-cinq fois plus d'ondes cérébrales gamma, les ondes cérébrales caractéristiques d'un état créatif d'intégration cérébrale, que la moyenne du groupe de contrôle. Ce sont les ondes du génie, comme nous le verrons au chapitre 6.

L'insula donne également lieu à de l'empathie. Les personnes qui sont plus sensibles aux signaux émotionnels des autres ont une plus grande activation de l'insula et obtiennent de meilleurs résultats aux tests d'empathie. Et l'insula s'illumine pendant les séances de méditation, surtout lorsque le méditant ressent de la gentillesse et de la compassion.

Lorsque le méditant élargit sa définition de la connexion pour inclure d'autres personnes et finalement l'univers entier, il se sent un avec tout. Selon les termes d'une revue complète de méditation, « les dualités réifiées habituelles entre le sujet et l'objet, le soi et l'autre, l'intérieur et l'extérieur du groupe se dissipent ». Alors qu'il étend les frontières de sa tente à l'infini, des changements massifs se produisent dans son activité cérébrale.

En plus de servir de médiateur dans nos circuits d'empathie et de compassion, l'insula a plusieurs autres fonctions. Elle recueille des informations à partir d'un vaste réseau de récepteurs à l'intérieur de notre corps ainsi que de notre peau. Elle stimule ensuite des sentiments tels que la faim qui incitent ensuite à des actions telles que la recherche de nourriture.

Le côté obscur de ce mécanisme est qu'il peut stimuler les envies de drogues, de tabac et d'alcool. Les toxicomanes présentent une activation accrue de l'insula *avant même* de consommer la drogue de leur choix. L'insula s'allume également lorsque nous ressentons la douleur ou même lorsque nous *anticipons* la douleur.

Les méditants sont plus « dans l'instant » lorsqu'il s'agit de douleur physique, la relâchant plus rapidement. Ils peuvent également ressentir des envies irrésistibles, comme nous le verrons au chapitre 5. Ce sont des envies positives qui les dirigent vers les états d'extase que l'on trouve dans le Cerveau du bien-être ou *Bliss Brain*.

Bénéfices de l'activation de l'insula

- états émotionnels élevés ;
- contrôle du moteur ;
- gentillesse ;
- compassion ;
- empathie ;
- longévité ;
- immunité ;
- bonheur ;
- amour ;
- plaisir sensoriel ;
- introspection ;
- sentiment d'accomplissement ;
- sentiment d'interdépendance ;
- focus ;
- conscience de soi.

- colère ;
- peur ;
- anxiété ;
- dépression ;
- dépendance ;
- douleur chronique.

JONCTION TEMPORO-PARIÉTALE : LE TRIEUR D'INFORMATIONS

La jonction temporo-pariétale (JTP) est l'endroit où les lobes temporal et pariétal du cerveau sont reliés. La JTP est également reliée au système limbique, qui traite les émotions et l'apprentissage, ainsi qu'aux systèmes visuel, auditif et somatique.

Nos sens sont sans cesse bombardés d'informations provenant du monde extérieur. Notre cerveau doit également traiter toutes les informations qui lui parviennent des nombreux organes et systèmes du corps. L'une des tâches de la JTP est de trier cette avalanche d'informations et de déterminer ce qui est pertinent, puis de les regrouper en une histoire cohérente que le cortex préfrontal pourra examiner et sur laquelle il pourra agir.

Un groupe d'enquêteurs de l'université de l'Illinois a entrepris de cartographier les parties du cerveau actives dans l'intelligence émotionnelle. Ils ont scanné le cerveau de cent cinquante-deux vétérans du Vietnam alors qu'ils se livraient à des activités nécessitant une intelligence émotionnelle, comme l'interaction avec d'autres personnes. Ils ont découvert que la jonction temporo-pariétale reprenait vie lorsque les vétérans étaient socialement engagés.

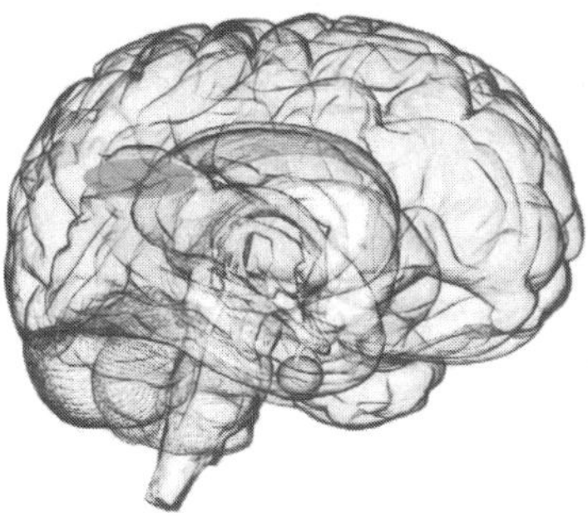

3. 12. La jonction temporo-pariétale: le trieur d'informations.

La jonction temporo-pariétale est active dans la méditation. Une équipe de chercheurs allemands et espagnols a pris un groupe de non-méditants et leur a donné une formation à la pleine conscience. Après seulement quarante jours, leurs JTP traitaient les informations plus efficacement, alors que leurs niveaux d'anxiété et de dépression avaient chuté.

Hors du cerveau, hors du corps

Comme la découverte accidentelle du réseau du mode par défaut par Marcus Raichle décrite au chapitre 2, de nouvelles connaissances sur les expériences de sortie du corps (appelées aussi expériences de hors-corps) ont émergé des recherches du neurologue suisse Olaf Blanke sur les crises d'épilepsie. Cherchant la source de l'épilepsie d'une patiente, le Dr Blanke a utilisé des électrodes pour cartographier son cerveau, en associant les zones cérébrales aux fonctions que chacune d'entre elles contrôle.

Lorsqu'il a stimulé le gyrus angulaire qui fait partie de la JTP, le patient a eu une expérience de hors-corps spontanée. Elle a signalé à Blanke qu'elle se regardait d'en haut. Blanke a découvert qu'à chaque fois qu'il stimulait cette zone, son patient entrait dans une expérience de hors-corps.

Blanke théorise que dans le flot d'informations entrant dans la JTP, les voies neurales des épileptiques pourraient être franchies, conduisant à une libération momentanée des frontières de son corps. Dans la méditation, c'est un effet secondaire de la pratique délibérée. Un mécanisme similaire pourrait être à l'œuvre dans les expériences de mort imminente (EMI).

Le médecin Melvin Morse a fait ce commentaire réfléchi sur la relation entre ces états du cerveau et la réalité objective : « Le simple fait que des expériences religieuses soient basées sur le cerveau ne diminue pas automatiquement leur signification spirituelle. En effet, on peut soutenir que les découvertes de substrats neurologiques au cours des expériences religieuses fournissent des preuves de leur réalité objective. »

En activant ce centre d'intelligence émotionnelle, la méditation améliore toute une série de qualités positives, notamment l'altruisme, l'adaptabilité, l'empathie, les compétences linguistiques, la conscience de soi, la conscience et l'équilibre émotionnel.

Avantages de l'activation de la jonction temporo-pariétale

- intelligence émotionnelle ;
- altruisme ;
- motivation ;
- empathie ;
- qualité des relations ;
- conscience ;
- conscience de soi ;
- traitement de l'information ;
- perception ;
- focus ;
- langue écrite ;
- langue parlée ;
- équilibre émotionnel.

- anxiété sociale ;
- autisme.

LE CORTEX PRÉFRONTAL : LE COMMANDANT

Le cortex préfrontal (CPF) est la partie la plus avancée du lobe frontal. C'est là que naissent les comportements complexes. Le CPF est également le siège de notre personnalité, ce qui fait que nous sommes nous-même. Il est responsable du contrôle des impulsions – modérant les émotions qui surgissent dans d'autres parties de notre cerveau.

Le CPF est la partie du cerveau qui peut dire « non » lorsque nous avons envie de hurler après notre voisin parce qu'il nous a pris notre place de parking, d'étrangler notre enfant lorsqu'il refuse de manger ses brocolis, de frapper notre patron au visage avec un presse-papiers après une mauvaise évaluation, ou de « rouler une pelle » au nouveau mari de notre meilleure amie.

C'est aussi la partie du cerveau qui concentre notre attention et organise notre activité mentale autour de nos priorités. Le cortex préfrontal s'occupe de la planification d'activités complexes qui impliquent de nombreux apports tels que le temps, l'espace, notre corps, nos ressources et les réactions des autres. Il peut hiérarchiser des informations en compétition.

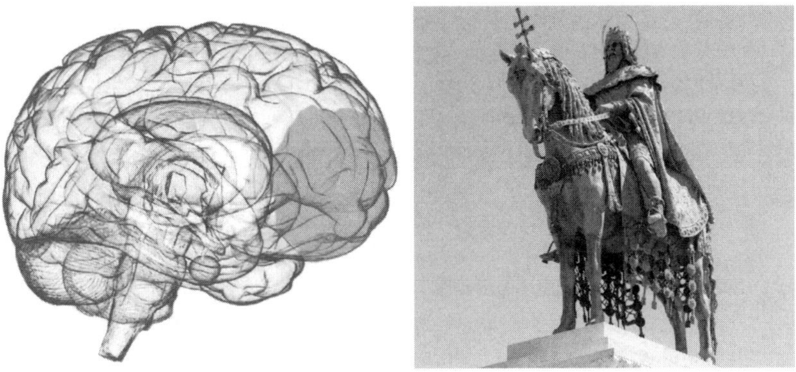

3. 13. Le cortex préfrontal : le commandant.

Chez les personnes qui ont la capacité de se concentrer, le cortex préfrontal est capable d'éliminer les distractions. Lorsque j'écris, par exemple, je peux me rendre compte qu'une sirène se trouve au loin, que ma boîte aux lettres électronique est pleine de messages non lus, qu'il ne me reste qu'un jour pour faire mes bagages avant de m'envoler pour animer le prochain atelier en présentiel et que la date limite pour payer ma facture de téléphone portable est la semaine prochaine. Mais mon cortex préfrontal choisit de concentrer toute mon attention sur la tâche à accomplir, en écartant les autres éléments qui réclament une part de ma conscience.

Les Castors apprennent à se concentrer

Greg Warburton est un thérapeute spécialisé dans les performances sportives. Il a grandi en vivant et en respirant le sport. Il a terminé son premier marathon à l'âge de 27 ans, mais a perdu une jambe peu après dans un accident de moto.

Cela ne l'a pas ralenti. Il est devenu coach sportif et a commencé à enseigner à d'autres athlètes des techniques de haute performance comme l'EFT (Emotional Freedom Techniques). L'EFT est une méthode très rapide de régulation du stress en stimulant des points d'acupression, je l'utilise souvent au début de l'Éco-Méditation.

J'ai collaboré avec Greg dans le cadre d'une étude pionnière à l'Oregon State University (OSU). Dans un essai contrôlé randomisé, nous avons mesuré les capacités des équipes masculines et féminines de basket-ball, les Beavers (Castors) de l'OSU. Après avoir testé les athlètes sur le nombre de lancers francs réussis et la hauteur à laquelle ils pouvaient sauter, un groupe a bénéficié de l'EFT, tandis que l'autre a reçu un traitement placebo.

Par la suite, le groupe EFT a obtenu des résultats 38 % supérieurs à ceux du groupe témoin pour les lancers francs. Il n'a fallu que quinze minutes d'EFT pour obtenir ce résultat.

Alors que j'étais sur le terrain pour observer les joueurs, j'ai remarqué à quel point ils étaient constants. Certains pouvaient lancer dix ballons sur dix dans l'arceau, à chaque fois.

Pourtant, certains joueurs étaient régulièrement mauvais, ne réussissant que trois ou quatre paniers sur dix. Chaque fois qu'ils lançaient, ils rataient à peu près autant de tirs qu'avant, tandis que les stars du lancer franc étaient tout aussi constants dans leurs réussites à 10/10.

La différence n'est certainement pas due à la capacité physique. Si une joueuse de basket-ball peut marquer un panier, elle est certainement capable de le refaire. Elle a la force musculaire et la coordination œil-main nécessaires pour passer le ballon dans le panier. Théoriquement, outre la fatigue, elle devrait être capable de répéter son succès dix fois de suite.

La différence tient à leur capacité à réguler leurs émotions. J'ai regardé attentivement un joueur qui avait un faible score, alors qu'il préparait son tir. Il essayait de se concentrer, mais il était distrait. Le bruit dans le stade, ainsi que le bruit à l'intérieur de sa tête, rendait sa concentration difficile. Son cortex préfrontal n'était pas capable de réguler les parties émotionnelles de son cerveau.

Le travail de Greg qui entraîne des équipes de golf, de base-ball et de basket-ball, a permis aux Beavers de connaître un succès sans précédent. Peu après que Greg a commencé à les entraîner, l'équipe de base-ball a remporté leur ligue deux fois de suite. En 2018, ils ont de nouveau remporté les College World Series.

Lorsqu'ils peuvent réguler leurs émotions, l'anxiété et le stress ne peuvent plus compromettre les capacités des athlètes. Tout comme les méditants à long terme sont des champions de la concentration, avec des cortex préfrontaux capables de supprimer les émotions générées par les cliquetis du réseau du mode par défaut, les athlètes peuvent l'être aussi. Au moment crucial de la partie, la capacité à se concentrer peut être encore plus importante pour gagner que la force physique et la coordination.

Le cortex préfrontal est la dernière partie du cerveau à se développer au fur et à mesure que nous grandissons. Les enfants ne développent pas pleinement les capacités complexes de planification et de prise de décision inhérentes au cortex préfrontal avant d'atteindre l'adolescence, et le CPF n'est pas complètement développé avant l'âge de 25 ans environ.

Le cortex préfrontal a plusieurs sous-structures. Les deux plus importantes pour la méditation et la concentration sont le cortex préfrontal dorsolatéral qui est relié aux autres zones du cerveau impliquées dans la cognition et l'attention, et le cortex préfrontal ventromédian qui est relié au système limbique, y compris l'hippocampe et le thalamus.

CORTEX PRÉFRONTAL VENTROMÉDIAN : L'INFLUENCE CALMANTE

Pendant la méditation, le cortex préfrontal ventromédian est actif. Il fait partie du circuit de régulation émotionnelle que nous allons passer en revue au chapitre 6. Les signaux du cortex préfrontal ventromédian calment les émotions de l'hippocampe et de l'amygdale, nous permettant de nous libérer de toutes les émotions provoquées par le réseau du mode par défaut. Cela réduit notre réactivité au monde extérieur ainsi que les émotions internes qui nous détournent de l'état méditatif.

CORTEX PRÉFRONTAL DORSOLATÉRAL : LE CENTRE D'ALERTE

La deuxième partie du cortex préfrontal active pendant la méditation est le cortex préfrontal dorsolatéral. Alors que le cortex préfrontal ventromédian supprime l'émotion, le cortex préfrontal dorsolatéral maintient une attention concentrée. Cela nous permet de garder notre conscience ancrée dans l'état méditatif sans que notre attention ne soit distraite par les apports du monde extérieur. Une fois que le cortex préfrontal dorsolatéral a pris une décision, il supprime les informations entrantes qui ne sont plus pertinentes.

En éliminant les éléments non essentiels, la méditation améliore notre capacité d'attention. Cela améliore à son tour la mémoire de travail, la capacité à transformer les informations actuelles en souvenirs à long terme. Une étude a montré que les étudiants formés à la pleine conscience étaient plus à même de se souvenir de ce qu'ils avaient appris, et ont amélioré leurs notes à l'examen d'entrée à l'école supérieure.

Alors que dans ce chapitre nous examinons les parties du cerveau associées à des fonctions spécialisées, il y a peu de parties individuelles du cerveau ayant un seul but. Le cerveau fonctionne comme un tout. Ce chapitre simplifie les explications pour mettre en évidence les régions du cerveau associées à chaque fonction, mais en réalité, les différences d'activation peuvent être faibles.

Plutôt que d'utiliser des interrupteurs marche-arrêt, pensez à des interrupteurs à variateur, avec une large plage depuis la lumière jusqu'à l'obscurité. Différentes fonctions font que diverses régions du cerveau deviennent plus claires ou plus sombres, et non pas simplement s'allumer ou s'éteindre. Et bien qu'il possède toutes ces régions spécialisées, le cerveau est orchestré pour fonctionner comme un tout collectif.

Par exemple, lorsque nous ressentons de l'empathie, comme les méditants sont entraînés à le faire, l'ensemble du système limbique, y compris le thalamus, l'hippocampe et l'amygdale, fonctionne avec d'autres régions du cerveau. Le « circuit de l'empathie » implique également l'insula et le cortex cingulaire antérieur (CCA). Une grande partie de l'amygdale est consacrée à la transmission de messages au cortex préfrontal par le cortex cingulaire antérieur. Plus le degré d'empathie ressenti est important, plus le circuit de l'empathie est activé.

Le cortex préfrontal ventromédian et le cortex préfrontal dorsolatéral sont deux parties relativement petites et spécialisées du cortex préfrontal. Les parties « autonomes » du cortex préfrontal des méditants se mettent hors ligne pendant la pratique. Les scanners du cerveau des moines en méditation montrent que les parties du cortex préfrontal qui construisent notre personnalité s'obscurcissent, avec une baisse de la consommation d'énergie pouvant atteindre 40 % – « l'hypofrontalité transitoire » notée par les neuroscientifiques au chapitre 2. Newberg constate que de nombreux types de praticiens différents « sortent de leur tête », des chamans brésiliens aux pentecôtistes qui « parlent en langues ».

Avantages du règlement sur le cortex préfrontal

- régulation émotionnelle ;
- fonctions supérieures du cerveau ;
- définition des objectifs ;
- raisonnement complexe ;
- comportement approprié ;
- intelligence intellectuelle ;
- organisation des idées ;
- bonheur ;
- prise de décision ;
- volonté ;
- contrôle des impulsions ;
- focus ;
- bien-être ;
- signification et objectif ;
- résilience ;
- fluidité de l'intelligence ;
- attention ;
- flexibilité cognitive ;
- mémoire de travail ;
- maîtrise de soi ;
- comportement prosocial ;
- réflexion à long terme ;
- planification complexe.

- anxiété ;
- dépendance ;
- distraction ;
- dépression ;
- égoïsme ;
- réactivité au stress ;
- douleur ;
- vagabondage mental ;
- réaction de surprise ;
- TDHA (Trouble de déficit de l'attention avec ou sans hyperactivité) ;
- maladie d'Alzheimer ;
- déclin cognitif ;
- cortisol ;
- inflammation ;
- TSPT (Trouble de stress post traumatique) ;
- vieillissement ;
- fatigue chronique.

Lorsque nous sommes en méditation, nous perdons notre identification avec nos histoires sur nous-mêmes et sur le monde. Pendant un certain temps, nous cessons d'être égocentrés. Nous oublions « je-moi-mien ». Les liens qui maintiennent notre conscience coincée dans l'ego, dans l'apparence, dans le souvenir de qui nous aimons et de qui nous n'aimons pas, dans le jeu de nos rôles... et toutes les souffrances qui accompagnent ces choses sont relâchées. Ceci nous libère pour entrer dans un esprit non local, et nous relie à une conscience plus grande que nos moi locaux. Newberg le décrit ainsi : « La personne a littéralement l'impression que son propre moi se dissout. Il n'y a pas de "je" – juste la totalité d'une conscience ou expérience singulière. »

Le paradoxe de l'illumination est que nous devons perdre notre personnalité pour trouver le bonheur. Alors que les capacités de réflexion du cortex préfrontal sont notre plus grand atout dans la vie de tous les jours, elles sont notre plus grand obstacle à l'expérience de l'unité. C'est l'ego qui nous sépare de l'univers, et lorsqu'il est hors ligne, nous rejoignons le mystère.

LE STRIATUM : L'ÉTRANGLEMENT ÉMOTIONNEL

Le striatum fait partie des ganglions de la base. Ces ganglions sont appelés « basaux » parce qu'ils se trouvent près du bas du cerveau et sont reliés au tronc cérébral et à la moelle épinière par lesquels les signaux circulent dans tout le corps. *Striatum* signifie « rayé » en latin. Il est composé de matière blanche traversée par des bandes de matière grise.

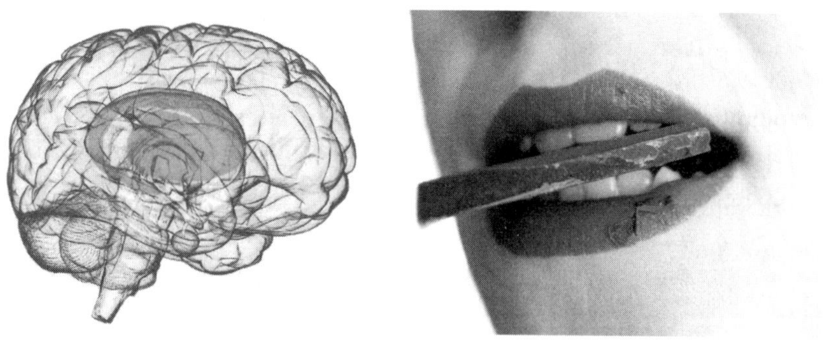

3. 14. Le striatum : le régulateur des émotions et des envies.

Il contient plusieurs sous-structures importantes pour la régulation émotionnelle. L'une d'entre elles est le noyau caudé, une courbe en forme de C du tissu situé près de la base du néocortex. Le noyau caudé joue un rôle important dans le traitement et le stockage des souvenirs, notamment en ce qui concerne les nouveaux apprentissages et le langage. Comme l'hippocampe, il s'appuie sur les expériences passées *pour interpréter l'importance des informations entrantes.*

Il modère le stress en servant de passerelle d'information entre le cortex et le système limbique, et *il peut étrangler la transmission d'informations stressantes* entre les deux. S'il est activé, il régule le flux des émotions d'inquiétude. Sinon, il peut les laisser circuler trop librement, ce qui entraîne une anxiété non maîtrisée.

Une fois que votre cortex préfrontal a formulé un objectif, il le communique aux ganglions de la base, qui à leur tour formulent les actions appropriées pour atteindre l'objectif. Les ganglions de la base inhibent également les mouvements qui ne servent pas l'objectif. Le résultat est un mouvement fluide et coordonné. Dans la maladie de Parkinson, les ganglions de la base se détériorent. Il en résulte des tremblements, une rigidité musculaire et une perte de coordination.

Le noyau caudé est actif lorsque nous sommes attentifs et que nous apprenons. Il nous aide à nous souvenir de ce que nous avons appris, afin de reproduire la même action en pilote automatique la fois suivante. Lorsque, par exemple, vous pouvez faire du vélo sans avoir à réfléchir activement à chaque partie de la tâche, les autres parties de votre cerveau sont libérées. Cela vous permet d'apprécier le paysage et de rester en sécurité dans la circulation.

Les personnes les plus performantes engagent le noyau caudé pour se maintenir dans des états de flux. Ils « étranglent » les émotions telles que la peur et la colère afin de pouvoir s'engager pleinement dans la tâche à accomplir. Lorsque les méditants utilisent le noyau caudé pour réduire leurs émotions négatives de manière répétée, *le processus devient automatique*, comme à vélo. Cela les rend plus résistants face au stress.

Nous avons fait la connaissance du noyau accumbens, une autre partie importante du striatum, au chapitre 2. Il est associé à des expériences enrichissantes et au renforcement que la récompense produit dans le cerveau. Il est activé par les expériences agréables, au cours desquelles il sécrète de grandes quantités de dopamine, le principal neurotransmetteur de récompense du cerveau.

Ce système de récompense joue un rôle dans la dépendance. Les drogues comme l'alcool, l'héroïne et la cocaïne déclenchent la libération de dopamine dans le noyau accumbens. Il intervient également lorsque vous trouvez un billet de vingt dollars sur la plage, que vous avez un orgasme ou que vous vous servez une généreuse portion de tarte aux cerises.

Avantages du contrôle du striatum

- comportement adaptatif;
- motivation;
- objectifs appropriés;
- régulation émotionnelle;
- émotivité appropriée;
- mémoire à long terme;
- coordination motrice.

- anxiété;
- autisme;
- comportement obsessionnel compulsif;
- TDHD;
- anxiété;
- dépendance;
- distraction;
- dépression.

Mais lorsqu'un méditant contemple l'altruisme, son noyau accumbens s'illumine. Il reçoit la même poussée de dopamine qu'un toxicomane lorsqu'il sniffe une ligne de cocaïne, tout comme pour le «chocolatophile» qui déballe ses meilleures truffes. La méditation permet aux méditants *de se sentir bien en utilisant exactement les mêmes neurotransmetteurs et les mêmes régions du cerveau que ceux qui sont actifs chez les toxicomanes*, comme nous le verrons au chapitre 5. Ce système de récompense explique pourquoi les méditants de longue durée maintiennent une pratique régulière. Ils sont littéralement accros à la sensation de bien-être!

LE PONT: RÉGULATEUR DE LA BÊTE

Le pont (ou pont de Varole ou encore protubérance annulaire) fait partie du tronc cérébral, la partie la plus ancienne du cerveau. Il a à peu près la taille de votre ongle et joue un rôle dans de nombreuses fonctions physiologiques qui se produisent continuellement en dehors de votre contrôle conscient. Le pont régule votre respiration, notamment le nombre de respirations par minute que vous prenez et la profondeur de votre respiration. Il les ajuste automatiquement lorsque cela est nécessaire, par exemple lorsque vous faites un effort physique ou que vous vous allongez sur le canapé pour faire une sieste. Il joue également un rôle dans le goût, l'audition, l'équilibre et le sommeil profond.

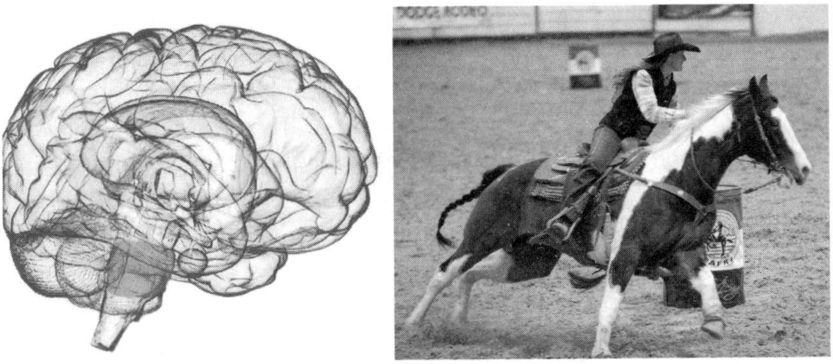

3. 15. Le pont: le régulateur de la bête.

Le pont est actif pendant la méditation, car nous respirons profondément et régulièrement. Il est associé à la production d'ondes delta et thêta dans le cerveau, dont les recherches montrent qu'elles activent une foule de processus sains dans vos cellules. Il s'agit notamment de l'augmentation de la production de cellules souches et de la réparation de la peau, des os, des muscles, des nerfs et du cartilage. Ces ondes cérébrales allongent également nos télomères, le marqueur le plus fiable de la longévité.

Prestations d'activation du pont

- sommeil paradoxal de qualité ;
- réparation des cellules ;
- longévité ;
- énergie ;
- métabolisme cellulaire ;
- mélatonine ;
- ondes cérébrales delta ;
- ondes cérébrales thêta ;
- fréquence et qualité des rêves ;
- rêve lucide.

- insomnie.

Une des capacités remarquables de l'homme est que *nous sommes capables d'activer ou de désactiver toutes ces régions du cerveau par la seule conscience.* Nous pouvons déplacer nos pensées délibérément par des pratiques méditatives ou simplement en nous concentrant sur différents stimuli. Le cerveau réagit en conséquence. Nous verrons les effets neuronaux extraordinaires de ce superpouvoir d'« attention sélective » au chapitre 6, et les implications évolutives au chapitre 8.

Pour le cerveau, l'imagination est la réalité

Depuis des milliers d'années, les sages nous assurent que notre esprit crée notre réalité. Dans les Proverbes 23:7 de la Bible, il est dit que « Comme un homme pense dans son cœur, ainsi en est-il ». Il y a deux mille ans, le Bouddha a dit : « Nous sommes ce que nous pensons. Tout ce que nous sommes naît de nos pensées. Avec nos pensées, nous faisons le monde. » Les neurosciences nous montrent maintenant à quel point c'est vrai.

Une étude ingénieuse a mesuré comment notre cerveau réagit à des scénarios qui n'existent que dans notre imagination.

Une équipe de recherche de l'université du Colorado à Boulder a pris soixante-huit personnes et leur a administré un léger choc électrique accompagné d'un son. Elles ont ensuite été divisées en trois groupes.

Le premier groupe a entendu le son à plusieurs reprises, mais cette fois sans le choc. Les membres du deuxième groupe ont imaginé le son à plusieurs reprises. Le troisième groupe a imaginé l'agréable musique naturelle de la pluie et des oiseaux.

Le groupe qui a imaginé le son a montré la même activité cérébrale que celui qui a réellement entendu le son. Deux régions cérébrales, le cortex préfrontal ventromédian et le noyau accumbens, se sont allumées. Comme nous l'avons vu, la première régule les émotions comme la peur dans le système limbique, tandis que la seconde traite la récompense et l'aversion.

Plus tard, les gens du groupe « pluie et oiseaux » étaient encore effrayés par le son, même s'il était répété plusieurs fois sans le choc. Mais les membres du groupe qui ont entendu le vrai son, *ainsi que ceux qui l'ont imaginé*, ont désappris la réaction de peur. En neurosciences, cette révision de la réalité est appelée « apprentissage de l'extinction ».

Dans le chapitre 7, nous verrons comment la capacité à éteindre la peur produit la résilience et la croissance post-traumatique.

L'auteure principale de l'étude, Marianne Reddan, a déclaré : « Statistiquement, l'exposition réelle et imaginaire à la menace n'a pas fait de différence au niveau du cerveau tout entier, et l'imagination a fonctionné tout aussi bien. »

Tor Wager, directeur du laboratoire de neurosciences cognitives et affectives de l'université et coauteur de l'étude, a déclaré : « Cette recherche confirme que l'imagination est une réalité neurologique qui peut avoir un impact sur notre cerveau et notre corps. »

Le message à retenir est que pour notre cerveau, nos pensées sont la réalité. Lorsque notre réseau du mode par défaut nous amène à faire du catastrophisme et à ruminer les malheurs de la vie, nous activons les mêmes régions du cerveau qui sont stimulées lorsque nous les vivons réellement. Cela va à son tour « interrompre la capacité du cerveau à bien fonctionner à tous les niveaux », selon M. Wager.

Mais lorsque nous méditons ou utilisons « l'attention sélective » pour nous concentrer sur des réalités agréables remplies de bonté, de joie, de compassion et de créativité, nous utilisons notre conscience pour éclairer les régions correspondantes du cerveau. Cela active des centaines de gènes qui régulent notre immunité, nos niveaux d'énergie, l'insuline, le stress, les molécules antivieillissement et la santé de nos mitochondries, les centrales énergétiques de nos cellules.

DEVENIR DÉPENDANT

Feuilletez les encadrés sur les avantages dans les pages précédentes et vous verrez l'éventail étonnamment large des gains que vous réalisez en allumant votre circuit de l'illumination. La méditation ne se contente pas de réguler une ou deux régions du cerveau. Elle a des effets massifs sur tout le cerveau et, par conséquent, sur le corps. Vous vous sentez très différent physiquement. Vos émotions passent du négatif au positif, vous propulsant vers l'euphorie.

L'activité du RMD, le réseau du mode par défaut, signifie que l'utilisation de l'énergie par le cerveau est très stable tout au long de la journée, variant de moins de 5 %. La baisse de 40 % de l'activité du cortex préfrontal et du lobe pariétal qui se produit pendant la méditation représente donc un énorme changement. Le méditant se sent complètement différent lorsque ce seuil est atteint. Il entre dans une nouvelle dimension sublime de la réalité, non seulement dans son expérience subjective, mais aussi dans sa fonction cérébrale objective.

La fermeture de ces deux régions du cerveau libère le méditant de l'égoïsme, de la voix lancinante de l'insatisfaction et de l'attachement à l'ici et maintenant. La répétition amène le cerveau à se réorganiser autour de ce nouvel état. Richard Davidson décrit cela comme « une transformation qui augmente considérablement les limites de l'idée que la science psychologique se fait des possibilités humaines ».

Les expériences transcendantes, que les personnes vivent une fois qu'ils apprennent à induire le Cerveau du bien-être, sont si profondes qu'elles créent une dépendance. Leur cerveau est inondé des mêmes neurotransmetteurs de récompense que ceux d'un toxicomane endurci, comme nous le verrons au chapitre 5. Cela incite les méditants à répéter l'expérience et à faire de la méditation une pratique régulière, plutôt qu'une pratique occasionnelle.

Les états positifs que la méditation procure sont une raison suffisante pour la pratiquer. Couplée aux améliorations qu'elle produit en matière d'émotion, les effets curatifs qu'elle a sur le corps, et les connexions transcendantes non locales qu'elle procure, la méditation est capable de produire un sentiment omniprésent de bien-être. C'est le point de levier le plus puissant que vous ayez sur votre qualité de la vie – spirituelle, mentale, émotionnelle et physique. Prise au sérieux et pratiquée régulièrement, la méditation ouvre la porte à une vie merveilleusement heureuse. Une fois que vous avez goûté au Cerveau du bien-être, un retour en arrière est impossible.

L'APPROFONDISSEMENT DES PRATIQUES

Voici des exercices que vous pouvez pratiquer cette semaine pour intégrer les informations de ce chapitre dans votre vie :

- **Activer le circuit de l'illumination au début de chaque journée** : Chaque matin, écoutez l'Éco-Méditation de quinze minutes offerte sur l'activation du circuit de l'illumination, que vous trouverez dans la section Ressources étendues ci-dessous. Faites cette activité dès le matin, avant que les pensées de la journée ne s'emparent de votre esprit.
- **Remplacer l'ennui par l'empathie** : Remarquez quand vous vous sentez ennuyé par quelqu'un. Visualisez la forme

que prend l'agacement dans votre corps. Où se trouve-t-il dans votre corps ? De quelle couleur est-il ? Quelle est sa forme ? Imaginez que vous l'enlevez de votre corps et que vous le posez à proximité. Ensuite, observez ce que vous avez ressenti pendant la méditation de ce matin-là. Imaginez que vous faites entrer cette énergie empathique dans votre corps et que vous la mettez au même endroit. Dirigez l'empathie vers cette gêne voisine. Elle se dissout généralement.

- **Pause en imagination** : Accordez-vous une « pause en imagination » de cinq minutes avant midi chaque jour. Utilisez-la pour imaginer le résultat le plus positif dans un seul domaine de votre vie.
- **Renforcement sensoriel du cerveau entier** : Dans votre journal personnel, écrivez ce que vous avez imaginé en détail et faites appel à chacun des cinq sens. À quoi ressemble votre résultat positif imaginaire ? Décrivez-le en termes d'odeur, de goût, de toucher, de son, de sensation et d'apparence.

RESSOURCES MULTIMÉDIA COMPLÉMENTAIRES (EN ANGLAIS)

La partie en ligne de ressources complémentaires de ce chapitre comprend :

- l'Éco-Méditation guidée par Dawson : Activer le circuit de l'illumination ;
- la vidéo des régions du cerveau actives dans la méditation ;
- l'entretien audio avec Andrew Newberg, auteur de *How Enlightenment Changes Your Brain* ;
- la vidéo de Dawson Church réalisée par Hay House sur l'activation du circuit d'illumination du cerveau.

  Obtenez les ressources complémentaires à cette adresse : BlissBrainBook.com/3.

CHAPITRE 4

LES UN POUR CENT

Selon le rapport sur la richesse mondiale du Crédit Suisse, 1 % des plus riches du monde contrôlent plus de 50 % de la richesse totale. Aux États-Unis, 1 % de la population possèdent plus de richesses que les 90 % les plus pauvres. Le nombre de millionnaires dans le monde a triplé depuis 2000. Et quelle est la part de la richesse mondiale contrôlée par les 50 % de la population mondiale les plus pauvres ? Moins de 3 %.

Ces inégalités sont plus que des chiffres. Elles sont le moteur d'émotions fortes et de changements sociaux de masse. Elles ont conduit à la montée de mouvements politiques populistes et ont propulsé au pouvoir toute une série de candidats improbables. La différence entre le 1 % supérieur et tout le reste attire notre attention.

Voilà pour l'argent. Considérons maintenant quelque chose d'infiniment plus précieux : le bonheur. Plus précisément, le bonheur que l'on trouve dans le Cerveau du bien-être.

On y trouve aussi d'énormes inégalités. Historiquement, les *Bliss Brainers* (les pratiquants du Cerveau du bien-être) ne représentent qu'un pourcentage infime de la population. Peu d'entre eux tentent le voyage vers l'illumination, et parmi ceux qui cherchent le Nirvana, encore moins l'atteignent. Lorsqu'un rare génie spirituel, tel que Jésus ou Bouddha, a atteint ce sommet, l'événement a été si important qu'il a changé le cours de l'histoire du monde.

SE RETIRER DE LA VIE QUOTIDIENNE

La vie des grands maîtres spirituels de l'histoire a inspiré et conduit d'autres personnes à suivre leur exemple. Mais comme les saints, ces aspirants ne pouvaient pas atteindre l'illumination dans un monde quotidien, rempli de démons et de distractions.

Ainsi, pendant des milliers d'années, les personnes engagées dans la voie spirituelle se sont rendues dans des lieux dédiés tels que des ermitages, des retraites en pleine nature, des monastères et des couvents. Ils se sont exilés de la société ordinaire afin de poursuivre des états de conscience non ordinaires. Ils n'ont pas pu atteindre le Cerveau du bien-être dans le brouhaha de la société, alors ils lui ont tourné le dos.

4. 1. Traditionnellement, le retrait de la vie quotidienne était nécessaire pour atteindre l'illumination.
Voir la version en couleurs au centre du livre.

Le reste de la société est resté dans la conscience ordinaire, poussé par les désirs et les démons du réseau du mode par défaut (RMD). Dans mon livre *Mind to Matter*, j'appelle cette orientation de survie « le cerveau de l'homme des cavernes ». Il est difficile de trouver le Cerveau du bien-être lorsqu'on est entouré de « cérébrés des cavernes », et se retirer de cet environnement pour aller dans un espace sacré est généralement une condition préalable à l'éveil.

Quel pourcentage de la population a entrepris le voyage ? Aucun recensement des personnes en quête de l'illumination n'est possible, mais un indicateur est le nombre de personnes qui entrent dans l'isolement religieux. Au début des années 1300, l'Angleterre comptait une population monastique d'environ vingt-deux mille personnes, auxquelles s'ajoutaient dix mille autres personnes exerçant d'autres activités religieuses.

LA MINORITÉ EN QUÊTE D'ILLUMINATION

Cela représentait au total 1 % de la population de l'époque. Les estimations sont similaires pour les autres pays européens médiévaux. Ceux qui ont réellement atteint l'éveil n'étaient qu'une fraction de ces aspirants.

Au Tibet, traditionnellement l'un des pays les plus religieux, des enquêtes menées au cours des cinq cents dernières années estiment qu'environ 12 % de la population a été monastique. Mais aujourd'hui, en Thaïlande, un pays plus typiquement bouddhiste, les moines et les nonnes ne représentent que 1 % de la population.

Les meilleures estimations de l'histoire nous disent donc que le chemin spirituel a été parcouru par environ 1 % de la population totale. Ce sont ces personnes qui ont fait de l'illumination leur richesse.

Ces « un pour cent » se sont concentrés sur l'étude et l'expérience du Cerveau du bien-être. Au fur et à mesure qu'ils acquéraient laborieusement les connaissances nécessaires, ils enregistraient et conservaient leurs découvertes dans leurs cloîtres et monastères. La méditation et les étapes de l'initiation étaient des secrets soigneusement gardés, réservés aux initiés.

Leurs chemins, comme ceux de Jésus et de Bouddha, n'étaient pas faciles. Les écrits des initiés décrivent un voyage spirituel long et ardu. Le voyage de la conscience ordinaire au Cerveau du bien-être s'est fait en plusieurs étapes, avec des initiations difficiles et parfois douloureuses à chaque étape.

Il y a plus de deux mille ans, le prince Gautama, devenu plus tard le Bouddha, a poursuivi l'illumination. Il a dû faire face à de nombreux obstacles. Il étudia avec deux brahmanes savants et suivit tous les rituels qu'ils lui recommandèrent. Il était le « plus saint des saints », poussant les pratiques initiatiques jusqu'à l'extrême du dépouillement de soi. Finalement, il est devenu si émacié qu'une fille de passage nommée Sujâtâ l'a pris pour un fantôme. Elle lui redonna des forces avec du lait et un gâteau de riz.

Pourtant, après six ans d'efforts, il se trouve encore loin de l'illumination. Non seulement sa détermination à toute épreuve avait échoué, mais son effort était devenu un obstacle en soi.

Il est resté assis sous un figuier pendant quarante-neuf jours, luttant contre le doute et le désespoir. C'est alors qu'il a trouvé la « voie du milieu » entre l'abnégation et l'auto-indulgence, et qu'il a trouvé l'illumination. Il a fait l'expérience de la source de la vraie richesse, le secret le plus précieux. Ses disciples ont alors encodé ses enseignements des « quatre nobles vérités » et de « l'octuple sentier » dans les principes fondamentaux du bouddhisme. Ceux-ci montrent la voie des « Un pour cent » aux autres 99 % d'entre nous.

4. 2. Les huit chemins de la roue du Dharma en sculpture.

Étapes initiatiques

Dans la Grèce et la Rome antiques, les mystères d'Éleusis étaient considérés comme la plus importante des cérémonies initiatiques. On croyait qu'ils possédaient le pouvoir d'unir les humains aux dieux, tout en conférant des dons surhumains et la promesse de la survie de la conscience de l'initié au-delà de la mort.

L'historien romain Marcus Tullius Cicero, dit Cicéron a écrit : « Car parmi les nombreuses institutions excellentes et même divines auxquelles votre Athènes a donné naissance et contribué à la vie humaine, aucune, à mon avis, n'est meilleure que ces mystères. Car, grâce à eux, nous avons rompu avec notre mode de vie barbare et sauvage, l'éducation et la culture nous ont permis de nous civiliser ; et les rites s'appelant "initiations", nous avons, en vérité, appris d'eux les débuts de la vie, et nous avons acquis le pouvoir non seulement de vivre heureux, mais aussi de mourir avec un meilleur espoir. »

Il y a eu deux cérémonies distinctes. Le « Grand Mystère » était observé tous les cinq ans et le « Petit Mystère » chaque année. Les étapes de l'initiation comprenaient l'apport d'objets sacrés à l'Acropole, le lavage en mer, la récolte de plantes cérémonielles, le suivi d'une route sacrée, les jours de fête, les jours de jeûne, la consommation d'un psychédélique de type LSD, l'allumage d'un feu sacré, le sacrifice d'un taureau et le versement de solutions prescrites dans des gobelets sacrés.

La peine, pour avoir parlé publiquement des étapes les plus sacrées du rite, était la mort.

4. 3. Les mystères d'Éleusis.
Voir la version en couleurs au centre du livre.

Qu'il s'agisse du rituel catholique des douze jours de Noël, des Mystères d'Isis de l'Égypte ancienne, des cérémonies de jeûne du mois musulman du ramadan ou des rites orishas de la tribu africaine des Yorubas, les humains ont depuis des millénaires formalisés les étapes de l'initiation par des états de conscience altérés ou modifiés.

Les états mystiques étaient considérés comme les expériences les plus précieuses. Les hommes étaient prêts à tout abandonner ou presque pour les atteindre. Les états mystiques étaient considérés comme exceptionnels, ceux qui atteignaient « le sommet de la montagne » étaient vénérés à jamais. La pratique de la méditation était enseignée comme le point d'entrée de l'expérience mystique. Elle marquait le chemin vers l'illumination dont bénéficiaient les 1 %.

C'est la promesse qui attire autant de personnes vers la pratique de la méditation aujourd'hui. Nous savons qu'à la fin du voyage, un état extraordinaire nous attend : peut-être un éclair de profonde perspicacité, l'illumination avec un petit *i* ; ou une expérience qui nous plonge dans la béatitude pour toujours, l'illumination avec un grand *I*. Nous ferons le point sur le nombre croissant de méditants au chapitre 8.

LES AVEUX D'UN MÉDITANT RATÉ

C'est pourquoi, à l'adolescence, dans les années 1960, je me suis mis à méditer. Je cherchais désespérément à échapper à l'anxiété et à la dépression qui avaient hanté la première décennie de ma vie.

Un jour, en allant retrouver des amis dans le hall d'un hôtel, je suis passé devant un miroir de toute ma hauteur. Je me suis arrêté et j'ai regardé le grand jeune gangster qui se trouvait devant moi. Cheveux longs aux épaules, séparés au milieu. Un pantalon bleu ciel à fond de cloche. Un sac à main d'homme en bandoulière, porté sur mon épaule.

En examinant mes traits, ces mots me sont venus à l'esprit : « C'est le visage le plus triste que j'ai jamais vu. »

C'était moi, et la plupart de mes connaissances. Mais parmi toutes ces mines misérables, une ou deux semblaient heureuses. Je me suis dit : « Peut-être qu'ils se déguisent, leurs sourires cachent un désespoir secret. »

Pourtant, ils étaient peut-être vraiment sereins, non perturbés par l'anxiété, la dépression, la haine de soi et la peur qui étaient mon état intérieur normal. « La méditation pourrait-elle être mon échappatoire ? » me demandai-je.

À 16 ans, je vivais dans une communauté spirituelle. Nous cultivions des produits biologiques, je mangeais vegan et j'étudiais ce que le sage Aldous Huxley a appelé « la philosophie pérenne » qui sous-tend toutes les religions. J'ai découvert les réflexions du Dr Paul Brunton, un chercheur qui, entre les années 1920 et 1950, a voyagé dans le monde entier à la recherche de ces traditions spirituelles et a écrit avec perspicacité sur l'éveil dans une célèbre série de carnets. J'ai dévoré les aventures de Lobsang Rampa, un moine bouddhiste tibétain qui a écrit une série de best-sellers dans les années 1970.

J'ai tenu un journal pour essayer de comprendre ma propre souffrance. Je ne pouvais pas combler le fossé entre les états élevés décrits par ces mystiques et les miens ; mon interminable série de problèmes et de défis. Je comprenais la béatitude décrite par les mystiques aussi bien que l'expérience de Neil Armstrong de marcher sur la Lune. C'est arrivé, mais pas à moi.

En classe de méditation, le gourou nous a assuré : « La méditation c'est facile. Tout ce que vous avez à faire, c'est de tranquilliser votre esprit. »

Tranquilliser mon esprit! ai-je crié intérieurement. *Tu es fou? C'est impossible!*

4. 4. Dún na Séad (Baltimore, Irlande).

En fermant les yeux, mes pensées hyperactives se sont mises à courir encore plus vite. Quand le RTP (réseau de tâches positives) s'est éteint, mon RMD (réseau du mode par défaut) est passé en surrégime. Au cours des années suivantes, chaque fois que j'ai essayé de méditer, je me suis retrouvé face à face avec le démon. La sérénité des saints m'échappait. Cela ne m'incitait guère à poursuivre une pratique régulière.

La communauté spirituelle elle-même était un fouillis d'hypocrisie, de zèle malavisé, de coups de poignard dans le dos, de manipulation, d'ignorance et de leadership inepte. Cela a donné à mon RMD beaucoup de choses à ruminer. Finalement, le groupe a implosé dans un mélange de scandales sexuels et financiers.

J'ai alors rejoint le monde, désillusionné et totalement démuni pour comprendre l'argent, les relations, la santé et la carrière. Lutter contre ces problèmes a occupé mon attention pendant les deux décennies suivantes, et fermer les yeux en méditant, pour lutter à nouveau contre le démon, est passé au second plan. La sérénité des saints était une chimère.

LA RECHERCHE D'UNE VISION CLAIRE

Quand j'ai eu 30 ans, j'ai ressenti un appel intérieur à faire une longue retraite. J'ai mis fin à tous mes projets professionnels avant Noël et je suis parti en Irlande pendant un mois. J'ai réservé un cottage dans un hameau isolé appelé Dún na Séad, dans le comté de Cork. C'est le plus loin de Dublin que l'on puisse aller sans tomber dans l'Atlantique.

J'ai recherché d'anciens cercles de pierre, en posant mes mains sur la roche fraîche et moussue et en visualisant les civilisations qui avaient mis en place ces sites sacrés. J'ai passé des heures à marcher le long des falaises irlandaises, avec le grondement sauvage de l'Atlantique juste en dessous. J'ai fait des randonnées dans les sentiers forestiers de l'île d'Émeraude. J'ai rempli tout un journal de mes réflexions.

Après quelques semaines, j'ai senti mon esprit se calmer. Je méditais de temps en temps, et je me sentais parfois en harmonie avec l'univers. En me connectant avec l'esprit non local, je sentais l'amour me remplir malgré le chaos de mes pensées. Chaque fois que j'étais « branché », je sentais une pression au centre de mon front. Comme une clairière dans une forêt sombre, j'ai ressenti des parcelles de paix intérieure malgré les bouleversements de ma vie. Après cela, j'ai médité de temps en temps, mais pas régulièrement.

LE JOUR OÙ TOUT A CHANGÉ

Avance rapide d'une décennie et demie. J'avais 45 ans et j'étais assis dans un restaurant mexicain appelé El Capitan, entouré de murs de sombreros géants et de cactus à trois bras. En face de moi se trouvait Salli, mon coach de vie.

«Je suis débordé», ai-je dit à Salli. «Je suis un père célibataire avec deux jeunes enfants. L'école commence à 8 heures du matin et nous devons quitter la maison à 7h30. Cela signifie que je dois tirer du lit mes deux endormis à 6h45 et moi-même à 6h30.

«J'ai deux entreprises, l'une en déclin et l'autre en plein essor. Je n'ai pas de temps pour moi. Pour la gym. Pour les loisirs. Pour le jeu.

«Chaque semaine, j'écris dans mon journal. Le désespoir. Le désarroi. L'agonie émotionnelle. Douleur physique. Petites amies cauchemardesques. Pas de confiance en moi. Lutte pour l'argent. Déceptions bouleversantes.

«Je me suis assis aux pieds des maîtres. J'ai lu tous les livres d'inspiration et j'ai suivi les ateliers habituels. Rien ne fait une grande différence.

«Quand je prends un de mes vieux journaux qui date de cinq ou dix ans, je lis toujours la même rengaine. Seules les dates sont différentes. Je suis dans une roue de hamster, je cours à perdre haleine, et le bonheur s'éloigne de plus en plus.»

Pouvez-vous vous identifier?

Salli m'a demandé si je méditais régulièrement.

J'ai répondu amèrement: «Je n'ai pas le temps de méditer!»

Comme dans un souffle glacé par un froid matin d'hiver, les mots pendaient dans l'air devant moi. Je les regardais fixement.

Avec une certitude absolue, je savais que la méditation quotidienne était la prochaine étape de ma croissance personnelle. À ce moment, j'ai décidé de méditer quotidiennement. Quoi qu'il arrive. Le lendemain, j'ai réglé mon réveil à 5h30 du matin.

C'est un chiffre douloureux pour moi. Je suis un oiseau de nuit naturel, préférant me lever à 10 heures.

Mais à 5h30 le lendemain matin, j'ai médité. Et le jour suivant. Et le jour suivant.

Jour après jour, j'ai persisté. J'ai commencé à avoir hâte de me lever tôt. Pour la première fois de ma vie, j'ai remarqué le délicieux frisson de l'air matinal qui caressait mes bras nus. Mes oreilles ont vibré à la cacophonie du chant des oiseaux qui saluaient l'aube, alors que les oiseaux partageaient la joie d'un nouveau jour avec toute la création.

4. 5. Le premier moniteur VRC HeartMath. La technologie est maintenant disponible sur les smartphones, mais ce premier appareil miniaturisé a permis d'initier des milliers de personnes à la cohérence cardiaque.

À la fin de cette année-là, en lisant mon journal, j'ai pris conscience que ma vie était en train de changer. Comme de jeunes pousses se frayant un chemin à travers les terres stériles et grises, des pointes de positivisme apparaissaient. Des enfants heureux. De l'argent économisé. Une relation d'amour. Une alimentation saine. De l'exercice régulier. Des amis positifs. Des objectifs posés et atteints.

Ce moment à El Capitan a été un pivot dans ma vie. Le bonheur était à l'horizon.

J'ai terminé un livre, resté à moitié rédigé, qu'un éditeur attendait depuis dix ans. J'ai bouclé mon doctorat, commencé à l'université Baylor vingt ans plus tôt. Je me suis sérieusement lancé dans les sciences.

J'ai acheté un moniteur EmWave et je me suis entraîné à entrer dans un état de cohérence cardiaque. J'ai appris le tapping EFT. J'ai étudié le neurofeedback. J'ai compris que la technologie pouvait nous aider à atteindre et à comprendre l'état mystique.

LA RÉTRO-INGÉNIERIE DE L'ÉVEIL

Les mystiques ont décrit leurs expériences pour tenter de tracer la voie pour les 99 % d'entre nous qui cherchent. Ils utilisent la poésie extatique ou la prose lumineuse.

Ces textes vertigineux se situent dans un domaine complètement distinct du langage réductionniste de la science. L'éveil a été considéré comme un phénomène mystique appartenant aux niveaux les plus ésotériques de la spiritualité, sans lien avec le domaine de la science.

Puis la technologie est arrivée. L'EEG a été inventé par le médecin allemand Hans Berger dans les années 1920, après une expérience psychique que je décris dans mon livre *Mind to Matter*. Dans les années 1960, des chercheurs pionniers ont eu l'idée d'utiliser l'EEG pour observer le cerveau des méditants.

Un ingénieur britannique du nom de Maxwell Cade connectait des personnes éveillées à un EEG simplifié qu'il appela le Mind Mirror. D'autres pionniers, comme Robert Becker, ont étudié les schémas d'ondes cérébrales d'adeptes de traditions très différentes : moines bouddhistes, guérisseurs de la foi pentecôtiste, maîtres taoïstes, derviches soufis, pratiquants de qi gong, sâdhus hindous et kabbalistes juifs.

4. 6. L'EEG de Hans Berger.

Après avoir enregistré des milliers d'EEG, les chercheurs ont établi un profil des fonctions cérébrales des sujets. Chaque fois qu'un adepte se trouvait dans un état modifié, ses ondes cérébrales changeaient. Leurs rapports bêta, alpha, thêta et delta se modifiaient, formant un modèle unique et distinctif.

Cade a appelé ce profil « l'Esprit éveillé ». Ce schéma d'éveil était complètement différent des signaux neuronaux que l'on observe dans les états de conscience ordinaires. Les scientifiques pouvaient déterminer si un adepte se trouvait ou non dans l'état du Cerveau du bien-être – *Bliss Brain* – simplement en regardant son ratio d'ondes cérébrales.

De plus, le schéma de l'esprit éveillé était le même, quelle que soit la pratique spirituelle ou la foi religieuse. Une religieuse catholique peut prier la Sainte Vierge, un praticien zen méditer sur le Cercle vide, un soufi chanter les noms d'Allah, un maître de qi gong « rassembler le qi », leurs lectures cérébrales à l'EEG se ressemblent toutes. Ils ont les ondes caractéristiques de l'esprit éveillé : peu de bêta, beaucoup d'alpha, et de thêta et des ondes delta élevés.

L'étonnante vérité a émergé : l'éveil est une formule.

Et la formule n'était pas la propriété exclusive des adeptes spirituels. L'élève de Cade qui lui a succédé, Anna Wise, a commencé à mettre en contact des créatifs extraordinaires et des personnes très performantes dans des états de « flux ». Artistes, PDG, musiciens, athlètes, scientifiques. Elle a découvert que beaucoup d'entre eux avaient aussi le schéma de l'esprit éveillé, avec beaucoup d'ondes alpha et de grandes intensités en thêta et gamma. Cade et Wise, se rendant compte que la formule était reproductible et enseignable, ont commencé à former des personnes ordinaires à acquérir le schéma de l'esprit éveillé.

Avec l'apparition de nouvelles technologies comme les moniteurs HRV, les scanners TEMP et TEP et les IRMf, la capacité des scientifiques à mesurer ces états s'est progressivement affinée. La science et la mystique ont fait de la « rétro-ingénierie » de l'éveil. En regardant simplement un scanner cérébral, toute personne formée à reconnaître ces rapports d'ondes cérébrales peut « lire » l'état spirituel de la personne.

Cela démocratise l'éveil. Armés de ces connaissances, les novices pouvaient être formés pour atteindre le Cerveau du bien-être, le *Bliss Brain*. On est passé du domaine exclusif des 1 % à un produit que n'importe qui pouvait désormais atteindre, moyennant un engagement, une concentration et une pratique suffisants.

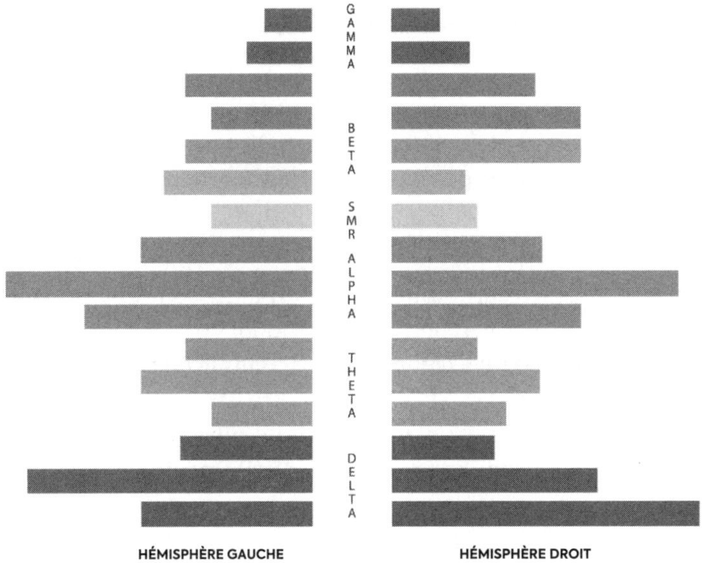

4. 7. Le schéma de l'esprit éveillé.
Voir la version en couleurs au centre du livre.

LE CERVEAU DE L'HOMME DES CAVERNES CONTRE LE CERVEAU DU BIEN-ÊTRE

Je pose souvent deux questions au début de mes ateliers en direct :

« Qui a suivi un atelier de méditation, lu un livre ou s'est inscrit à un cours en ligne sur le sujet ? » Presque toutes les mains du public montent.

« Qui a une pratique quotidienne cohérente ? »

Quelques mains se lèvent, tandis que tous les autres s'intéressent soudainement aux motifs du parquet.

Ils savent qu'ils *doivent* méditer. Ils *veulent* méditer. Ils *essaient* de méditer. Pourtant, ils ne méditent pas. Pourquoi ?

Le néocortex des humains, ce grand renflement au-dessus des oreilles, est une innovation évolutive relativement récente. Le premier tissu néocortical est apparu chez les mammifères il y a deux cents millions d'années, mais il n'a connu une croissance rapide que lorsque les humains ont appris à utiliser des outils, il y a trois millions d'années. Le néocortex humain a ensuite appris à distinguer le passé du futur, à créer des abstractions comme la musique, l'art et la poésie, et à inventer le langage et la civilisation. Il représente aujourd'hui 76 % de la matière grise du cerveau.

Votre cervelet et votre tronc cérébral, siège de votre instinct de survie, sont vieux de quatre cents millions d'années. Ils font leur travail pour vous protéger, vous et votre espèce, depuis vingt fois plus longtemps que le néocortex humanoïde.

Lorsque ces parties anciennes de votre cerveau sont actives ou qu'elles répètent la prochaine catastrophe à l'aide du RMD, le réseau du mode par défaut, elles détournent sans effort votre attention. Vous essayez de méditer et la pensée négative répétitive prend le dessus. Dans le match entre le cerveau de l'homme des cavernes et le Cerveau du bien-être, celui de l'homme des cavernes gagne toujours. La survie est un besoin plus important que le bonheur ou la réalisation de soi. Vous ne pouvez pas vous réaliser si vous êtes mort.

En 2015, les instituts nationaux de la santé des États-Unis ont estimé que moins de 10 % de la population américaine méditait. L'une des principales raisons de cette situation est que la méditation est difficile. La plupart des personnes qui commencent un programme de méditation abandonnent.

OBTENIR LE MEILLEUR DE TOUS LES MONDES

Lors de l'écriture de mon premier best-seller, *Le Génie dans vos gènes*, j'ai expérimenté de nombreuses écoles de réduction du stress et de méditation. La cohérence cardiaque. La pleine conscience. Les stimulations EFT. Le neurofeedback. L'hypnose.

Un jour, j'ai eu une grande idée : Que se passerait-il si nous les combinions toutes ? J'ai commencé à développer une routine qui faisait exactement cela. Voici ce que j'ai trouvé :

D'abord, vous tapez sur les points d'acupression pour soulager le stress. *Ensuite*, vous fermez les yeux et détendez votre langue sur le fond de la bouche. Cela envoie un signal à votre nerf vague, qui irrigue tout votre corps, reliant tous les principaux systèmes d'organes. C'est l'élément de signalisation clé du système nerveux parasympathique, qui régit la relaxation.

Troisièmement, vous imaginez le volume de l'espace à l'intérieur de votre corps, en particulier entre vos yeux. Cela génère automatiquement une grande poussée d'ondes alpha dans votre cerveau, vous amenant vers l'esprit éveillé.

Quatrièmement, vous ralentissez votre respiration à six secondes par inspiration et six secondes par expiration. Cela vous met dans la cohérence cardiaque.

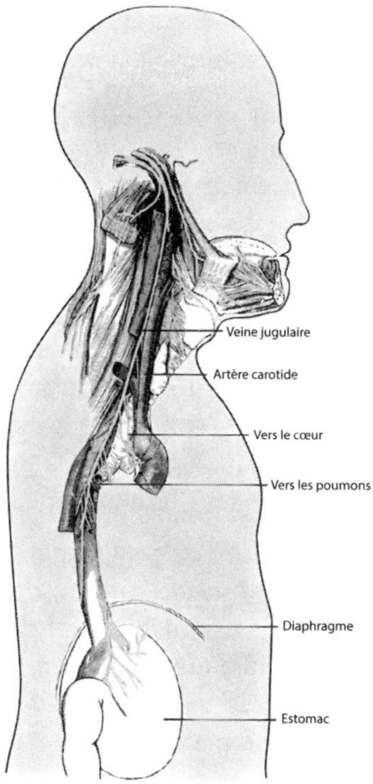

4. 8. Le nerf vague est relié à tous les principaux systèmes d'organes de votre corps.
Voir la version en couleurs au centre du livre.

Cinquièmement, vous imaginez que votre souffle entre et sort de la région de votre cœur, et vous imaginez une sphère d'énergie dans votre cœur. *Sixièmement*, vous envoyez un faisceau d'énergie depuis votre cœur vers une personne ou un endroit qui vous fait vous sentir merveilleusement bien. Cela vous met dans une profonde cohérence. Après avoir apprécié cette connexion pendant un moment, vous envoyez de la compassion à chaque personne et chaque chose dans l'univers.

Le sentiment de compassion universelle produit les changements cérébraux majeurs observés dans les scanners IRM des méditants de longue date. Comme nous le verrons dans les chapitres 6 et 8, la compassion fait bouger les choses comme rien d'autre.

À ce stade, la plupart des méditants tombent automatiquement dans l'état de *Bliss Brain*. Ils sont dans une combinaison d'alpha, de cohérence cardiaque et de dominance parasympathique. On ne leur a pas demandé de garder leur esprit tranquille, de s'asseoir en tailleur, de suivre un gourou ou de croire en une divinité. Ils ont juste suivi une séquence d'étapes physiques simples.

Après quelques minutes de compassion universelle, vous focalisez à nouveau votre faisceau sur une seule personne ou un seul endroit. Vous vous désengagez ensuite doucement et ramenez le faisceau d'énergie dans votre propre cœur. *Septièmement*, vous dirigez votre faisceau de compassion vers une partie de votre corps qui souffre ou qui est dans la douleur. Vous terminez la méditation en ramenant votre attention dans l'ici et maintenant.

J'ai essayé pour la première fois cette combinaison avec un public d'environ deux cents personnes à Toronto, au Canada, en 2009. À mon grand étonnement, ils sont tous entrés en cohérence après quelques minutes, leur respiration se synchronisant spontanément. Par la suite, beaucoup m'ont dit que c'était la première fois qu'ils réussissaient à méditer.

J'ai compris que si chacune de ces sept pratiques est puissante en soi, *en combinaison, elles se renforcent mutuellement*. Comme il s'agit de stimuli physiques et mentaux qui *ne nécessitent aucun entraînement ou croyance préalable*, n'importe qui peut atteindre un état élevé *la première fois* qu'il essaie. J'ai nommé la méthode « Éco-Méditation ». Si vous souhaitez lire les études validant chaque composante de la pratique, vous les trouverez dans la section Références à la fin de ce livre.

LA VOIE RAPIDE VERS DES ÉTATS ÉLEVÉS

À la fin de la sixième étape, je demande aux personnes de désengager leur faisceau d'énergie cardiaque et de le ramener dans leur propre cœur. C'est important parce que nous devons comprendre les frontières qui nous séparent des autres. Il est agréable de mélanger son énergie avec celle d'autres personnes, mais il est vital de pouvoir désengager et réhabiter son propre espace énergétique.

Une fois les yeux ouverts, je leur demande de regarder autour d'eux et de remarquer les objets de leur environnement. Je peux leur demander : « Remarquez le plus petit objet vert que vous pouvez voir » ou « Quel est le plus gros objet rond ? » C'est parce que nous perdons notre sens de l'identité dans le Cerveau du bien-être, et qu'il est important de revenir pleinement à la réalité locale. La vie continue. Couper du bois, transporter de l'eau.

Les EEG des personnes qui utilisent l'Éco-Méditation pour la première fois lors d'un atelier de week-end sont fascinants. Dans ses analyses réalisées avec le Mind Mirror, Judith Pennington, formatrice américaine à « l'Awakened Mind », observe ceci : « En deux jours, de nombreux participants ont acquis des états cérébraux élevés que l'on ne trouve normalement qu'après des années de pratique de la méditation. » Ils ont été initiés au mystère du 1 % *sans pratique, croyance, préparation, religion, initiation ou dix mille heures.*

L'expérience est si puissante et si facile qu'elle motive de nombreuses personnes à poursuivre, et nous verrons au chapitre 5 à quel point elle peut être convaincante. À la fin d'un atelier, lorsque je demande « qui s'engagera dans une pratique quotidienne de méditation ? », environ 90 % des mains se lèvent. Le Cerveau du bien-être crée une dépendance, et une fois que vous en avez fait l'expérience, vous en voulez plus.

L'expérience des trente jours

par Marie-Beth Stuckley

J'ai suivi un tas de cours de méditation au fil des ans. Mais je n'ai jamais pu y arriver. J'avais honte de cela et je me sentais mal à l'aise chaque fois que j'en entendais parler.

Puis, un de mes amis m'a envoyé un lien vers les morceaux d'Éco-Méditation de Dawson sur Insight Timer. J'en ai écouté un et je fus tout de suite dans un état profond.

J'ai donc décidé de le faire tous les jours pendant trente jours – après tout, les pistes ne durent que quinze minutes. J'ai commencé à aller de plus en plus loin. J'ai pensé que ce serait difficile et que je serais tentée de sauter des jours. Mais j'ai tellement apprécié que je n'ai pas eu besoin de me laisser persuader ; cela a fait partie de ma routine matinale.

J'ai commencé à voir des changements. Je suis moins impatiente avec mon mari et mes enfants. Je suis thérapeute, et après toutes ces années, je me suis sentie proche de l'épuisement professionnel. Ce sentiment a disparu et je suis beaucoup plus positive en ce qui concerne mon travail et ma vie.

J'en suis maintenant au quarante-sixième jour sur trente (MdR) ! Et je ne vois aucune raison d'arrêter. J'ai maintenant partagé ce lien avec mes clients et mes amis, pour faire profiter de cet approfondissement obtenu à moindre effort. Cela a aussi aidé beaucoup de mes clients à se sentir plus calmes.

Je suis maintenant des cours et des formations en direct sur ces méthodes, car je veux que mes clients bénéficient de cette nouvelle science. Je pense que cela va changer toute la profession de la psychologie dans les prochaines années.

LIRE VOS PROPRES ONDES CÉRÉBRALES

Les premiers EEG utilisaient un équipement de la taille d'une camionnette. Leur construction coûtait des centaines de milliers de dollars. Il a fallu des équipes de spécialistes pour connecter les volontaires aux électrodes, réaliser des enregistrements et interpréter les résultats. On ne trouvait alors les EEG que dans les laboratoires de neuro-imagerie universitaires les plus en pointe.

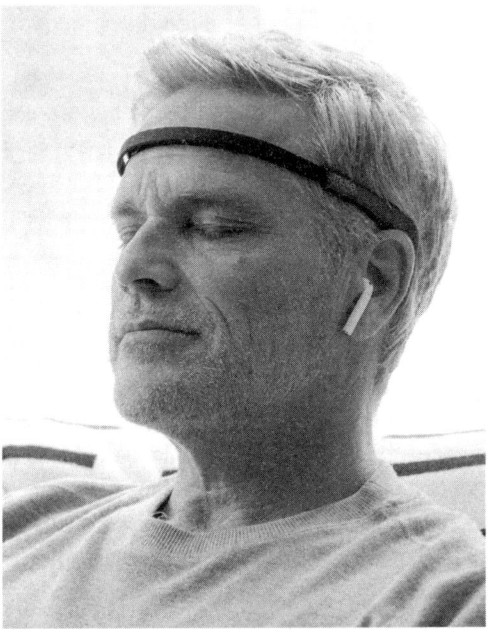

4. 9. Méditant équipé d'un bandeau Muse.

Dans les années 1980, le matériel nécessaire était déjà réduit à la taille d'un sac à dos, et dans les années 1990, la technologie était hébergée sur les ordinateurs portables. Aujourd'hui, vous pouvez lire vos ondes cérébrales ou votre VRC à partir de votre téléphone portable. L'appareil de collecte de données EEG qui envoie le signal à votre téléphone pèse quelques onces et coûte quelques centaines de dollars. Dans quelques années, ils seront intégrés dans le tissu de votre chemise. Dans le chapitre 8, nous verrons comment cela va façonner l'avenir du monde.

J'ai branché beaucoup de personnes en utilisant un simple bandeau d'enregistrement EEG appelé la Muse. Bien qu'il n'ait pas la sophistication des appareils de laboratoire, il est capable de produire un signal qui peut être interprété par une personne sans formation scientifique. Au lieu des dix-neuf électrodes couramment utilisées dans les laboratoires, il n'utilise que quatre électrodes. Mais cela suffit pour mesurer l'activité dans le cortex préfrontal (CPF) et la jonction temporo-pariétale (JTP). La Muse est si confortable qu'après quelques minutes, les porteurs oublient généralement qu'elle est là.

L'application fournie avec la Muse vous apprend à méditer en utilisant le retour d'information que vous recevez de l'appareil. Vous pouvez désormais être votre propre technicien de neurofeedback EEG, sans laboratoire ni doctorat. C'est cool ou c'est cool ?

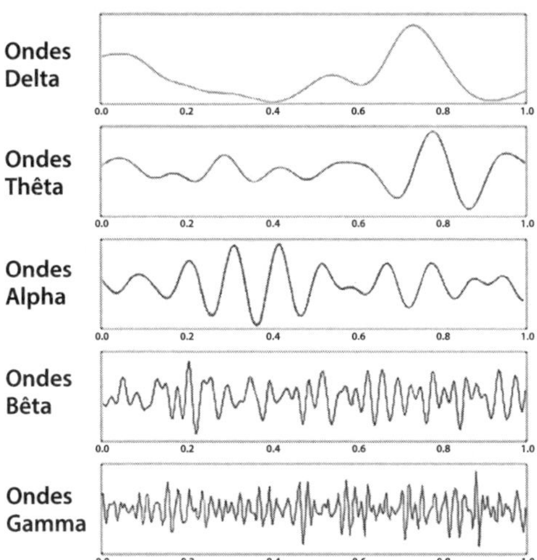

4. 10. Fréquences des ondes cérébrales.

La fréquence est l'une des deux façons dont nous mesurons les ondes cérébrales. La fréquence est le type d'onde cérébrale, comme alpha, bêta ou delta. La deuxième façon, l'amplitude, est la puissance de ces ondes cérébrales.

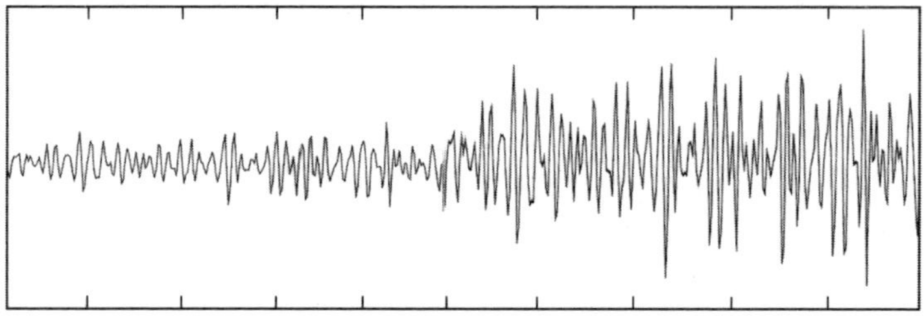

4. 11. Amplitudes des ondes cérébrales.

Lorsqu'un chercheur dit qu'un sujet a une onde cérébrale « plus grosse » ou « accrue » ou « plus grande » ou « plus », nous voulons dire une plus grande amplitude. Lorsque nous disons qu'une onde cérébrale « rétrécit » ou « réduit » ou « diminue », nous voulons dire une amplitude réduite. L'image ci-dessus montre une lecture de deux secondes des ondes gamma de faible et de forte amplitude.

Les chercheurs ont besoin d'informations plus détaillées que celles fournies par l'application destinée au grand public qui accompagne la Muse. C'est pourquoi ils ont conçu un logiciel sophistiqué de niveau industriel qui fournit des données adaptées à la recherche. Il indique les fréquences, les intensités et le temps des ondes cérébrales. L'horodatage révèle la rapidité avec laquelle les fonctions cérébrales changent en réponse à des stimuli. Rendez-vous au niveau de l'encart en couleurs situé au centre du livre pour voir les versions en couleurs des images.

Voici à quoi ressemble une vue typique d'un écran de recherche extrait des mesures du bandeau Muse. De gauche à droite, vous voyez les fréquences des ondes cérébrales. À l'extrême gauche, vous voyez les ondes delta et à l'extrême droite, les ondes gamma, avec toutes les autres entre les deux. Les lignes blanches en pointillé qui vont de gauche à droite représentent dix secondes d'enregistrement.

Il y a cinq nuances de couleur sur l'écran. Le bleu foncé représente la moindre activité, tandis que le rouge représente la plus grande. Ainsi, un cerveau très actif en bêta de l'anxiété, par exemple, afficherait du rouge dans la gamme des 20 Hz. Un cerveau actif en thêta de la guérison serait rouge dans la gamme de 6 Hz. Le vert représente une activité moyenne, le jaune une activité accrue, et le bleu clair une activité réduite.

Voir les versions
en couleurs dans l'encart central.

4. 12. Lecture de Muse d'une personne
dans un état calme de conscience ordinaire.

Cette personne est dans un état de conscience ordinaire, tout comme vous et moi lorsque nous sommes éveillés, détendus et calmes. Le fonctionnement du cerveau est normal, donc la plupart des fréquences sont dans le vert. Pas trop d'activité cérébrale, pas trop peu. L'horodatage montre que, dans chaque période de dix secondes, rien ne change beaucoup.

LE BONHEUR EN CINQ SECONDES

Je ne veux pas vous noyer sous une quantité écrasante d'informations, mais c'est vraiment simple.

- De gauche à droite : fréquence.
- De haut en bas : le temps.
- Couleur : intensité.

Vous avez compris ? Maintenant, regardons d'autres lectures de Muse. La personne qui avait des fonctions cérébrales normales s'assied maintenant, se met à l'aise, ferme les yeux et commence sa pratique de l'Éco-Méditation.

Voir les versions
en couleurs dans l'encart central.

4. 13. L'entrée en Éco-Méditation.

Ouah ! Regardez le milieu de 4,13. Ses fonctions cérébrales changent radicalement. En moins de cinq secondes, elle produit plus d'ondes delta et thêta, les ondes de signature de l'intuition, de la guérison et de la connexion avec l'univers. C'est l'éruption de forme ovale à gauche, dans les fréquences de 0 à 8 Hz.

Remarquez qu'il y a une éruption ovale lorsqu'elle commence la méditation et une seconde juste après qu'elle s'y est engagée complètement. Cette « double bulle » est un schéma que j'ai observé dans des dizaines d'enregistrements.

Juste après la première bulle, on observe une chute brutale de toutes les hautes fréquences des ondes cérébrales, car le sens du soi s'éteint. C'est l'arrêt du cortex préfrontal (CPF). C'est abrupt et pour le méditant, « c'est comme si on tombait d'une falaise », selon les termes du célèbre neuroscientifique Andrew Newberg. La baisse de 40 % de la fonction du CPF mesurée chez les méditants se déclenche et vous êtes soudainement dans un état de conscience radicalement différent.

Le « moi » qui vous préoccupe tant d'habitude disparaît tout simplement. L'Éco-Méditation met fin à l'émission et le « Moi-moi Show » dont nous avons parlé au chapitre 2 s'arrête. Vous ne faites plus qu'un avec l'univers. Selon Paul Brunton, « le monde extérieur disparaît complètement ».

Mais il y a ensuite une deuxième éruption ovale de delta et de thêta, puis peut-être une troisième et une quatrième. Votre connexion avec l'univers s'enclenche. Vous vous abandonnez à l'ordre implicite de la création, et non plus à l'ego. Brunton le décrit ainsi : « La sensation d'être entouré par une présence plus grande, à la fois protectrice et bienveillante. »

Les fréquences d'anxiété du bêta, dans la bande des 20 Hz, sont en sommeil. Tout le cerveau est silencieux. Il y a une quantité normale d'alpha, surtout dans les basses fréquences, autour de 8 Hz. C'est le pont entre les fréquences de l'esprit conscient et celles du subconscient et de l'inconscient. Tout votre cerveau fonctionne de manière intégrée. L'image 4.14 montre à quoi ressemble votre lecture de Muse pendant cette période.

Vous avez des niveaux normaux de thêta et de delta, avec des poussées occasionnelles d'activité accrue. Alors que votre esprit conscient et vos fréquences d'anxiété sont supprimés, vos capacités intuitives et de connexion sont entièrement en ligne. Imaginez que vous restiez dans cet état de *Bliss Brain* pendant un certain temps. Dix minutes. Trente minutes. Une heure. C'est incroyable ! « Dans la contemplation la plus profonde, » écrit Brunton, « on peut à la fois faire l'expérience de l'égocentrisme et de la paix bienheureuse. »

4. 14. En profondeur dans l'Éco-Méditation.

Mais finalement une alerte retentit et votre journée commence. Le milieu de l'image 4. 15 montre ce qui arrive au cerveau quand quelqu'un sort de l'Éco-Méditation.

4. 15. La sortie de l'Éco-Méditation.

Remarquez qu'il y a ici une autre « double bulle », plus faible que celle que l'on a connue en entrant dans l'Éco-Méditation. Le cerveau se prépare à revenir à un état normal, en intégrant les informations du Cerveau du bien-être dans la réalité quotidienne. Lorsque le méditant ouvre les yeux, son cerveau revient rapidement à son état normal.

4. 16. Après l'Éco-Méditation.

Pourtant, ce n'est pas la même chose qu'au moment de commencer à méditer. Andrew Newberg observe que « le cerveau qui revient de l'expérience de l'illumination n'est pas le cerveau qui y est entré ».

L'image 4.17 montre ces deux enregistrements côte à côte. Le premier est le « normal » vécu par une personne avant de commencer la pratique de l'Éco-Méditation. Le second est le normal de son cerveau après trente minutes de méditation. Vous verrez qu'il est sensiblement plus calme et plus intégré. Il y a de petites touches de bleu foncé même au milieu du vert.

C'est parce que la personne ressent les séquelles de sa méditation dans sa vie quotidienne. Son cerveau ne travaille pas autant, parce qu'il fonctionne plus efficacement. Comme une voiture qui vient d'être mise au point et qui consomme moins d'essence alors que le moteur fonctionne mieux, cette personne a acquis en une heure de résilience la capacité de transposer les caractéristiques du Cerveau du bien-être dans son quotidien. Elle est plus heureuse, plus paisible, plus créative et mieux à même de gérer le stress pendant vingt-quatre à quarante-huit heures. Au chapitre 7, nous examinerons des exemples pratiques de la manière dont cela renforce la résilience.

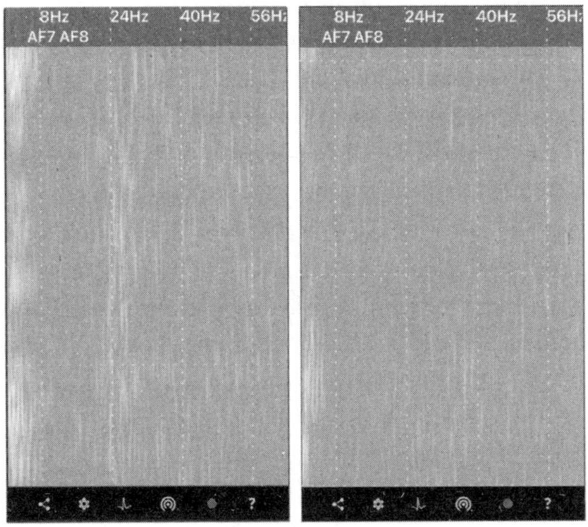

4. 17. Avant et après, côte à côte.

Ces enregistrements ont été réalisés par un méditant expérimenté ayant environ trois mille heures de pratique dans sa vie et environ sept ans de pratique de l'Éco-Méditation. Pourtant, j'ai constaté les mêmes tendances chez les personnes qui participent à une retraite d'un week-end après seulement quelques heures de pratique. Lorsque vous utilisez les techniques présentées dans ce livre, vous êtes susceptible de ressentir immédiatement des changements subjectifs. Sur le plan neurologique, vous imiterez la façon dont le cerveau des 1 % s'allume et se connecte.

COMMENT L'ÉCO-MÉDITATION MODIFIE LES FONCTIONS CÉRÉBRALES

Ma collègue Peta Stapleton dirige le programme de Master en psychologie à l'université Bond, en Australie. C'est une des chercheuses les plus innovantes en matière de thérapies énergétiques. Peta et le neuroscientifique Oliver Baumann ont réalisé un essai contrôlé randomisé sur vingt-quatre personnes utilisant l'Éco-Méditation pour la toute première fois.

Après la répartition aléatoire en deux groupes, les sujets ont été testés à l'aide d'une machine IRM à haute résolution. Après le premier balayage, on leur a donné à tous une piste audio de vingt-deux minutes et ils ont reçu l'instruction de l'écouter une fois par jour. Un groupe a reçu l'Éco-Méditation. L'audio pour les membres de l'autre groupe (dit « de contrôle ») était un exercice de respiration de pleine conscience, tout en leur rappelant des vacances récentes. Les éléments audio ont été conçus pour être aussi similaire que possible. Cela a permis de contrôler la musique de fond, la voix, l'attention et la respiration – tout sauf les sept étapes de l'Éco-Méditation elle-même.

Après avoir écouté leurs pistes tous les jours pendant quatre semaines, les participants sont revenus au laboratoire pour des tests de suivi. Les fonctions cérébrales du groupe témoin ont peu changé. Mais dans le groupe Éco-Méditation, nous avons constaté des différences significatives dans deux réseaux cérébraux importants.

La première a été une augmentation de la connectivité entre l'hippocampe droit et l'insula. L'hippocampe, siège de l'émotion, de l'apprentissage et de la mémoire, a montré une connectivité accrue avec la bonne insula, centrale à la bonté et à la compassion. Deuxièmement, nous avons constaté une activité réduite dans le cortex préfrontal médian, le « siège du moi » et également l'une des deux régions composant le RMD.

Ces résultats suggèrent que la compassion a augmenté chez ceux qui pratiquent l'Éco-Méditation, et qu'il y avait une forte émotion positive associée à celle-ci. Cela inclut à la fois la compassion pour soi-même et la compassion pour les autres, puisque l'Éco-Méditation vous permet d'envoyer de bonnes intentions dans les deux sens. En même temps, les participants ont bénéficié de la fermeture d'un des deux pôles du RMD, les libérant du bavardage constant et égocentrique de ce réseau.

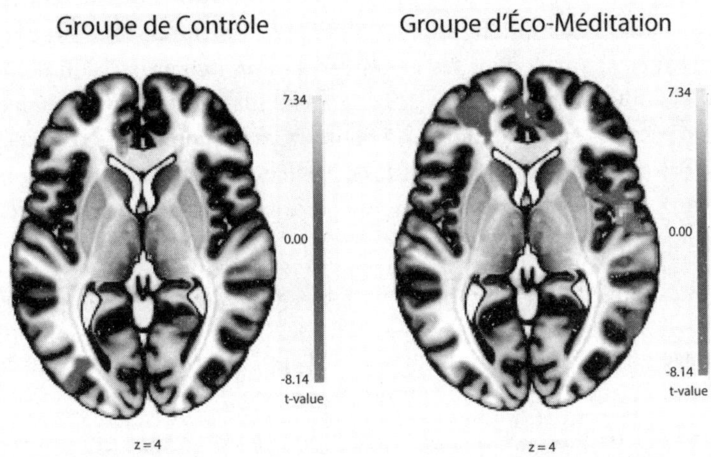

4. 18. Modification de la connectivité dans les deux groupes. Les couleurs bleu à violet indiquent une activité réduite, tandis que les couleurs rouge à jaune indiquent une activité accrue. La zone bleue à l'avant du cerveau, à droite, est le cortex préfrontal médian, l'un des deux pôles du RMD (réseau du mode par défaut). Les taches rouges et jaunes brillantes sur la droite sont l'insula.
Voir la version en couleurs au centre du livre.

Bien que les changements biologiques entre les deux groupes aient été marqués, les changements dans leurs caractéristiques psychologiques ont été plus nuancés. Les deux groupes ont plus que doublé leur score sur une échelle d'expériences mystiques, mais l'anxiété et la dépression ont augmenté de manière plus significative dans le groupe Éco-Méditation. Cela peut s'expliquer par le fait que la piste audio les a centrés sur la compassion, ce qui peut nous mettre davantage en contact avec la souffrance dans le monde, comme le suggèrent leurs insulas hautement activées.

Un effet secondaire a été la réduction marquée de l'activité du cortex préfrontal dorsolatéral gauche. D'autres études sur la méditation montrent que le cortex préfrontal dorsolatéral travaille dur pour supprimer le réseau du mode par défaut. Mais dans l'Éco-Méditation, le côté gauche ou « lobe logique » du cortex préfrontal dorsolatéral s'est détendu lorsque le RMD s'est calmé, et les participants sont passés dans un état de « flux ».

LA RÈGLE DES DIX MILLE HEURES?

Il n'y a pas de délai long et ardu pour atteindre ces états élevés. Pas de « règle des dix mille heures ». Vous n'avez même pas besoin de passer cent heures avant de voir les bénéfices. Les participants à l'étude IRM de l'université Bond ont produit des changements substantiels de leurs fonctions cérébrales en seulement cinq heures réparties sur quatorze jours. Parce que l'Éco-Méditation est basée sur la science et qu'elle envoie des signaux en temps réel à votre corps, vous vous sentirez probablement différent dès la première fois que vous l'essaierez.

C'est pourquoi je suis si passionné par le partage de ces techniques avec vous. L'Éco-Méditation permet aux novices de bénéficier immédiatement des avantages des 1 %, sans l'énorme courbe d'apprentissage qui accompagne les pratiques de méditation traditionnelles.

Je ne peux pas cacher mon respect pour les pionniers qui ont compris les principes de la méditation et les ont apportés à l'humanité, ni mon excitation quant à la façon dont la compréhension scientifique moderne stimule leurs idées.

Certains, qui ont suivi le long et difficile chemin vers la félicité que j'ai emprunté, en utilisant des pratiques conventionnelles, se moquent de l'Éco-Méditation, la considérant comme un raccourci. Tous ces efforts laborieux auraient-ils pu être une perte de temps ?

L'Institut Esalen enseigne les thérapies et les philosophies avancées depuis les années 1960. Il est considéré par beaucoup comme le lieu de naissance du mouvement du potentiel humain. Lorsque j'ai proposé pour la première fois une retraite à la responsable de ce programme et que j'ai décrit l'Éco-Méditation, elle s'est moquée.

« Nous enseignons ici toutes les grandes traditions de méditation », m'a-t-elle répondu par e-mail. « Je peux vous assurer, en me fondant sur notre longue histoire, que la méditation ne peut pas être aussi rapide ou simple. »

Mais serait-ce quand même possible ?

Finalement, Esalen a cédé et je lui ai proposé un week-end de retraite d'Éco-Méditation. Nous avions une équipe de recherche sur place pour effectuer une étude pilote, et lorsque les données sont revenues du laboratoire, nous avons été stupéfaits des résultats.

Nous avons mesuré le cortisol, l'hormone maîtresse du stress. Nous avons également mesuré l'immunoglobuline A sécrétoire, SIgA en abrégé. La SIgA est une molécule d'anticorps en forme de Y que l'on trouve dans les fluides corporels comme la salive, le mucus, les larmes et la sueur. Il neutralise les virus envahissants. Les branches du Y se collent aux « pointes » de plusieurs types de coronavirus. Le virus utilise ces pics pour s'attacher aux cellules et les infecter.

Mais une fois qu'une molécule de SIgA a adhéré à un pic de coronavirus, elle est désactivée. Le SIgA prévient alors des cellules spécialisées qui détruisent le virus. Les niveaux de SIgA sont une mesure de la force de votre système immunitaire.

Après le week-end, les niveaux de cortisol de base des trente-quatre participants ont chuté de 29 %. Leurs niveaux de SIgA ont augmenté de 27 %, bien que les résultats ne soient pas statistiquement significatifs en raison du petit nombre de participants. Leur fréquence cardiaque au repos, une mesure de la santé globale, a chuté de 5 %, tandis que leurs niveaux de douleur ont diminué de 43 %.

Nous avons également mesuré leur bien-être psychologique, et avons constaté que l'anxiété et la dépression avaient diminué de plus de 25 %. Le bonheur a augmenté de 11 %. Tous ces bienfaits remarquables proviennent d'un seul week-end de pratique.

Il n'est jamais trop tard

par Vinnie Vincenzo

J'ai mené une vie difficile. Le trafic de drogue est difficile – je suis l'une des seules personnes de mon époque qui ne soit pas morte ou en prison. J'ai fait du mal aux gens, et les gens m'ont fait du mal. J'ai eu un pistolet pointé sur la tête plus de fois que je ne peux en compter, et j'ai pointé des armes sur d'autres personnes. Je ne suis pas fier de ce que j'ai fait.

J'ai rejoint les Narcotiques Anonymes (NA) il y a dix-huit ans. Mais je ne croyais pas à ces trucs, j'y suis simplement allé pour me cacher. J'avais un plâtre sur la jambe droite, jusqu'à la hanche, et je ne pouvais pas me déplacer. J'ai fait semblant de vouloir me désintoxiquer, juste pour pouvoir échapper aux gens qui essayaient de me tuer. Je suis allé au centre de réadaptation des NA. C'était un endroit où aucun de mes « potes » ne me chercherait.

J'ai dormi sur un sol en béton dans une cave pendant cinq mois. Ils ont un cercle de thérapie de groupe et j'ai commencé à y aller. Je ne ressentais rien. Je faisais juste semblant de ressentir quelque chose, pour qu'ils ne me mettent pas dehors. Quand je fermais les yeux, tout ce que je voyais, c'était les gens sur lesquels j'avais pointé une arme. Je ne pouvais pas le supporter. La plupart des gars en taule sont assez durs. Je ne pense pas qu'ils vont s'en sortir. Ils seront bientôt de retour en prison, ou morts.

Un jour, une petite fille de 5 ans, la fille du propriétaire, descendit à la cave. Elle me dit qu'elle allait prier pour moi. Elle n'avait pas le droit d'être là, mais elle était là. Elle dit : « Mon Dieu, aide la jambe de Vinnie. Aide son cœur. Aide-le à ressentir ton amour. Amen. »

Elle s'en va et je me mets à pleurer. Une vraie déferlante. J'ai l'impression que mon cœur s'ouvre. Tout mon corps tremble. Je ne peux pas l'arrêter, je ne peux pas arrêter les larmes, j'ai l'impression de laver une vie entière de douleur. Je sens la présence de quelque chose, une chose qui me protège même si j'ai fait tant de mauvaises choses.

Après cela, toutes sortes de choses commencent à changer pour moi. J'ai gagné beaucoup d'argent, et j'en ai donné beaucoup. Je suis invité à faire partie du groupe de travail du gouverneur de l'État pour la réhabilitation des narcotrafiquants. J'apprends à connaître le gouverneur, et je parle de la façon dont les gens peuvent changer. Je ne vois plus de morts quand je ferme les yeux.

Maintenant, je suis dans cet atelier de tapping avec Dawson. Nous faisons de l'Éco-Méditation chaque jour. La deuxième fois que je le fais, je ferme les yeux, je vois ces trois figures autour de moi. Ce sont de magnifiques anges blancs. Ils sont ensemble sous un arbre blanc. Je sens leur amour pour moi. Ils sont plus vrais que nature, comme quand je dormais dans le sous-sol du centre de réadaptation. Je sais que ces anges sont là pour me guider. Dawson me dit que plus je fais attention à eux, plus ils vont se connecter avec moi.

Je vais parfois en taule pour parler aux gars de la façon dont ils peuvent changer. Je frissonne parfois, je pense à quel point j'ai failli être un de ces gars derrière les barreaux. Ou mort. L'amour m'a changé. Mes anges m'ont sauvé. Je les retrouve tous les jours dans l'Éco-Méditation.

Je veux que ma vie ait un sens. Si je peux aider un seul escroc à savoir qu'il a de la valeur, ça aura valu la peine. Il n'est jamais trop tard.

Comme Vinnie l'a découvert, les techniques simples d'Éco-Méditation peuvent vous connecter rapidement au « Cerveau du bien-être », en suivant simplement les sept étapes. Lorsque vous pouvez atteindre un objectif aussi efficacement, avez-vous vraiment besoin de prendre le chemin le plus difficile ? Je crois qu'en donnant une alternative facile, des millions de personnes supplémentaires pourront méditer. Comme d'autres méditants traditionnels, j'ai sué pendant des milliers d'heures d'essais et d'erreurs – vous n'avez donc pas à le faire.

4. 19. Retraite d'Éco-Méditation à l'Institut Esalen.

COMMENT LA SCIENCE MESURE-T-ELLE L'ÉTAT MÉDITATIF ?

Dans leur livre *Altered Traits* (non traduit en français), le journaliste scientifique Daniel Goleman et le neuroscientifique Richard Davidson soulignent que la méditation est « un fourre-tout pour une myriade de pratiques contemplatives, tout comme le sport désigne un large éventail d'activités athlétiques. Tant pour le sport que pour la méditation, les résultats finaux varient en fonction de ce que l'on fait réellement ». Passez trois séances de musculation à la salle de sport chaque semaine et vous aurez un corps très différent de celui que vous auriez sculpté en nageant.

Il existe même de grandes différences dans le domaine de la musculation. Des recherches récentes montrent que l'on se muscle beaucoup plus rapidement lorsqu'on soulève des poids très lentement, que les périodes de repos sont importantes et qu'il n'est pas nécessaire de passer plus de trente minutes par séance pour une musculation efficace. Cela contraste fortement avec l'ancien modèle qui consistait à passer des heures chaque jour dans le gymnase à « pousser de la fonte ».

La même mise en garde s'applique aux études scientifiques sur la méditation. Certains scientifiques regroupent tous les types de méditants dans le même panier, mais les recherches en IRMf montrent que les différentes méthodes de méditation produisent des effets différents dans le cerveau. Observer ses pensées et corriger son vagabondage mental demande un effort mental. Cela se traduit par l'activation du cortex préfrontal. L'amour bienveillant ne requiert pas le même degré de contrôle mental et produit donc une humeur plus positive ainsi qu'une relaxation physique plus profonde.

Pour trouver la « dose » idéale de méditation, il est nécessaire de déterminer exactement *quand* commence votre méditation. Elle ne commence pas au moment où vous vous asseyez et fermez les yeux. Certaines personnes s'assoient pendant dix minutes, et quelques secondes après avoir fermé les yeux, elles sont dans le Cerveau du bien-être. Elles font en sorte que chacune de ces dix minutes compte.

Un autre méditant peut rester assis pendant quatre-vingt-dix minutes, mais pourrait ne pas entrer dans le Cerveau du bien-être pendant toute cette période. À la fin, il sera simplement resté assis tranquillement, les yeux fermés, pendant une heure et demie. C'est une bonne chose en soi, mais il n'aurait même pas bénéficié des dix minutes de méditation du premier méditant, même s'il y avait passé beaucoup plus de temps.

4. 20. La chercheuse Judith Pennington mesure les ondes cérébrales de participants avec l'EEG « Mind Mirror » lors d'un atelier.

Comment savoir quand on est « en » méditation ?

La science a une réponse à cette question.

J'ai fait une étude à grande échelle dans un atelier dirigé par le Dr Joe Dispenza. Nous avions une équipe de neuroscientifiques qui a connecté cent dix-sept personnes à un EEG et a mesuré leurs fonctions cérébrales avant et après l'atelier. Nous avons également mesuré le changement du début à la fin de certaines méditations. La mesure que nous avons utilisée pour entrer dans l'état désiré est appelée « temps de méditation ».

Nous avons défini cela comme *la capacité à maintenir un état stable d'ondes cérébrales alpha pendant au moins quinze secondes*. Une fois que les participants étaient capables de faire cela, nous les considérions comme étant « en » méditation.

ALPHA SOUTENU

Lorsque vous fermez les yeux, vous produisez immédiatement plus d'alpha. Comme vous commencez à vous concentrer sur la méditation, vous en produisez encore plus. Mais la profondeur de votre entrée dans les alpha varie en fonction de vos cycles d'entrée et de sortie. La personne qui reste assise durant quatre-vingt-dix minutes avec les yeux fermés et ne médite pas vraiment a un cerveau au repos contrôlé par le réseau du mode par défaut. Il continue à produire des pensées soucieuses, la faisant sortir des alpha. Elle ne peut pas rester en alpha pendant quinze secondes consécutives donc, selon cette définition, elle ne médite jamais vraiment, malgré son engagement sur une longue période.

Bien qu'il soit courant de considérer les personnes qui gardent les yeux fermés régulièrement et pendant de longues périodes de silence comme des méditants dévoués, la vérité est plus complexe. Les scientifiques ont montré que les personnes qui se branchent sur un EEG ne passent en fait que peu ou pas de temps dans un état d'alpha soutenu, alors que certains méditants « rapides » sont profondément en alpha et profitent pleinement de chaque moment passé dans cet état.

GAMMA

Lorsque vous entretenez durablement des ondes cérébrales alpha, plusieurs autres ondes changent. Les ondes bêta de haute fréquence, « les ondes de signature du stress », se rétractent, diminuant en amplitude. Les ondes de basse fréquence, thêta et delta, se développent, augmentant en amplitude.

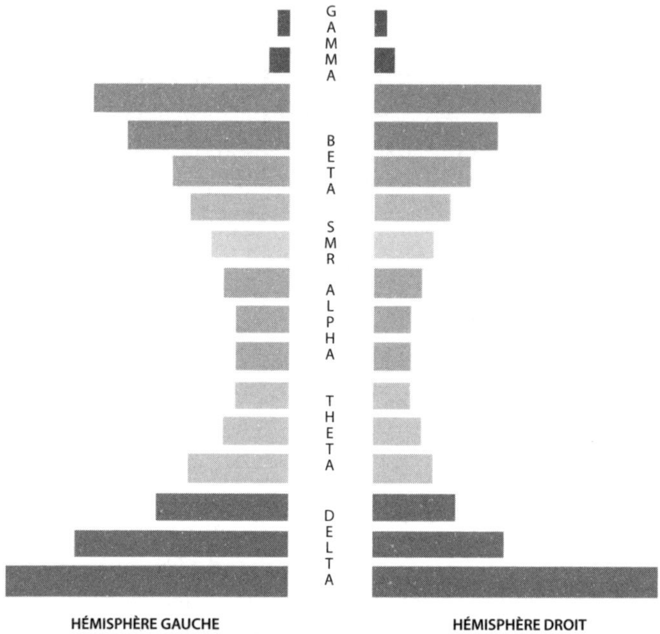

4. 21. Les gamma sont les ondes en rouge tout en haut de l'écran.
Voir la version en couleurs au centre du livre.

Lorsque ces ondes lentes augmentent, l'onde la plus rapide, le gamma, est produite par le cerveau. L'onde gamma est la signature de l'état de « flux » et représente la synchronisation des informations provenant de nombreuses régions cérébrales différentes. On la retrouve généralement chez les personnes très créatives, ainsi que chez les personnes ordinaires ayant un *insight,* un éclair de génie. On l'observe également dans les états d'union mystique. En étudiant les yogis avancés, Davidson a découvert que leur cerveau avait une activité gamma vingt-cinq fois supérieure à celle des gens ordinaires.

Le gamma est également associé à des sentiments d'amour et de compassion, à une organisation perceptive accrue, à l'apprentissage associatif, à l'efficacité synaptique, à la guérison, à l'attention et à des états de félicité transcendante. Des études de neuro-imagerie ont montré que les ondes gamma synchronisent les quatre lobes du cerveau à travers les fréquences et engendrent une *cohérence de l'ensemble du cerveau.*

C'est une longue liste d'avantages, tous caractéristiques d'un cerveau performant. Et si les études des moines tibétains montrent qu'une forte production d'ondes gamma n'apparaît que chez les adeptes, les recherches sur l'Éco-Méditation montrent qu'elle apparaît même parmi les novices.

L'experte en neurofeedback Judith Pennington, en étudiant huit personnes, a écrit ceci: « L'Éco-Méditation a produit des niveaux extraordinairement élevés de synchronisation gamma. [...] Pendant l'Éco-Méditation, tous les participants ont généré des fréquences gamma de 45 à 65 Hz de grande amplitude qui ont donné lieu à des modèles de synchronisation gamma de grande valeur, dont certains se situaient au sommet de la plage statistique de toute la base de données Mind Mirror. »

Certains d'entre eux étaient des personnes qui n'avaient jamais médité auparavant, et l'un d'entre eux a obtenu un score plus élevé que les autres dans la base de données complète de plus de dix mille scans Mind Mirror.

NOMBRE TOTAL D'HEURES DE VIE

4. 22. La formation traditionnelle des moines tibétains peut produire des états cérébraux avancés.

Quand on lit les histoires d'un moine qui a médité pendant dix mille heures au total dans sa vie, il est facile d'être impressionné par cette statistique. Mais ce qui est encore plus important, c'est la qualité de cette méditation. Si, comme les Tibétains dans les études de Davidson et de Newberg, ils ont été formés par des experts, sont imprégnés d'anciennes lignées, font de longues retraites et vivent dans des monastères, ce chiffre de dix mille heures est significatif. Pour les Occidentaux qui ne disposent pas de cette structure, c'est beaucoup moins significatif. Le temps consacré à une activité et la maîtrise de sa réalisation ne sont pas toujours liés.

Un pied sur l'accélérateur, un pied sur le frein

Steve Cheales était un ami proche de Brooklyn, où il est né et a grandi. Il était proche de son père Samuel, et lorsque je rendais visite à Steve, Samuel était souvent là aussi, alors j'ai appris à bien le connaître. Âgé, aux cheveux gris et courbé en permanence, il avait l'esprit vif et la vision sombre du monde d'un New-Yorkais.

Steve ne possédait pas de voiture, tandis que Samuel avait une grosse et vieille Buick Skylark. Lorsque nous partions tous les trois en voyage, Samuel nous conduisait. Je m'asseyais sur le siège du passager avant à cause de mes jambes super-longues.

Être passager dans la voiture de Samuel était éprouvant. Il appuyait sur l'accélérateur, nous relançait sur nos sièges avec un départ en boulet de canon. Puis il appuyait sur le frein, nous projetant en avant. Il accélérait de nouveau, puis il recommençait à freiner. Tout le voyage se passait de cette façon, avec des arrêts et des départs. Voyager avec Samuel, c'était comme être à la place d'une balle de golf bringuebalée dans une boîte de conserve.

La raison pour laquelle Samuel pouvait passer de l'arrêt à la marche si rapidement était qu'il conduisait avec un pied sur l'accélérateur et l'autre sur le frein. Je regardais ses pieds. Son pied droit pompait l'essence, ce qui nous faisait accélérer. Puis son pied gauche se tordait, en écrasant le frein. Droite, gauche, droite, gauche. En regardant fixement la route devant lui, il était complètement inconscient de cette habitude.

Samuel avait appris à conduire à l'âge de 18 ans. Il conduisait depuis plus de quarante ans. Mais il était toujours aussi mauvais conducteur. Le temps ne l'avait pas amélioré. Tout le contraire : il avait renforcé ses comportements par la plasticité neurale jusqu'à ce qu'ils soient gravés dans son ganglion basal.

Le simple fait de passer beaucoup de temps dans une activité peut vous rendre très doué pour cela – la fameuse règle des dix mille heures. Dans son livre *Outliers : The Story of Success*, le journaliste scientifique Malcolm Gladwell explique comment la répétition prolongée produit de l'expertise. Que vous soyez chef cuisinier, guitariste, mathématicien, agent immobilier ou chirurgien, l'expérience compte. Accumuler dix mille heures demande un engagement massif en termes de temps ; cela représente vingt heures par semaine pendant dix ans.

Mais, comme Samuel, répéter des erreurs ou de mauvais gestes pendant longtemps ne vous rend pas meilleur. Cela ne fait que renforcer les mauvaises habitudes. C'est pourquoi les athlètes engagent des entraîneurs pour améliorer leur forme. Ils ne veulent pas seulement répéter une technique, ils veulent la répéter correctement, en entraînant leur corps jusqu'à ce que la forme parfaite devienne un réflexe.

Ne déconne pas avec ma sérénité

Herman marchait sur la pointe des pieds dans l'appartement qu'il partageait avec Jill. Jill était en train de méditer, et Herman ne voulait pas la déranger. Il y a six mois à peine, Herman avait emménagé avec Jill, une méditante de longue date, et même s'il ne méditait pas lui-même, Herman était un homme paisible qui voulait donner de l'espace à Jill.

Ce matin-là, Herman n'a pas réussi. Il a fait un petit bruit de trop. Jill a ouvert les yeux pour le regarder avec colère et a crié : « Ne déconne pas avec ma sérénité ! »

Jill, même si elle s'asseyait chaque matin et fermait les yeux, ne méditait pas vraiment. Ses émotions bouillonnantes étaient tout près de la surface, prêtes à atteindre et à empaler les gens qui se trouvaient à proximité. Elle était réactive au monde extérieur, dans l'état du cerveau de l'homme des cavernes, même si pour un observateur extérieur elle pouvait passer pour une méditante fidèle et constante. Elle n'avait pas fait le changement sujet-objet, se désidentifiant ainsi de son moi local pour s'absorber dans le Cerveau du bien-être.

C'est le sort de nombreux méditants de longue date. Lors de l'examen de ce livre par des pairs, un de mes collègues s'est montré très sceptique quant au titre. Il a dit : « Dawson, j'ai passé un an dans un ashram quand j'avais 23 ans. Nous avons médité tous les jours. C'était misérable. Il n'y avait même pas de plaisir, et certainement pas de béatitude. »

À moins que vous ne soyez en état d'esprit éveillé, avec les schémas d'ondes cérébrales caractéristiques des mystiques, vous pouvez rester assis pendant des années les yeux fermés et n'obtenir guère plus qu'une expertise pour allumer votre réseau du mode par défaut.

C'est dans ce pétrin que se trouve la méditante inefficace. Toutes ces heures, des milliers, et elle n'a fait que renforcer le câblage neural qui a un pied sur l'accélérateur, l'autre sur le frein. Tout comme pour l'embauche d'un entraîneur sportif, il est vital de construire votre pratique dans un type de méditation qui vous met, comme on peut s'y attendre, dans un état alpha soutenu.

C'est pourquoi l'Éco-Méditation vous fait imaginer un grand espace vide entre vos yeux. Cette simple visualisation met immédiatement les gens en alpha. Si vous utilisez une piste audio pour pratiquer l'Éco-Méditation, vous entendrez l'instruction de l'espace vide encore et encore. Cela vous permet de rester en alpha pendant tout le temps où vous êtes assis.

LA RETRAITE DE LA VISION DE VIE

Cette pratique permet de catalyser régulièrement des changements dans votre cerveau. Lors d'une retraite intensive, c'est encore plus fort.

Ma vie et mon travail ont changé de manière significative après ma première longue retraite à l'âge de 30 ans. Une merveilleuse nouvelle carrière dans l'édition de livres s'est ouverte à moi grâce à une série de synchronicités. Je me suis marié et j'ai eu deux enfants extraordinaires. J'ai été inspiré pour écrire mon premier livre. Je suis passé des montagnes de béton de New York aux montagnes couvertes de séquoias du nord de la Californie.

Une retraite implique de s'extraire du stress quotidien. L'acte d'abandonner les traces familières de votre routine, d'effacer les indices de votre vie quotidienne, vous donne une nouvelle perspective. Vous vous retirez de tous les environnements qui vous font penser aux mêmes choses, croire aux mêmes croyances et créer les mêmes créations. Ces mêmes images et sons vous permettent de recréer le nouveau vous de chaque jour sur le modèle de l'ancien. Mais faire une retraite, sortir de ce qui vous est familier, c'est vous ouvrir à la possibilité d'une transformation.

Renforcé par les changements que la réflexion produit, j'ai commencé à faire des retraites du Nouvel An chaque année. Lorsque d'autres personnes ont demandé à se joindre à moi, j'ai entrepris de structurer l'expérience pour un groupe. Chaque année, nous partons dans un endroit magnifique, comme Sedona, Hawaï, le Costa Rica ou San Diego, pendant sept jours.

4. 23. Participants à la retraite «Vision de vie».

Nous passons les trois premiers jours à nous libérer des anciens conditionnements. Nous pratiquons l'Éco-Méditation quotidiennement. Au début, il faut environ quatre minutes aux participants pour induire le Cerveau du bien-être, mais le troisième jour, ils y arrivent généralement en quatre-vingt-dix secondes seulement environ. Nous ouvrons ensuite notre conscience à la guidance, en demandant: «Quelle est la vision la plus élevée pour ma vie, de tout l'univers?» À la fin de nos sept jours en état de *Bliss Brain*, nous avons chacun une vision écrite inspirée pour l'année à venir.

La retraite que j'ai organisée lors de mon 60ᵉ anniversaire était spéciale. J'imaginais l'univers en train de dire: «Que voulez-vous vraiment pour l'année à venir?» En haut de ma liste, il y avait la possibilité d'entrer rapidement dans le Cerveau du bien-être. Ne pas rester assis pendant vingt à quarante minutes, le temps qu'il faut habituellement aux gens pour entrer dans «la zone». Au lieu de cela, être capable de fermer les yeux et d'être là instantanément.

Au cours des mois suivants, mon «temps de méditation», c'est-à-dire l'acquisition d'un état alpha stable, a commencé à diminuer. À vingt minutes, à quinze minutes, à douze minutes. Les jours de bon augure, à moins de cinq minutes. Quand Andrew Newberg a testé des méditants expérimentés, il a découvert qu'ils pouvaient entrer dans cet état dès qu'ils fermaient les yeux.

Les moines tibétains de Richard Davidson ont fait mieux. Il a découvert que lorsqu'on leur donnait des instructions avant une expérience, leurs ondes cérébrales se transformaient en un état méditatif. La simple anticipation d'une méditation dans un futur proche produisait un changement. Ceux qui avaient passé une plus grande partie de leur vie en retraite s'en sortaient mieux que ceux qui avaient médité seuls.

Vous pouvez mettre un certain temps avant d'y arriver, mais avec de la pratique, votre « temps pour entrer en méditation » et obtenir un état alpha stable peut passer d'une heure à moins de dix minutes. Ceux qui s'entraînent délibérément lors d'une retraite d'Éco-Méditation arrivent souvent au Cerveau du bien-être en moins d'une minute.

LA FORCE DU NOMBRE

J'ai parcouru la littérature en neurosciences pour découvrir ce qui fait vraiment la différence. Une pratique *constante*, des *retraites* et une *intensité* sont toutes associées à une plus grande activation du cerveau.

Pour savoir à quelle vitesse l'Éco-Méditation pouvait faire bouger les personnes, j'ai étudié deux cent huit participants lors d'une très brève retraite. Celle-ci n'a duré qu'une seule journée. J'ai expliqué chaque composante de la pratique aux personnes présentes, ainsi que les changements physiques que la méditation produit. Nous avons médité ensemble le matin et l'après-midi. Nous nous sommes engagés dans une séance de questions-réponses animée, puis nous avons terminé par un cercle de clôture.

Mes collègues et moi avons été surpris de voir à quel point les gens ont changé en seulement six heures. Leur anxiété a diminué de 23 % et leur douleur de 19 %. Leur bonheur a augmenté de 9 %. Lorsque nous les avons suivis six mois plus tard, nous avons constaté qu'ils avaient maintenu leurs gains en termes d'anxiété et de dépression au fil du temps, et qu'ils étaient encore plus heureux. C'est un gros avantage pour six heures de pratique en groupe. Chaque fois que vous avez l'occasion de vous entraîner avec d'autres personnes, saisissez-la à bras-le-corps.

L'une des difficultés que pose la lecture des études sur la méditation est qu'il existe de nombreux types de méditation différents. L'Éco-Méditation se concentre sur les indices physiques, mais d'autres pratiques déclenchent un état contemplatif d'une autre manière.

SEPT TYPES DE MÉDITATION

Une étude menée au célèbre Institut Max-Planck de Leipzig, en Allemagne, a différencié la méditation en trois styles. Le premier style se concentre sur la *respiration*. Le second met l'accent sur *l'observation de ses pensées*. Le troisième évoque des *sentiments d'amour bienveillant*. En différenciant la méditation en ces trois formes communes, les chercheurs de Planck ont pu analyser les schémas cérébraux typiques de chacune d'entre elles. Ils sont différents, comme nous le verrons au chapitre 6.

Aux trois écoles identifiées par l'Institut Planck, j'en ajouterais quatre autres : celles qui utilisent le *mouvement* ; celles qui utilisent des signaux verbaux, vocaux ou autres *signaux auditifs* ; celles qui utilisent la *visualisation* ; et celles qui s'appuient sur l'*imitation* ou l'inspiration des autres.

La danse soufie, le tai chi et la méditation bouddhiste à pied impliquent des mouvements physiques. Un mouvement délibéré conscient peut élever votre niveau de conscience de soi. Parmi les autres styles de méditation qui font appel à la conscience physique, citons le yoga nidra, le balayage du corps et la relaxation musculaire progressive.

4. 24. Danse soufie.

Les indices verbaux ou vocaux comprennent le fait de chanter, de dire un mantra ou de réciter une prière. Les gongs, les hymnes, la récitation des noms de Dieu, le son « Om » et les bols chantants sont d'autres indices auditifs qui peuvent provoquer des états méditatifs.

Les visualiseurs peuvent représenter un voyage à travers leurs chakras ou se concentrer sur l'image d'un saint. Ils peuvent visualiser une scène de paix profonde, comme un endroit spécial dans la nature, ou une image sacrée comme un yantra.

Les styles de méditation qui s'inspirent des autres peuvent impliquer la lecture d'un texte sacré. Les écrits d'un saint peuvent vous amener à expérimenter un état d'illumination. Le célèbre théologien Huston Smith, auteur de *The World's Religions*, a commencé sa méditation de chaque jour en lisant un de ses professeurs préférés. Imiter l'état d'esprit d'un adepte donne au méditant un modèle d'illumination.

4. 25. Yantra tibétain.
Voir la version en couleurs au centre du livre.

Certaines méditations basées sur la respiration impliquent des instructions de respiration compliquées, comme fermer une narine, puis l'autre. Ou encore respirer très vite pendant un certain temps, puis très lentement. D'autres vous demandent simplement d'observer votre respiration. L'Éco-Méditation vous permet de ralentir votre respiration à six secondes par inspiration et six secondes par expiration, ce qui induit la cohérence cardiaque.

RÈGLES DE COMPASSION

Une étude clé de l'Institut Planck a comparé les personnes qui éprouvent de l'empathie avec celles qui s'engagent activement dans l'amour bienveillant. Elle a révélé qu'après seulement huit heures de pratique, des régions du cerveau complètement différentes étaient activées. Une deuxième étude a montré qu'après une période d'entraînement similaire, des « échos forts » des schémas cérébraux de méditants expérimentés ont été trouvés chez des novices.

Les recherches montrent que l'amour bienveillant et la compassion produisent des changements cérébraux plus bénéfiques que les autres types de méditation, et nous en explorerons les profondes implications au chapitre 8.

Une étude comparant un groupe non méditatif à des groupes pratiquant la méditation de la pleine conscience et de l'amour bienveillant a révélé des différences marquées entre les trois. Les chercheurs ont mesuré les télomères, les « aglets » des chromosomes. Ceux-ci sont considérés comme le marqueur biologique le plus fiable du vieillissement, puisqu'ils raccourcissent d'environ 1 % par an.

Ceux du groupe « amour bienveillant » n'ont pas montré de raccourcissement significatif des télomères au fil du temps. Ceux du groupe de la pleine conscience se situent entre le groupe de la compassion et celui de la non-méditation. En revanche, une étude sur l'hormone du stress, l'adrénaline, a établi un lien avec « une réduction drastique de l'espérance de vie ». Le Cerveau de l'homme des cavernes tue, tandis que le Cerveau du bien-être guérit.

L'univers et le retour

Ma femme Christine lisait une histoire à ses petites-filles, Natalie (6 ans) et Kiera (3 ans). Le livre s'intitulait *Guess How Much I Love You* (devine combien je t'aime) de Sam McBratney.

Dans ce livre, le petit lièvre brun-noisette essaie de dire au grand lièvre brun-noisette combien il l'aime. Il ouvre ses bras, mais cela ne suffit pas. Il s'étire vers de plus grandes dimensions, mais ce n'est toujours pas suffisant.

Enfin, juste avant de s'endormir, il trouve l'échelle qu'il cherchait. Il dit au lièvre brun-noisette : « Je t'aime jusqu'à la Lune. »

Plus tard, alors que Christine câline les filles au lit, Natalie dit: « Grand-mère, je t'aime jusqu'à la Lune! » Christine a répondu: « Je t'aime jusqu'à la Lune! »

Ce à quoi Kiera a répondu: « J'aime tout le monde – jusqu'à l'univers et derrière! »

Kiera n'avait jamais lu les études montrant l'efficacité de la bonté et le pouvoir de l'étendre à l'univers entier. Pourtant, à seulement 3 ans, son expérience de l'amour s'étendait aux limites les plus lointaines du temps et de l'espace.

Avec de la chance et de la pratique, nous pouvons tous revenir à l'expérience primordiale de connexion avec l'univers entier que nous avions à 3 ans.

J'ai eu une conversation avec le psychiatre Dan Siegel, peu après la publication de son livre *Aware: The Science and Practice of Presence*. Nous avons tous deux modifié les instructions de nos méthodes de méditation pour mettre l'accent sur la compassion après avoir été convaincus par les résultats de ces recherches. Les traditions bouddhistes ont trouvé ces trois étapes conceptuelles utiles:

D'abord, « *Que je* sois rempli d'amour bienveillant ».

Ensuite, « *Que vous* soyez rempli d'amour bienveillant ».

Enfin, « *Que tous* soient remplis d'amour bienveillant ». Vous trouverez cette incantation dans la section « Pratiques d'approfondissement » à la fin de ce chapitre.

La première étape, axée sur le soi, rend l'expérience pertinente et concrète. Deuxièmement, vous étendez l'amour à quelqu'un que vous connaissez personnellement. De là, vous élargissez le champ de votre compassion à l'infini de l'univers. Cela crée certains des changements les plus spectaculaires dans le fonctionnement du cerveau.

COMBIEN DE TEMPS POUR COMMENCER À RESSENTIR LES BÉNÉFICES?

Il n'est pas nécessaire d'être un moine tibétain avec trente mille heures de méditation au compteur pour ressentir les bienfaits de la méditation. Les premières études ont montré que huit semaines de méditation de pleine conscience avaient un effet, et les suivantes ont montré que même quatre semaines faisaient une différence.

Une étude surprenante réalisée par des chercheurs de l'université de Caroline du Nord a montré que quatre jours de méditation seulement étaient associés à une augmentation de la flexibilité cognitive, de la créativité, de la mémoire et de l'attention. Le chercheur principal a déclaré que ces « améliorations profondes » étaient « vraiment surprenantes » et qu'elles sont « comparables aux résultats qui ont été documentés dans le cadre d'un entraînement beaucoup plus poussé ».

4. 26. Les jeunes enfants peuvent avoir une vie spirituelle riche, même s'ils n'ont pas le vocabulaire nécessaire pour la décrire.

Une étude menée auprès de méditants débutants a révélé que leur pratique devenait progressivement plus agréable et plus facile au cours de dix semaines de méditation. Il est avéré qu'ils utilisent une méditation de type amour bienveillant, observent le flux de leurs pensées ou se concentrent sur la respiration.

Continuez pendant des mois – puis des années – et la structure même du cerveau change fondamentalement. Vous avez la même apparence extérieure, mais à l'intérieur de votre crâne le câblage est très différent, comme nous le verrons au chapitre 6. Dans le chapitre 5, nous montrerons comment l'expérience inonde votre cerveau d'hormones de plaisir. Votre niveau de stress diminue et vous devenez exceptionnellement résistant, comme le montre le chapitre 7. De la toute première méditation jusqu'au niveau des dix mille heures, votre cerveau continue à évoluer.

Goleman et Davidson divisent la durée de la pratique de la méditation en trois niveaux.

Les *débutants* en retirent rapidement des avantages. La régulation de l'amygdale et du réseau du mode par défaut se retrouve chez les méditants débutants après seulement trente heures de pratique réparties sur huit semaines. La méditation de compassion produit des changements plus importants ; en seulement sept heures au total en deux semaines, une connectivité accrue a été trouvée dans les circuits du cerveau pour les émotions positives et l'empathie. Même sept minutes d'amour bienveillant peuvent augmenter l'humeur positive et la connexion sociale.

Ils définissent les *méditants à long terme* comme ceux qui ont entre mille et dix mille heures de pratique. Cela indique une méditation quotidienne soutenue et peut-être des retraites ou des cours de méditation. Ces méditants peuvent maintenir leur attention, et l'errance mentale typique du réseau du mode par défaut diminue. Les circuits cérébraux pour la régulation émotionnelle sont améliorés et les hormones de stress comme le cortisol diminuent.

Les *adeptes* sont ceux qui ont plus de dix mille heures de méditation. Pour ces 1 %, la méditation se fait sans effort. Leur contrôle attentionnel est complet. Leur cœur et leur cerveau sont liés en résonance. Les fonctions et la structure du cerveau continuent d'évoluer, et les états cérébraux que l'on retrouve dans la méditation imprègnent leur vie quotidienne. L'état par défaut du cerveau devient maintenant le mode méditatif.

SYNCHRONICITÉ, PRÉCOGNITION ET EXPÉRIENCES DE SORTIE DU CORPS

Les adeptes connaissent régulièrement des états de conscience anormaux. Une enquête menée auprès de mille cent vingt méditants a révélé qu'il existait des corrélations statistiquement significatives entre la durée de la méditation et quarante-trois des cinquante « expériences anormales » référencées.

Il s'agit notamment de phénomènes tels que la synchronicité, la clairvoyance, la télépathie, les expériences extracorporelles, la psychokinésie et la précognition. Ces expériences sont décrites plus en détail dans mon livre *De l'esprit à la matière*, et il est fascinant pour moi que l'expérience non locale du Cerveau du bien-être soit associée à une si grande variété et fréquence de tels phénomènes « psi ».

SUPPLÉMENT COULEURS

CHAPITRE 1

1. 2. Une photographie couleurs non retouchée prise le lendemain de l'incendie.

1. 3. La même perspective deux ans avant l'incendie.

1. 15. Mandalas de guérison.

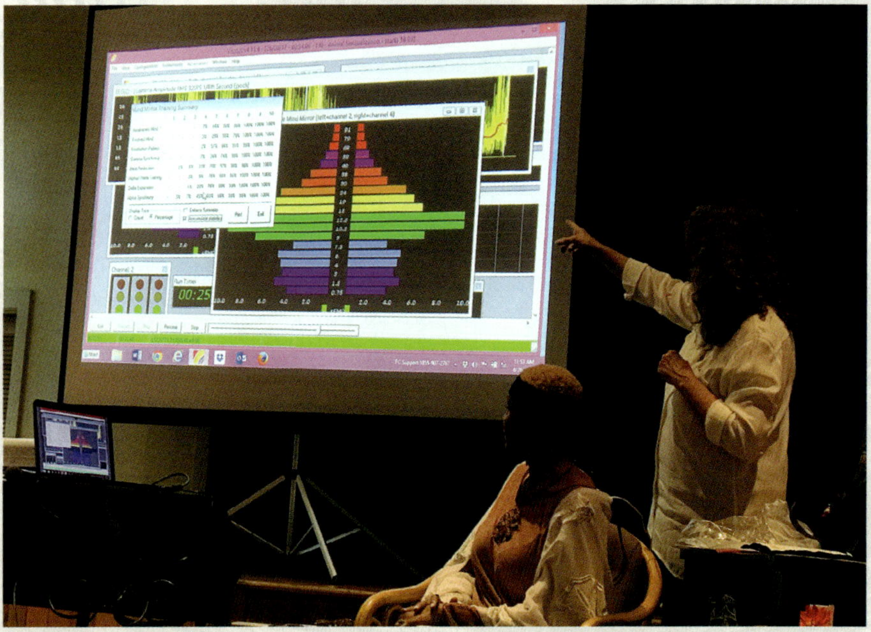

1. 18. Mesure de l'EEG d'une participante lors d'un atelier.

La méditation soutenue modifie à la fois les fonctions et la structure du cerveau. Le réseau du mode par défaut (RMD) est composé de deux régions situées dans la ligne centrale du cerveau. Le RMD est centré sur soi-même et nous distrait de la méditation. Lorsqu'il est actif, il recrute de nombreuses autres régions cérébrales, y compris celles qui régissent la cognition et les émotions.

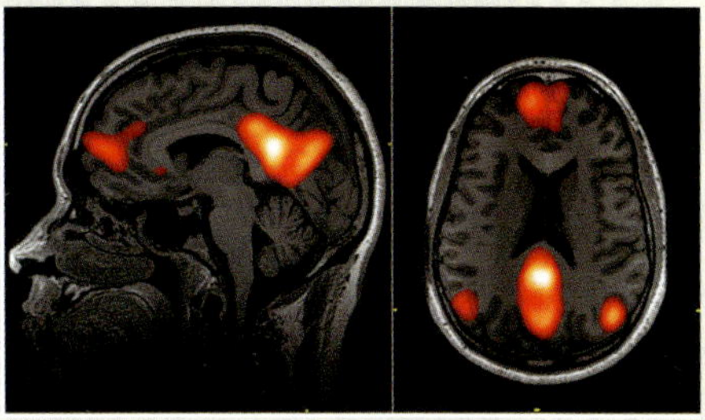

2. 4. Régions cérébrales actives dans le réseau du mode par défaut.

2. 5. Les nerfs du réseau du mode par défaut s'étendent pour communiquer avec de nombreuses autres parties du cerveau. ↓

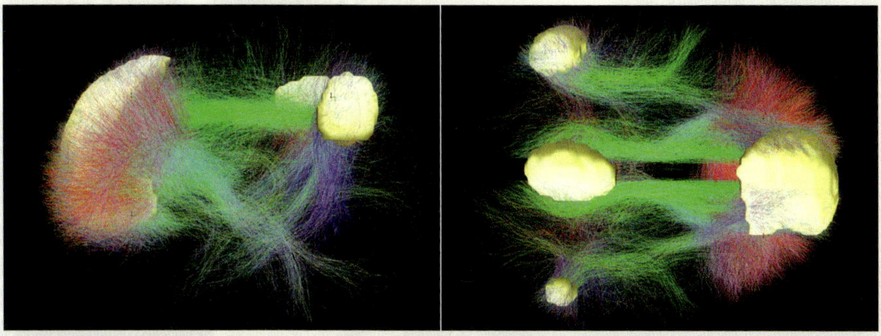

2. 6. Le démon tente d'ébranler la détermination du prince.

L'évolution nous a donné trois cerveaux empilés les uns sur les autres. La partie la plus ancienne est le tronc cérébral et le cervelet, qui contrôlent les fonctions de survie comme la respiration, la digestion, la reproduction et le sommeil. Elle a commencé à évoluer il y a environ 600 millions d'années. Au-dessus de l'arrière-cerveau se trouve le mésencéphale ou système limbique. Il gère la mémoire et l'apprentissage, ainsi que les émotions. Il a évolué plus récemment, il y a environ 150 millions d'années, avec l'apparition des mammifères.

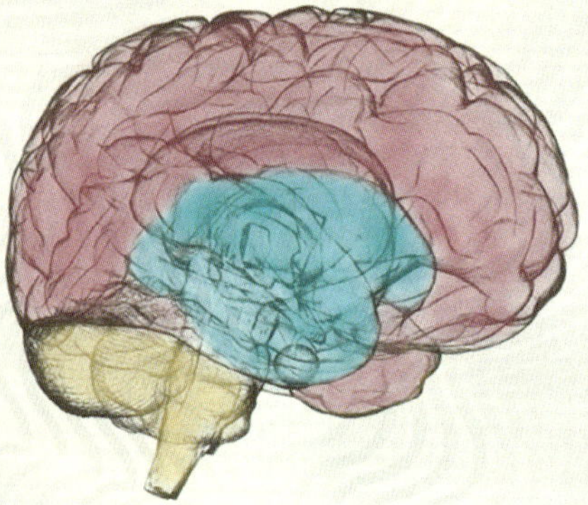

3. 2. Le cerveau en trois parties.

La plus grande partie du cerveau humain est le néocortex. C'est aussi le plus récent, en termes de développement évolutif. Le cerveau a triplé de taille depuis que les premiers humains ont commencé à fabriquer des outils il y a environ 3 millions d'années. Le néocortex gère la pensée consciente, le langage, la perception sensorielle et génère des instructions pour les autres régions du cerveau.

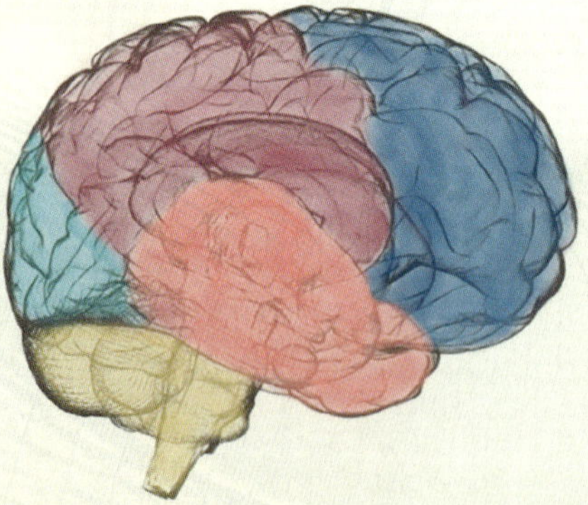

3. 3. Les quatre lobes du cortex.

Le cortex a quatre lobes : le lobe frontal, le lobe pariétal, le lobe occipital, et lobe temporal. Chacun d'eux a des fonctions distinctes. Le lobe occipital traite les informations provenant de nos yeux. Le lobe temporal intègre la mémoire avec l'apport de nos cinq sens : l'ouïe, le toucher, le goût, l'odorat et la vue. Les informations sur le mouvement, la température, le goût et le toucher sont traitées par le lobe pariétal. Les fonctions exécutives comme la cognition et le contrôle de nos actions sont du ressort du lobe frontal, qui est également le siège de ce que nous pensons comme « soi-même ».

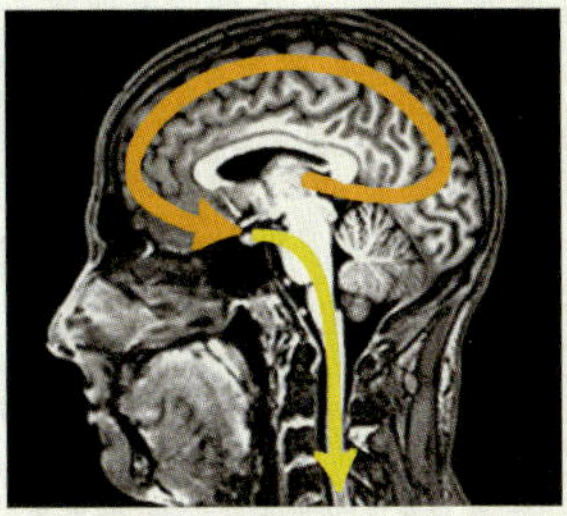

3. 8. Le long chemin.

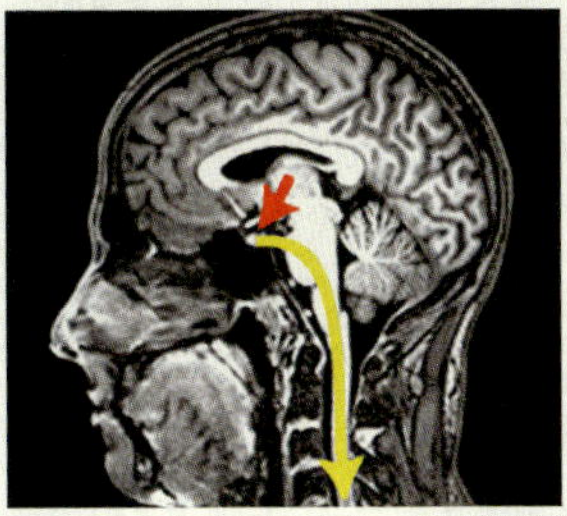

3. 9. Le chemin le plus court.

Lorsque nous recevons des informations sensorielles, elles remontent la moelle épinière jusqu'aux centres émotionnels du cerveau. Ils interrogent les centres exécutifs comme le cortex préfrontal pour déterminer si un stimulus est menaçant ou non. Si ce n'est pas le cas, aucun signal n'est transmis au système de lutte ou de fuite. Cette boucle est appelée « le long chemin ».

Les personnes traumatisées et celles qui ont une mauvaise régulation émotionnelle vont souvent directement au combat ou prennent la fuite. Les centres émotionnels envoient directement le signal d'alarme au corps, en contournant les contrôles et les équilibres des centres cognitifs du cerveau. C'est « le chemin le plus court ».

CHAPITRE 4

4. 1. *Trois religieuses dans le portail d'une église* par Armand Gautier.

4. 3. *Phryné aux fêtes de Poséidon à Éleusis* de Genrich Ippolitovich Semiradsky.

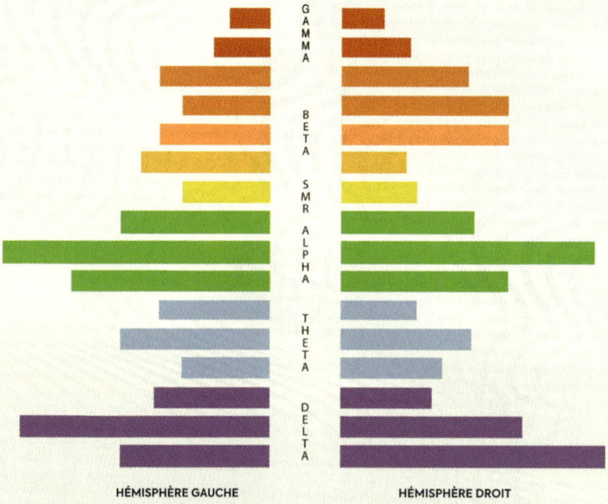

4. 7. Le schéma de l'esprit éveillé.

Les chercheurs ont commencé à utiliser les EEG pour enregistrer les ondes cérébrales des méditants et des guérisseurs dans les années 1960. Ils ont découvert un rapport unique et distinct des ondes cérébrales. Il est caractérisé par de grandes amplitudes d'ondes alpha, les ondes de signature de la relaxation, et de petites amplitudes bêta, l'onde de stress.

Plus tard, ce même schéma « Awakened Mind » a été retrouvé chez les meilleurs interprètes de tous types, qu'ils soient artistes, scientifiques, athlètes ou hommes d'affaires. L'esprit éveillé est mesuré par différents systèmes EEG, en particulier le Mind Mirror, qui a été développé spécifiquement pour identifier les états de conscience avancés comme le « Bliss Brain », le Cerveau du bien-être et de la félicité. Il est généralement relié aux lobes occipital et temporal du cerveau.

4. 25. Yantra tibétain.

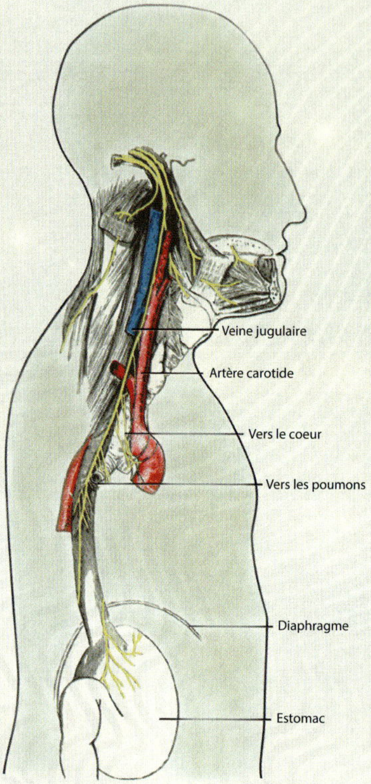

L'activation du nerf vague produit une relaxation. Il est relié à tous les principaux systèmes organiques du corps, de sorte que lorsqu'il émet un signal, nous nous sentons complètement détendus.

4. 8. Le nerf vague est relié à tous les principaux systèmes d'organes de votre corps.

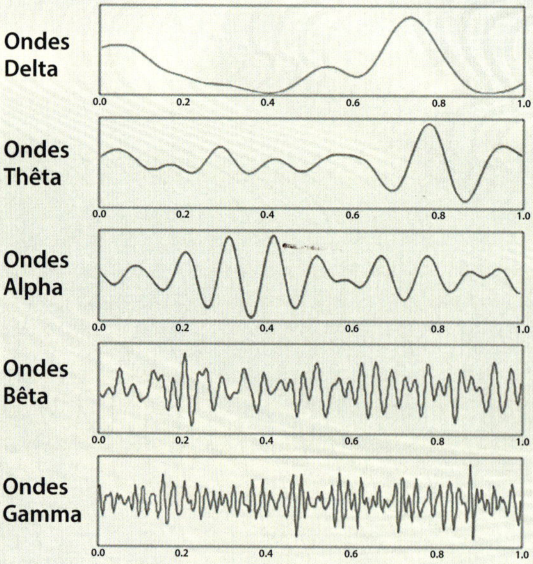

4. 10. Fréquences des ondes cérébrales.

Les EEG mesurent à la fois la fréquence des ondes cérébrales (par exemple delta, thêta, alpha, bêta, gamma) et leur amplitude (force).

La fréquence est l'une des deux façons dont nous mesurons les ondes cérébrales. La fréquence est le type d'onde cérébrale, comme l'alpha, le bêta ou le delta. La deuxième façon, l'amplitude, est la force de ces ondes cérébrales.

Lorsqu'un chercheur dit qu'un sujet a « plus fort » ou « accru » ou « plus grand » ou « plus » d'une onde cérébrale, nous voulons dire une plus grande amplitude. Lorsque nous disons qu'une onde cérébrale « rétrécit » ou « réduit » ou « diminue », nous entendons par là une amplitude réduite. L'image ci-dessous montre une lecture de deux secondes de gamma de faible et de forte amplitude.

La Muse est un appareil d'EEG personnel très populaire. Contrairement au Mind Mirror, il mesure principalement l'activité du lobe frontal.

Voici à quoi ressemble une lecture typique d'une recherche sur la Muse. De gauche à droite, vous voyez les fréquences des ondes cérébrales. À l'extrême gauche, vous voyez les ondes delta et à l'extrême droite, les ondes gamma, avec toutes les autres entre les deux. Les lignes blanches pointillées qui vont de gauche à droite représentent dix secondes d'enregistrement.

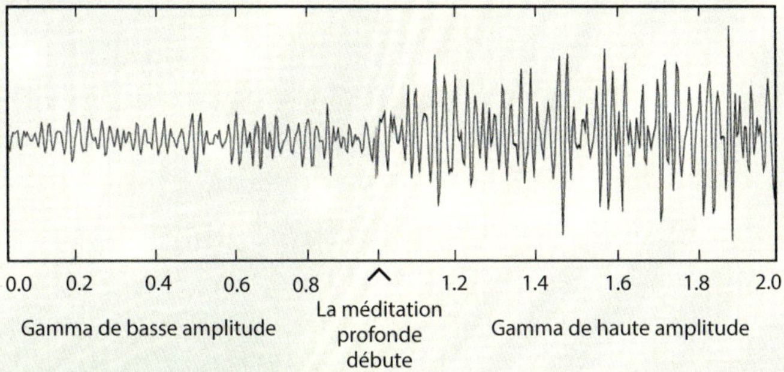

4. 11. Amplitudes des ondes cérébrales.

4. 12. Lecture de Muse d'une personne dans un état calme de conscience ordinaire.

Il y a cinq nuances de couleur sur l'écran, et elles représentent l'activité cérébrale de très élevée à très faible, en utilisant l'échelle de couleurs suivante :

Rouge = activité très élevée
Jaune = activité accrue
Vert = activité normale
Bleu clair = baisse d'activité
Bleu foncé = très faible activité

La personne dont la lecture est indiquée en 4.12 est dans un état de conscience ordinaire, tout comme vous et moi lorsque nous sommes éveillés, détendus et calmes. Le fonctionnement du cerveau est normal, donc la plupart des fréquences sont en vert. Pas trop d'activité cérébrale, pas trop peu. L'horodatage montre que, dans chaque période de dix secondes, rien ne change beaucoup.

4.13. Entrer dans l'Éco-Méditation.

4.14. En profondeur dans l'Éco-Méditation.

4.15. Sortir de l'Éco-Méditation.

4.16. Après l'Éco-Méditation.

En 4.13, vous voyez les changements qui se produisent dans le cerveau d'une personne qui commence une séance d'Éco-Méditation. Ses fonctions cérébrales changent radicalement. En moins de cinq secondes, elle produit plus d'ondes delta et thêta, les ondes de signature d'intuition, de guérison et de connexion avec l'univers. C'est la forme ovale à gauche, dans les fréquences de 0 à 8 Hz.

Vous observez une forte baisse de toutes les hautes fréquences d'ondes cérébrales, car les préoccupations personnelles s'arrêtent. C'est le cortex préfrontal (CPF) qui s'éteint. Une baisse de 40 % de la fonction CPF mesurée chez les méditants se met en place et elle provoque soudainement un état de conscience radicalement modifié.

À la fin de l'expérience de méditation, le cerveau se prépare à revenir à la conscience ordinaire. Lorsque le méditant ouvre les yeux, son cerveau revient rapidement à son état normal.

Pourtant, il n'est pas aussi normal que lorsqu'il a commencé la méditation. Andrew Newberg observe que « le cerveau qui revient de l'expérience de l'illumination n'est pas celui qui y est entré ».

L'illustration 4.17 vous montre avant et après, côte à côte. Le premier est le « normal » que la personne a vécu avant de commencer sa pratique de l'Éco-Méditation. La seconde est la normale de son cerveau après trente minutes de méditation. Vous verrez qu'il est sensiblement plus calme et plus intégré. Il y a de petites touches de bleu foncé même au milieu du vert.

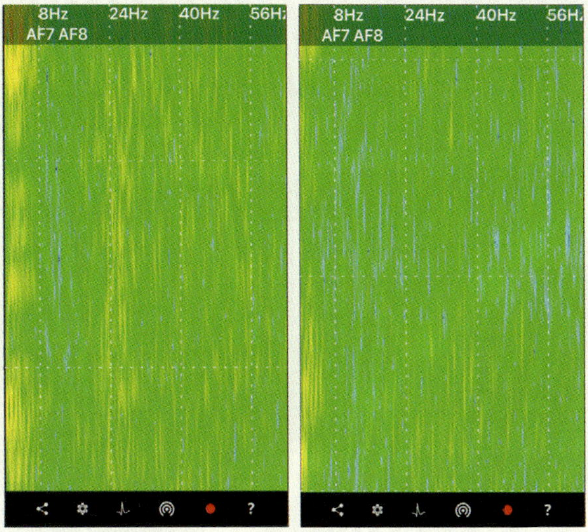

4. 17. Avant et après, côte à côte.

Une étude IRM menée à l'université Bond a comparé les fonctions cérébrales de vingt-cinq participants. La moitié d'entre eux ont été répartis au hasard dans un groupe qui écoutait une piste audio d'Éco-Méditation. Un groupe témoin a fait un exercice de respiration consciente tout en se remémorant des vacances récentes.

Après avoir écouté leurs enregistrements audio tous les jours pendant deux semaines, les participants sont revenus au laboratoire pour des tests de suivi. Les fonctions cérébrales du groupe témoin ont peu changé. Mais dans le groupe Éco-Méditation, nous avons constaté des différences significatives dans deux réseaux cérébraux importants.

La première a été une augmentation de la connectivité entre l'hippocampe et l'insula. L'hippocampe, siège des émotions, de l'apprentissage et de la mémoire, a montré une connectivité accrue avec l'insula droite, qui joue un rôle central dans la bonté et la compassion.

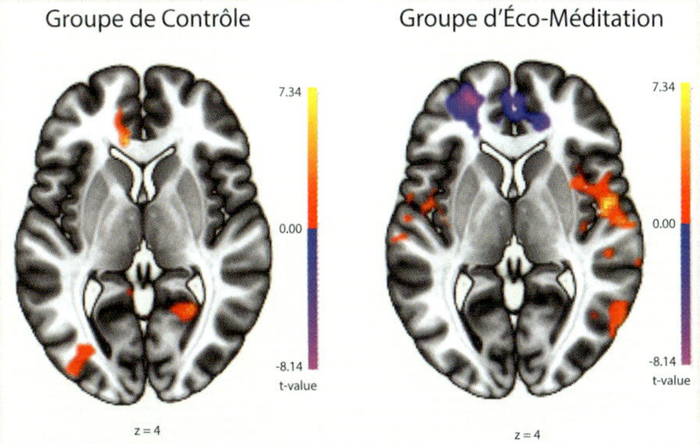

4. 18. Évolution de la connectivité dans un groupe pratiquant l'Éco-Méditation par rapport à un placebo. Les couleurs bleu à violet indiquent une activité réduite, tandis que les couleurs rouge à jaune indiquent une activité accrue. La zone bleue à l'avant du cerveau, à droite, est le cortex préfrontal médian, l'un des deux pôles du RMD. Les taches rouges et jaunes brillantes sur la droite sont l'insula.

Deuxièmement, nous avons constaté une activité réduite dans le cortex préfrontal médian, le « siège du soi » et également l'une des deux régions

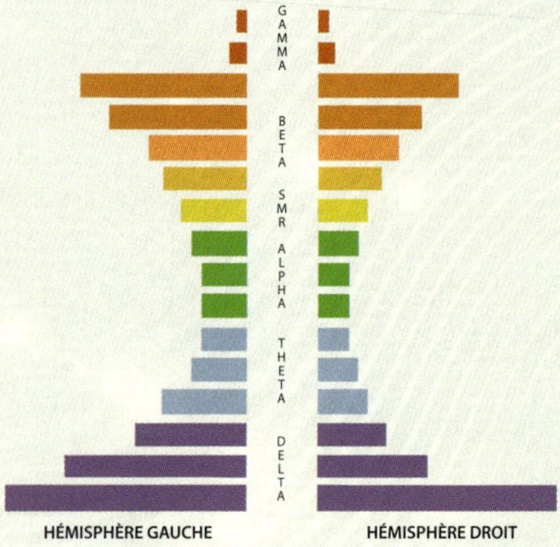

4. 21. Les gamma sont les ondes en rouge tout en haut de l'écran dans cette lecture EEG réalisée par le Mind Mirror.

composant le réseau du mode par défaut. Une grande partie du cortex préfrontal gauche s'est également déconnectée, le « cerveau pensant » étant désactivé.

Ces résultats suggèrent que la compassion a augmenté chez ceux qui pratiquent l'Éco-Méditation. Cela inclut à la fois la compassion pour soi-même et la compassion pour les autres, puisque l'Éco-Méditation vous permet d'envoyer de bonnes intentions dans les deux sens. Dans le même temps, les participants ont bénéficié de la fermeture d'un des deux pôles du RMD, le réseau du mode par défaut, les libérant de son bavardage constant et égocentrique. Les recherches sur l'humeur montrent que lorsque le RMD s'éteint, vous êtes beaucoup plus heureux.

Lorsque l'EEG du Mind Mirror est utilisé pour mesurer les ondes cérébrales, on obtient une image beaucoup plus riche de l'activité cérébrale qu'avec de simples appareils domestiques comme la Muse. Elle mesure les gamma, l'onde la plus rapide produite par le cerveau. Le gamma est l'onde signature de l'état de « flux » et représente la synchronisation des informations provenant de nombreuses régions cérébrales différentes. On la trouve généralement chez les personnes très créatives, ainsi que chez les personnes ordinaires ayant un moment de lucidité.

On l'observe également dans les états d'union mystique. En étudiant des yogis avancés, Davidson a découvert que leur cerveau avait une activité gamma vingt-cinq fois supérieure à celle des gens ordinaires.

Le gamma est également associé à des sentiments d'amour et de compassion, à une organisation perceptive accrue, à l'apprentissage associatif, à l'efficacité synaptique, à la guérison, à l'attention et à des états de félicité transcendante. Des études de neuro-imagerie ont montré que les ondes gamma synchronisent les quatre lobes du cerveau à travers les fréquences et engendrent une cohérence de l'ensemble du cerveau.

C'est une longue liste d'avantages, tous caractéristiques d'un cerveau performant. Et si les études des moines tibétains montrent que le « grand » gamma n'apparaît que chez les adeptes, les recherches sur l'Éco-Méditation montrent qu'il apparaît même chez les débutants.

5. 18. La seule façon de faire circuler dans votre cerveau tous les produits neurochimiques les plus agréables en une seule fois est l'état de flux extatique que l'on trouve dans la méditation profonde.

5. 19. Les expériences mystiques extatiques sont courantes tout au long de l'histoire. En 1601, le peintre de la Renaissance Giovanni Baglione a représenté *L'Extase de saint François*.

CHAPITRE 6

Le gyrus denté est une structure située dans le mésencéphale qui coordonne la régulation des émotions entre de nombreuses régions du cerveau et aide à contrôler le RMD.

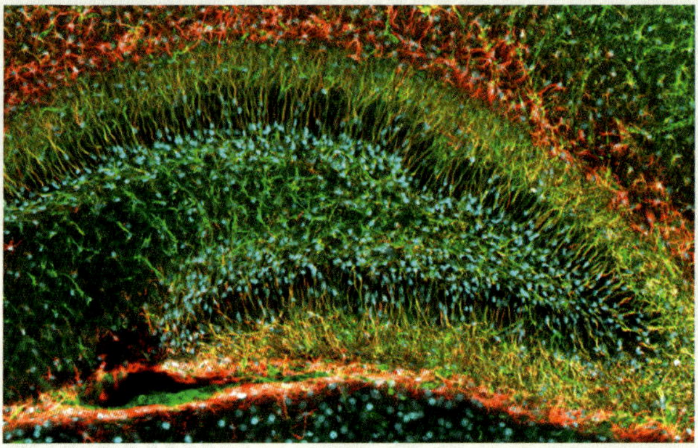

6. 8. Cellules souches neurales dans le gyrus denté en forme de C.

CHAPITRE 7

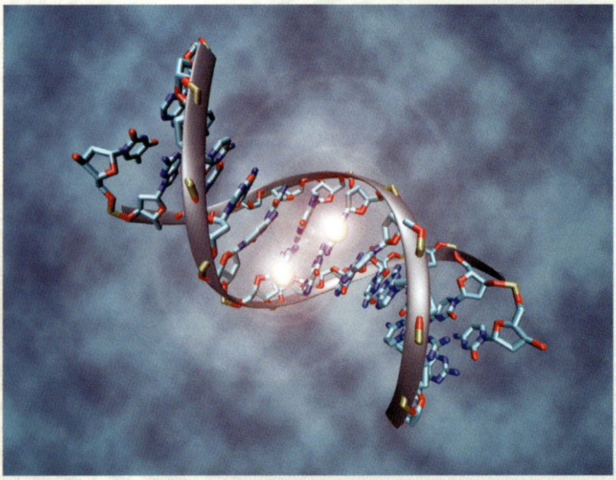

7. 3. Groupes méthyles (sphères brillantes) adhérant à un brin d'ADN.

Des molécules appelées méthyles, qui s'attachent aux gènes, inhibent leur expression. Certains messagers moléculaires sont associés à la dépression, à l'anxiété et au syndrome de stress post-traumatique. Ce n'est qu'une des façons dont les traumatismes de l'enfance entraînent un « encapsulage biologique » des expériences négatives.

7. 7. *Le Miroir du feu* – une composition artistique créée par Christine Church à partir de fragments de poterie et d'autres objets trouvés dans les décombres après l'incendie.

CHAPITRE 8

8. 2. Les jumeaux identiques se ressemblent à la naissance.

8. 3. Mais ils divergent au fil des ans et peuvent être très différents à 60 ans. Bien qu'ils aient chronologiquement le même âge, certains jumeaux ont biologiquement plus de dix ans d'écart.

8. 5. Nouvelles formes de vie apparues lors de l'explosion cambrienne.

La science du climat nous dit que nous sommes confrontés à une augmentation potentielle d'un mètre du niveau de la mer au cours de ce siècle. Dans un pays de basse altitude, le Bangladesh, une élévation d'un mètre mettra 20 % du pays sous l'eau et trente millions de personnes deviendront des réfugiés climatiques.

L'altitude moyenne des terres dans l'État américain de Floride est de deux mètres au-dessus du niveau de la mer. On prévoit une élévation du niveau de la mer de trois mètres entre 2050 et 2075, et de quinze mètres d'ici 2500.

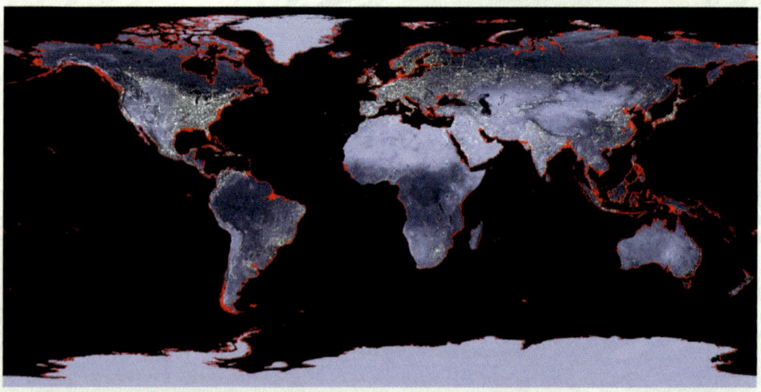

8. 11. Carte de la Terre avec une élévation du niveau de la mer de six mètres représentée en rouge.

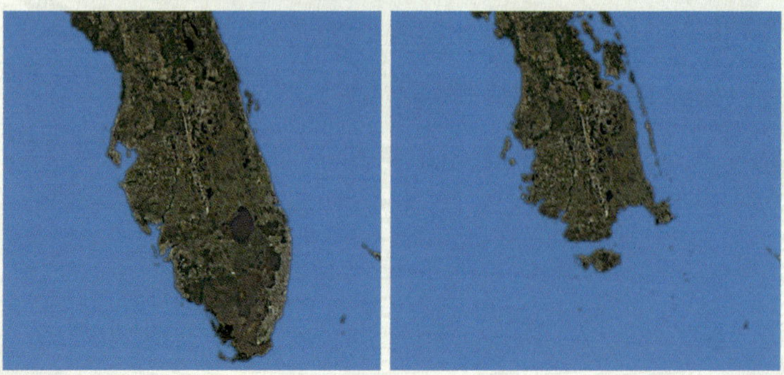

8. 13. Carte de l'État américain de Floride montrant les zones au-dessus de l'eau après la montée de trois mètres prévue pour 2050-2075.

QUELLE EST LA DURÉE OPTIMALE D'UNE MÉDITATION?

Il existe en médecine un concept appelé la dose minimale efficace, ou DME. Par exemple, il est conseillé de prendre deux aspirines pour un mal de tête. Si vous prenez la moitié d'une aspirine, cela ne suffira probablement pas à faire disparaître votre mal de tête. Deux aspirines, c'est la DME.

Ainsi, si deux aspirines font disparaître un mal de tête en trente minutes, vingt aspirines feront-elles disparaître le mal de tête en trois minutes? Non. La DME fait l'affaire et en prendre plus que cela serait inutile voire même dangereux.

Avec la méditation, il est important de trouver la DME qui vous convient.

Quelle est donc la durée idéale de votre séance de méditation?

4. 27. Il existe une dose minimale efficace pour les médicaments et pour la méditation.

Ici, les preuves scientifiques sont ambiguës, mais la plupart des études suggèrent des délais de plus de vingt-cinq minutes. Andrew Newberg a découvert qu'il faut quarante à soixante minutes pour atteindre un état de profonde contemplation, lorsque le lobe pariétal qui vous oriente vers le monde extérieur s'éteint. C'est le temps qui s'écoule entre le début de la méditation et le sentiment d'unité avec l'objet de la contemplation. Il a constaté que même les méditants avancés ne pouvaient pas immobiliser leur esprit pendant soixante secondes ; les novices ne pouvaient pas tenir dix secondes.

Un groupe de recherche de l'université Harvard a examiné l'effet de séances de pleine conscience guidée de vingt-sept minutes sur une période de huit semaines. Ils ont constaté une augmentation de la matière grise dans les régions du cerveau liée à la régulation émotionnelle, à l'apprentissage, à la mémoire, à la prise de perspective et à l'estime de soi.

Pourtant, en quelques minutes seulement, des changements observables se produisent. Après seulement les huit premières minutes d'attention, la concentration s'améliore. Si vous êtes un débutant, commencez par dix minutes. Si vous êtes expérimenté, essayez trente à quarante-cinq minutes. Lorsque vous avez du temps libre ininterrompu, quatre-vingt-dix minutes de Cerveau du bien-être sont délicieuses. La plupart du temps, je consacre les soixante premières minutes de ma journée à la méditation.

INTENSITÉ

L'intensité avec laquelle la méditation est pratiquée fait également la différence. Parmi les moines tibétains, les changements cérébraux les plus importants ont été constatés chez ceux qui faisaient de longues retraites intensives. Bien qu'une pratique quotidienne régulière soit bonne, les longues poussées de méditation que l'on fait dans les retraites sont meilleures.

Newberg a découvert que lorsqu'on intensifie l'expérience contemplative, le lobe pariétal se ferme et la conscience de soi se coupe en moins de dix minutes, et non en quarante minutes ou plus comme c'est habituellement le cas. Dans un cas qu'il a étudié, cela s'est produit en six minutes.

Pour les méditants débutants, ma recommandation est de commencer petit. Je préfère vous voir consacrer dix minutes par jour à la méditation et être constant plutôt que de prêter allégeance à une pratique de soixante minutes. En commençant petit, vous aurez plus de chances de vous en tenir à votre objectif.

J'ai de nombreuses méditations gratuites en anglais sur Insight Timer, la plus grande application de méditation au monde. Vous pouvez les trouver en vous rendant sur le site Web cité à la fin de ce chapitre. Elles durent pour la plupart moins de quinze minutes. Je recommande une courte méditation régulière plutôt qu'une longue méditation intermittente. Vous comprendrez la biochimie du pourquoi après avoir lu le chapitre 5.

MAINTENIR LE CERVEAU DU BIEN-ÊTRE

Comment maintenir le Cerveau du bien-être pendant une méditation une fois qu'on l'a atteint ? J'ai cherché la réponse à cette question dans la littérature scientifique et je n'ai trouvé que peu d'aide. J'ai donc pris la question en considération dans la méditation.

Une fois que ces flashes gamma ont commencé dans mon cerveau, j'ai eu la réponse : faites en sorte que vos périodes de vagabondage mental soient aussi brèves que possible. Dès que vous observez que votre esprit vagabonde, remettez-le immédiatement dans le droit chemin du Cerveau du bien-être. Vous trouverez un exercice sur la façon de faire cela dans les Pratiques d'approfondissement à la fin de ce chapitre.

Vous avez peut-être connu des périodes de Cerveau du bien-être d'une minute, après quoi votre esprit vagabonde pendant cinq minutes. En vous surveillant un peu plus tôt, vous pouvez réduire votre période d'errance mentale à quatre minutes. Avec de la pratique, à trois minutes, puis moins. Je pense que c'est la spirale de la pratique.

Lorsque votre esprit vagabonde, obligez-le immédiatement à se concentrer. Passez le moins de temps possible dans l'état du réseau du mode par défaut. Passez le plus de temps possible à méditer dans l'état alpha.

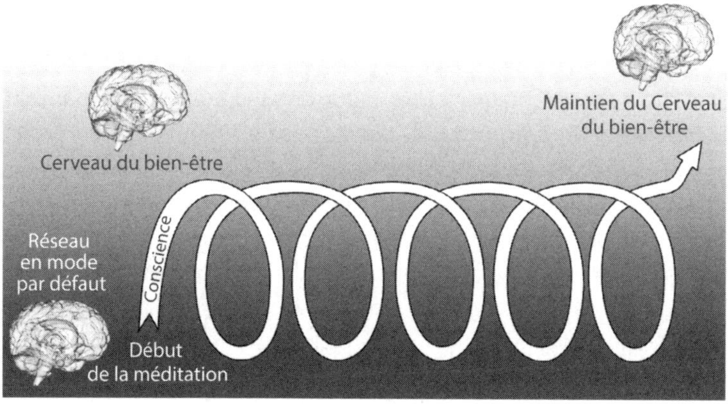

4. 28. La spirale de la pratique. Nous commençons la méditation et après un certain temps, nous entrons dans le Cerveau du bien-être. Puis le réseau du mode par défaut se met en marche, notre esprit vagabonde et nous tombons à nouveau. Nous en prenons conscience, nous nous remettons en place et nous rentrons dans le Cerveau du bien-être. Une fois que nous avons répété le cycle assez souvent, nous pouvons nous intégrer pleinement dans le Cerveau du bien-être.

Faites des méditations courtes mais régulières. Intensifiez-les. Si vous ressentez les sensations physiques de la béatitude, augmentez-les. Ressentez-les *aussi intensément que vous le pouvez*. Plutôt qu'un marathon, visez un sprint intense.

De cette façon, vous entrerez rapidement dans le Cerveau du bien-être, vous rendrez efficace le temps passé à pratiquer et vous débloquerez la cascade de neurotransmetteurs du plaisir que nous examinerons au chapitre 5.

Descendre l'échelle

Je suis ami avec Andrew Vidich depuis une quarantaine d'années. Il médite depuis l'âge de 17 ans et est l'un des professeurs les plus inspirants que je connaisse. Il a écrit deux livres. *Love is a Secret* traite des états psychologiques que traversent les chercheurs sur leur chemin vers l'unité extatique avec le divin.

Light upon Light décrit l'éclairage fourni par les vies et les paroles de maîtres spirituels renommés, de Rûmî au mystique Sant Kirpal Singh du XXe siècle. Chaque fois que je visite New York, Andrew et moi nous réunissons et passons de longues heures à réfléchir sur l'expérience spirituelle.

Autour d'une tasse de café prise au café Blank Slate, je lui ai demandé : « Andrew, comment peux-tu entrer rapidement dans l'état méditatif le plus profond ? »

Sa réponse m'a fait sursauter. « Ce n'est pas ce que vous faites pendant l'heure de méditation qui compte ; c'est ce que vous faites pendant les vingt-trois heures où vous ne méditez pas. »

« Comment ça ? » ai-je demandé.

« Quand vous êtes en méditation, vous êtes à un niveau vibratoire élevé. Si vous maintenez ce niveau vibratoire, ou un niveau proche de celui-ci, pendant le reste de votre journée, alors lorsque vous commencez votre prochaine méditation, le lendemain, vous êtes proche de votre état initial. Mais si vous descendez de nombreux niveaux vibratoires, alors vous en avez beaucoup à remonter pour retrouver cette expérience de pointe.

« C'est comme une échelle. Plus vous descendez l'échelle, plus bas est l'échelon vibratoire d'où vous recommencez à remonter lorsque vous fermez les yeux pour méditer le lendemain. Rester haut sur l'échelle toute la journée est la clé pour entrer rapidement dans l'état de pic lorsque vous commencez la prochaine pratique de méditation. »

4. 29. C'est la hauteur à laquelle nous descendons de l'échelle après une méditation qui détermine l'échelon sur lequel nous commençons la prochaine méditation.

Dans *Altered Traits*, Goleman et Davidson soulignent que le véritable but de la pratique est de « se transformer de façon durable au jour le jour [...] ce ne sont pas les hauts de la hiérarchie qui importent. C'est ce que vous devenez ». Ils résument l'idée d'échelle de Andrew par la phrase mémorable : « L'après est l'avant pour le prochain pendant. »

La façon dont vous vous comportez après un état d'élévation est le point d'entrée à partir duquel vous commencez la prochaine méditation. En vivant votre vie quotidienne dans l'état spirituel le plus élevé possible, vous avez la conscience de commencer vos méditations en haut de l'échelle.

DÉVOILER LES SECRETS DES «1%»

Grâce à la science, nous pouvons maintenant décrire la signature des ondes cérébrales des 1 %. Nous avons identifié le profil de l'esprit éveillé commun à toute expérience mystique, indépendamment de la tradition spirituelle ou de la religion qui la favorise.

Nous avons appris l'importance d'un alpha soutenu. Nous avons découvert que la méditation de style compassionnel produit un changement cérébral plus important que les autres styles, que les retraites donnent de meilleurs résultats et que l'intensification de l'expérience vous mène plus rapidement au Cerveau du bien-être.

La science fournit ainsi une feuille de route fiable vers les états qui n'étaient connus auparavant que d'un petit groupe d'adeptes. Aujourd'hui, nous pouvons montrer aux 99 % restants comment vivre le Cerveau du bien-être. La science a découvert les secrets des « heureux » les plus riches du monde, les milliardaires des Lumières. Quelle est la valeur de ce précieux savoir ?

Déjeuner avec Warren Buffett

Le milliardaire Warren Buffett, le « sage d'Omaha », est l'investisseur le plus célèbre du xxe siècle. En 1962, il a acheté ses premières actions d'une entreprise textile en difficulté, Berkshire Hathaway, pour 7,50 dollars chacune.

En 1965, il était propriétaire de l'entreprise. Elle est devenue une société holding de plusieurs milliards de dollars. Aujourd'hui, chaque action vaut plus de trois cent mille dollars.

Quand Tony Robbins a écrit son livre *Money: Master the Game-7 Simple Steps to Financial Freedom*, il a interviewé tous les meilleurs investisseurs du monde. Le seul à lui avoir refusé une interview a été Warren Buffett.

Combien paieriez-vous pour une interview de Warren Buffett ? Pour lui poser des questions sur la façon de maximiser votre richesse ?

Eh bien, ce montant en dollars s'avère être quantifiable. Lors de la vente aux enchères annuelle de charité organisée sur eBay pour la Glide Foundation, une organisation à but non lucratif de lutte contre la pauvreté basée à San Francisco, les gens ont payé jusqu'à 4 567 888 dollars pour pouvoir déjeuner avec Warren Buffett. Ce record a été atteint en 2019.

Mais en 2007, le déjeuner s'est vendu 650 100 dollars. Les deux hommes qui ont remporté l'appel d'offres cette année-là, les investisseurs Guy Spier et Mohnish Pabrai, ont partagé ce qu'ils ont appris au cours de ce déjeuner unique.

Tout d'abord, ils ont déclaré que l'expérience était « fantastique » et « valait chaque centime ». M. Pabrai a ajouté : « Je pense que nous aurions été prêts à payer beaucoup plus que cela. »

Quant à ce qu'ils ont appris de Buffett, ils l'ont résumé en trois précieux enseignements commerciaux :

- il faut tout aborder avec intégrité ;
- soyez à l'aise pour dire non ;
- faites ce que vous aimez.

En ce qui concerne l'intégrité, M. Buffett a demandé à Spier et Pabrai : « Préférez-vous être le plus grand amant du monde tout en étant connu comme le pire, ou préférez-vous être le pire amant et être connu comme le plus grand ? Si vous savez répondre correctement à cette question, alors vous avez le bon critère interne. »

Spier a déclaré : « Buffett nous apprenait à agir avec la bonne motivation – parce que c'est la bonne chose à faire, et non pas à cause de ce que les gens vont penser. »

Buffett pense que les personnes qui réussissent le mieux disent non à la plupart des opportunités. Spier a noté que, « même si c'est un homme bon dans l'âme, il n'a absolument aucun problème à supporter les désagréments momentanés qui découlent du fait de dire non. En prenant conscience de cela, j'ai décidé de m'améliorer considérablement dans ma propre capacité à dire non ».

Sur le fait de faire ce que vous aimez, Buffett a déclaré : « Quand vous sortez dans le monde, cherchez le travail que vous prendriez si vous n'aviez pas besoin d'argent. »

Dix ans plus tard, Spier a observé que les leçons qu'il a apprises concernaient « moins les investissements spécifiques, et plus la vie ».

À la fin du déjeuner, Buffett a laissé un énorme pourboire aux serveurs.

L'argent est important, mais le bonheur est tout. La seule raison pour laquelle les gens veulent de l'argent est qu'ils croient qu'il leur procurera du bonheur.

Que paieriez-vous pour une vie entière en état de *Bliss Brain* ? Quel est l'intérêt d'apprendre les secrets des 1 % d'éveillés ?

Autrefois, le prix était élevé. Il fallait entrer dans un monastère, escalader un sommet de montagne isolé, renoncer à tous les plaisirs du monde et passer des milliers d'heures en dévotion. Daniel Goleman écrit que « la méditation [...] a été pendant des siècles [...] la provenance exclusive des moines et des nonnes ». Il fallait renoncer au monde, s'asseoir aux pieds des maîtres, observer des pénitences sévères, apprendre des rites ésotériques et subir des initiations élaborées. Le processus d'apprentissage des secrets des 1 % a pris de nombreuses années.

4. 30. Guy Spier et sa femme Lory, lors de leur déjeuner à 650100 dollars avec Warren Buffett.

C'est fini. La science a démocratisé le bonheur. Grâce aux découvertes que nous avons faites avec les moniteurs HRV, les IRM et les EEG, ces secrets sont accessibles à tous. Vous pouvez avoir l'équivalent spirituel d'un déjeuner avec Warren Buffett tous les jours.

L'expérience mystique était autrefois mystérieuse. C'était un état subjectif que nous pouvions à peine décrire ou comprendre. Aujourd'hui, nous pouvons le mesurer en fréquences et en amplitudes. Nous comprenons la signature électromagnétique du Cerveau du bien-être et n'importe qui peut être formé pour l'atteindre. Des personnes ordinaires peuvent jouir d'états extraordinaires.

De plus, la pratique de ces états conditionne les vingt-quatre heures de votre vie quotidienne. Davidson a découvert que même pendant le sommeil, le cerveau des adeptes baignait dans des rayons gamma élevés. Newberg dit que l'illumination « vous retire le tapis de sous les pieds par rapport à votre façon habituelle d'aborder le monde » et que vous voyez tout avec un regard neuf. Judith Pennington a découvert qu'après avoir appris l'Éco-Méditation, les novices « étaient ensuite capables de porter cette conscience dans la vie quotidienne avec les yeux ouverts ».

Avec ce nouveau cerveau, nous créons de nouvelles circonstances autour de nous. Nous apportons de la joie, de la créativité et de la fluidité dans notre vie quotidienne. Nous échappons aux pièges de nos vieux esprits, de nos habitudes usées, de nos comportements autodestructeurs et de nos conditionnements d'enfance. Incarner les secrets des « 1 % » apporte plus qu'un cerveau heureux. C'est le fondement d'une vie heureuse.

L'APPROFONDISSEMENT DES PRATIQUES

Voici des exercices que vous pouvez faire cette semaine pour intégrer les informations de ce chapitre dans votre vie :

- **Le continuum du stress** : Pensez au stress sur un continuum, avec du rouge à une extrémité et du vert à l'autre. En ce moment, où en êtes-vous sur ce curseur ? Réglez votre montre ou votre téléphone pour qu'elle sonne toutes les heures aujourd'hui. Chaque heure, notez où vous vous situez sur le spectre du rouge au vert.
- **La pratique binaire** : Pendant vos méditations de cette semaine, remarquez si vous êtes dans ou hors du Cerveau du bien-être. Il n'y a que deux possibilités, c'est pourquoi il est binaire, soit *in* soit *out*. Tout ce qui n'est pas dedans est dehors ! Revenez à l'intérieur chaque fois que vous êtes à l'extérieur, même si l'extérieur vous semble bien. Revenez immédiatement dans le Cerveau du bonheur.
- **Intensification de la pratique** : Pendant les méditations de cette semaine, notez toutes les sensations physiques agréables que vous ressentez dans votre corps. Intensifiez-les. Peut-être ressentez-vous un sentiment d'amour dans votre cœur, ou un picotement derrière vos yeux. Doublez-le. Profitez de la sensation. Puis doublez encore. Avec de la pratique, vous découvrirez que vous pouvez « composer » ces sensations pour produire un sentiment de bien-être encore plus intense.

RESSOURCES MULTIMÉDIA COMPLÉMENTAIRES (EN ANGLAIS)

La partie en ligne de ressources complémentaires de ce chapitre comprend :

- l'Éco-Méditation guidée par Dawson : Intensification de l'expérience méditative ;
- les prochaines retraites sur la vision de la vie ;
- un entretien audio avec Dan Siegel, auteur de *Aware* ;
- un chant d'amour et de gentillesse avec Julia et Tyler ;
- L'adresse internet de l'Institut Awakened Mind (l'esprit éveillé) ;
- les méditations de Insight Timer Dawson ;
- Daniel Goleman sur le gamma étendu chez les méditants à long terme.

Obtenez les ressources complémentaires à cette adresse : BlissBrainBook.com/4.

CHAPITRE 5

LA MOLÉCULE DE LA FÉLICITÉ

LE CERVEAU ÉLECTROCHIMIQUE

Le cerveau fonctionne dans de nombreuses dimensions. L'une d'elles est électromagnétique. Nous pouvons surveiller les activités électromagnétiques du cerveau avec des appareils qui mesurent l'énergie, tels que les EEG et les IRM. Une autre dimension de l'activité cérébrale est chimique. L'équation la plus célèbre de l'histoire est celle d'Einstein : $E = mc^2$. « E » pour *énergie* est d'un côté du signe égal et « m » pour *matière* de l'autre.

Comme la plupart des équations de la physique, celle d'Einstein fonctionne aussi bien en amont qu'en aval. La matière peut devenir de l'énergie tout comme l'énergie peut devenir de la matière. En brûlant du charbon (matière), nous pouvons produire de l'électricité (énergie). Ajoutez de la chaleur (énergie) à l'eau (matière) et l'eau passe de l'état liquide à l'état de vapeur. Les physiciens conçoivent des expériences pour transformer les photons de la lumière (énergie) en électrons (matière).

Lorsque les ondes cérébrales (énergie) fluctuent, des molécules telles que les neurotransmetteurs et les hormones (matière) sont créées ou détruites. Lorsque nous « entrons » dans le Cerveau du bien-être, les ondes cérébrales changent de façon spectaculaire. Les ondes bêta, les ondes de signature du stress, disparaissent pratiquement. Les ondes alpha, thêta et delta se dilatent. Les ondes gamma introduites au chapitre 4 apparaissent. Nous en apprendrons davantage sur les caractéristiques de cette « onde du génie » au chapitre 6.

La méditation modifie les schémas énergétiques du cerveau, ce qui entraîne des changements dans les substances chimiques que le cerveau utilise pour la signalisation entre les neurones. Le Cerveau du bien-être produit une *cascade de neurotransmetteurs et d'hormones* qui induisent le plaisir, baignant le cerveau dans les substances chimiques de l'extase.

Nous avons tous entendu parler d'hormones comme l'œstrogène et l'ocytocine, et de neurotransmetteurs comme la sérotonine et la dopamine. Nous savons qu'il s'agit de molécules puissantes, qui affectent notre humeur, pour le meilleur ou pour le pire. Mais très peu de gens, même les neuroscientifiques, comprennent comment *elles travaillent ensemble pendant la méditation* pour produire des états mentaux et émotionnels radicalement modifiés.

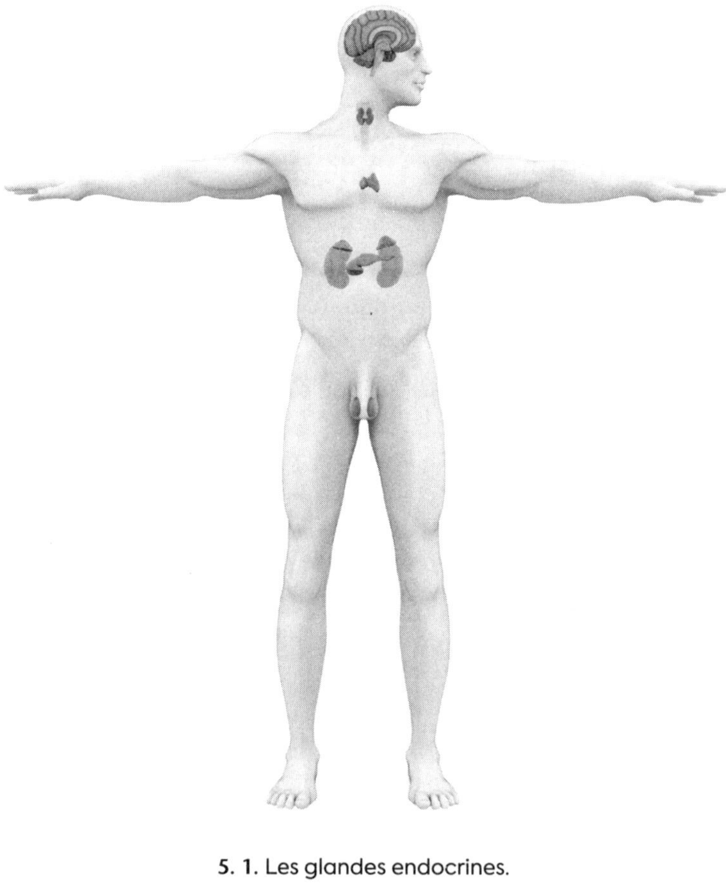

5. 1. Les glandes endocrines.

Le Cerveau du bien-être ou *Bliss Brain* n'est pas seulement l'état électromagnétique abordé dans le chapitre 4. Le Cerveau du bien-être est aussi un état chimique, associé à un cocktail unique d'hormones et de neurotransmetteurs.

Ce mélange est si puissant qu'il transporte le cerveau dans des états d'extase qu'il n'est pas possible d'atteindre autrement.

Dans ce chapitre, nous allons identifier les différents ingrédients de ce cocktail – puis nous montrerons comment vous pouvez jouer au barman. Vous apprendrez comment préparer cette recette et créer ce mélange unique de produits chimiques produisant de l'ecstasy naturelle dans votre propre cerveau à tout moment.

Faisons la fête !

MOLÉCULES D'ÉMOTION

Les neurotransmetteurs et les hormones sont tous des messagers chimiques, mais les neurotransmetteurs communiquent *au sein du système nerveux* tandis que les hormones discutent avec le *corps tout entier*.

Les hormones sont produites par des glandes endocrines ou sans canal. Les glandes endocrines n'ont pas besoin de canal pour diffuser leurs hormones dans le sang afin d'envoyer des messages. Les hormones sont chimiquement conçues pour se diffuser rapidement dans toutes les cellules du corps. Prenez un compte-gouttes rempli d'encre noire, déposez une goutte dans un verre d'eau, et elle se répand rapidement dans la solution. De même, les hormones communiquent avec toutes les cellules du corps en quelques secondes.

5. 2. Diffusion en quelques secondes dans une solution.

Les hormones peuvent agir sur des cellules éloignées de leurs glandes d'origine. Imaginez que votre chef vous crie soudainement dessus, provoquant en vous une réaction de stress. Les glandes surrénales situées au sommet de vos reins produisent immédiatement du cortisol et de l'épinéphrine (aussi appelée adrénaline). En cinq secondes, votre cœur bat la chamade et votre respiration devient superficielle, car les hormones du stress agissent sur des organes éloignés.

Les neurotransmetteurs ne sont pas conçus pour parcourir ces longues distances. Ils ne parcourent que des distances microscopiques, entre les synapses ou les espaces entre les neurones.

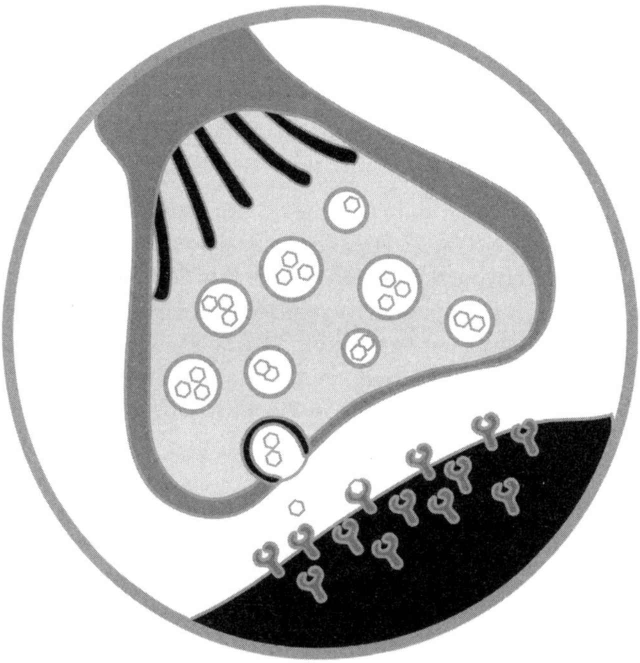

5. 3. Molécules de neurotransmetteurs dans une synapse.

L'action des neurotransmetteurs est très rapide – quelques millisecondes – alors que les effets hormonaux peuvent s'étendre de quelques secondes à quelques jours. Les neurotransmetteurs et les hormones, ainsi que les composants du système immunitaire, régulent la réponse de combat ou de fuite.

Les neurotransmetteurs les plus connus sont la sérotonine, la dopamine, la norépinéphrine, l'acétylcholine, le glutamate et le GABA (acide gamma-aminobutyrique). Chaque type de neurotransmetteur s'insère dans son propre récepteur sur le neurone cible, comme une clé dans une serrure.

Certains neurotransmetteurs sont excitateurs. Ils *augmentent* l'activité du neurone en aval. D'autres neurotransmetteurs sont *inhibiteurs*, ce qui signifie qu'ils *diminuent* la mise à feu du neurone suivant. Le glutamate est le neurotransmetteur le plus excitateur et le GABA (« le valium du cerveau ») est le plus inhibiteur.

5. 4. Une clé moléculaire s'arrime à une serrure.

Bien qu'ils puissent avoir des effets spectaculaires, les neurotransmetteurs sont constitués de simples éléments moléculaires. Ceux-ci sont présents en grande quantité et leur fabrication ne nécessite que très peu d'étapes pour l'organisme. Ils sont donc facilement accessibles au système nerveux à tout moment et peuvent être synthétisés en quelques secondes.

Neurotransmetteurs féministes

En 1952, la biochimiste Betty Twarog, âgée de 25 ans, a fait une découverte surprenante dans un laboratoire de Harvard. Elle ne savait pas qu'elle allait modifier le cours de la médecine et servir de « pierre angulaire de la révolution antidépressive ».

Twarog travaillait à la résolution de l'une des nombreuses énigmes scientifiques exposées par Ivan Pavlov (célèbre pour ses chiens salivants) dans son discours d'acceptation du prix Nobel en 1904. Il spéculait sur ce qui pouvait provoquer des contractions musculaires dans le tube digestif.

La découverte de Twarog a été le neurotransmetteur sérotonine. À l'époque, les scientifiques pensaient qu'il n'y avait que deux neurotransmetteurs dans le corps humain : l'acétylcholine et l'épinéphrine.

Abbott Pharmaceuticals avait récemment synthétisé une molécule appelée 5-hydroxytryptamine. Ils ont envoyé des échantillons à plusieurs scientifiques, dont le mentor de Twarog, John Welsh, en espérant que les scientifiques pourraient lui trouver une utilité.

La sérotonine, la forme naturelle de la 5-hydroxytryptamine, avait été trouvée ailleurs dans le corps auparavant. Elle avait été identifiée dans l'intestin humain en 1935 et dans la circulation sanguine en 1948. Le nom « sérotonine » est une combinaison du sérum latin (« fluide aqueux »), du mot « tonique » (médicament) et du suffixe chimique « in ».

À la suite d'une intuition, Twarog a cherché de la sérotonine dans le cerveau humain. Cela allait à l'encontre de la pensée scientifique de l'époque, qui considérait que les humains étaient différents des autres mammifères et que le cerveau fonctionnait indépendamment du corps. N'hésitant pas à exprimer ses opinions, Twarog a qualifié ces notions de « pure idiotie intellectuelle ».

Elle a découvert que la sérotonine fonctionnait comme un neurotransmetteur chez les humains, et l'a identifiée trois ans plus tard dans le cerveau de singes, de rats et de chiens.

Croyez-vous que la communauté scientifique, dominée par les hommes, a été ravie ? Certainement pas !

Twarog a soumis son premier article de recherche au *Journal of Cell Physiology*. Non seulement l'estimé journal n'a pas envoyé l'article pour une évaluation par les pairs, mais il n'a même pas accusé réception de l'étude. Lorsque Welsh a rencontré le rédacteur en chef du journal lors d'une conférence, celui-ci a dit au mentor de Twarog qu'il n'y avait aucun moyen de demander à ses éminents examinateurs de regarder un article d'« une fille inconnue ».

En 1954, le biochimiste D. Wayne Woolley, ne subissant aucune de ces contraintes, a publié un article notant les similitudes chimiques entre le LSD et la sérotonine. Selon lui, le cerveau traite les molécules naturelles et artificielles de manière similaire.

Après la publication de cet article et d'autres articles de scientifiques masculins, les travaux de Betty Twarog ont finalement été publiés, obtenant ainsi une partie de la reconnaissance qu'ils méritaient.

Pourtant, cela a eu des conséquences inattendues et a conduit à la croyance répandue que les problèmes de santé mentale comme la dépression et l'anxiété étaient dus à des déséquilibres chimiques dans le cerveau, et que pour les guérir, il suffisait de fournir les ingrédients manquants.

Les antidépresseurs sont appelés inhibiteurs sélectifs de la recapture de la sérotonine (ISRS). Le dictionnaire Google nous dit que cette désignation désigne « une classe d'antidépresseurs qui agissent en augmentant les niveaux de sérotonine dans le cerveau ». Sous l'impulsion du concept de déséquilibre chimique et grâce au succès commercial du Prozac, un médicament qui augmente le taux de sérotonine, une industrie pharmaceutique massive est née.

Dans les pays riches, les ventes d'antipsychotiques et d'antidépresseurs ont été multipliées par cinquante environ depuis 1985. Les pratiques de prescription se sont étendues aux enfants et aux personnes âgées. Le nombre d'Américains âgés qui prennent trois médicaments psychiatriques ou plus a doublé depuis le début des années 2000. L'industrie génère plus de quatorze milliards de dollars par an pour les fabricants.

Pour la plupart des patients, les études montrent peu de bénéfices mais beaucoup d'effets secondaires. Ceux-ci comprennent la perte de la fonction sexuelle, l'apathie, l'insomnie, la manie et les pulsions suicidaires.

La recherche n'a jamais prouvé la théorie du déséquilibre chimique, ni la notion correspondante selon laquelle l'apport d'une drogue exogène peut améliorer la santé mentale. Le docteur Ronald Pies, rédacteur en chef du *Psychiatric Times*, a déclaré que « la légende du "déséquilibre chimique" devrait être jetée à la poubelle des caricatures mal informées et malveillantes ».

Le psychothérapeute Gary Greenberg, auteur de *Manufacturing Depression: The Secret History of a Modern Disease*, va plus loin. Il affirme que la profession de psychologue souffre de « la jalousie de la physique ». Il caractérise les troubles mentaux comme des maladies définies par le *Manuel diagnostique et statistique des troubles mentaux* (*DSM*) « sans fournir de base scientifique réelle ».

Les recherches ont montré que la sérotonine et d'autres neurotransmetteurs tels que la dopamine et le GABA sont liés à l'humeur. La relation n'est pas simple. L'humeur et le sentiment de bien-être sont davantage liés aux *ratios* des neurotransmetteurs, c'est pourquoi j'utilise l'analogie d'un cocktail de produits chimiques.

Les préjugés à l'égard des femmes entravent également la science depuis des décennies. La pandémie de 2020 fait partie d'une série d'épidémies impliquant des souches de coronavirus. Il en existe des centaines, dont sept sont connues pour infecter l'homme. En 2002, le coronavirus du SRAS a fait la une des journaux. En 2012, c'était le coronavirus du syndrome respiratoire du Moyen-Orient ou MERS.

En 1964, le premier coronavirus a été identifié par June Almeida, une virologue travaillant à l'hôpital St. Thomas de Londres. Mais même si elle était une superstar du microscope électronique, la revue médicale à laquelle elle a soumis son article l'a rejeté « parce que les évaluateurs ont dit que les images qu'elle a produites n'étaient que de mauvaises images de particules du virus de la grippe ». Comme Betty Twarog, le travail de June Almeida a finalement été reconnue.

Si les neurotransmetteurs et les hormones sont distincts dans leur dérivation, certaines molécules sont capables de fonctionner comme les deux. La norépinéphrine (*alias* noradrénaline) en est un exemple. Les glandes surrénales peuvent la libérer dans la circulation sanguine sous forme d'hormone et le système nerveux peut la libérer dans les synapses sous forme de neurotransmetteur.

RATIOS HORMONAUX, VIEILLISSEMENT ET VITALITÉ

De nombreuses hormones sont des mots familiers. Tout le monde a une idée de ce qu'est la testostérone, de ce qu'elle fait et de l'endroit où elle est sécrétée dans le corps des hommes. Les femmes fabriquent également de la testostérone, mais dans les glandes surrénales et les ovaires.

Parmi les autres hormones libérées par les glandes surrénales figurent le cortisol, l'épinéphrine, la DHEA et la norépinéphrine. La DHEA est l'hormone la plus courante dans votre corps, et elle est associée à la régénération et à la communication des cellules. Son nom complet est la déhydroépiandrostérone. Il faut un doctorat pour prononcer ce nom, donc nous nous en tiendrons à DHEA.

Dans mes discours, j'appelle souvent la DHEA « l'hormone du rajeunissement » car elle est associée à de nombreux effets bénéfiques contre le vieillissement, notamment une augmentation de la masse musculaire, une amélioration de la densité osseuse et une réduction des rides de la peau. La carence en DHEA est liée au cancer, au diabète, aux maladies cardiaques, à l'obésité et à d'autres maladies.

La structure moléculaire de la DHEA est très similaire à celle du cortisol, bien qu'elle produise des réponses opposées dans l'organisme. Comme pour les neurotransmetteurs, c'est le ratio qui est souvent plus important que les quantités absolues sécrétées par votre corps. Et vous modifiez ce ratio simplement par des pratiques de réduction du stress comme le tapping et la méditation. Vous êtes en charge de votre programme antivieillissement personnel, simplement par la façon dont vous déployez votre conscience.

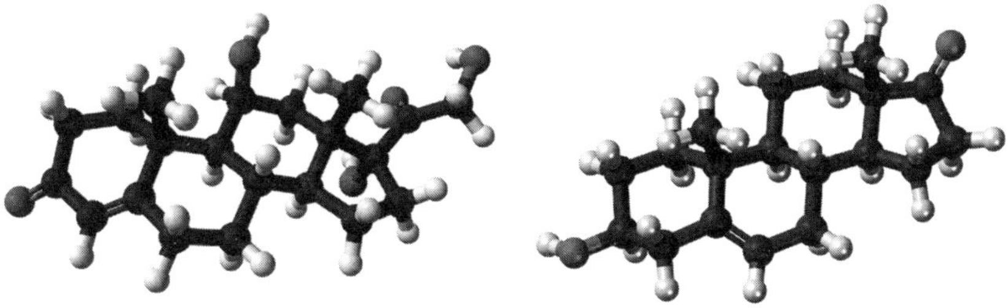

5. 5. La structure des molécules de cortisol et de DHEA est très similaire.

Opium et chiens errants

Friedrich Wilhelm Adam Sertürner est né en 1783, le quatrième de six enfants. Après la mort de ses parents, il devient assistant pharmacien dans la ville allemande de Paderborn.

Au début des années 1800, il est intrigué par les propriétés médicinales de l'opium, un analgésique et soporifique très utilisé par les médecins de son temps.

L'esprit curieux de Sertürner voulait déterminer quelle substance contenue dans le pavot à opium était l'ingrédient actif. En faisant des expériences sur des chiens errants et sur son propre corps, il finit par isoler une molécule alcaloïde de la résine du pavot. Il a nommé ce composé « morphine », en hommage à Morphée, le dieu grec des rêves. Il a publié ses découvertes en 1803, avec une deuxième description plus complète en 1817.

Avec le développement de l'aiguille hypodermique en 1853, la morphine a eu un véhicule efficace pour délivrer la drogue dans le système circulatoire humain.

Cependant, les médecins ont rapidement pris conscience de ses propriétés addictives et, en 1914, le Congrès américain a adopté la loi Harrison sur les stupéfiants, précurseur de la loi de 1971 sur les substances contrôlées, afin de réglementer la fabrication et la distribution des substances addictives.

LES PRODUITS CHIMIQUES EXOGÈNES ET ENDOGÈNES

Ce cocktail tourbillonnant de produits chimiques est synthétisé dans notre corps à chaque instant. Les endorphines, par exemple, sont une famille de neurotransmetteurs qui bloquent la douleur. Lorsque nous fabriquons plus d'endorphines, nous bloquons la sensation de douleur.

De nombreux médicaments sont spécifiquement conçus pour imiter l'action des substances chimiques naturelles de notre corps. La morphine en est un exemple. Développée pour atténuer la sensation de douleur, elle imite l'action des molécules d'endorphine naturelles de notre cerveau.

Les endorphines sont « endogènes », c'est-à-dire qu'elles sont produites à l'intérieur du corps. La morphine est « exogène ». C'est juste un mot savant pour « externe ». Nous pouvons obtenir des substances neurochimiques telles que des analgésiques à l'intérieur de notre propre cerveau et de notre corps ou à l'extérieur en utilisant des médicaments.

Les molécules exogènes comme les opioïdes, l'alcool, la morphine et les médicaments sur ordonnance sont efficaces parce qu'elles s'insèrent dans les mêmes sites récepteurs que les molécules endogènes fabriquées par notre propre corps. Chacune est comme une clé qui s'insère dans la même serrure. Elle n'est peut-être pas identique à la molécule endogène, mais elle est suffisamment proche pour s'arrimer à un récepteur et déclencher la même réaction physique.

Le THC (tétrahydrocannabinol), le principe actif de la marijuana, fonctionne également de cette manière. Nous verrons dans ce chapitre comment le THC imite l'action de l'anandamide, la « molécule de félicité » endogène de notre cerveau.

Non seulement notre cerveau peut synthétiser notre THC personnel, mais nous pouvons aussi utiliser notre conscience pour générer les molécules psychotropes produites par la cocaïne, la MDMA (*alias* « ecstasy »), la morphine, l'ayahuasca, la psilocybine (champignon hallucinogène), et l'alcool.

Tout cela à la fois ! Les recherches étonnantes présentées dans ce chapitre vous montreront comment faire pour être sérieusement heureux.

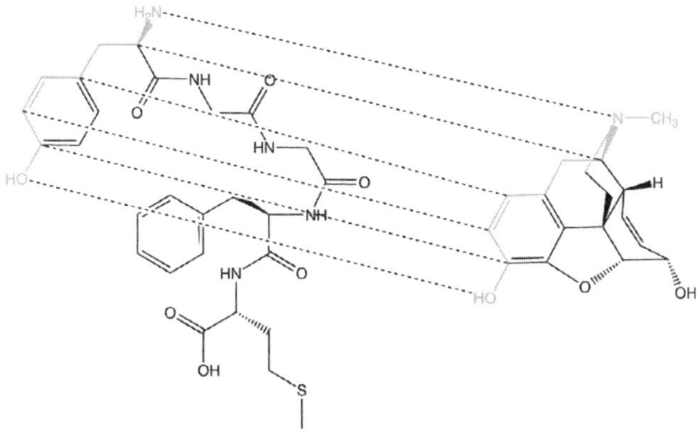

5. 6. La raison pour laquelle la morphine (à droite) est efficace est qu'elle a une structure moléculaire similaire à celle d'une molécule opioïde endogène (à gauche), ce qui lui permet de s'insérer dans le même verrou récepteur.

La drogue légale la plus populaire dans le monde est l'alcool. Il déclenche la libération du neurotransmetteur inhibiteur GABA. En même temps, il supprime l'action du glutamate, un neurotransmetteur excitateur. Cette combinaison agit rapidement pour produire un sentiment d'euphorie, le « buzz » associé à la consommation d'alcool.

Parmi les autres médicaments qui stimulent le GABA, on trouve les relaxants musculaires et les benzodiazépines. L'un des exemples les plus vendus est le carisoprodol, vendu sous la marque enchanteresse de Soma®. Le Xanax® et le Valium® sont parmi les benzodiazépines les plus vendues.

L'alcool augmente également la sérotonine et, lorsqu'il est consommé en grande quantité, le plus puissant des analgésiques, la bêta-endorphine. Après quelques verres, l'ivrogne déclare sincèrement : « Je ne ressens aucune douleur. » L'héroïne et les opioïdes délivrés sur ordonnance s'arriment également aux mêmes récepteurs que les endorphines endogènes comme la bêta-endorphine. La cocaïne fait appel au système de neurotransmission de la dopamine, tandis que la nicotine agit par le biais du neurotransmetteur acétylcholine.

Ainsi, la raison pour laquelle toutes ces molécules exogènes peuvent nous faire sentir bien est qu'elles imitent l'action des molécules endogènes de bien-être.

Deux chemins vers le septième ciel

« Pourquoi êtes-vous ici ? » demande la Dre Costello, les yeux bruns pétillant d'intelligence sous sa coiffe de bloc opératoire.

« Donner et recevoir de l'amour ! Pour se connecter à l'univers avec un cœur énorme et un esprit ouvert à chaque instant ! » ai-je répondu avec enthousiasme.

Elle avait l'air effrayé. C'était quelques semaines après l'incendie Tubbs, et j'étais en pré-op pour réparer une blessure que j'avais subie. J'avais eu la chance de rencontrer un superbe chirurgien, le Dr Stewart, qui venait de revoir patiemment avec moi les détails de l'intervention.

C'était maintenant le tour de l'anesthésiste, la Dre Costello. Je suppose que sa question avait pour but de s'assurer que l'hôpital correspondait à chaque patient avec la procédure correcte. Si vous êtes à l'hôpital pour une opération de la cataracte, il serait vraiment dommage de vous faire remplacer un genou par erreur. D'où la question de savoir pourquoi vous êtes ici.

Alors qu'elle se remettait de sa surprise et ouvrait la bouche pour réprimander ma légèreté, je l'ai devancée en disant : « Je suis ici pour une réparation de la hernie inguinale droite. Pouvez-vous me parler de l'anesthésie que je vais recevoir ? »

« Vous allez vous sentir très, très bien », me répondit-elle, tout en s'affairant à brancher la perfusion.

Et c'est effectivement le cas. Dans une mer de béatitude, je me suis évanoui quelques instants plus tard. Cinq heures après, j'étais rentré après une opération réussie.

Ce à quoi je ne m'attendais pas, c'est que je me sente si bien après. Ce soir-là, je flottais encore sur la mer de la félicité, jusqu'à l'heure du coucher. Je me suis réveillé le lendemain matin, toujours en extase. Christine était alarmée. C'était bien que je ne ressente aucune douleur. Mais être au septième ciel ? Cela semblait contre-nature.

L'effet s'est dissipé le troisième jour et la douleur a commencé à se faire sentir. Retour brutal à la réalité.

J'ai maintenant compris pourquoi les gens deviennent dépendants aux opioïdes. Cette sensation d'extase pouvait être produite par le simple fait de prendre une pilule. Pour la première fois, j'avais expérimenté le Cerveau du bien-être de source exogène. C'était certainement beaucoup moins pénible que de passer dix mille heures en méditation.

La méditation a fait une différence après l'opération. J'ai commencé le troisième jour de méditation dans la douleur, mais comme les endorphines inondaient mon cerveau, la douleur a disparu. Je me suis branché sur le Cerveau du bien-être plusieurs fois par jour et je n'ai jamais eu à ouvrir le flacon d'analgésiques qui m'avait été prescrit. J'ai fait du tapping et j'ai affirmé une guérison fulgurante.

Le Dr Stewart a en effet été surpris lorsqu'il a examiné le site chirurgical une semaine plus tard. Rétablissement sans douleur et très rapide. La loi des médicaments cérébraux !

LES SEPT DROGUES DE LA FÉLICITÉ

Le chapitre 4 nous a montré que lorsque nous méditons, nos ondes cérébrales, les indicateurs de l'activité neuronale, changent de façon spectaculaire. Les ondes bêta induites par le stress chutent en amplitude. Les ondes thêta de guérison s'amplifient, tout comme les ondes delta. Notre onde de fréquence la plus élevée, le gamma, « chevauche » le grand delta, donc nous commençons alors à produire la « vague du génie » du gamma en grandes quantités. La méditation entraîne le cerveau à créer un « pont alpha » entre les fréquences conscientes et superconscientes de bêta et gamma, et les fréquences subconscientes et inconscientes de thêta et delta.

Tout comme la vague bêta de stress est associée à une augmentation de l'hormone du stress, le cortisol, ces autres vagues sont également associées à des changements d'hormones et de neurotransmetteurs. Le Cerveau du bien-être déclenche la libération des substances chimiques de l'extase. La science en a identifié au moins sept jusqu'à présent.

Nous allons les passer en revue ici, une par une. Individuellement, elles nous font du bien. Mais le cocktail *combiné* produit par les états de flux méditatifs peut transporter le cerveau dans la félicité.

DOPAMINE : LE NEUROTRANSMETTEUR MOTIVATIONNEL

5. 7. Dopamine : votre molécule de motivation.

La libération de dopamine dans le cerveau fait partie du « système de récompense ». C'est comme si un enfant à l'école recevait une sucette pour avoir donné la bonne réponse à un quiz. Bonne réponse = sucette. Mauvaise réponse = pas de sucette. La dopamine est liée aux ondes cérébrales thêta.

Deux zones du cerveau font partie intégrante du système de récompense de la dopamine : le tegmentum près du tronc cérébral et le noyau accumbens. Ce dernier, que nous avons rencontré au chapitre 3, est associé à la récompense et à la motivation, et certains scientifiques le considèrent comme faisant partie du système limbique axé sur les émotions et l'apprentissage.

Le plaisir déclenche la libération de dopamine par les neurones tegmentaires. Ce plaisir peut prendre de nombreuses formes différentes, tant externes qu'internes, tant émotionnelles que physiques. Les grands plaisirs tels que le sexe stimulent la libération de dopamine. Même le fait de penser au sexe active le système de récompense de la dopamine. De même, *l'anticipation d'autres types de plaisir*, comme une récompense financière, peut activer la voie de la dopamine.

Les substances psychotropes telles que l'alcool, l'héroïne et la cocaïne stimulent la libération de dopamine dans le noyau accumbens. Lorsqu'un toxicomane *pense même* à se défoncer, la dopamine entre en jeu. À l'opposé du plaisir et de la récompense, les niveaux de dopamine peuvent être épuisés par une douleur chronique ou un stress chronique.

Robert M. Sapolsky, professeur de biologie et de neurologie à Stanford et auteur du brillant tome *Behave : The Biology of Humans at Our Best and*

Worst, décrit la nature particulière de la dopamine : « La dopamine n'est pas seulement une question d'anticipation des récompenses. Elle alimente le comportement orienté vers un objectif, nécessaire pour obtenir cette récompense [...] En d'autres termes, la dopamine n'est pas une question de bonheur de la récompense. Il s'agit du bonheur de la poursuite de la récompense. »

SÉROTONINE : LE NEUROTRANSMETTEUR DU BIEN-ÊTRE

5. 8. Sérotonine : votre molécule de satisfaction.

La plupart de la sérotonine est produite dans une zone du tronc cérébral appelée noyau du raphé. La sérotonine est ensuite envoyée au noyau accumbens, au tegmentum, à l'amygdale et au cortex préfrontal, où elle travaille avec la dopamine pour renforcer le comportement orienté vers un objectif. Motivez-vous avec la dopamine, atteignez un objectif et vous obtenez une bouffée de sérotonine, un produit chimique qui vous fait du bien.

Un taux de sérotonine élevé est associé à un sentiment de bien-être tant mental que physique. En revanche, un faible taux de sérotonine est lié à une plus grande agressivité et impulsivité dans la pensée et le comportement, jusqu'à l'acte ultime de suicide. La sérotonine est associée aux ondes cérébrales alpha, et on pense qu'elle est le médiateur du rapport entre l'alpha et les deux fréquences les plus lentes de thêta et de delta. Là encore, nous constatons l'importance des *ratios* plutôt que des *quantités absolues*.

Les gens recherchaient les effets bienfaisants de la sérotonine bien avant la découverte de Betty Twarog en 1952. La structure chimique de la sérotonine est similaire à celle de la psilocybine, un composé psychédélique qui provoque de l'euphorie et des hallucinations. On la trouve dans plus de deux cents espèces de champignons, d'où leur surnom de « champignons magiques ».

Voyage dans le temps avec les champignons magiques

Depuis des millénaires, les êtres humains utilisent les champignons pour se droguer en imitant les effets du neurotransmetteur sérotonine.

5. 9. Sculptures de champignons mayas.

Les premières preuves remontent à 9 000 ans. Les peintures rupestres d'Afrique du Nord de cette époque représentent des champignons, une forme de « médecine sacrée » d'alors. Dans l'Espagne voisine, l'art rupestre de Selva Pascuala montre également une rangée de champignons.

En Amérique du Sud, les champignons psychédéliques étaient probablement utilisés par les Mayas et les Aztèques. Le *teonanácat*, traduit par « chair des dieux », serait un champignon hallucinogène utilisé dans les cérémonies sacrées aztèques. Une statue de 1 800 ans découverte au Mexique ressemble à un champignon de la famille des Psilocybe.

Les champignons apparaissent dans l'art de nombreuses autres cultures, y compris chez les Grecs anciens. Une décoration de tombe en marbre datant d'environ 460 avant J.-C. représente deux femmes, les têtes penchées ensemble dans une posture de relation intime, tenant des plantes qui ressemblent à des champignons.

À la fin des années 1950, le monde occidental a découvert la psilocybine. Gordon Wasson était banquier et mycologue à temps partiel.

Lors d'un voyage au Mexique, lui et sa femme Valentina ont rencontré Maria Sabina, une *curandera* mazatéque, ou herboriste. Elle a partagé les secrets et l'expérience du champignon sacré avec le couple. Ils ont écrit leurs expériences pour le magazine *Life*.

5. 10. Décoration de tombe en marbre de la Grèce antique, provenant de Pharsalos, en Thessalie.

Leur article de 1957 « À la recherche du champignon magique » a fait sensation. Wasson écrivait : « Le champignon vous permet de voir, plus clairement que notre œil mortel en perdition ne peut le faire, des points de vue au-delà des horizons de cette vie, de voyager dans le temps, d'entrer dans d'autres plans d'existence, voire (comme disent les Indiens) de connaître Dieu. »

Inondez le cerveau avec un substitut de sérotonine et la marée peut vous porter jusqu'au ciel. Pas étonnant que les êtres humains, des Africains de l'âge de pierre aux voyageurs modernes, aient chéri ce puissant stimulant.

NORÉPINÉPHRINE : LE NEUROTRANSMETTEUR DU RÉVEIL

L'un des effets de la norépinéphrine sur le cerveau est d'aiguiser l'attention. Comme nous l'avons vu précédemment, la norépinéphrine (*alias* noradrénaline) peut fonctionner à la fois comme un neurotransmetteur et comme une hormone. Lorsque nous percevons le stress et activons la réaction de combat ou de fuite, le cerveau produit des impulsions de noradrénaline, ce qui déclenche l'anxiété.

Mais une sécrétion soutenue et modérée peut également produire un résultat bénéfique sous la forme d'une attention accrue, voire d'une euphorie, et il a été démontré que la méditation produit une augmentation de la noradrénaline dans le cerveau. Une dose modeste de norépinéphrine est également associée à une réduction des ondes cérébrales bêta.

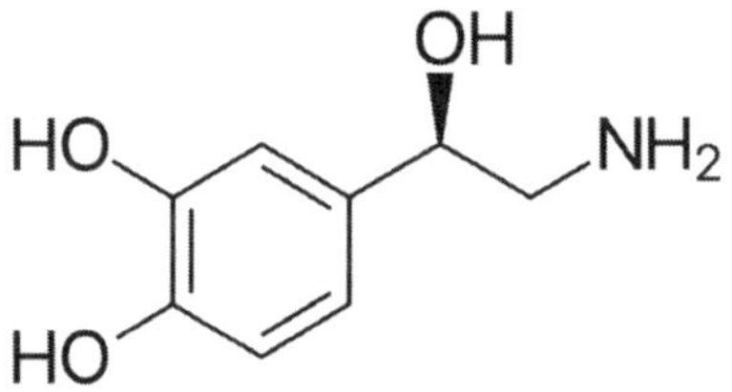

5. 11. La norépinéphrine : votre molécule de réveil.

Remarquez le paradoxe ici. La norépinéphrine est associée à la fois à l'anxiété et à l'attention. Comment faire pour être suffisamment alerte, mais pas trop stressé ?

S'abandonner est la clé.

Steven Kotler, coauteur de *Stealing Fire*, affirme que les neurochimiques du stress comme la norépinéphrine préparent le cerveau aux états de flux. Au début, le méditant est frustré par « l'esprit du singe ». Mais s'il s'abandonne, malgré le bavardage perpétuel du réseau du mode par défaut, il entre dans la phase suivante du flux, qui est la concentration. Il a « hacké » sa biologie, utilisant l'expérience négative du vagabondage mental comme un tremplin pour l'état de *flow*.

La structure moléculaire de la norépinéphrine est similaire à celle de sa cousine, l'épinéphrine. Alors que l'épinéphrine agit sur un certain nombre de sites dans le corps, la norépinéphrine agit exclusivement sur les artères. Lorsque la dopamine et la norépinéphrine sont toutes deux présentes dans le cerveau en même temps, elles amplifient la concentration. L'attention devient nette, tandis que la perception est améliorée.

Rester en alerte est une fonction clé du circuit d'attention du cerveau, qui vous permet de rester concentré sur l'objet de votre méditation et de contrer le vagabondage mental. Elle vous empêche également de somnoler, ce qui constitue un risque professionnel pour les méditants. En effet, les neurotransmetteurs du plaisir tels que la sérotonine et la mélatonine (dont la sérotonine est le précurseur) peuvent vous endormir s'ils ne sont pas équilibrés par la noradrénaline, qui produit de la vigilance. Là encore, les ratios sont la clé.

OXYTOCINE : LE MÉDICAMENT DES CÂLINS

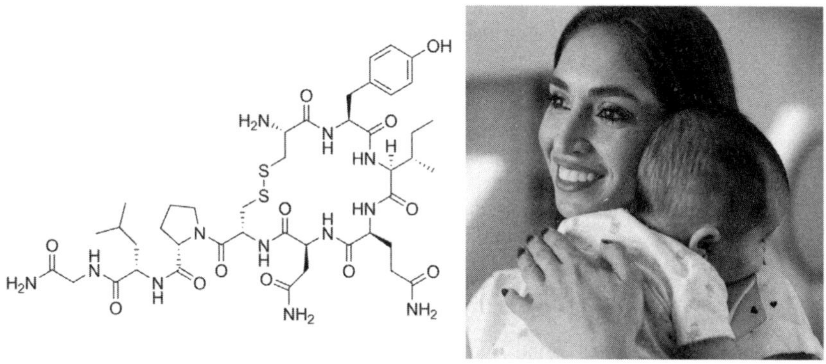

5. 12. Ocytocine : votre molécule de câlin.

L'ocytocine est produite par l'hypothalamus, qui fait partie du système limbique du cerveau. Lorsqu'ils sont activés, les neurones de l'hypothalamus stimulent l'hypophyse pour qu'elle libère de l'ocytocine dans la circulation sanguine. Ainsi, même si l'ocytocine est produite dans le cerveau, elle a également des effets sur le corps, lui conférant le statut d'hormone. Elle fait partie d'un groupe de petites molécules protéiques appelées neuropeptides. Un neuropeptide étroitement apparenté est la vasopressine. Tous les mammifères produisent une variante de ces neuropeptides.

L'ocytocine favorise les liens entre les humains. Elle est responsable des sentiments maternels et prépare physiquement le corps féminin à l'accouchement et à l'allaitement. Elle est générée par le toucher physique, mais aussi par l'intimité émotionnelle. L'ocytocine facilite également la générosité et la confiance au sein d'un groupe.

L'ocytocine est l'hormone associée aux longues ondes lentes du delta. Un chercheur qui a branché des sujets à un EEG a découvert que le toucher stimulait de plus grandes quantités de delta, certaines régions de la peau étant plus sensibles. L'effet le plus important a été produit en tapotant la joue, comme nous le faisons en EFT. Cela a produit un pic de 800 % de delta.

Les couples nouvellement amoureux connaissent des pics d'ocytocine. C'est pourquoi ils se touchent et font souvent l'amour. Le taux d'ocytocine est lié à la capacité d'un homme à avoir une érection. C'est une drogue dure, pour ainsi dire.

5. 13. Les couples nouvellement amoureux produisent de grandes quantités d'ocytocine.

Les groupes sociaux font monter l'ocytocine en flèche. Ma femme Christine peint des tableaux tous les mardis avec sa « tribu artistique », en se liant à l'acrylique, à la toile, au thé et à l'ocytocine. Un groupe d'adolescentes qui gloussent et bavardent est une véritable usine à ocytocine. Que ce soit les Hells Angels qui jouent au billard dans un bar, un groupe d'étude de la Bible dans une église ou même le groupe Facebook pour les animaux mal nourris (plus de onze mille utilisateurs), les activités qui produisent un sentiment d'appartenance tribale débloquent la synthèse de l'ocytocine.

Le cerveau orgasmique

Grâce à l'imagerie par résonance magnétique fonctionnelle (IRMf) et à la technologie de la tomographie par émission de positons (TEP), nous sommes en mesure de voir ce qui se passe dans le cerveau pendant l'orgasme. On obtient ainsi une image riche des parties du cerveau qui s'allument, qui s'éteignent et des hormones qui accompagnent chaque étape du processus. Voici ce que les chercheurs ont découvert :

- Votre cerveau mental se déconnecte pendant l'acte sexuel. Plus précisément, le cortex orbitofrontal latéral, la région du cerveau qui régule la prise de décision, le raisonnement et les jugements de valeur, s'éteint, entraînant avec lui la peur et l'anxiété.
- Pendant l'orgasme, les zones qui s'illuminent sont l'hypothalamus (producteur d'ocytocine), le thalamus (qui intègre le toucher, le mouvement et les pensées sexuelles) et la substantia nigra, producteur de dopamine (substance noire, dite aussi *locus niger*).
- L'orgasme s'accompagne d'une libération de dopamine, d'ocytocine et de prolactine. L'ocytocine déclenche des sentiments de proximité, tandis que la prolactine produit la sensation de satisfaction que les gens éprouvent après l'orgasme. Elle régule également la production de lait après l'accouchement.
- Les cerveaux des hommes et des femmes subissent les effets de l'ocytocine pendant les rapports sexuels, mais les femmes continuent de libérer de l'ocytocine après l'orgasme. C'est peut-être la raison pour laquelle les femmes aiment les câlins après les rapports sexuels.
- La sérotonine est libérée dans le cerveau après l'orgasme et favorise la relaxation. Le fait que la sérotonine soit un proche cousin de la mélatonine, le neurotransmetteur du sommeil, peut expliquer pourquoi de nombreux hommes s'endorment après une relation sexuelle.
- La façon dont votre cerveau est stimulé par l'orgasme ressemble à la façon dont il s'active lorsque vous écoutez votre musique préférée, prenez de la drogue, buvez de l'alcool ou jouez. Les mêmes voies de récompense sont activées.
- L'orgasme augmente le flux sanguin dans le cerveau, ce qui contribue à le maintenir en bonne santé.

- La neuroplasticité permet au cerveau de créer de nouvelles voies d'orgasme indépendantes des organes sexuels. Lorsque les personnes sont paralysées à partir de la taille, par exemple, elles peuvent être rééduquées à connaître l'orgasme par la stimulation d'une autre partie du corps, comme la peau du bras.

Le toucher ne fait pas seulement du bien. Il peut produire des effets de guérison invisibles mais omniprésents dans votre corps. L'ocytocine désactive le glutamate, le plus excitant des neurotransmetteurs, ce qui vous permet de vous sentir plus calme et plus équilibré sur le plan émotionnel. Elle stimule la libération d'oxyde nitrique dans vos vaisseaux sanguins, améliorant ainsi la circulation.

Pour tester les effets physiques de l'ocytocine, un groupe de chercheurs a administré des tests psychologiques et physiques à trente-quatre couples mariés. La moitié d'entre eux ont été répartis au hasard dans un groupe de contrôle qui a tenu un journal de leurs humeurs et de leurs niveaux d'affection physique.

Le groupe expérimental s'est vu enseigner une technique appelée « l'écoute tactile ». Ils se sont mis à l'écoute de leur partenaire en touchant son cou, ses épaules et ses mains. Ils ont fait cela dos à dos et face à face. Les hommes et les femmes alternaient en donnant et en recevant « l'écoute tactile ». Ils se sont entraînés pendant quatre semaines à la maison, trente minutes trois fois par semaine, puis sont retournés au laboratoire pour une deuxième série de tests.

Les chercheurs ont constaté que le toucher produisait de l'ocytocine comme prévu. Mais comme l'hormone coulait dans les vaisseaux sanguins des maris, elle déclenchait la production d'oxyde nitrique. Cela a fait baisser leur pression sanguine et les effets bénéfiques ont persisté pendant toute une journée.

L'ocytocine peut même créer des liens entre les espèces. Une étude a démontré que lorsqu'une personne et un chien interagissent, l'ocytocine est libérée dans les deux espèces. Les niveaux augmentent lorsqu'ils se regardent avec amour, comme un couple humain amoureux. Plus ils se regardent, plus l'ocytocine est libérée, ce qui stimule encore plus le regard.

BÊTA-ENDORPHINE : LE SOULAGEMENT DE LA DOULEUR DANS LA NATURE

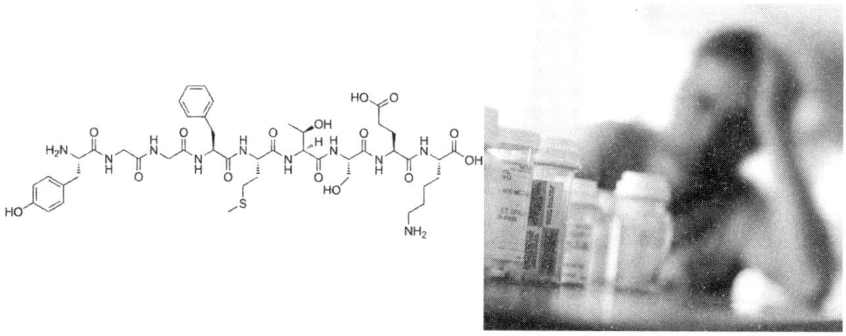

5. 14. La bêta-endorphine : votre molécule antidouleur.

La glande pituitaire produit un puissant analgésique, la bêta-endorphine, qui est également un neuropeptide. Les endorphines s'associent aux récepteurs des opiacés dans le cerveau et diminuent ou bloquent notre perception de la douleur. Les médicaments morphine et codéine fonctionnent de la même manière. Les endorphines sont accompagnées d'ondes cérébrales alpha et thêta.

Une étude a montré que lorsqu'elle est injectée directement dans le cerveau, la bêta-endorphine est un analgésique dix-sept fois plus puissant que la morphine synthétique. Une autre étude a montré que lorsqu'elle est injectée dans une veine, la bêta-endorphine est trois fois plus puissante. C'est un analgésique très puissant, et la brillante société pharmaceutique qui le fabrique est Your Neurons, Inc.

ANANDAMIDE : LA MOLÉCULE DE LA FÉLICITÉ

L'anandamide est connue comme le produit chimique de la joie. Elle a également été appelée « la marijuana du cerveau » et « la molécule de la félicité ». Des recherches ont démontré que l'anandamide est impliquée dans la génération neurale du plaisir et de la motivation. Nous en parlerons beaucoup dans la section intitulée « Se droguer : le système endocannabinoïde et l'anandamide ». L'anandamide est associée aux ondes thêta de haute amplitude et aux sursauts gamma que nous avons identifiés au chapitre 4.

Les ondes gamma sont maintenues pendant de longues périodes chez les méditants chevronnés, comme nous le découvrirons au chapitre 6.

5. 15. Anandamide : votre molécule du bonheur.

OXYDE NITRIQUE : LA BOMBE À OXYGÈNE

5. 16. L'oxyde nitrique : votre molécule d'énergie.

L'oxyde nitrique est à la fois un radical libre et un gaz, fabriqué dans l'organisme à partir des nitrates végétaux de l'alimentation combinés à des antioxydants tels que la vitamine C. Il ne faut pas le confondre avec l'oxyde nitreux, *alias* gaz hilarant.

L'importance de l'oxyde nitrique dans le contexte de notre discussion sur les substances qui affectent le cerveau réside dans sa capacité à améliorer la neuroplasticité du cerveau. Il le fait en augmentant le flux d'oxygène vers le cortex somato-moteur, une région du cerveau vitale pour l'apprentissage et la mémoire.

Si la plupart des radicaux libres sont nocifs pour la santé, l'oxyde nitrique en quantité normale ne l'est pas. Parmi les nombreux avantages de l'oxyde nitrique, on peut citer son action pour une pression sanguine normale, la protection contre les crises cardiaques, le renforcement de la fonction immunitaire, l'action antibactérienne, la suppression de l'inflammation, le maintien de l'équilibre des fluides et la protection contre le diabète. L'oxyde nitrique est associé aux ondes cérébrales alpha.

LA RELATION ENTRE LES ONDES CÉRÉBRALES ET LES NEUROTRANSMETTEURS

Il n'est pas nécessaire de se souvenir des détails de ces molécules. Il suffit de comprendre que les changements dans l'énergie du cerveau sont associés à la matière sous forme de « molécules d'émotion », d'hormones et de neurotransmetteurs. Le processus est incroyablement complexe, et cet ouvrage n'est pas un ouvrage de référence destiné à faire un cours complet sur la biochimie ; il s'agit plutôt d'un guide pour les profanes qui utilise des généralités empiriques.

Cela dit, le tableau ci-dessous présente un guide approximatif des associations entre l'énergie qui circule dans le cerveau sous forme d'ondes cérébrales et les substances chimiques qui les accompagnent.

Onde cérébrale	Neurotransmetteur
Gamma	Anandamide
Bêta	Cortisol, norépinéphrine
Alpha	Oxydes d'azote, endorphines, sérotonine
Thêta	Dopamine
Delta	Ocytocine

5. 17. Associations entre les ondes cérébrales et les substances neurochimiques.

SE DROGUER : LE SYSTÈME ENDOCANNABINOÏDE ET L'ANANDAMIDE

Les cannabinoïdes sont des composés psychoactifs qui procurent à la fois des bienfaits médicaux et la sensation d'être défoncé. Les cannabinoïdes d'origine végétale, tels que le THC présent dans la marijuana, sont appelés phytocannabinoïdes. Peu de gens savent que *notre corps produit également des cannabinoïdes de manière naturelle*. On les appelle endocannabinoïdes pour les distinguer de leurs parents d'origine végétale.

Comme pour les neurotransmetteurs, notre cerveau possède des récepteurs spécifiques aux cannabinoïdes – la métaphore de la serrure et de la clé, encore une fois. Les endocannabinoïdes et leurs récepteurs constituent ce que l'on appelle le système endocannabinoïde. Ce système joue un rôle dans l'appétit, la douleur, l'inflammation, le sommeil, le stress, l'humeur, la mémoire, la motivation et la récompense. Il existe deux types de récepteurs de cannabinoïdes : le type 1 (CB1) et le type 2 (CB2). Les récepteurs de type 1 se trouvent principalement dans le cerveau, et sont particulièrement denses dans les ganglions basaux, le cervelet et l'hippocampe. Ces régions cérébrales sont impliquées dans le contrôle des membres, la posture et l'équilibre, ainsi que dans l'apprentissage et la mémoire. Les récepteurs CB2 se trouvent dans les tissus immunitaires tels que les amygdales et la rate.

L'anandamide est le principal endocannabinoïde. Il se lie à la fois au CB1 et au CB2. Mais alors que le THC est une molécule robuste qui ne se décompose pas facilement, l'anandamide, elle, se décompose. C'est pourquoi le « shoot » naturel se dissipe rapidement tandis que le shoot exogène persiste. De faibles niveaux d'endocannabinoïdes dans le corps humain ont été liés à la dépression majeure, au trouble d'anxiété généralisée, au TSPT, à la sclérose en plaques, au trouble de déficit de l'attention/hyperactivité (TDAH), à la maladie de Parkinson, à la fibromyalgie et aux troubles du sommeil.

L'activation du système endocannabinoïde présente de nombreux avantages pour la santé. Ils comprennent :

- un contrôle du stress ;
- une réduction de l'anxiété ;
- un optimisme accru ;
- une meilleure concentration ;
- une baisse de l'hyperactivité ;
- un taux de cortisol inférieur ;
- une augmentation de la neurogenèse ;
- des isolants de myéline plus épais autour des cellules nerveuses ;
- une amélioration du sommeil ;
- une réduction de l'impulsivité ;
- une amélioration de l'humeur ;
- une réduction de l'inflammation ;
- moins de maux de tête ;
- une diminution de l'activité de l'amygdale, le relais de la peur dans le cerveau.

Parmi les méthodes pour stimuler votre système endocannabinoïde, il y a la consommation de fruits et légumes en abondance ; les flavonoïdes qu'ils contiennent ralentissent la dégradation des cannabinoïdes. L'huile d'olive (qui régule les récepteurs CB1), le thé vert (qui active les récepteurs cannabinoïdes), les probiotiques (qui stimulent le système endocannabinoïde), le chocolat noir (qui contient de l'anandamide) et les aliments riches en acides gras oméga-3 (qui régulent les récepteurs CB1 et CB2) sont des stimulateurs d'endocannabinoïdes particulièrement puissants.

Les systèmes endocannabinoïdes peuvent également être stimulés par vos comportements. Il s'agit notamment de la réduction du stress (régulation à la hausse des récepteurs CB1), de l'exercice (activation du système endocannabinoïde) et de la méditation profonde (augmentation du taux d'anandamide).

Outre la méditation, l'une des façons les plus amusantes de stimuler l'anandamide est le toucher. L'intimité tant émotionnelle que physique déclenche l'ocytocine. Dans une série d'expériences fascinantes, Don Wei et ses collègues de l'université de Californie à Irvine ont démontré que l'ocytocine fait monter l'anandamide en flèche. En s'engageant dans un comportement social, le « signal anandamide déclenché par l'ocytocine » entre en jeu. Quelle bonne affaire : deux neurochimiques du plaisir pour le prix d'un !

Lumír Hanuš et sa molécule de félicité

Au début des années 1990, après des années de recherche sur les qualités curatives du cannabis dans sa Tchécoslovaquie natale et aux États-Unis en association avec les National Institutes of Health, le chimiste analytique Lumír Hanuš a reçu une invitation qui allait changer le cours des neurosciences.

Le professeur Raphael Mechoulam, le plus grand expert mondial en matière de cannabinoïdes, a invité Hanuš à rejoindre son équipe à l'Université hébraïque d'Israël, où ils mènent des recherches révolutionnaires sur la plante de cannabis. Auparavant, Mechoulam avait isolé le THC (tétrahydrocannabinol), le composé de la marijuana qui produit « l'effet planant ».

Bien que Hanuš n'ait prévu de venir à Jérusalem que pour un an, il a fini par y rester de façon permanente. William Devane, un expert américain en pharmacologie moléculaire qui avait découvert des récepteurs cannabinoïdes dans le cerveau, faisait également partie de l'équipe de recherche.

Hanuš pensait poursuivre ses recherches sur les propriétés curatives de la plante, mais le professeur Mechoulam l'a informé que son objectif serait de trouver un ligand ou une molécule dans le cerveau qui se lie aux récepteurs cannabinoïdes.

Hanuš se souvient : « Quand il m'a dit cela, j'ai failli tomber. Je me suis dit : "Il est impossible de trouver l'aiguille dans la meule de foin." Mais nous avons commencé et travaillé intensivement pendant un an. »

Ici, Mechoulam avait posé une question clé. Pourquoi une molécule dérivée d'une plante, le cannabis, devrait-elle affecter un être humain ? Après tout, l'évolution des plantes et des animaux a divergé il y a des millions d'années.

La réponse logique était qu'il doit y avoir une molécule très similaire dans le corps humain, ainsi que les ligands pour la lire et l'interpréter.

À la fin de cette année-là, le 24 mars 1992, Hanuš et Devane ont trouvé l'aiguille dans la botte de foin : le premier endocannabinoïde connu dans le cerveau humain. Devane l'a baptisé anandamide, du mot sanskrit ananda, qui signifie « joie » ou « béatitude ».

Pour obtenir les bonnes réponses, il faut poser les bonnes questions. Bien qu'au début, Hanuš ait eu l'impression que chercher une seule molécule était comme chercher une aiguille dans une botte de foin, il ne lui a fallu qu'un an après que Mechoulam lui a posé la bonne question pour la trouver.

La découverte de l'anandamide a marqué un tournant dans la science du cerveau. Elle a montré que *le cerveau fabrique des molécules qui sont pratiquement impossibles à distinguer des psychotropes*. Nous les obtenons de façon endogène au travers des *mêmes systèmes de livraison moléculaire* qui sont utilisés par les médicaments exogènes.

Des récepteurs cannabinoïdes ont ensuite été découverts dans des parties du corps autres que le cerveau. Ces découvertes ont également montré que les médicaments ont leurs effets en raison de leur similarité avec les molécules endogènes. Elles ont démontré que *les états émotionnels élevés décrits par les mystiques n'étaient pas seulement des fantasmes subjectifs*, mais qu'ils étaient fondés sur des *interactions moléculaires objectives* qui pouvaient être mesurées et quantifiées.

LES INGRÉDIENTS DU COCKTAIL DU CERVEAU DU BIEN-ÊTRE

Les recherches ont montré que *chacun des sept produits neurochimiques de la félicité est associé à la méditation.* Un examen et une synthèse de la littérature de recherche ont révélé des augmentations de la sérotonine, du GABA, de la vasopressine et de la mélatonine. Les niveaux de dopamine des méditants ont augmenté de 56 %.

Le cortisol a chuté, et la noradrénaline a baissé à des niveaux appropriés pour attirer l'attention sans anxiété. Les rythmes de production des bêta-endorphines par le cerveau ont changé. L'augmentation de l'ocytocine a mobilisé la synthèse de l'anandamide dans le noyau accumbens.

Un certain nombre d'études et de revues montrent que la méditation stimule la production d'oxyde nitrique, offrant aux méditants les bienfaits pour la santé d'une meilleure circulation et de la neuroplasticité du cerveau. La libération d'oxyde nitrique est étroitement liée à la production d'anandamide ; ainsi, la méditation et d'autres activités de réduction du stress peuvent stimuler la synthèse des deux ensemble.

L'anandamide peut également améliorer les fonctions cognitives, la motivation, l'apprentissage et la mémoire, tout en déclenchant la croissance des neurones dans les centres du cerveau qui régissent ces fonctions. Un cerveau heureux est un cerveau qui apprend ; la méditation cimente nos expériences de bien-être dans le matériel cérébral grâce à une neuroplasticité accrue. L'anandamide soulage également l'anxiété et la dépression tout en stimulant la proximité et la connexion avec les autres.

La littérature scientifique montre que l'ocytocine est augmentée par la méditation. Comme nous l'avons vu précédemment, l'ocytocine déclenche la libération d'oxyde nitrique et d'anandamide, fournissant au méditant un trio de substances chimiques cérébrales agréables.

5. 18. La seule façon de faire circuler dans votre cerveau tous les produits neurochimiques les plus agréables en une seule fois est l'état de flux extatique que l'on trouve dans la méditation profonde.
Voir la version en couleurs au centre du livre.

Chacun de ces produits neurochimiques est un plaisir en soi, et vous pouvez les obtenir à partir d'activités qui stimulent leur production. Ces activités peuvent vous en procurer un ou deux, mais pas les sept en un seul paquet.

Par exemple, le toxicomane a besoin de la dopamine qui baigne ses ganglions basaux lorsqu'il prend une pilule, mais la vigilance normalement assurée par la noradrénaline est émoussée. Le vélideltiste accroché à son deltaplane reçoit une dose élevée d'épinéphrine en sautant du col de Forclas au-dessus du lac d'Annecy, mais la sérénité de la sérotonine lui échappe.

La maman reçoit sa dose d'ocytocine lorsqu'elle câline son enfant, mais elle ne profite pas des bienfaits de la dopamine sur le plan de la motivation. L'haltérophile qui fait du HIIT (High-intensity interval training) fait l'expérience d'une agréable « décharge d'oxyde nitrique » en faisant un effort extrême, mais il n'y a pas d'explosion d'anandamide productrice de perspicacité dans le mélange. Le triathlète a un *high runner* et oublie ses genoux endoloris lorsque la bêta-endorphine fait son effet, mais il n'obtient pas la liaison associée à l'ocytocine.

Une seule activité stimule le cerveau à produire les sept en même temps, et c'est l'état extatique du *flow*, le flux. Le chemin le plus court est la méditation profonde en alpha. Lorsque vous mélangez les sept en un seul cocktail, le résultat est l'euphorie.

Voyons voir : À quoi pourrait ressembler une combinaison des premières lettres de chaque drogue ? Sérotonine, Ocytocine, Norépinéphrine, Dopamine, Anandamide, Oxyde nitrique et Bêta-endorphine ? Juste pour le plaisir, combinons-les et appelons le mélange spécial de notre cocktail SONDAONBE. C'est la formule magique qui, produite à l'intérieur de notre propre corps dans les proportions adéquates, baigne le cerveau dans les produits chimiques de l'extase.

SE SHOOTER AVEC SA PROPRE PRODUCTION

Lorsque je médite, je peux sentir le moment où chaque drogue du cocktail fait effet. D'abord, je fais des stimulations EFT et je libère toutes les pensées, émotions et énergies négatives.

Cela fait baisser mon niveau de cortisol, tout en supprimant les ondes cérébrales bêta élevées du stress. J'ai maintenant un substrat moléculaire dans mon cerveau sur lequel je peux construire une expérience méditative profonde et ciblée.

Ensuite, je ferme les yeux et je me concentre. La *dopamine* fait son effet alors que j'anticipe le délicieux cocktail d'hormones et de neurotransmetteurs dont je vais être récompensé. Le système de récompense dopaminergique de mon cerveau s'enclenche et l'« apprentissage corporel » de la méditation – stocké dans mes ganglions basaux, qui mémorisent les actions fréquemment effectuées – se fait en ligne. *Premier ingrédient.*

Mon esprit commence à vagabonder. Ma boîte aux lettres électronique. La première réunion du matin. La crise de rire du film que j'ai regardé hier soir. Une date limite dépassée. Merde, je suis déjà loin de la zone, le cortisol augmente, et je n'ai pas médité plus de cinq minutes.

La dopamine me ramène à la réalité, aidée par la *norépinéphrine.* Je suis motivé. Je veux atteindre le Cerveau du bien-être plus que je ne veux une boucle sans fin du « Moi-moi Show ». Je retourne au centre. Le cortisol chute. Ahhh, je suis de retour. La norépinéphrine stimule mon attention. *Deuxième ingrédient.*

Puis, je me rends compte que mon corps est inconfortable. J'ai un pincement au genou droit. J'ai mal au bas du dos. Mon ventre gronde parce qu'il est vide. Je remets consciemment mon esprit vagabond au pas. De nouveau synchrone, mes neurones sécrètent de la *bêta-endorphine,* qui masque la douleur. La gêne disparaît, et être dans un corps est une sensation merveilleuse. *Troisième ingrédient.*

Je suis à l'écoute de chacun des archétypes qui me guident. La Vierge Marie. Kwan Yin. Guérison. Force. Beauté. Sagesse. Je m'imagine en train de méditer dans un champ d'un million de saints. Je suis perdu dans le Cerveau du bien-être, alors que la *sérotonine*, la drogue de la satisfaction, fait son effet. *Quatrième ingrédient.*

Je ne fais qu'un avec l'univers. L'*ocytocine* commence à couler, alors que je me lie à tout. *L'ingrédient cinq*. Qui libère de l'*oxyde nitrique* et de l'*anandamide. Ingrédients six et sept.* Je flotte hors de mon corps sur un nuage de félicité.

Je vois des étoiles et des lumières et j'entends de la musique, car les propriétés de la sérotonine, semblables à celles de la psilocybine, déclenchent des hallucinations dans mon cerveau. J'ai maintenant préparé tout le cocktail extatique de SONDAONBE dans ma tête.

5. 19. Les expériences mystiques extatiques sont courantes tout au long de l'histoire. En 1601, le peintre de la Renaissance Giovanni Baglione a représenté *L'Extase de saint François.*
Voir la version en couleurs au centre du livre.

Mon corps tout entier se met à trembler d'extase, tandis qu'une nouvelle dose d'anandamide inonde mes synapses. Ce n'est pas pour rien que les mystiques religieux du XIXe siècle étaient appelés « shakers » ou « quakers ». Je savoure l'extase orgasmique de la Cerveau du bien-être, alors que le cocktail SONDAONBE inonde mon corps et mon cerveau. J'y reste pendant vingt ou trente minutes, parfois une heure.

Alors que je me prépare à mettre fin à la méditation, je me laisse retomber dans mon corps et j'ouvre les yeux. SONDAONBE a transformé mon cerveau et avec lui, mes perceptions. Le monde semble exquis. L'air miroite avec vivacité. Les couleurs scintillent avec intensité. Le monde semble rempli d'une infinité de miracles. La journée qui s'annonce est comme un cadeau du cosmos. Je suis aussi excité qu'un enfant qui ouvre une boîte de jouets.

Mon cœur est plein de gratitude. Pour l'air scintillant que je respire. Pour le miracle d'avoir un corps humain. Pour être capable de marcher, de courir, de rire et de jouer. Pour l'étonnante planète sur laquelle je vis. Pour le mystère d'être un avec l'univers tout en étant un avec ma précieuse communauté d'êtres humains.

Comment peut-on être aussi béni ? L'ampleur de la grâce est plus grande que ce que mon cœur et mon esprit peuvent contenir, et elle déborde ma capacité à recevoir. Des larmes de gratitude étourdissantes coulent sur mes joues. La prolactine déchaîne des vagues de satisfaction physique à travers mon corps.

Je me prépare à affronter la journée qui vient, les produits chimiques de l'extase circulant toujours dans mon corps. J'ai reçu ma dose quotidienne de SONDAONBE, et je commence la journée en me sentant merveilleusement bien.

Dans le Cerveau du bien-être, les molécules qui vous procurent du plaisir ne dansent pas seules dans votre cerveau et votre corps. Elles dansent toutes ensemble dans une glorieuse synthèse d'harmonie moléculaire.

Les larmes de bonheur coulent sur mes joues

par Toni Tombleson

« Tout ce que je peux dire, c'est wow ! Je médite souvent depuis un an et je n'ai jamais fait l'expérience de ce que je viens de faire en suivant l'audio de l'Éco-Méditation. Je passe probablement 99 % de mes journées à être rempli d'anxiété, de frustration, de peur et de colère – je suis tout simplement épuisé par la parentalité et la vie. Je doutais d'arriver à avoir une expérience d'éveil et je continuais même à entendre dans ma tête : Tu perds ton temps, tu ne peux atteindre cet endroit en toi, tu as déjà essayé un million de fois.

Mais quand j'ai envoyé le rayon d'amour de mon cœur, je me suis instantanément mis à rire et des larmes de pure béatitude sont sorties de mes yeux. C'était absolument incroyable et je vais faire de l'Éco-Méditation tous les jours. Sentir que l'amour et la béatitude sont mon rêve. Merci encore !!!!! »

J'ai été tellement ravi quand Toni m'a envoyé son histoire après que mon livre *Mind to Matter* l'a inspiré. Et quand Juliane, dont l'histoire apparaît ci-après, m'a fait son témoignage après un atelier en présentiel. Tant de personnes comme elles se sont trouvées dans l'incapacité d'établir une pratique régulière de la méditation.

Lorsque vous facilitez les choses, comme le fait l'Éco-Méditation, les gens ressentent les changements dans leur corps. Ils se rendent compte que le Cerveau du bien-être est accessible. Ils ressentent la ruée des produits chimiques du plaisir et se sentent bien, tout en comprenant qu'ils ont le pouvoir de recréer cet état chaque jour. Ils comprennent maintenant qu'ils peuvent se « défoncer » avec les produits chimiques qu'ils synthétisent dans leur propre cerveau et leur corps.

Vous n'avez pas besoin d'une source exogène – vous pouvez vous droguer au SONDAONBE quand vous voulez et ne jamais avoir la gueule de bois.

Le SONDAONBE crée une dépendance. Vous n'avez pas besoin de prendre la résolution de méditer tous les jours lors du Nouvel An. Vous n'avez pas besoin de mettre en place un rappel sur votre montre ou de marquer votre calendrier. Vous n'avez pas besoin de prêter un serment solennel ou de trouver un partenaire qui tiendra les comptes.

Vous ne voulez rien de plus que de revivre cet état euphorique tous les jours. Vous êtes aussi accro que l'héroïnomane, mais vous êtes accro à une pratique qui ne vous apporte rien d'autre que du bénéfice.

90 jours d'anandamide

par Juliane Robins-Bass

J'ai utilisé vos pistes d'Éco-Méditation sur l'application Insight Timer pendant quatre-vingt-dix jours d'affilée. Cela a tout changé.

Avant cela, chaque fois que j'essayais de méditer, tout ce que je pouvais obtenir c'était de la frustration. Je fermais les yeux et tous les problèmes auxquels je faisais face me traversaient l'esprit. J'ai essayé les mantras, j'ai essayé l'amour bienveillant, j'ai essayé de surveiller mes pensées.

C'était facile, sauf qu'il y en avait trop. Je sautais d'une chose à l'autre, surtout sur les problèmes de ma vie. Ils ont donné un air calme à mon « cerveau de singe ». Je lisais des livres et j'allais prendre des cours, mais je n'arrivais pas à le faire régulièrement.

La première fois que j'ai essayé l'Éco-Méditation, ça a marché. J'ai écouté l'enregistrement guidé et j'y étais en à peine cinq minutes. Je me suis sentie si bien !

J'ai donc décidé de le faire tous les jours pendant les quatre-vingt-dix jours suivants et de ne pas manquer un seul jour. J'écoute votre voix chaque matin et parfois même la nuit.

Je n'arrive pas à croire en la personne que je deviens. Je suis beaucoup moins stressée par mes patients. Je suis plus gentille avec mon mari et mes enfants. Mes troubles intestinaux se sont calmés. Je suis même bien dans les embouteillages, ce qui me donnait des crises de panique avant.

J'ai quelques regrets pour toutes les années que j'ai perdu à essayer d'autres choses et j'aurais aimé avoir ça quand j'ai commencé à aller à l'université et à être anxieuse. Mais je l'ai maintenant, et je vais continuer à l'utiliser, pour toujours.

PRENDRE LE COCKTAIL SUR LA ROUTE

Je pense avoir présenté un cas convaincant qui montre que l'on se sent bien avec le Cerveau du bien-être – sérieusement bien. Mais quel est son intérêt dans la vie quotidienne ? Lors d'un de mes discours, un sceptique m'a demandé : « Tout cela semble égoïste. Ces gens échappent au monde cruel de la réalité quotidienne en disparaissant dans un monde de Bisounours. C'est bien pour eux, mais comment une personne béate peut-elle contribuer à la société ? »

Les études le montrent : beaucoup. L'état de *Bliss Brain* ou du Cerveau du bien-être produit des augmentations massives au niveau de la productivité, de la créativité et de la capacité à résoudre les problèmes.

Le Cerveau du bien-être signifie bien plus qu'une heure d'extase pour le méditant. Les effets s'étendent aux vingt-trois heures restantes de la vie quotidienne, comme nous l'avons vu pour la première fois au chapitre 4. Les chercheurs qui utilisent l'IRMf constatent que le fait de baigner le cerveau dans le SONDAONBE conditionne son fonctionnement pour le reste de la journée. Les méditants ne sont pas seulement plus paisibles, plus concentrés et plus créatifs pendant la méditation. Ils sont plus créatifs, plus productifs et plus ingénieux dans *leur vie quotidienne.*

Les états méditatifs alpha profonds et sans effort produisent un « flux » ou le fait d'être dans « la zone ». Dans le flux, le cortex préfrontal se déconnecte, la danse des molécules commence, et la créativité s'en trouve accrue.

Au laboratoire de bio-ingénierie de l'université Columbia, les chercheurs utilisent des EEG pour fournir un retour d'information aux utilisateurs engagés dans une tâche exigeante : piloter un avion en réalité virtuelle. Ils constatent que l'excitation émotionnelle affecte les performances. Lorsque nous sommes calmes, le cortex préfrontal dorsolatéral du chapitre 3 calme le système limbique, et nous sommes plus performants que lorsque nous sommes agités.

En commentant l'une de leurs études publiées dans les *Actes de l'Académie nationale des sciences,* l'auteur principal Paul Sajda, professeur de sciences biomédicales, a observé que « toute la question de savoir comment on peut entrer dans la zone, que vous soyez joueur de baseball, négociant en Bourse ou pilote de chasse, a toujours été intrigante [...] nous pouvons utiliser les réactions générées par notre propre activité cérébrale pour modifier notre état d'excitation de manière à améliorer sensiblement nos performances dans les tâches difficiles – afin que nous puissions réussir un *home run* ou atterrir sur le pont d'un porte-avions sans s'écraser ».

La société de conseil internationale McKinsey a réalisé une étude sur une période de dix ans. Elle a testé des cadres performants appelés à résoudre des problèmes stratégiques difficiles. Dans les états de flux, la capacité des participants à le faire a augmenté de 500 %. C'est *cinq fois* plus. Vous pouvez entrer dans le flux par la méditation, ou par des activités de haute performance.

Steven Kotler du projet Flow Genome dit que « neurobiologiquement, ils sont exactement dans le même état ».

5. 20. Le fait d'être dans la « zone » de flux améliore considérablement les performances.

Une autre étude, réalisée par la Defense Advanced Research Projects Agency (DARPA), a utilisé le neurofeedback pour induire des états de flux chez les soldats. Leur capacité à résoudre des problèmes complexes et à maîtriser de nouvelles compétences a augmenté de 490 %. Un test réalisé à l'université de Sydney a révélé que les étudiants résolvaient un problème conceptuel *huit fois* mieux lorsqu'ils étaient en état de flux.

Cela signifie que votre danse de la félicité peut continuer longtemps après que vous avez émergé de votre méditation matinale. SONDAONBE peut vous apporter un bien-être et une capacité accrue à trouver des solutions créatives à tous les défis qui se présentent. Teresa Amabile, professeure à Harvard, a constaté que les gens sont plus créatifs dans le flux, non seulement au moment de l'état de flux, mais aussi *jusqu'à 24 heures* après l'avoir expérimenté.

Pour s'attaquer à des problèmes difficiles, il faut avoir plusieurs idées à la fois, et ne pas s'attacher de manière rigide à l'une d'entre elles, comme nous l'avons vu au chapitre 3. Certaines peuvent même s'exclure mutuellement. Lorsque nous prenons de la distance par rapport à notre esprit local dans la méditation, cela ouvre un espace perceptif. Les personnes en état de flux peuvent envisager de nombreuses options.

Kotler note que cela « supprime les filtres que nous appliquons normalement aux informations entrantes » et assouplit notre identification à une seule réalité fixe. Cela élargit considérablement l'éventail des possibilités avec lesquelles notre esprit peut jongler, ouvrant ainsi la voie à notre créativité et à notre productivité. La méditation produit un cerveau très performant, capable de résoudre des problèmes difficiles, comme nous le découvrirons au chapitre 8.

Prenez une grande respiration et réfléchissez un instant à votre vie. Imaginez que vous soyez 500 % plus apte à résoudre des problèmes épineux. Imaginez que vous êtes 490 % meilleur pour acquérir de nouvelles compétences et huit fois meilleur pour les tâches conceptuelles. C'est la superpuissance mentale !

À quoi pourraient ressembler votre santé, vos compétences professionnelles, votre vie amoureuse et vos finances si vous aviez ce superpouvoir ? Probablement nettement meilleures qu'elles ne le sont actuellement. Ces chiffres suffisent amplement à justifier une pratique quotidienne de la méditation.

COMME LA DROGUE

« Psychotrope » est le terme qui désigne les drogues qui modifient votre état mental. Nous avons vu comment ils agissent en s'amarrant aux mêmes sites récepteurs que les molécules de plaisir endogènes du corps.

Il existe plusieurs classes de psychotropes, chacune stimulant un type particulier de site récepteur. Les psychédéliques comme le LSD, la psilocybine et le diméthyltryptamine (DMT) activent les récepteurs de la sérotonine et de la norépinéphrine. Les cannabinoïdes de la marijuana s'associent aux récepteurs de l'anandamide.

L'hallucinogène ayahuasca, comme le LSD et la psilocybine, active les récepteurs de la sérotonine. Il s'agit cependant d'une combinaison de deux plantes qui ont des propriétés différentes. Les feuilles de l'arbuste *Psychotria viridis* contiennent en fait du DMT, tandis que l'écorce de la vigne tropicale *Banisteriopsis caapi* est utilisée pour ses inhibiteurs de la monoamine oxydase (IMAO), qui empêchent la dégradation du DMT dans l'estomac, ce qui permet au DMT d'être absorbé dans la circulation sanguine, de voyager jusqu'au cerveau et de produire des hallucinations.

La MAO est une enzyme qui décompose la norépinéphrine, la sérotonine et la dopamine. La classe de médicaments antidépresseurs sur ordonnance connue sous le nom d'inhibiteurs de la MAO ou IMAO empêche cette dégradation de se produire, tout comme les IMAO de l'ayahuasca lui permettent d'activer la sérotonine.

Physiologiquement, le chemin de la béatitude est le même, qu'il soit provoqué par la drogue, la méditation ou une autre expérience qui altère l'esprit. Chris King, auteur de *The Cosmology of Conscious Mental States*, observe que « les recherches explorant les états de méditation et de dévotion religieuse montrent que ces états entrent dans un spectre physiologique aussi clairement que les états naturels et induits par les médicaments ».

Hamlet sous hasch

William Shakespeare était-il drogué lorsqu'il a écrit ses pièces et ses sonnets intemporels ?

Le débat fait rage sur cette question depuis qu'une étude publiée dans le *South African Journal of Science* a soulevé cette possibilité. L'anthropologue Francis Thackeray, de l'université du Witwatersrand, et ses collègues ont utilisé une technique médico-légale appelée chromatographie en phase gazeuse par spectrométrie de masse pour analyser les fragments de vingt-quatre pipes à tabac du XVIIe siècle provenant de Stratford-upon-Avon (la ville du centre de l'Angleterre, dans le comté du Warwickshire, où William Shakespeare est né), dont certaines provenant du jardin de Shakespeare.

Les chercheurs ont trouvé du cannabis dans huit échantillons, de la nicotine dans au moins un échantillon, et de la cocaïne péruvienne dans deux échantillons. Le professeur Thackeray a découvert que « quatre des pipes contenant du cannabis provenaient du jardin de Shakespeare ».

Thackeray suggère que les œuvres de Shakespeare pourraient contenir des indices sur sa consommation de marijuana. Par exemple, dans le Sonnet 76, nous trouvons « Et gardez l'invention dans une mauvaise herbe bien connue » (weed en anglais), qui pourrait faire référence à l'utilisation par Shakespeare de weed (cannabis) pour améliorer son écriture créative (invention).

5. 21. Le «grand» créateur William Shakespeare.

Après que Thackeray a publié d'autres recherches, le magazine *Time* a alimenté le débat avec un article intitulé « Des scientifiques détectent des traces de cannabis dans les pipes trouvées dans le jardin de William Shakespeare ».

ALORS POURQUOI NE PAS SIMPLEMENT CONSOMMER DE LA DROGUE?

Alors si vous pouvez obtenir tous ces merveilleux états du Cerveau du bien-être en utilisant l'ayahuasca, le peyote (ou peyotl), la marijuana, le LSD, l'ecstasy, l'OxyContin et d'autres drogues psychotropes, pourquoi ne pas simplement prendre une herbe ou un comprimé chaque fois que vous voulez «décoller»?

Il n'est pas nécessaire d'être mathématicien pour comparer le niveau d'effort exigé des méditants du chapitre 3 avec les drogués du chapitre 5 et raisonner: «Hmmm... Dix mille heures de méditation contre une pilule. Pourquoi pas la pilule?»

Deux mots: effets secondaires.

La joie induite chimiquement a un coût. Ce coût peut être élevé. Très, très élevé. Si élevé que vous y réfléchirez à deux fois après avoir lu ce que la science dit sur la consommation de drogues.

Une étude a montré que les adolescents qui ne fument que quelques joints de marijuana présentent des changements dans leur cerveau. Il ne s'agit pas de quelques années de tabagisme ou des décennies que certains adultes accumulent. Ce ne sont que deux joints.

Une équipe de recherche dirigée par la D^{re} Gabriella Gobbi, professeure et psychiatre au Centre universitaire de santé McGill à Montréal, a découvert que les adolescents qui consomment du cannabis présentent un risque de dépression de près de 40 % plus élevé et un risque d'idées suicidaires de 50 % plus élevé à l'âge adulte.

La D^{re} Gobbi a déclaré que « compte tenu du grand nombre d'adolescents qui fument du cannabis, le risque dans la population devient très grand. Environ 7 % des dépressions sont probablement liées à la consommation de cannabis à l'adolescence, ce qui se traduit par plus de quatre cent mille cas ».

La recherche qui a révélé ces chiffres surprenants n'était pas une simple étude sur la consommation de marijuana des adolescents. Il s'agissait d'une méta-analyse et d'un examen de onze études portant sur un total de 23 317 sujets adolescents suivis jusqu'au début de l'âge adulte.

En outre, l'équipe de Gobbi n'a examiné que les études qui fournissaient des informations sur la dépression des sujets avant leur consommation de cannabis. « Nous n'avons pris en compte que les études qui contrôlaient la dépression [préexistante] », a déclaré la D^{re} Gobbi. « Ils n'étaient pas dépressifs avant de consommer de la marijuana, donc ils ne l'utilisaient probablement pas pour s'automédicamenter. » La consommation de marijuana a précédé la dépression.

Les résultats spécifiques des recherches de Gobbi sont les suivants :

- le risque de dépression associé à la consommation de marijuana des adolescents de moins de 18 ans est 1,4 fois plus élevé que chez les non-consommateurs ;
- le risque de pensées suicidaires est 1,5 fois plus élevé ;
- la probabilité que les adolescents consommateurs de marijuana fassent une tentative de suicide est 3,46 fois plus élevée.

Chez les adultes qui consomment de la marijuana de façon prolongée, le câblage du cerveau se dégrade. Les zones touchées comprennent l'hippocampe (apprentissage et mémoire), l'insula (compassion) et le cortex préfrontal (fonctions exécutives).

Les auteurs d'une étude ont déclaré que « la consommation régulière de cannabis est associée avec réduction du volume de matière grise dans le cortex temporal médian, le pôle temporal, le gyrus parahippocampique, l'insula et le cortex orbitofrontal ; ces régions sont riches en récepteurs cannabinoïdes CB1 et sont fonctionnellement associées avec le traitement motivationnel, émotionnel et affectif. En outre, ces changements sont en corrélation avec la fréquence de la consommation de cannabis et que l'âge du début de la consommation de drogue influence également l'ampleur de ces changements ».

Un grand nombre d'études montrent que la consommation de cannabis augmente l'anxiété et la dépression et entraîne une détérioration de la santé. Les parties clés de votre cerveau rétrécissent davantage, en fonction de l'âge auquel vous avez commencé à fumer de l'herbe et de la fréquence à laquelle vous en fumez. C'est un prix « élevé » à payer.

5. 22. De nombreux médicaments sur ordonnance
sont accompagnés d'une forte dose d'effets secondaires.

Qu'en est-il de la MDMA, *alias* ecstasy ? Est-ce un raccourci vers le Cerveau du bien-être ? Vingt-cinq ans de recherche sur la MDMA ont montré qu'elle a de graves effets secondaires, dont notamment des altérations au niveau des fonctions cognitives, du sommeil et de la mémoire, de l'intelligence sociale, de la capacité de résolution de problèmes et de la santé mentale. Elle est capable d'augmenter de 800 % le cortisol, la principale hormone du vieillissement. Une analyse de la recherche conclut que « les effets néfastes de l'ecstasy/MDMA sont bien plus répandus qu'il y a quelques années, avec de nouvelles données neuropsychobiologiques des déficits qui continuent à se manifester ».

Et les effets secondaires des psychotropes sur ordonnance ne sont pas non plus très jolis, du dysfonctionnement sexuel à la manie et à la démence.

Alors je renverse la question « Pourquoi ne pas consommer de la drogue ? »

Pourquoi consommer de la drogue ? Votre propre corps synthétise tout seul les produits chimiques de l'extase. Il le fait à des concentrations qui ne sont pas nocives, qui sont en parfait équilibre, qui ont les bons rapports les unes par rapport aux autres, qui se dégradent sans effort lorsqu'elles ne sont plus nécessaires, qui ne créent pas de gueule de bois et qui ne produisent pas d'effets secondaires. Lorsque le Cerveau du bien-être est réalisable quotidiennement, régulièrement, facilement, en toute sécurité et sur demande, pourquoi chercher des sources exogènes d'extase ?

Une « femme-médecine » amérindienne m'a dit que dans son clan Twisted Hair, l'un des sept qui composent la nation Cherokee, les enseignements sur les herbes psychoactives ou « médecine des plantes » sont transmis de génération en génération. Voici ce qu'elle m'a dit : « si vous prenez des médicaments à base de plantes, vous aurez l'expérience [de l'illumination]. Mais vous ne grandirez pas en tant qu'être humain si vous n'apprenez pas à créer l'expérience en vous-même. »

Les « médicaments » qui vous ouvrent aux vérités les plus profondes de la nature peuvent être un allié puissant dans votre évolution personnelle ; la dépendance à l'égard de ces médicaments pour atteindre vos états de conscience les plus précieux peut être un piège séduisant.

LE POUVOIR DE LA DÉPENDANCE

Bien avant de rencontrer Christine et de me marier, je vivais seul mais j'aimais louer des chambres à des colocataires intéressants.

Brandon était le locataire qui a vécu le plus longtemps avec moi. Au fil des ans, j'ai commencé à l'admirer beaucoup. Pasteur ordonné dans l'Église d'Unité, il dirigeait également le groupe local des Alcooliques Anonymes (AA). Il avait été alcoolique jusqu'à ce que, quinze ans plus tôt, il se casse le dos dans un accident de voiture catastrophique dû à l'alcool. Il a continué et à « touché le fond » de toutes les manières possibles puis est devenu sobre grâce aux AA.

Je suis allé avec lui aux réunions des AA à plusieurs reprises. Les histoires que j'y ai entendues m'ont stupéfié. J'ai rencontré l'un des habitués des réunions de Brandon, Greg. Voici son histoire.

Ignorer les panneaux stop

Je travaille dans la construction depuis mon adolescence. Notre équipe avait l'habitude de traîner après le travail et de boire de la bière. Nous avions également commencé à boire pendant la pause déjeuner.

Au début, cela ne m'a pas affecté. J'ai rencontré Marguerite et nous nous sommes mariés. Nous avons eu nos deux enfants, Sammie et Cass. Nous nous en sortions bien, même si nous nous disputions beaucoup.

Quand les enfants étaient à l'école primaire, je ne me contentais pas de boire au déjeuner et d'aller au bar sur le chemin du retour. Je buvais avant d'aller au travail. J'achetais une valise de Bud sur le chemin du chantier.

Un jour, mon ami Job, qui comme moi était bourré, s'est coupé le doigt avec une scie circulaire. Il était tellement saoul qu'il ne voyait plus clair.

Cela ne m'a pas arrêté. Je prenais de l'herbe quasi-quotidiennement, de la coke le week-end, ainsi que ma valise de Bud tous les matins.

Marguerite m'a dit qu'elle me quitterait si je n'arrêtais pas de boire. Nos finances allaient à vau-l'eau, même si je gagnais beaucoup d'argent. Je dépensais des sommes impensables. La coke, en particulier, coûtait cher.

Nous avons perdu la maison parce que je ne payais les traites. Nous sommes allés vivre dans une caravane dans un camping miteux. Mes cartes de crédit étaient au taquet et j'ai été déclaré en faillite.

Finalement, Marguerite qui n'en pouvait plus a déménagé avec les enfants. Elle a demandé le divorce. Le juge a dit que je ne pourrais pas voir les enfants si je n'arrêtais pas de me droguer. Ça m'a vraiment fait mal, parce que j'aimais ces enfants.

Mais je ne pouvais pas arrêter de prendre ces trucs, et le juge m'a mis une ordonnance restrictive sur le dos et je ne pouvais plus les voir. Ça m'a fait très mal. La seule chose qui m'a aidé à oublier, c'est la drogue.

Mon patron m'a dit que je perdrais mon emploi si je venais un jour de plus ivre. Ils m'ont envoyé en cure de désintoxication, mais ça n'a pas aidé. Je n'arrive pas à croire qu'ils ne m'ont pas licencié plus tôt.

Je vivais dans la rue, sans travail, sans femme, sans enfants, sans maison. Je dépensais tout l'argent que j'avais dans la drogue. Je pesais près de 45 kg parce que je ne mangeais pas.

Un jour, des types m'ont battu et m'ont secoué pour le peu d'herbe que j'avais. À l'hôpital, le type dans le lit d'à côté m'a parlé des AA. Il m'a emmené à une réunion et est devenu mon parrain. Je suis devenu sobre.

Je suis maintenant sobre depuis sept ans, six mois et un jour. Je suis un alcoolique et je le serai toujours. Mais j'ai reconstruit ma vie. Je suis directeur des ventes pour une entreprise de maisons mobiles. Je peux voir mes enfants sous la surveillance du tribunal. Je sors avec une gentille femme. Je me retourne vers l'imbécile que j'étais et je ne peux pas croire que c'est la même personne. Dieu merci.

En écoutant l'histoire de Greg, j'ai été étonné de constater qu'il y avait tant de signaux d'alarme sur le chemin de sa descente vers le fond. Chacun criait « Stop ! » de plus en plus fort. Les disputes avec sa femme. L'horrible accident de son collègue de travail. L'escalade de sa consommation d'alcool – combien de canettes de bière y a-t-il dans une « valise » de bière ? Le maximum que la plupart des gens peuvent encaisser est un pack de six canettes.

Les menaces de départ de sa femme. L'escalade vers des drogues plus dures. Luttes financières. Faillite. Le parking à roulottes. Sa femme qui emmène les enfants. L'ordonnance de restriction.

La menace de se faire virer. La réhabilitation. Se faire virer. Vivre dans la rue. Se faire tabasser.

Greg a ignoré tous ces signaux. C'est ce qui montre la puissance de la dépendance et l'état dans lequel elle l'a maintenu. Jusqu'à ce que j'aille aux réunions des Alcooliques Anonymes et que j'entende les histoires que Greg et d'autres drogués racontaient, la dépendance n'était qu'un concept pour moi. Je n'avais aucune idée du pouvoir que la drogue pouvait exercer sur le comportement d'une personne, et de l'impossibilité pour les toxicomanes de s'arrêter même lorsqu'ils ont tout à perdre.

ADDICTION AU BONHEUR

Pensez à la force de l'addiction de Greg. Elle était plus puissante que son besoin d'amour avec sa femme et ses enfants. Elle était plus puissante que son besoin d'argent. Pour un travail. Pour la sécurité. Pour un foyer. Pour avoir un toit au-dessus de sa tête. Pour sa santé. Son addiction était plus importante que toutes les autres parties de sa vie. C'est dire la puissance de l'attraction exercée par un produit chimique.

Et voilà à quel point ce cocktail de sept produits chimiques endogènes magiques peut être puissant – sauf qu'ils sont bons pour vous. Une fois que vous avez goûté l'élixir et que vous avez pris l'habitude de goûter SONDAONBE tous les jours, il devient aussi addictif qu'une pilule achetée dans la rue ou un médicament sur ordonnance. Casse-toi oxycodone...

Vous vous réveillez le matin et la première chose à laquelle vous pensez, c'est le Cerveau du bien-être. Votre priorité est d'obtenir votre dose d'anandamide, d'ocytocine, de norépinéphrine, d'oxyde nitrique, de sérotonine, de dopamine et de bêta-endorphine.

Vous vous concentrez sur votre bien-être – de l'intérieur vers l'extérieur – dès que vous ouvrez les yeux. Vous avez envie de votre dose de SONDAONBE. Vous vous habillez et préparez du thé ou du café rapidement, pour pouvoir entrer dans cet état magique le plus vite possible.

Assis dans votre position favorite et en fermant les yeux, vous franchissez sur la pointe des pieds le seuil de l'expérience et entrez dans le mystère. Vous tombez au cœur de l'univers. Vous y êtes. La cascade de SONDAONBE inonde votre cerveau. Vous êtes accroché, attiré par la lumière.

Lorsque vous sortez de la méditation, vous êtes plus compatissant, plus équilibré émotionnellement, plus cohérent mentalement, efficace, gentil, créatif, sain et productif. Les effets se répercutent sur toute la communauté qui vous entoure. Au centre de ce cercle, il y a vous en train de ressentir un grand sentiment de bien-être.

Les « Greg » de ce monde vont chercher de l'héroïne, de l'herbe ou de l'alcool pour se sentir bien. C'est simplement parce qu'ils ne se rendent pas compte qu'une bien meilleure drogue est disponible. Le SONDAONBE *est ce dont les toxicomanes ont vraiment envie*. Ils veulent se sentir bien, mais ils recherchent des produits chimiques exogènes pour répondre à leurs besoins. Ils ne comprennent pas que ce qu'ils recherchent est à l'intérieur même de leur propre cerveau. La seule raison pour laquelle ces drogues font du bien aux Greg de ce monde c'est qu'ils sont des « sous-copies » des substances que leur propre cerveau produit.

Bliss Brain, le Cerveau du bien-être, est une formule, tout comme le meilleur cocktail du monde. C'est le meilleur *shoot* du monde, et c'est tout aussi addictif. Le cerveau qui fait l'expérience de SONDAONBE une fois ne peut jamais revenir à son ancien état. En remodelant les tissus neuraux, SONDAONBE consolide l'apprentissage et le câblage de la félicité.

Alors que les drogues de la rue rétrécissent et endommagent des régions vitales du cerveau, SONDAONBE fait le contraire. Il fait grandir votre cerveau. Il développe les régions cérébrales qui régulent vos émotions, synthétisent les grandes idées, stimulent votre créativité, acquièrent de nouvelles compétences, soignent votre corps, prolongent votre longévité, améliorent votre mémoire et augmentent votre bonheur. Le chapitre suivant montre comment un cerveau baigné dans les produits chimiques de l'extase commence à changer sa structure fondamentale, alors que le logiciel de l'esprit devient le matériel du cerveau.

L'APPROFONDISSEMENT DES PRATIQUES

Voici des exercices que vous pouvez faire cette semaine pour intégrer les informations de ce chapitre dans votre vie :

- **Remarquer SONDAONBE** : Lorsque vous méditez, remarquez les sensations émotionnelles que vous ressentez dans votre cerveau. Remarquez chaque stimulation neurochimique ; par exemple, lorsque vous sentez une chaude montée de connexion, sachez que c'est l'ocytocine. Ou lorsque vous vous sentez alerte, reconnaissez que de la noradrénaline est libérée. Cet exercice vous aide à comprendre le rôle de chaque substance neurochimique dans l'expérience méditative.
- **Pratique de l'attention** : Un problème courant pour les méditants est de s'endormir. Cela arrive rarement si vous méditez efficacement, car vous produisez de la noradrénaline. Cette semaine, notez les sensations dans votre tête lorsque vous êtes extrêmement concentré pendant une méditation. Vous pouvez ressentir un picotement à un endroit précis de votre crâne, ou un redressement de votre colonne vertébrale. Ces symptômes de vigilance signifient que la norépinéphrine fait effet. Intensifiez ces sensations, et voyez jusqu'à quel point vous pouvez aller. Si vous pratiquez la vigilance de manière constante, vous la renforcez.

- **L'écoute tactile**: Il s'agit d'un exercice à faire avec un partenaire. Réglez une minuterie sur quinze minutes. Asseyez-vous dos à dos avec votre partenaire et fermez les yeux. Touchez son cou, ses épaules et ses mains, en vous connectant à son humeur. Lorsque le minuteur sonne, changez de rôle. Le donneur devient le receveur et *vice versa*. Faites également cette expérience en face-à-face, mais seulement après l'avoir fait plusieurs fois de suite dos à dos. Dans l'étude dont nous avons parlé, le fait de le faire trois fois par semaine a produit des poussées d'ocytocine et a fait baisser la pression sanguine chez les hommes.

- **Connexion avec d'autres espèces**: Si vous avez un chien, vous pouvez le faire facilement. Si vous n'en avez pas, trouvez un chien amical dans un lieu public ou faites-le avec le chien d'un ami avec lequel vous avez une relation. Fixez doucement le chien dans les yeux, tout en vous sentant centré sur votre cœur. Respirez à partir de votre cœur. Remarquez comment votre corps se sent, et mesurez pendant combien de temps la pratique vous semble naturelle. N'essayez pas cela avec les chats; pour le cerveau félin, un regard fixe est un symbole d'agression. Encore pardon, les amoureux des chats.

RESSOURCES MULTIMÉDIA COMPLÉMENTAIRES (EN ANGLAIS)

La partie en ligne de ressources complémentaires de ce chapitre comprend:

- l'Éco-Méditation guidée par Dawson: Devenir Un avec l'univers;
- *Love Is Lifting Me Higher*: Chant avec Julia et Tyler;
- les états de flux et créativité;
- les effets secondaires de la marijuana et de l'ecstasy;
- l'observation des chiens et l'ocytocine.

Obtenez les ressources complémentaires à cette adresse: BlissBrainBook.com/5.

CHAPITRE 6

CHANGER LE CÂBLAGE DU CERVEAU AVEC LE LOGICIEL DE L'ESPRIT

La science divise l'étude des organismes en deux catégories de base : l'anatomie et la physiologie. L'anatomie décrit la structure tandis que la physiologie décrit la fonction.

Votre tube digestif, par exemple, commence par votre bouche, se poursuit par votre œsophage, s'étend jusqu'à votre estomac, et continue à partir de là. C'est ça, l'anatomie. Elle nomme les parties constitutives et décrit leur structure.

Mais si vous étiez un extraterrestre à base de silicium qui vivait des radiations cosmiques, vous n'auriez aucune idée du concept même de « tube digestif humain ». Vous pourriez regarder une radiographie de l'anatomie du système digestif, en voyant clairement la structure de chaque partie, mais vous n'auriez aucune idée de ce que fait le système ou de l'objectif qu'il sert. C'est comme si vous ou moi regardiez une ancienne pierre du calendrier maya : nous observons chaque détail de sa structure, mais nous n'avons aucune idée de son fonctionnement.

C'est là que la physiologie entre en jeu : elle nous montre comment les systèmes fonctionnent. La bouche mâche et casse la nourriture. L'œsophage les transporte vers l'estomac. L'estomac contient des sucs digestifs qui décomposent les morceaux en nutriments qui peuvent être absorbés plus tard dans les intestins. Lorsque vous comprenez la physiologie d'un système, l'anatomie prend tout son sens. Vous devez comprendre à la fois la forme (anatomie) et la fonction (physiologie) pour avoir une image complète d'un système biologique.

TRANSFORMER LA PHYSIOLOGIE EN ANATOMIE

Depuis l'aube de l'histoire humaine, les gens savent que la physiologie peut créer l'anatomie. Les anciens Spartiates ont fait suivre aux guerriers des cours de développement physique rigoureux et structuré pour développer leurs muscles et améliorer leurs capacités martiales. Ils comprenaient des activités telles que le levage de rochers, le lancer de pierres, la lutte et l'escalade.

Ils avaient compris que plus on fait beaucoup travailler un muscle (physiologie), plus il se développe (anatomie).

6. 1. L'idée que la physiologie (l'exercice) peut devenir l'anatomie (les gros muscles) est comprise depuis des millénaires.

Il en va de même pour de nombreux autres types de formation. Au fur et à mesure que les pilotes de chasse progressent grâce à un entraînement de vol rigoureux, leur temps de réaction se raccourcit. Une chanteuse d'opéra peut ne pas être capable d'atteindre les notes les plus aiguës à sa première tentative, mais avec de l'entraînement, elle peut chanter dans ce registre à chaque fois.

Si le principe selon lequel l'exercice d'un système corporel produit physiologiquement des changements anatomiques n'a pas été contesté dans d'autres disciplines, de nombreux scientifiques ont rejeté l'idée en ce qui concerne les neurones.

La plasticité neurale a été suggérée par des pionniers dans les années 1930 et démontrée expérimentalement dans les années 1960, mais elle a été rejetée avec scepticisme par l'*establishment* des neurosciences.

Des neurones incroyablement changeants

En 1964, la neuroscientifique Marian Diamond (1926-2017) a publié des recherches qui ont changé à jamais le domaine des neurosciences. La sienne a été la première étude à démontrer la neuroplasticité du cerveau. Elle a montré que le cerveau peut se développer grâce à l'expérience.

Ses conclusions étaient en opposition directe avec la pensée scientifique de l'époque, qui soutenait que le changement du cerveau ne se faisait que dans une seule direction : la détérioration avec l'âge.

Dans le cadre de cette expérience révolutionnaire, la Dre Diamond et ses collègues David Krech et Mark Rosenzweig ont étudié des rats dans un environnement enrichi, avec des compagnons de cage et des jouets. Les rats témoins se trouvaient dans un environnement appauvri.

Le résultat ?

Le cortex cérébral des rats enrichis était 6 % plus épais que celui des rats appauvris. « C'était la première fois que l'on observait un changement structurel dans le cerveau d'un animal, basé sur différents types d'expériences de la vie passée », a observé la Dre Diamond.

En 1965, elle a présenté ses recherches lors de la réunion annuelle de l'Association américaine d'anatomie. Elle se souvient d'avoir été effrayée alors qu'elle faisait face à une immense salle contenant peu de femmes. Après sa présentation, « un homme s'est levé au fond de la salle et a dit d'une voix forte : "Jeune fille, ce cerveau ne peut pas changer !"... Je lui ai simplement répondu : "Je suis désolée, monsieur, mais nous avons l'expérience initiale et l'expérience de reproduction qui montre qu'il peut changer" ».

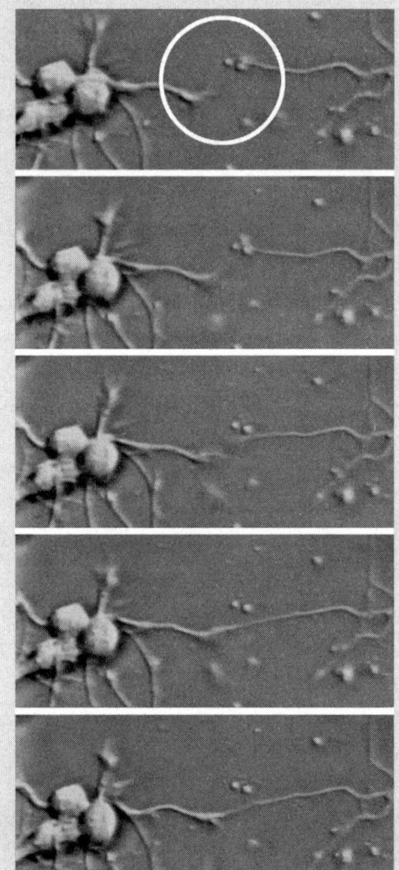

6. 2. Images de microscope électronique à balayage montrant la vitesse à laquelle deux neurones s'interconnectent. De haut en bas: début de la simulation; après 7 secondes; après 8 secondes; après 11 secondes; après 12 secondes.

Elle note « qu'il a fallu deux générations de chercheurs pour que le "paradigme de l'enrichissement" soit validé ».

En 1985, Mme Diamond a démontré que le cerveau des mammifères plus âgés pouvait également se développer. Après seulement six mois dans un environnement stimulant (physiologie), le cortex des rats âgés – l'équivalent d'un rat de 75 ans – était plus épais (anatomie). Mme Diamond a observé que « cela signifie que vous avez un certain degré de contrôle sur votre propre tissu cérébral ».

Mme Diamond énumère cinq facteurs qui sont importants pour un cerveau sain :

1. Régime alimentaire.
2. Exercice.
3. Défi.
4. Nouveauté.
5. Amour.

Elle disait souvent que l'expression « utilisez-le ou perdez-le » s'applique au cerveau aussi bien qu'aux muscles. Diamond a tenu ses promesses, continuant à faire de la recherche et à enseigner quasiment jusqu'à sa mort, à l'âge de 90 ans.

LE FOSSÉ DE LA TRADUCTION

L'image populaire du scientifique est celle d'un observateur désintéressé et objectif qui étudie sans passion les données empiriques.

Mais en réalité, la science est marquée par des lubies, des tendances, des paradigmes, des modes, des querelles, des camps retranchés, des jalousies mesquines et des croyances irréductibles. La science conventionnelle réagit généralement aux nouvelles découvertes par le dénigrement. Lorsqu'il a été confronté aux preuves de la guérison par l'énergie, un sceptique s'est exclamé : « Je n'y croirais pas, même si c'était vrai ! » L'innovation est confrontée à des vents contraires redoutables.

L'opposition aux nouvelles thérapies a des effets secondaires regrettables. Un groupe d'éminents collègues et moi-même avons analysé les rapports du gouvernement américain sur l'innovation en matière de soins de santé. Nous avons constaté qu'il faut en moyenne dix-sept ans pour qu'une percée médicale passe du laboratoire à la connaissance du grand public.

Plus surprenant encore, seuls 20 % des nouveaux traitements comblent le « fossé de la traduction ». Les 80 % restants sont perdus à jamais. Il en résulte que lorsque nous recherchons un traitement, *nous n'avons accès qu'à seulement un cinquième des connaissances médicales qui datent au mieux de dix-sept ans.*

Nous serions scandalisés si nous étions obligés d'utiliser un téléphone portable vieux de dix-sept ans et dont 80 % des fonctions sont désactivées. Mais en tant que société humaine, nous considérons ce paradigme comme parfaitement raisonnable lorsqu'il s'agit de prendre soin de nos corps précieux et irremplaçables.

L'*establishment* des neurosciences a combattu bec et ongles l'idée de la plasticité neurale. Pourtant, les preuves sont finalement devenues trop accablantes pour être niées, et le poids de l'opinion scientifique a commencé à changer.

Les rats que Marian Diamond a étudiés disposaient d'un environnement soit enrichi, soit appauvri. Cela a changé l'état de leur cerveau. Si vous êtes entouré d'un environnement physique, émotionnel, mental et spirituel qui vous nourrit, vous êtes dans un état cérébral unique. Si vous êtes entouré de dangers, d'incertitude et d'hostilité, vous êtes dans un état cérébral tout à fait différent.

Les états cérébraux, ainsi que les états mentaux, émotionnels et spirituels, mènent la danse. Lorsque le circuit cérébral de l'illumination est activé, vous êtes dans un état heureux et positif. Lorsque le réseau du mode par défaut (RMD) du chapitre 2 prédomine, vous êtes dans un état négatif et stressé.

Progression d'état

Le psychologue cognitif Michael Hall est fasciné par le potentiel humain depuis plus de quarante ans. Il a étudié les méthodes les plus avancées, a écrit plus de trente livres sur le sujet, et a cartographié les étapes selon lesquelles les personnes changent.

Ce sont les expériences désagréables qui nous motivent généralement pour changer. Il s'agit d'états mentaux, émotionnels ou spirituels. Le désespoir, la stagnation, la colère ou le ressentiment sont des exemples de ces états. Hall appelle ces états « sans ressources ».

Nous pouvons cultiver des états de ressources, tels que la joie, l'autonomisation, la maîtrise et le contentement. Pour décrire le mouvement d'une personne d'un état sans ressources à un état plein de ressources, Hall utilise le terme « progression d'état ».

Le modèle de « progression d'état » de Hall comporte plusieurs étapes :

- Identifier l'état de manque de ressources.

- Identifier l'état désiré.
- Contrecarrer les modèles de comportement dysfonctionnel qui maintiennent l'état de manque de ressources.
- Activer le changement vers l'état souhaité.
- Faire l'expérience de l'état cible.
- Répéter l'expérience de l'état désiré.
- Conditionner de nouveaux comportements qui renforcent l'état souhaité.

C'est la promesse de diriger votre attention consciemment plutôt que de vous laisser aller à la négativité du cerveau. L'attention soutenue dans le temps produit une progression d'état et déclenche la plasticité neurale. Si vous vous concentrez sur des croyances et des pensées positives de manière répétée, en ramenant votre esprit et votre attention vers le bien, vous utilisez alors l'attention au service de la plasticité neurale positive.

Lorsque nous avons suffisamment pratiqué pour pouvoir maintenir cette concentration, nous atteignons une condition que Hall appelle la *stabilité positive de l'état*. Notre esprit devient stable dans ce nouvel état. Le réglage par défaut est de ne plus se concentrer sur le négatif. Le biais de négativité du cerveau n'est plus de détourner notre attention et de l'orienter vers les choses négatives qui se produisent, que ce soit dans notre propre vie ou dans le monde. Nous avons franchi les étapes de la progression de l'état vers la stabilité positive de l'état.

TRAITS MODIFIÉS

Le journaliste scientifique Daniel Goleman et le neuroscientifique Richard Davidson sont amis depuis l'université. Ils se sont associés pour écrire un livre génial intitulé *Altered Traits* (traits modifiés) qui passe en revue les nombreuses recherches en IRMf sur les effets de la méditation sur le cerveau.

Pourquoi utilisent-ils le mot « traits » et pas simplement « états » ?

Au chapitre 3, nous avons examiné quelles régions du cerveau sont activées par la méditation. Le méditant dont les régions cérébrales sont actives connaît un « état ». Cet état est analogue à un « état » de béatitude ou à un « état » d'allégresse ou de surprise. Ou sous l'influence du réseau du mode par défaut, un « état » de colère, de peur, de dégoût ou de désespoir.

Les états sont éphémères. Ils vont et viennent.

Les traits, en revanche, sont des circuits cérébraux câblés qui contrôlent le comportement. Les psychologues peuvent mesurer un trait comme la conscience, l'extraversion, la gentillesse, la confiance ou la compassion.

Un trait est une caractéristique d'une personne, une norme à laquelle elle revient. Nous avons tous connu des gens avec des traits de caractère comme le pessimisme, l'égoïsme ou l'impatience, et ils sont moins amusants à côtoyer.

Nous avons connu d'autres personnes avec des traits comme la patience, la compréhension et l'empathie, et notre expérience de ces personnes est très différente. Une fois que nous savons qu'une personne a un trait, nous pouvons compter sur elle pour le montrer régulièrement.

6. 3. État d'anxiété. Une femme est anxieuse après avoir lu le journal.

6. 4. Trait d'anxiété. Elle porte un regard anxieux sur tout.

Le titre du livre de Goleman et Davidson, *Altered Traits*, fait référence à la façon dont la méditation modifie notre personnalité. Lorsque nous vivons des *états* psychospirituels positifs, nous atteignons une stabilité d'état positive. Nous « cultivons des qualités durables comme l'altruisme, l'équanimité, une présence aimante et une compassion impartiale – des *traits* altérés très positifs ».

La méditation active le circuit de l'illumination que nous avons examiné au chapitre 3. Elle déclenche l'expérience d'*états* de conscience altérés. Lorsque nous atteignons une stabilité d'état positive, la plasticité neuronale s'active, stimulant la croissance des voies neuronales pour créer de nouveaux *traits*.

Andrew Newberg, coauteur de *How Enlightenment Changes Your Brain*, observe que le cerveau qui a vécu une expérience d'illumination « n'est pas le même cerveau [...] des changements subtils et permanents auront eu lieu dans des domaines clés ».

Dans les 1 % du chapitre 4, *la physiologie des états modifiés* devient *l'anatomie des traits modifiés*. Le câblage neural des zones du cerveau qui produisent le bonheur devient plus gros et plus rapide, tandis que le câblage des réseaux de la misère se rétrécit et ralentit.

LES VÉLOS ET LES HABITUDES : DÉPLACER LE COMPORTEMENT DU HAUT VERS LE BAS DU CERVEAU

Au début, vous devez vous concentrer pour apprendre une nouvelle compétence. Pensez à la première fois que vous avez fait du vélo. Vous vous êtes concentré sur l'équilibre. Cela met en lumière les régions exécutives du cortex préfrontal (CPF) du cerveau, le niveau supérieur de la fonction du néocortex. Le *haut du cerveau* travaille dur pour fournir la concentration nécessaire à l'exécution de la compétence.

Vous aviez également peur de tomber, combiné à l'exaltation que vous procurait la prise de vitesse. Ces émotions ont engagé les circuits de récompense du cerveau pour renforcer votre apprentissage.

Mais à mesure que vous deveniez compétent, la conduite d'un vélo vous demandait moins de concentration. Finalement, vous pouviez prendre votre vélo et tenir en équilibre sans aucune pensée consciente. Même des années plus tard, vous avez conservé cette compétence.

C'est parce que lorsque nous répétons encore et encore un comportement nous développons des réseaux neuronaux *dans le bas du cerveau*. Des structures comme les ganglions de la base dans le striatum prennent en charge l'exécution d'une tâche familière. Ces nouveaux neurones rendent la tâche réflexive, de sorte qu'elle se situe en dessous du niveau de conscience. L'automatisation ascendante prend le relais du contrôle intensif, ciblé et descendant.

Le même processus d'apprentissage et d'automatisation se produit avec tout comportement que nous pratiquons de façon constante, y compris la méditation. La méditation exige au départ un contrôle CPF de haut en bas sur l'attention et l'égoïsme. Les états positifs activent ensuite les circuits de récompense du cerveau.

La dopamine intervient pour renforcer les humeurs agréables que le cerveau apprend. Cela les transfère des niveaux supérieurs du CPF (où ils nécessitent de la volonté) aux ganglions de la base (où ils deviennent un réflexe automatique). Cette « reconsolidation » renforce la stabilité de l'état positif pour produire des traits positifs.

Une équipe de neuroscientifiques note « qu'avec un entraînement et des efforts appropriés, les gens peuvent systématiquement modifier les circuits neuronaux associés à divers états mentaux et physiques qui sont franchement pathologiques ». Nous pouvons prendre notre anatomie cérébrale dysfonctionnelle et la recâbler pour le bonheur et la créativité. Le Cerveau du bien-être devient notre nouvelle normalité, comme nous le verrons dans la postface.

6. 5. Au début, faire du vélo était difficile,
mais à mesure que le câblage neural de cette compétence s'est développé dans les ganglions de la base du cerveau, il est devenu réflexif.

Qui était là en premier : l'œuf ou la poule ?

Sara Lazar, professeure de psychologie à la Harvard Medical School, a été l'un des premiers chercheurs à étudier les changements cérébraux associés à la méditation. Les résultats de ses études sont surprenants.

Tout a commencé lorsque Sara Lazar préparait un doctorat en biologie moléculaire et s'entraînait pour le marathon de Boston. Des blessures dues à la course l'ont contrainte à consulter un kinésithérapeute qui lui a dit qu'elle avait besoin de s'étirer davantage. Elle a alors a commencé à suivre un cours de yoga.

« Le professeur de yoga a fait toutes sortes de déclarations, selon lesquelles le yoga augmenterait votre compassion et ouvrirait votre cœur. Et je me disais : "Oui, oui, oui, je suis là pour m'étirer" », se souvient Lazar. « Mais j'ai commencé à remarquer que j'étais plus calme. J'étais mieux à même de gérer des situations plus difficiles. »

Curieuse, elle a fait une recherche documentaire et découvert des études détaillant les bienfaits de la méditation. Elle est devenue accro et a ensuite changé d'orientation de recherche.

Sa première étude sur la méditation, publiée en 2005, a examiné l'hypothèse selon laquelle la méditation pourrait être liée à des changements réels dans la structure du cerveau. Les sujets étaient vingt méditants de longue durée qui méditaient en moyenne quarante minutes par jour. Ils ont été comparés à un groupe témoin de quinze non-méditants.

L'étude a révélé que les méditants à long terme avaient augmenté la matière grise dans l'insula et les régions du cortex préfrontal associées au traitement sensoriel. Lazar note que cela est logique, car pendant la méditation, l'accent est mis sur les sens et non sur la pensée.

L'épaississement le plus important se trouvait chez ceux qui méditaient le plus profondément, comme mesuré par le rythme respiratoire. « Cela suggère fortement que les différences de structure cérébrale ont été causées par la méditation plutôt que par les différences d'épaisseur du cerveau qui les ont amenés à méditer en premier lieu », observe Lazar.

Les auteurs de l'étude ont conclu : « Ces données fournissent la première preuve structurelle de la plasticité corticale dépendante de l'expérience associée à la pratique de la méditation. »

La deuxième étude de Lazar, publiée en 2011, a répondu de manière décisive à la question de savoir qui venait en premier de l'œuf ou de la poule – la méditation ou l'augmentation du volume du cerveau. Un groupe témoin de dix-sept non-méditants a été comparé à seize personnes qui ont suivi un programme de réduction du stress basé sur la pleine conscience (MBSR) pendant huit semaines. Ce programme comprenait un cours hebdomadaire et trente à quarante minutes d'exercices chaque jour.

Le volume cérébral des méditants a augmenté dans quatre domaines : le cortex cingulaire postérieur ou CCP (gestion de l'errance mentale et de l'égoïsme), l'hippocampe (émotions et apprentissage), la jonction temporo-pariétale (empathie et compassion) et le pons (producteur de neurotransmetteurs). Le volume a diminué dans l'amygdale (déclencheur de combat ou de fuite).

Tout cela après seulement huit semaines de pratique de la pleine conscience !

Sara Lazar médite maintenant depuis plus de vingt ans et rapporte que « cela a eu une très profonde influence sur ma vie. C'est très enraciné. C'est une réduction du stress. Cela m'aide à penser plus clairement. C'est excellent pour les interactions interpersonnelles. J'ai plus d'empathie et de compassion pour les autres ».

CARTOGRAPHIER LES RÉGIONS QUI SE DÉVELOPPENT

Quelles régions du cerveau changent avec la pratique de la méditation ? La résolution des appareils d'IRMf s'est améliorée ces dernières années, tout comme la résolution de votre ordinateur portable est devenue plus précise et plus riche. Cela permet aux scientifiques de dresser un tableau de plus en plus détaillé des régions du cerveau qui augmentent et diminuent parmi les 1 % du chapitre 4.

Ces régions apparaissent comme des régions clés modifiées par la méditation :

- Amygdale, hippocampe, thalamus et autres structures du mésencéphale émotionnel. C'est un élément central dans le stress, la relaxation, la mémoire et l'apprentissage.
- Cortex cingulaire antérieur. Impliqué dans le contrôle de la concentration de l'attention.
- Noyau caudé. Impliqué dans le stockage et le traitement de la mémoire, le noyau caudé joue un rôle essentiel

dans la façon dont le cerveau apprend, en utilisant le retour d'expérience du passé pour influencer les actions actuelles.

- Zones du cortex cingulaire responsables de la régulation de l'activité propre du cerveau.
- Insula. Nous fait prendre conscience de nos états émotionnels internes et de nos sensations corporelles.
- Cortex préfrontal médian. Influence les réponses émotionnelles dans la mémoire et la prise de décision.
- Cortex orbitofrontal. Impliqué dans la pensée rationnelle, le contrôle des impulsions, le raisonnement cognitif et la personnalité.
- Cortex cingulaire postérieur. Un des deux nœuds du réseau du mode par défaut, le RMD, il est actif dans la récupération de la mémoire et l'attribution d'une signification aux perceptions.
- Les régions centrales du cortex préfrontal sont liées à une attention particulière.
- Zones somato-motrices traitant la douleur, le toucher et l'orientation du corps dans l'espace.
- Le striatum, ainsi que les régions limbiques et préfrontales impliquées dans la maîtrise de soi et le désir émotionnel.

Nous allons examiner chacune d'entre elles à tour de rôle, car la compréhension de leurs fonctions vous montrera comment elles contribuent à votre pratique de la méditation. À la fin de ce chapitre, vous comprendrez chaque région activée dans le Cerveau du bien-être, comment elles s'intègrent dans *quatre réseaux distincts* et comment ces réseaux se *coordonnent* pour produire des états de flux élevés.

La recherche sur les changements cérébraux associés à la méditation est relativement récente. À ce stade précoce de la découverte scientifique, nous ne disposons pas encore d'un catalogue complet des effets de la méditation sur le cerveau et le tableau ne cessera d'évoluer au fur et à mesure que des machines à résolution toujours plus élevée et de nouvelles technologies seront mises au point.

De plus, *Le Cerveau du bien-être* n'est pas conçu pour être un manuel, définissant les limites précises de la science actuelle. Il s'agit d'une vue d'ensemble destinée au grand public, qui simplifie des interactions biologiques extrêmement complexes pour donner un aperçu de ce qui se passe dans le cerveau. Cependant, cette vue d'ensemble nous donne une image fascinante des régions du cerveau actives dans la méditation et de la façon dont elles sont modifiées par la pratique.

Ce changement se produit rapidement. Une étude a examiné les scanners cérébraux de personnes âgées pratiquant une méditation chantée appelée *Kirtan Kriya*. Elles avaient des lobes frontaux plus épais, et l'activité du thalamus – la structure de régulation des émotions examinée au chapitre 3 – montrait que les hémisphères droit et gauche agissaient de façon symétrique. Elles avaient une meilleure concentration et une meilleure mémoire.

Combien de temps ont-elles dû s'entraîner pour arriver à de tels résultats ? Elles n'ont médité *que douze minutes par jour* pendant huit semaines.

6. 6. La méditation du *Kirtan Kriya* utilise des positions spécifiques des mains.

La taille compte

Après la mort d'Einstein en 1955 à l'âge de 76 ans, son cerveau a été enlevé, photographié et conservé par le pathologiste Thomas Harvey à l'hôpital de Princeton dans le New Jersey. Une série d'événements étranges s'ensuivit, dont le prétendu vol du cerveau, mais c'est une autre histoire.

De nombreuses photographies sont restées cachées au public ou aux chercheurs jusqu'à ce que la succession du Dr Harvey les lègue au National Museum of Health and Medicine de Washington, DC, en 2010.

Une étude publiée en 2014 a analysé les photographies récemment dévoilées et a déterminé qu'Einstein avait un cortex préfrontal « extraordinaire » et que d'autres zones de son cerveau étaient plus étendues non seulement chez les hommes de son âge, mais aussi chez les jeunes hommes.

L'anthropologue Dean Falk de l'université d'État de Floride et les physiciens de l'Université normale de Chine orientale à Shanghaï ont découvert que le corps calleux d'Einstein, en particulier, était plus volumineux que celui de quinze hommes âgés en bonne santé et de cinquante-deux jeunes témoins.

Comme nous l'avons vu au chapitre 3, le corps calleux relie les hémisphères droit et gauche du cerveau, ce qui leur permet de communiquer et de se coordonner. Des recherches antérieures menées par Falk et d'autres chercheurs avaient montré que des sections du lobe pariétal d'Einstein étaient plus larges de 15 %.

Une partie du corps calleux qui présentait un élargissement est le splénium, qui est responsable des connexions entre les lobes occipital, pariétal et temporal ainsi qu'entre ces lobes et le cortex préfrontal.

Le Dr Falk et ses chercheurs ont conclu : « Ces résultats montrent que la connectivité entre les deux hémisphères a généralement été améliorée pour Einstein par rapport aux témoins. Les résultats de notre étude suggèrent que les dons intellectuels d'Einstein n'étaient pas seulement liés aux spécialisations du pliage cortical et de la cyto-architecture dans certaines régions du cerveau, mais qu'ils impliquaient également une communication coordonnée entre les hémisphères cérébraux. »

LES QUATRE RÉSEAUX CLÉS

Le catalogage des régions du cerveau modifiées par la méditation est fascinant, mais il est encore plus intéressant de voir *comment elles fonctionnent ensemble*. Les régions cérébrales travaillent ensemble dans des *réseaux d'activité*, et une perspective utile pour les observer est la *fonction* de chaque réseau.

Il existe quatre principaux réseaux neuronaux transformés par la méditation, et Goleman et Davidson définissent leurs fonctions comme suit :

régulation des émotions, attention, soi et empathie. En combinaison, ces réseaux fonctionnent ensemble dans ce que Newberg appelle le « circuit de l'illumination ».

Nous allons explorer chacun de ces réseaux et identifier le rôle des régions du cerveau dans le chapitre suivant concernant le fonctionnement de ce réseau.

LE RÉSEAU DE RÉGULATION DES ÉMOTIONS

Tout d'abord, il y a le réseau de régulation des émotions. Je le considère comme primordial, car je crois que si nous n'avons pas la capacité de réguler nos émotions, nous ne pouvons pas profiter d'une vie heureuse. Nous ne pouvons pas maintenir notre cerveau heureux assez longtemps pour déclencher une plasticité neurale si notre conscience est facilement détournée par des émotions négatives comme la colère, le ressentiment, la culpabilité, la peur et la honte. Le réseau de régulation des émotions contrôle notre réactivité aux événements perturbants.

La régulation des émotions est la priorité du méditant. Les émotions nous détournent chaque fois de notre chemin. L'amour et la peur sont fabuleux pour la survie en raison de leur rôle évolutif pour nous garder en sécurité. L'amour nous a permis de rester liés aux autres membres de notre espèce, ce qui nous a donné la force du nombre. La peur nous a rendus méfiants face aux menaces potentielles. Mais pour le méditant qui recherche la paix intérieure, émotion = distraction.

Dans les histoires de Bouddha et de Jésus au chapitre 2, nous avons vu comment ils avaient été tentés à la fois par l'amour du gain et la peur de la perte. Ce n'est que lorsqu'ils maintenaient leurs émotions, en refusant l'un ou l'autre type d'appât, qu'ils étaient capables de rejoindre l'illumination.

LA PRISE DE CONSCIENCE HOSTILE PAR L'ÉMOTION

Vous souvenez-vous d'une époque où vous avez juré d'agir de manière rationnelle mais ne l'avez pas fait ? Vous étiez peut-être agacé par l'habitude d'un partenaire. Ou par l'attitude d'un membre de votre équipe. Ou par le comportement d'un enfant ? Vous avez crié et hurlé en réponse. Ou peut-être que vous n'avez pas agi de manière rationnelle mais que pourtant vous aviez voulu le faire.

Vous avez donc décidé que la prochaine fois, vous resteriez calme et que vous auriez une discussion rationnelle. Mais à mesure que la température émotionnelle de la conversation augmentait, vous vous êtes retrouvé à crier et à hurler à nouveau. Malgré vos meilleures intentions, l'émotion vous a submergé.

Sans entraînement, lorsque des émotions négatives surgissent, notre capacité à penser rationnellement est éclipsée. Le neuroscientifique Joseph LeDoux appelle cela «l'OPA hostile de la conscience par l'émotion». La conscience est détournée par les émotions générées par des expériences non désirées effrayantes ou des expériences désirées attirantes. Nous devons réguler nos émotions encore et encore afin d'établir progressivement une stabilité d'état positive.

Dans un état de stabilité positive, lorsque quelqu'un autour de nous – qu'il s'agisse d'un collègue, d'un conjoint, d'un enfant, d'un parent, d'un politicien, d'un blogueur, d'un journaliste ou d'un porte-parole d'entreprise – dit ou fait quelque chose qui déclenche des émotions négatives, nous restons neutres.

Il en va de même pour les pensées négatives provenant de notre propre conscience. La stabilité d'un état positif nous permet de nous sentir heureux malgré le bavardage de notre propre esprit.

Le déclenchement se fait rapidement. LeDoux a découvert qu'il faut moins d'une seconde entre l'audition d'un mot déclenchant une émotion et une réaction dans le système limbique du cerveau, la partie qui traite les émotions. Lorsque nous sommes submergés par l'émotion, la pensée rationnelle, le jugement sûr, la mémoire et l'évaluation objective disparaissent.

Mais une fois que nous sommes stables dans cet état positif, nous nous sommes vaccinés contre les influences négatives, à la fois de notre propre conscience et du monde extérieur. Nous maintenons cet état positif au fil du temps, et l'état devient un trait.

6. 7. Une fois que le réseau de régulation des émotions est mis en place, nous ne sommes plus déclenchés par des réactions émotionnelles aux événements qui nous entourent.

L'HIPPOCAMPE

L'autorégulation émotionnelle n'est pas seulement « émotionnelle » au sens de sentiments tels que la colère, la honte, la culpabilité et le ressentiment. Elle est physique, sous la forme de faisceaux de neurones qui s'emmêlent et s'interconnectent, communiquant parfois avec des parties distantes du cerveau. Un comportement qui démontre une mauvaise autorégulation émotionnelle est la preuve extérieure de l'activité des voies neuronales au plus profond du système limbique.

Chez les personnes déprimées, l'hippocampe rétrécit avec le temps. Chez les personnes souffrant de TSPT (trouble de stress post-traumatique) chronique, des niveaux élevés de cortisol produisent des dépôts de calcium sur l'hippocampe. Vous voulez avoir certainement beaucoup de calcium dans vos os et vos dents. Mais vous ne voulez certainement pas qu'il ossifie la mémoire et le centre d'apprentissage de votre cerveau.

À l'inverse, les personnes dotées d'une autorégulation émotionnelle efficace développent un hippocampe plus grand et des volumes de tissu neural beaucoup plus importants dans des sous-structures comme le gyrus denté, une partie de l'hippocampe qui coordonne le contrôle émotionnel entre les différentes parties du cerveau. Lorsque les personnes heureuses pratiquent la régulation émotionnelle nécessaire pour s'éloigner des pensées aléatoires et des problèmes de la vie, elles transforment les états en traits.

Elles améliorent également leur mémoire. Une étude de Harvard a montré que la méditation entraîne une augmentation de la concentration de matière grise dans l'hippocampe. Lorsque vous activez l'hippocampe en régulant vos émotions, vous construisez le matériel nécessaire au bonheur et à l'apprentissage.

LE THALAMUS

De gros faisceaux de neurones conduisent l'information jusqu'au cerveau en passant par la moelle épinière. Au sommet de ce conduit se trouve le thalamus. Au chapitre 3, j'ai comparé le thalamus à une station de relais, conduisant l'information des sens au cortex préfrontal.

Pendant la méditation, le thalamus est actif, car les méditants suppriment les entrées sensorielles qui pourraient les tirer hors du Cerveau du bien-être. Andrew Newberg constate que l'un des deux lobes du thalamus est souvent plus actif que l'autre.

Une interprétation de cette activité peut être la prise de conscience par le méditant qu'il est plus que son corps et qu'il est connecté à un esprit non local, et pas seulement à ses sens. C'est le thalamus qui nous dit ce qui est et n'est pas la réalité, et cela est affecté par la réalité plus large dans laquelle le méditant est absorbé.

Chez les méditants de longue durée, cette asymétrie persiste lorsqu'ils ouvrent les yeux. Au fur et à mesure que le méditant fait l'expérience de l'unité, l'univers sera, selon les mots de Newberg, « ressenti comme réel ». Mais il ne sera pas une réalité « symétrique ». Au contraire, il sera perçu « asymétriquement », ce qui signifie que la réalité apparaîtra différente de la perception normale de chacun.

L'univers non local peut être perçu comme plus réel que la réalité sensorielle locale et, comme l'observe Newberg, « plus une personne s'engage dans une réflexion méditative sur elle-même, plus ces centres de réalité [comme le thalamus] changent ».

Le réseau de régulation des émotions est le réseau dans lequel les changements cérébraux peuvent se produire le plus rapidement. Dans mon livre *De l'esprit à la matière,* je raconte l'histoire de Graham Phillips, un journaliste de télévision australien qui a décidé de faire un voyage de huit semaines dans la conscience. Voici ce qui est arrivé à son cerveau.

Huit semaines pour un cerveau remodelé

L'astrophysicien australien et journaliste de télévision Graham Phillips était sceptique à l'égard de la méditation, mais les recherches croissantes sur ses bienfaits l'ont persuadé de se lancer dans un test personnel.

« Je n'ai jamais vraiment envisagé que la méditation puisse m'être utile », dit-il, « mais plus j'entends parler de ces recherches, plus je suis impatient de voir si cela a un effet. Je vais donc l'essayer moi-même pendant deux mois. [...] Pour moi, afin de prendre la méditation au sérieux, j'ai besoin de la preuve que ça change mon cerveau pour le mieux. »

À cette fin, Phillips a engagé une équipe de l'université Monash – dirigée par le professeur de psychologie biologique Neil Bailey et le psychologue clinicien Richard Chambers – pour effectuer une série de tests sur Phillips afin d'évaluer sa mémoire, son temps de réaction et sa capacité à se concentrer. Avec les scanners IRM, ils ont également mesuré le volume de chaque région de son cerveau, en particulier les zones impliquées dans la mémoire et l'apprentissage, le contrôle moteur et la régulation des émotions.

Deux semaines après avoir commencé sa nouvelle routine, Phillips s'est senti mieux à même de faire face aux défis de la vie et du travail. Au bout de huit semaines, il a déclaré qu'il « remarque le stress mais ne se fait pas aspirer ».

Les résultats objectifs, lors de la deuxième série de tests, ont montré que Phillips était meilleur dans les tâches comportementales, même si son cerveau était moins actif. Les chercheurs ont expliqué que son cerveau était devenu plus efficace, qu'il faisait un meilleur travail tout en dépensant moins d'énergie.

Ses tests de mémoire se sont améliorés. Son temps de réaction a été réduit de près d'une demi-seconde. C'est la différence entre la vie et la mort lorsqu'un piéton passe devant votre voiture.

Les chercheurs se sont particulièrement intéressés à son gyrus denté, puisqu'il aide à réguler les émotions dans d'autres parties du cerveau et à exercer un contrôle sur le réseau du mode par défaut indiscipliné. Le volume des cellules nerveuses de son gyrus denté avait augmenté de 22,8 %, ce qui est étonnant.

Ce changement dans le cerveau de Phillips indique une augmentation spectaculaire de la capacité à réguler les émotions. Des tests psychologiques ont montré que les capacités cognitives de Phillips avaient également augmenté de plusieurs ordres de grandeur.

Vous n'êtes plus sceptique? À la fin de son test de méditation, Phillips a déclaré: « Hé, je suis impressionné et je me sens certainement plus heureux avec mon cerveau plus jeune et plus lourd. »

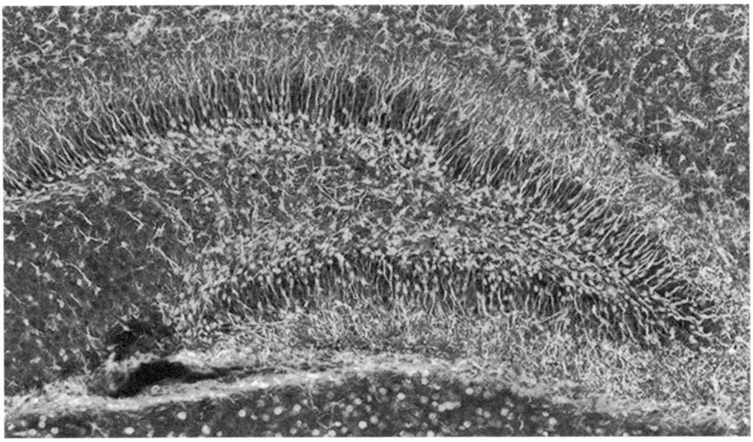

6. 8. Cellules souches neurales dans le gyrus denté en forme de C.
Voir la version en couleurs au centre du livre.

Voici les régions du cerveau qui sont agrandies dans le réseau de régulation des émotions.

- cortex préfrontal ventromédian;
- thalamus;
- jonction temporo-pariétale (TPJ);
- hippocampe;
- subiculum, la voie de sortie principale de l'hippocampe;
- cortex cingulaire antérieur et moyen;
- cortex orbitofrontal;
- précuneus;
- cortex orbitofrontal ventromédian.

Cette dernière structure exerce un contrôle sur l'amygdale, le striatum et l'hypothalamus. Selon l'équipe du laboratoire d'imagerie de l'université de

Hong Kong, elle « génère une évaluation plus souple pour contrebalancer la réactivité automatique dans l'amygdale et le striatum et joue donc un rôle important dans la régulation émotionnelle descendante et la réévaluation des états émotionnels négatifs ».

AMYGDALE

Chez les « 1 % », certaines régions du cerveau se rétrécissent. L'amygdale, « l'alarme incendie » du cerveau, diminue en volume. Chez les adeptes, le manque d'activation provoque son atrophie.

Les circuits de contrôle entre le cortex préfrontal et l'amygdale deviennent plus gros. C'est important car plus ce lien est fort, moins vous êtes réactif. La relation entre ces circuits et la réactivité émotionnelle est si forte que leur taille prédit en fait le degré de réactivité d'une personne. Même lorsqu'elle n'est pas confrontée à un déclencheur émotionnel, les amygdales des adeptes sont 50 % plus calmes.

Chez les personnes très stressées, l'effet inverse se produit. L'amygdale prend de l'ampleur. Les connexions entre les régions du cortex préfrontal qui contrôlent les émotions et l'amygdale se détériorent, ce qui permet aux signaux de stress de proliférer.

Ce qui me fascine particulièrement dans ce circuit de contrôle, c'est que *l'information circule dans les deux sens*. Chez les personnes stressées, le circuit envoie des signaux de l'amygdale au cortex préfrontal, détournant les centres de décision du cerveau et paralysant la fonction exécutive.

Mais les adeptes piratent le pirate. Ils utilisent ce même circuit de contrôle *à l'envers*. Le cortex préfrontal envoie des signaux dans l'autre sens, en freinant l'amygdale et en stoppant la réponse au stress.

L'amygdale peut également être régulée par les ganglions basaux, en particulier le striatum. Celui-ci s'engage avec des zones du cortex préfrontal pour éteindre les réponses conditionnées de l'amygdale à la peur. Une fois que ces structures situées profondément dans le cerveau sont activées, le contrôle des émotions devient plus facile.

Les 1 % ont reconnu la nécessité de la régulation émotionnelle depuis des siècles. Saint Abba Dorothée, un abbé palestinien du VIe siècle, a conseillé à ses disciples : « Tout ce que vous faites, que ce soit grand ou petit, n'est qu'un huitième du problème ; alors que rester dans un état imperturbable [...] représente les sept autres huitièmes. » Le dalaï-lama dit : « La vraie marque d'un méditant c'est qu'il a discipliné son esprit en le libérant des émotions négatives. »

Le réseau de régulation des émotions permet donc à la fois de développer ces régions cérébrales utiles à la régulation des émotions et réduit celles qui ne le sont pas. Il s'agit de la base d'une pratique de la méditation réussie et d'une vie heureuse.

LE RÉSEAU DE L'ATTENTION

Je place le réseau de l'attention en deuxième position parce que si nous avons appris à contrôler nos émotions indisciplinées, nous sommes alors capables de faire attention. Lorsque nous ne sommes plus distraits par l'émotion, notre attention est forte. Les régions du cerveau impliquées dans le réseau de l'attention commencent alors à se développer. Parmi celles-ci, on trouve :

- l'insula ;
- les zones somato-motrices ;
- les régions centrales du cortex préfrontal ;
- le cortex cingulaire postérieur ;
- le précuneus ;
- le cortex cingulaire et orbitofrontal antérieur et moyen ;
- le cortex cingulaire antérieur ;
- le gyrus angulaire ;
- le pons ;
- le corps calleux.

Les zones somato-motrices traitent la douleur, le toucher et l'orientation du corps dans l'espace. La ligne centrale du cortex préfrontal est engagée en mobilisant une attention particulière. Il peut remarquer et corriger le vagabondage mental. Le précuneus est impliqué à la fois dans l'autorégulation et le bonheur.

Les autres régions du cerveau qui composent le réseau d'attention sont impliquées en régulant les émotions et l'égoïsme, et en dirigeant le centre d'attention. Donc, le réseau dans son ensemble est capable de détecter et de corriger « l'esprit du singe », de contrôler les distractions sensorielles, de maintenir l'attention et de supprimer le « soi-disant ».

UN CERVEAU EN EXPANSION DANS UN CRÂNE FINI

Comment le cerveau peut-il augmenter en taille s'il est enfermé dans un crâne de dimensions fixes? Cela se passe d'une manière intrigante. Le néocortex a des centaines de plis. Le nombre de plis augmente au fur et à mesure que le cerveau se développe. Prenez un drap de lit et plissez-le. Plus il se plisse, plus la surface que vous pouvez occuper dans un espace réduit est grande.

Le mot savant que les neuroscientifiques utilisent pour ce pliage est « gyrification ». La gyrification permet l'ajout de tissu cérébral dans un crâne à volume fixe. Les recherches montrent que les méditants ont plus de gyrification, ce qui permet un traitement plus rapide de l'information.

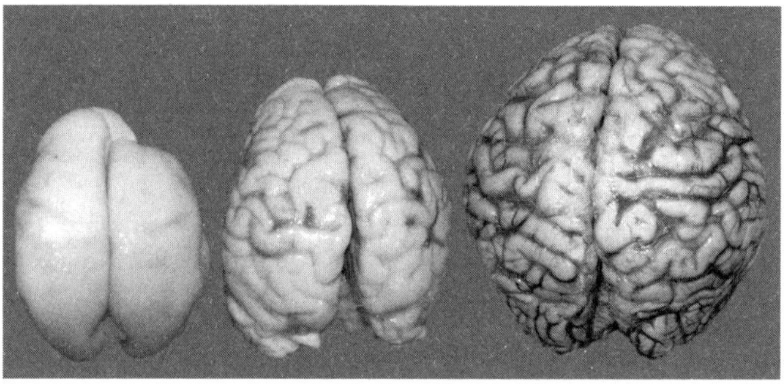

6. 9. À mi-parcours du développement du fœtus humain, le cerveau n'a pas de plis (à gauche). À la naissance, il a développé un pliage important (centre). Le pliage peut se poursuivre tout au long de la vie adulte (à droite).

Laisser mon cerveau s'exprimer

par Achmed Habibi

J'ai commencé à méditer vraiment depuis trois mois. Je me lève à 4 heures du matin et je médite jusqu'à 6 h 30. Avant cela, je méditais environ vingt minutes plusieurs fois par semaine, mais je voulais voir si je pouvais atteindre les mêmes états profonds que ceux dont j'ai entendu parler par Joe Dispenza ou Tony Robbins.

Il y a environ un mois, j'ai commencé à ressentir une pression dans ma tête. Elle se situe à environ cinq centimètres au-dessus de l'arête de mon nez. Je ne me sens pas mal, mais c'est fort. Certains jours plus que d'autres. Je suis allé voir mon médecin généraliste pour ma visite médicale annuelle, mais il n'a rien trouvé qui clochait ; en fait, il a dit que j'étais en pleine forme.

J'ai lu les histoires de Dawson dans *De l'esprit à la matière* et j'ai pensé qu'il pourrait avoir une idée. Je suis donc allé à son cours d'Éco-Méditation et je me suis assis au premier rang. De cette façon, je pouvais poser une question.

Dawson m'a posé beaucoup de questions en retour. Puis il m'a dit que la pression pourrait signifier que cette partie de mon cerveau est en train de se développer. Je me sens vraiment bien, donc je suppose que c'est possible. Je sais qu'après une vie de stress en tant que trader financier à Londres, je suis prêt à faire un autre voyage, différent, avec ma vie.

D'autres personnes qui ont commencé à pratiquer l'Éco-Méditation m'ont raconté des histoires similaires. Après quelques mois, elles ont commencé à ressentir une pression à l'intérieur de leur crâne. Quand je leur demande où, elles me montrent souvent des zones similaires.

Ce sont des endroits proches de la surface, tels que la jonction temporo-pariétale et le cortex préfrontal dorsolatéral, dans lesquels la méditation produit une augmentation du tissu cérébral. En grandissant, en poussant contre le crâne pour produire un pliage accru, vous pouvez vous aussi ressentir cette pression.

LE RÉSEAU DU CONTRÔLE DU SOI-DISANT

Dans le chapitre 2, nous avons appris ce qu'est le « soi-disant », la tendance du RMD, le réseau du mode par défaut, à se concentrer sur le soi, avec son penchant pour la souffrance et la négativité. Le cerveau possède également un réseau de contrôle du soi qui supprime cette activité.

Une fois que nous avons appris à apprivoiser nos émotions et à concentrer notre attention, nous abandonnons notre petite introspection et nous nous rendons dans des états d'extase. Lorsque le réseau de contrôle du « soi-disant » est engagé, notre obsession de nous-mêmes diminue à mesure que nous sommes attirés dans la conscience de l'unité avec un esprit non local.

Dans une étude classique, Judson Brewer, l'un des chercheurs les plus innovants en neurosciences, a trouvé un lien plus fort chez les méditants entre le cortex préfrontal dorsolatéral du chapitre 3 et le cortex cingulaire postérieur (CCP). Ce câblage neuronal permet d'arrêter le CCP, l'un des deux centres du réseau en mode par défaut. Le réseau de contrôle de soi élargit un certain nombre de régions du cerveau. Il s'agit notamment :

- du cortex préfrontal ventromédian ;
- du sillon frontal inférieur ;
- de la jonction frontale inférieure ;
- des cortex cingulaire antérieur et moyen ;
- du cortex orbitofrontal.

Après seulement trois jours de pratique de la pleine conscience, les chercheurs ont constaté une augmentation de la connectivité entre le cortex préfrontal dorsolatéral et le cortex cingulaire postérieur. Les praticiens ont construit un renforcement de leurs capacités d'autorégulation, seulement soixante-douze heures après qu'ils ont commencé la pratique.

Mais chez les méditants très expérimentés ayant des milliers d'heures de pratique, les connexions étaient plus fortes. Ils pouvaient se perdre dans le Cerveau du bien-être plus rapidement et plus efficacement. Leurs réseaux du mode par défaut (RMD) ont également été moins activés que ceux des débutants. C'est la conséquence d'un meilleur contrôle du RMD, même pendant les états non méditatifs.

Le cortex préfrontal médian est impliqué dans les comportements centrés sur soi et se calme chez des méditants expérimentés. Le cingulaire antérieur aide à gérer les impulsions et les émotions. Avec certaines parties des ganglions basaux, il contrôle le « soi-disant » en offrant une perspective d'avenir plutôt qu'en approuvant un comportement immédiat.

Une connectivité accrue dans ces régions du cerveau permet au méditant de faire taire le bavardage incessant du réseau du soi-disant, de calmer le réseau du mode par défaut et de gagner l'espace mental nécessaire à la paix intérieure. Cela diminue « l'esprit du singe » qui tire le débutant hors des états méditatifs.

LE RÉSEAU DE L'EMPATHIE

Une fois que ces trois premiers réseaux sont développés, nous sommes libérés du bavardage égocentrique qui distrait tant le méditant novice. Les frontières de notre espace s'élargissent pour englober plus que notre ego encapsulé sous notre peau. Nous nous sentons unis à l'univers et unis à tout ce qui s'y trouve.

Cela engage le réseau de l'empathie. Lorsque nous ressentons de l'empathie, les mêmes circuits neuronaux s'allument que lorsque nous prenons soin d'enfants, d'amis ou d'autres membres de notre tribu. Ces circuits se renforcent rapidement lorsque nous invoquons régulièrement la compassion. Et comme les frontières de notre espace se sont élargies pour inclure l'univers entier, l'empathie s'étend à l'infini.

Le réseau d'empathie comprend également les structures cérébrales qui perçoivent les signaux du corps tels que la douleur et qui sont essentielles à l'intelligence émotionnelle. Le méditant ressent la douleur de l'autre comme si c'était la sienne.

Une fois que le réseau d'empathie s'allume, il réveille les circuits associés au bonheur et à la joie. Plus la connectivité entre ces régions du cerveau est grande, plus les méditants sont heureux et altruistes. Parmi les régions du cerveau importantes pour le réseau de l'empathie, on trouve :

- l'insula ;
- la jonction temporo-pariétale ;
- le cortex cingulaire antérieur ;
- le cortex prémoteur ;
- le noyau accumbens.

Chez les adeptes de la compassion, l'insula du cerveau commence à s'élargir. L'insula nous fait prendre conscience de nos états émotionnels internes et augmente notre niveau d'attention à leurs signaux. Elle possède également de riches connexions avec le cœur et d'autres organes viscéraux, ce qui lui permet de suivre et d'intégrer les signaux provenant du corps. Chez les personnes empathiques, l'insula réagit fortement à la détresse des autres, comme si nous souffrions nous-mêmes.

L'activation de la jonction temporo-pariétale (JTP) indique que nous pouvons voir les choses du point de vue d'une autre personne. Cela nous permet de nous mettre à sa place et de prendre en considération ses besoins.

Il y a une partie du cingulum antérieur qui s'allume uniquement lorsque nous envisageons des actions qui aident les autres. Elle n'est pas activée par des résultats qui ne favorisent que nous. Cette région est également associée au contrôle des impulsions et à la prise de décision ; nous pouvons choisir des options gagnant-gagnant plutôt que les désirs compulsifs du noyau accumbens.

6. 10. L'empathie est un événement neurologique, pas simplement un état émotionnel.

Lorsque les adeptes sont confrontés à la souffrance des autres, le cortex prémoteur s'allume. Cela signifie que le cerveau n'a pas seulement remarqué la détresse d'un être humain, mais qu'il se prépare à agir.

Chez les méditants expérimentés, le noyau accumbens se rétrécit. Cette structure, que nous avons examinée au chapitre 3, est active dans le désir et la dépendance. La désactivation du noyau accumbens par la connexion empathique équivaut à un affaiblissement de l'attachement égocentrique.

En calmant nos émotions et en concentrant notre attention, nous ne sommes plus motivés par nos désirs et nos compulsions, et les circuits cérébraux associés à cette partie du circuit de la récompense commencent à se flétrir.

Lorsque je forme des personnes lors des retraites d'Éco-Méditation, je me concentre sur le réseau d'empathie seulement après que les trois premiers réseaux sont actifs. Je leur demande d'abord de se concentrer sur eux-mêmes, puis sur une seule autre personne. Ce n'est qu'après cela que nous étendons notre compassion à l'échelle universelle.

C'est parce que penser aux autres peut facilement nous amener au vagabondage mental. Les gens que j'aime, les gens que je n'aime pas, et les choses qui sont arrivées pour provoquer ces sentiments. Essayer d'être compatissant envers les personnes qui nous ont fait du mal peut nous faire sortir du Cerveau du bien-être. J'active donc le réseau d'empathie seulement après que le réseau d'attention est engagé.

CHANGER DE CERVEAU, C'EST CHANGER DE VIE

Le fait que les états de béatitude, pratiqués de manière constante, deviennent des traits de béatitude est un don profond pour nous, êtres humains. Cela signifie que nous ne sommes pas condamnés à vivre avec le cerveau de l'homme des cavernes dont l'évolution nous a dotés.

Cette pratique qui permet à notre cerveau d'évoluer, certaines parties lentement, d'autres rapidement, est une innovation remarquable. Au chapitre 8, nous verrons à quel point cela affecte le monde.

La croissance de 22,8 % du gyrus denté de Graham Phillips en seulement huit semaines est un appel à l'action. Lorsque vous pouvez développer votre matériel de régulation émotionnelle – la base du bonheur et de la paix intérieure – aussi rapidement, il n'y a aucune raison d'hésiter.

Vous n'êtes pas obligé de vous contenter du niveau de bonheur que vous connaissez aujourd'hui. Vous pouvez sauter à un niveau beaucoup plus élevé – avec de la pratique, jusqu'à la félicité. Et cela n'a pas besoin de prendre beaucoup de temps. L'étude de Kirtan Kriya a montré que huit semaines, douze minutes par jour, suffisent pour déclencher un changement de votre cerveau.

Nous pouvons regarder autour de nous et être insatisfait de certaines parties de notre vie – l'argent, l'amour, la famille, la carrière, la spiritualité, le poids ou la santé. Notre capacité à les changer peut être limitée.

Mais cela ne s'applique pas à notre capacité à changer notre cerveau. Et lorsque vous changez le cerveau qui vit votre vie, vous introduisez une nouvelle perspective dans les circonstances matérielles qui vous entourent. C'est alors que le monde autour de vous commence à changer aussi. Le changement de cerveau provoque un changement de vie.

L'APPROFONDISSEMENT DES PRATIQUES

Voici des exercices que vous pouvez faire cette semaine pour intégrer les informations de ce chapitre dans votre vie :

- **Journal du cerveau sain 1** : Marian Diamond a énuméré les cinq éléments essentiels d'un cerveau en bonne santé : alimentation, exercice, défi, nouveauté et amour. Notez ces cinq rubriques dans votre journal en début de semaine. Chaque jour, notez au moins une mesure que vous prendrez, dans un domaine, pour promouvoir la santé de votre cerveau. Voici deux exemples :
    - *La nouveauté*. Cette semaine, j'écouterai mes enregistrements en anglais dans ma voiture en allant travailler afin de pratiquer mon vocabulaire.
    - *L'exercice*. Cette semaine, lorsque j'irai à l'épicerie, je descendrai à la station de métro une sortie plus loin et je marcherai le dernier demi-kilomètre.
- **Exercice de progression d'état** : Utilisez des tactiques pour contrer le biais de négativité du cerveau et pour prendre en compte le positif. Un exemple : pensez à une personne qui vous agace. Notez maintenant une liste de ses qualités. Lorsque votre esprit est ramené à ce qui vous agace en elle, regardez délibérément votre liste. Remplissez votre esprit de ces qualités positives en établissant de nouveaux liens neuronaux entre cette personne et la liste. Vous pouvez faire un exercice de progression d'état sur d'autres stimuli qui vous mettent dans un état de manque de ressources.
- **Journal du cerveau sain 2** : Habituellement, « l'OPA hostile par l'émotion » est déclenchée par les mêmes stimuli. Dans votre journal, notez une liste de dix choses qui vous dérangent beaucoup chez les autres. Prenez-les personnellement et rendez-les aussi mesquines, vicieuses et méchantes que vous le souhaitez. Maintenant, repliez cette page et inscrivez la date un an plus tard, jour pour jour. Ne la regardez pas à nouveau d'ici là. Lorsque vous reverrez votre page pliée, un an ou plus tard, remarquez à quel point vous avez changé, sans même essayer de le faire.
- **Remarquer la pression de votre tête** : Observez si vous commencez à ressentir une pression à l'intérieur de votre

crâne lorsque vous méditez. Notez exactement l'endroit où vous la ressentez. Maintenant, regardez une image du cerveau sur Internet. Voyez si vous pouvez identifier la région du cerveau dans laquelle vous percevez la pression et lisez à nouveau la fonction de cette région.

RESSOURCES MULTIMÉDIA COMPLÉMENTAIRES (EN ANGLAIS)

La partie en ligne de ressources complémentaires de ce chapitre comprend :

- l'Éco-Méditation guidée par Dawson : Cultiver l'attention ;
- Andrew Newberg TEDx Talk sur la recherche de notre état éclairé ;
- la vidéo de Judson Brewer sur le réseau du mode par défaut ;
- Sara Lazar TEDx parle de la façon dont la méditation modifie le cerveau ;
- la démonstration vidéo de Dawson sur les changements énergétiques.

Obtenez les ressources complémentaires à cette adresse : BlissBrainBook.com/6.

CHAPITRE 7

LE CERVEAU RÉSILIENT

Nous avons tous entendu parler du trouble de stress post-traumatique ou TSPT. Une grande partie de mes recherches ont porté sur le traitement de ce syndrome. Avec des collègues, j'ai mené plusieurs essais contrôlés randomisés sur le TSPT chez les vétérans. Nous avons montré qu'en utilisant l'EFT Clinique, plus de 85 % d'entre eux se remettent de symptômes tels que les flash-backs, les cauchemars, l'insomnie et l'hypervigilance. Beaucoup apprennent également à méditer.

Avec un groupe de thérapeutes et d'accompagnateurs de vie, j'ai lancé en 2007 le Veterans Stress Project. Au fil des ans, nous avons travaillé avec plus de vingt mille vétérans et les membres de leur famille. Ce fut merveilleux de voir les changements dans leur vie. Voici l'histoire d'un ancien combattant qui a appris l'Éco-Méditation, tiré de *De l'esprit à la matière.*

Des champs de bataille de l'Irak à la paix intérieure

par Bryce Rogow

Beaucoup de mes amis disent que je suis une contradiction ambulante. D'une part, je suis un chercheur spirituel ; j'ai étudié la méditation dans un monastère zen au Japon, je suis professeur de yoga et j'ai appris la médecine corps-esprit auprès de certains des meilleurs guérisseurs du monde.

D'autre part, je suis un vétéran de quatre déploiements de combat en Irak en tant qu'homme de corps, ou infirmier, avec les Marines américains.

Après avoir quitté l'armée, on m'a diagnostiqué un trouble de stress post-traumatique et après m'être senti perdu et désespéré pendant un certain temps, je me suis lancé dans un voyage de découverte de soi et de guérison, avec l'intention d'apprendre les techniques les plus efficaces pour calmer les feux de la détresse mentale et physique.

Dans cette lettre, je veux vous parler de l'une des méthodes les plus efficaces pour guérir le corps et l'esprit que j'ai rencontrées, une technique qui est devenue une partie indispensable de ma routine quotidienne et l'une de mes choses préférées à partager avec toute personne qui souffre et qui veut se sentir mieux maintenant : l'Éco-Méditation de Dawson Church, une pratique qui ne prend que quelques minutes, mais qui peut néanmoins conduire à un état de bien-être élevé, généralement réservé aux praticiens spirituels les plus avancés.

C'est une technique idéale pour tout ancien combattant souffrant de TSPT – totalement gratuite, mais plus efficace selon mon expérience que toutes les pilules ou techniques thérapeutiques actuellement utilisées par l'administration des vétérans.

J'aimerais vous raconter un peu mon histoire, puis vous décrire plus en détail les méthodes et les avantages de l'Éco-Méditation ; j'espère que quiconque lira ceci voudra l'apprendre pour lui-même et l'inclure dans la liste des thérapies offertes aux vétérans par l'Administration des vétérans.

J'ai obtenu mon diplôme de Princeton et je me suis enrôlé en 2003, l'année où nous avons envahi l'Irak et commencé une guerre qui a défini ma génération – du moins pour ceux d'entre nous qui ont servi. Je voulais servir mon pays et contribuer à libérer le peuple irakien de la tyrannie de Saddam Hussein.

Mon premier déploiement avec un bataillon de reconnaissance des Marines américains (la version des Marines des forces spéciales) m'a conduit à la deuxième bataille de Fallujah en novembre 2004, un assaut massif sur une ville qui a été décrite comme le combat urbain le plus intense que les forces américaines aient vu depuis la ville de Hué au Vietnam.

Tous ceux d'entre nous qui ont été déployés garderont, pour le reste de leur vie, des images avec lesquelles ils devront apprendre à vivre.

Pour moi, la première image de ce genre est venue après que mon premier camarade de mon unité a été tué en déterrant un IED, ou dispositif explosif improvisé – une des bombes artisanales que les insurgés enterrent dans les champs et au bord des routes.

Quand cet ami a explosé (plusieurs autres ont été tués ou blessés), les parties de son corps étaient éparpillées en petits morceaux sur une zone de la taille d'un terrain de football. Quand je suis arrivé sur les lieux, d'autres membres de son peloton ramassaient des morceaux de son corps, tandis que le chef de peloton soignait les blessés. J'ai été surpris lorsque deux de ses coéquipiers sont venus à mon Humvee demander des gants et des sacs-poubelle ; il est apparu clairement qu'il n'y avait pas de « corps » pour un sac mortuaire, seulement des morceaux de chair, d'os et d'organes qu'ils mettaient dans de grands sacs-poubelle noirs.

Ma méthode pour préserver ma propre fonction mentale, en plus de devenir dépendant des analgésiques que nous avions à disposition, était d'accepter le fait que j'étais déjà mort, et donc de me rappeler constamment que rien de ce qui m'arrivait n'avait d'importance, parce que j'étais déjà mort.

Le TSPT nous a été décrit comme une lésion physique réelle du cerveau, et je réalise maintenant que même si nous, les médecins, avions les meilleures formations de l'histoire du monde, nous n'avions pas de « premiers secours psychologiques » pour traiter ces blessures mentales. Et bien que nous portions de lourds gilets pare-balles pour nous protéger des snipers et des tireurs d'élite ennemis lorsque nous patrouillions dans la poussière des rues irakiennes jonchées de détritus, nous n'avions aucune « armure de vie » pour nous protéger du tribut psychologique de la peur constante de la mort. Aucune connaissance des techniques corps-esprit pour calmer nos nerfs et accéder à nos ressources intérieures de guérison au moment où nous en avions le plus besoin.

Lorsque j'ai reçu ma « libération honorable » de l'armée américaine en 2008, j'ai été surpris d'avoir survécu à la guerre. Je m'attendais à une énorme vague de soulagement lorsque j'ai été libéré de toute possibilité de déploiement futur, mais ce soulagement n'est jamais venu. J'ai marché et conduit dans les villes américaines avec la même peur tenace que j'avais éprouvée en Irak.

Je pense que tout ce temps passé à accepter le fait que j'étais déjà mort a fait de moi une sorte de zombie ambulant parmi les vivants de la maison. Chaque personne que je regardais était horriblement défigurée, abattue, mutilée, ensanglantée, et avait besoin de mon aide. D'une certaine manière, c'était pire que d'être en Irak, parce que les sentiments n'étaient pas adaptés à la situation et parce que je n'avais plus mes amis pour me soutenir émotionnellement.

J'ai passé beaucoup de temps à être fortement dépendant de l'alcool et des drogues, y compris de drogues comme le Clonazepam prescrit par des psychiatres bien intentionnés, des drogues qui créaient une dépendance extrême et entraînaient beaucoup de comportements à risque.

Cependant, j'avais toujours le rêve d'apprendre à méditer et d'entrer dans la voie spirituelle, un rêve qui a commencé à l'université lorsque j'ai été exposé aux enseignements du bouddhisme et du yoga, et j'ai compris que c'étaient des voies plus stables vers le bien-être et une humeur élevée que les effets à court terme des drogues. J'ai décidé que je voulais apprendre la méditation auprès d'un authentique maître asiatique, alors je suis allé au Japon pour m'entraîner dans un monastère zen traditionnel, appelé Sogen-ji, dans la ville d'Okayama.

Beaucoup de gens pensent qu'être dans un monastère zen doit être une expérience paisible et heureuse. Pourtant, bien que j'aie vécu de nombreuses belles expériences, la formation a été quelque peu brutale. Nous avons médité pendant de longues heures dans des chambres froides et glacées, ouvertes à l'air glacé de l'hiver japonais enneigé, et nous n'étions pas autorisés à porter des bonnets, des foulards, des chaussettes ou des gants. Un moine âgé patrouillait constamment dans la salle de méditation avec un bâton, appelé *keisaku*, ou « bâton de la compassion », qui était frappé sur les épaules de quiconque était pris en train de s'affaler ou de fermer les yeux.

L'entraînement au zen violerait certainement les conventions de Genève. Et il ne s'agissait pas de méditations guidées comme celles que l'on trouve en Occident ; on m'a simplement dit de m'asseoir et de surveiller ma respiration, et ce furent les seules instructions de méditation que j'aie jamais reçues.

Je me souviens que le troisième jour au monastère, je pensais vraiment que mon esprit était sur le point de craquer à cause de la douleur dans mes jambes et de la voix dans ma tête qui devenait incroyablement forte et perturbante lorsque j'essayais de méditer. Je suis allé voir le moine principal et lui ai dit : « S'il vous plaît, dites-moi quoi faire avec mon esprit pour que je ne devienne pas fou », et il m'a simplement regardé, m'a dit : « Ne parlez pas » et s'est éloigné.

Laissé à moi-même, j'ai en quelque sorte trouvé la volonté de continuer, et après des jours, des semaines et des mois de méditation, j'ai en effet fait l'expérience d'un bonheur si profond et d'une conscience si étendue que cela m'a donné la foi que la méditation était, comme chemin vers l'illumination, tout ce que j'avais espéré, tout ce que les livres et les écritures m'avaient promis.

Je suis profondément reconnaissant à Shodo Harada-Rôshi, un véritable maître zen moderne, d'avoir facilité cette expérience. Cependant, après avoir quitté le monastère, j'ai pris conscience que je ne serais pas capable de maintenir ce niveau de méditation par moi-même, que j'aurais besoin de moyens plus rapides et plus faciles, et d'une meilleure compréhension de l'esprit et du corps pour faire des pratiques méditatives une partie utile de ma vie.

Un jour, en faisant des recherches sur Internet, je suis tombé sur l'Éco-Méditation. J'ai simplement lu la page Web et j'ai suivi les étapes, et en deux minutes, je me suis retrouvé à activer toutes ces ressources de guérison et à entrer dans un état de relaxation et de bien-être profond que je n'avais atteint auparavant qu'après des heures, voire des jours et des semaines de méditation.

Je me suis immédiatement inscrit à un atelier avec Dawson (qui, à ma grande chance, a été codirigé par son ami, le Dr Joe Dispenza). J'étais si enthousiaste à l'idée que Dawson nous guide dans l'Éco-Méditation, et quand il l'a fait, je n'ai pas été déçu ; j'étais au contraire convaincu que sa méthode était quelque chose que le monde, et les vétérans en particulier, pouvaient utiliser pour faire l'expérience d'une profonde guérison intérieure et d'un bien-être sans passer des mois dans un monastère, ce que la plupart d'entre nous n'ont pas la liberté de faire.

Bien que les médias nous tiennent bien informés sur le TSPT, ils sont moins nombreux à être conscients du phénomène de croissance post-traumatique : l'idée, et le fait, qu'en faisant le choix conscient de ne pas être victime et de s'engager sur un chemin de guérison, toute personne ayant vécu un traumatisme peut en venir à le considérer comme un événement significatif qui la mène vers une plus grande plénitude de vie. Il a été dit que la souffrance est la plus grande grâce, car elle nous conduit à la poursuite de la guérison, qui peut nous amener à des endroits au-delà de ce que nous expérimenterions dans nos états d'être normaux.

Mais nous devons connaître les outils de guérison ; les personnes en détresse ont besoin de techniques et de méthodes spécifiques.

L'Administration des vétérans et le gouvernement américain ont dépensé des milliards de dollars dans la recherche des meilleurs moyens de traiter les blessures psychologiques de nos guerriers blessés. Pourtant, nombre de ces techniques sont elles-mêmes coûteuses, font appel à des technologies sophistiquées et à des médicaments de pointe, et ne peuvent être administrées que par ceux qui ont un doctorat de médecine.

Même si vous n'avez pas vécu l'horreur intense des combats urbains rapprochés, dans un autre sens nous connaissons tous une forme d'exposition au combat chaque jour, car nous sommes tous bombardés par les facteurs de stress de notre société moderne qui activent notre réponse de « combattre ou fuir ». Celle-ci a évolué pour sauver nos vies en cas de danger, mais elle est totalement inappropriée lorsqu'elle est déclenchée par les nombreux facteurs de stress mineurs auxquels nous sommes confrontés, qu'il s'agisse des retards dans la circulation, d'une vie familiale trépidante, de la simple lecture quotidienne du journal et de l'exposition à d'innombrables tragédies à la troisième personne.

L'Éco-Méditation de Dawson Church et les techniques de libération émotionnelle (EFT) associées qu'il enseigne (basées sur la médecine traditionnelle chinoise) font partie d'un mouvement croissant d'abandon des régimes médicamenteux pour aller vers les thérapies « administrées par le patient, autogérées », des techniques qui peuvent être enseignées à un ancien combattant en une demi-heure, et ce, pratiquement gratuitement, techniques dont le vétéran pourra ensuite s'inspirer pour le reste de sa vie, comme une pratique quotidienne de l'hygiène corps-esprit, et quelque chose qui offre un soulagement rapide dans les périodes de détresse aiguë. Je recommande vivement son inclusion immédiate dans l'arsenal thérapeutique de l'Administration des anciens combattants.

L'histoire de Bryce illustre un phénomène beaucoup moins connu que le TSPT : la croissance post-traumatique. De nombreuses personnes qui souffrent d'expériences bouleversantes sont marquées à vie, avec peu d'espoir de guérison. Mais pour d'autres, les expériences bouleversantes les incitent à affronter leurs peurs, à transcender les horreurs du passé et à devenir résistants. Le TSPT n'est pas une condamnation à vie.

CROISSANCE POST-TRAUMATIQUE

Alors que le TSPT fait la une des journaux, les articles sur la croissance post-traumatique sont rares. Près des deux tiers des personnes qui vivent des événements traumatisants ne développent pas de TSPT. Cette estimation est basée sur des études de la santé mentale de personnes ayant vécu des expériences similaires. Des études sur les vétérans américains ayant servi en Irak et en Afghanistan montrent que cette répartition passe de deux tiers à un tiers.

Quelle est la différence entre les deux groupes ? Les recherches révèlent une corrélation entre les événements négatifs de l'enfance et le développement du TSPT à l'âge adulte. Pourtant, certaines personnes sortent d'une enfance misérable plus fortes et plus résistantes que leurs pairs.

L'adversité peut parfois nous rendre encore plus forts que nous ne l'aurions été si nous ne l'avions pas subie. Les recherches montrent que les personnes qui vivent un événement traumatisant mais qui sont ensuite capables de traiter et d'intégrer l'expérience sont plus résistantes que celles qui ne vivent pas un tel événement. Ces personnes sont encore mieux préparées à l'adversité future.

Lorsque vous êtes exposé à un facteur de stress et que vous parvenez à réguler efficacement la réaction de combat ou de fuite de votre cerveau, vous augmentez les connexions neurales associées à la gestion des traumatismes, comme nous l'avons vu au chapitre 6. La plasticité neuronale joue en votre faveur. Vous augmentez la taille des voies de signalisation dans votre système nerveux qui gèrent la récupération après un stress. Ces voies de signalisation plus larges et améliorées vous permettent de mieux gérer le stress futur, ce qui vous rend plus résistant face aux bouleversements et aux problèmes de la vie.

7. 1. Vétérans en retraite.

Avec quelques collègues inspirés, j'ai réalisé une étude qui m'a profondément touché. Nous avons examiné les symptômes du TSPT de 218 vétérans et de leurs conjoints participant à une retraite d'une semaine. L'atelier comprenait quatre jours d'EFT et d'autres techniques de psychologie énergétique.

Lorsqu'ils ont démarré, 83 % des anciens combattants et 29 % des conjoints ont été testés positifs pour le TSPT. Six semaines plus tard, ces chiffres avaient chuté de façon spectaculaire : 28 % des anciens combattants et seulement 4 % des conjoints. Jenny, une épouse d'ancien combattant qui était sur le point de divorcer de son mari avant la retraite, a commenté en larmes : « Après toutes ces années, j'ai finalement récupéré mon Robby du Vietnam. »

Si ces chiffres sont remarquables, derrière chacun d'eux se trouve un Bryce ou un Robby qui est revenu dans sa famille et dans sa vie. L'équilibre a basculé du TSPT vers la croissance post-traumatique.

Ce taux de guérison élevé est une porte d'entrée vers un nouvel ensemble de possibilités pour ces vétérans et leurs communautés. Le potentiel humain qui a été circonscrit par la souffrance est libéré.

Dire oui à la vie en dépit de tout : Viktor Frankl

L'histoire de Viktor Frankl (1905-1997), un psychiatre autrichien et neurologue emprisonné dans les camps de concentration pendant l'holocauste nazi de la Seconde Guerre mondiale, a inspiré le monde d'après-guerre. En 1997, lorsque Frankl est mort d'une insuffisance cardiaque, son livre *Découvrir un sens à sa vie*, qui relatait ses expériences dans les camps de la mort et les conclusions qu'il en a tiré, s'est vendu à plus de dix millions d'exemplaires en vingt-quatre langues. Le titre original du livre (traduit de l'allemand) révèle une vision étonnante de la vie : *Dire oui à la vie en dépit de tout : un psychologue fait l'expérience des camps de concentration*.

En 1942, Frankl, sa femme et ses parents ont été envoyés dans le ghetto nazi de Theresienstadt en Tchécoslovaquie, qui a été l'un des camps utilisés pour tromper les inspecteurs de la Croix-Rouge sur le véritable objectif et les conditions de vie dans les camps de concentration. En octobre 1944, Frankl et sa femme ont été transférés à Auschwitz, où l'on estime à 1,1 million le nombre de personnes exterminées. Plus tard ce mois-là, il a été transporté dans l'un des camps de travail de Kaufering (sous-camps de Dachau), et ensuite, après avoir contracté la typhoïde, au camp de Türkheim où il est resté jusqu'à ce que les troupes américaines libèrent le camp le 27 avril 1945. Frankl et sa sœur, Stella, sont les seuls de sa famille proche à avoir survécu à la Shoah.

Dans *Découvrir un sens à sa vie*, Frankl a observé que c'est le sens qui fait la différence pour pouvoir survivre à des expériences douloureuses et même horribles. Il a écrit : « Nous qui avons vécu dans les camps de concentration, nous pouvons nous souvenir des hommes qui traversaient le camp pour réconforter les autres, donner leur dernier morceau de pain. Ils peuvent être peu nombreux, mais ils offrent une preuve suffisante que tout peut être pris à un homme sauf une chose : la dernière des libertés humaines, celle de choisir sa propre attitude quelles que soient les circonstances – choisir sa propre voie. »

Frankl a soutenu que si nous ne pouvons pas éviter la souffrance dans la vie, nous pouvons choisir la façon dont nous composons avec elle. Nous pouvons trouver un sens à notre souffrance et poursuivre notre vie avec un objectif renouvelé. Comme il le dit, « lorsque nous ne sommes plus capables de changer une situation, nous sommes mis au défi de nous changer nous-mêmes ».

Dans cette magnifique élaboration, Frankl a écrit : « Entre un stimulus et une réponse, il y a un espace. Dans cet espace, il y a notre pouvoir de choisir notre réponse. Notre réponse réside dans notre croissance et notre liberté. La dernière des libertés humaines est de choisir son attitude quelles que soient les circonstances. »

7. 2. Ces dernières années, un nombre record de personnes ont visité Auschwitz. L'inscription ironique au-dessus de la porte d'entrée signifie « le travail rend libre ».

LE TRAUMATISME EST PARTOUT

Il n'y a pas que les vétérans, les victimes de crimes, les enfants maltraités et les survivants d'accidents qui sont confrontés à un traumatisme. Environ 75 % des Américains vivront un événement traumatisant à un moment ou à un autre de leur vie. Les femmes sont plus susceptibles d'être victimes de violence domestique que d'avoir un cancer du sein. Chaque année, un garçon sur dix et une fille sur cinq sont victimes d'agressions sexuelles, généralement commises par un membre de la famille.

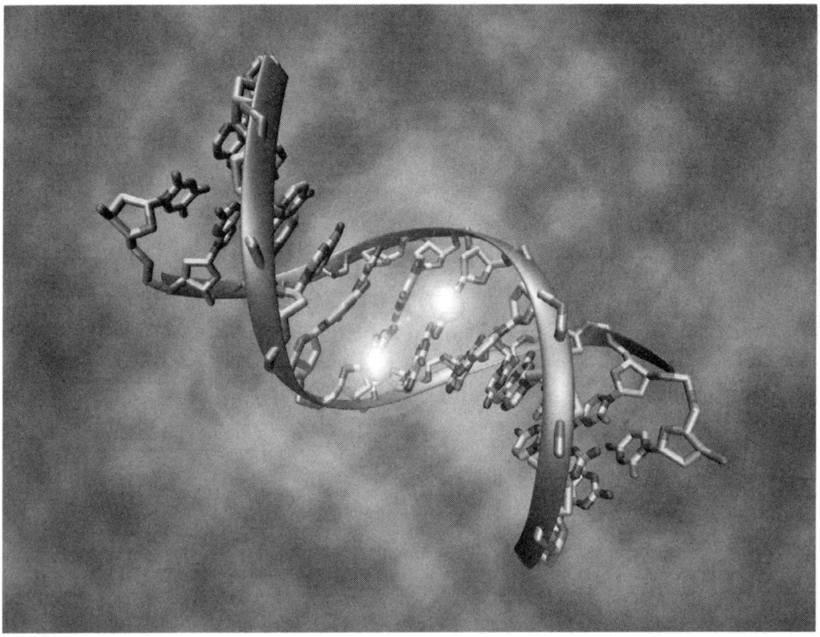

7. 3. Groupes méthyles (sphères brillantes) adhérant à un brin d'ADN.
Voir la version en couleurs au centre du livre.

60 % des adolescents sont témoins ou victimes de violences au cours d'une année. Près de la moitié subit des agressions physiques et 25 % sont témoins de violence domestique ou sociale. Au cours des quinze années de guerre en Irak et en Afghanistan, plus d'Américains sont morts sous les coups des membres de leur famille qu'au Moyen-Orient.

Regardez autour de vous les groupes de personnes que vous rencontrez dans la vie quotidienne. Si vous avez vingt personnes dans votre équipe de travail, il est statistiquement probable que vous interagissez avec deux ou plus survivants de l'inceste. Si vous participez à un cercle de soutien masculin de quarante membres, vous vous trouvez dans une pièce avec trente personnes qui ont vécu un événement traumatisant.

Comme nous l'avons expliqué dans les chapitres 2 à 6, l'impact de ces expériences est à la fois biologique et psychologique. Dans mon livre *Le Génie dans vos gènes*, je décris le rôle joué par les molécules appelées méthyles, qui s'attachent aux gènes, inhibant leur expression. Certains messagers moléculaires sont associés à la dépression, à l'anxiété et au stress post-traumatique.

Ce n'est qu'une des façons dont les traumatismes de l'enfance entraînent un « enracinement biologique » des expériences négatives. Une autre est une classe de minuscules molécules appelées microARN. Lors d'un essai contrôlé randomisé sur des vétérans souffrant de TSPT, mes collègues et moi avons découvert que ces molécules étaient liées à l'ADN. Les microARN que nous avons identifiés, appelés *let-7b* et *let-7c*, sont liés au stress et inhibent l'expression de gènes bénéfiques.

Les traumatismes de l'enfance inhibent également la formation du cerveau. Les adultes qui, dans leur enfance, ont été privés de soins ont un cerveau 8,6 % plus petit. Plus la privation est grave, plus le cerveau est petit. Sur le plan épigénétique et neurologique, le traumatisme façonne la matière dont nos cellules sont constituées.

UN TEMPS POUR GUÉRIR

Dans le livre biblique l'Ecclésiaste (3:1-8), le prophète nous dit : « Il y a un temps pour tout, un temps pour toute chose sous les cieux. » Parmi les « temps », il y a « un temps pour tuer, et un temps pour guérir... »

Pour beaucoup d'entre nous, l'enfance a été le moment où une grande partie de notre potentiel a été tuée sous l'assaut du stress. Maintenant que nous sommes adultes, il est temps de revendiquer notre pouvoir et de nous engager sur la voie de la guérison.

L'âge adulte est le stade de la vie où l'on peut réparer les blessures du passé. Nous sommes confrontés à un choix entre la porte n° 1 et la porte n° 2. Dans chaque situation difficile, nous pouvons jouer le rôle de l'enfant sans défense, en passant par la porte n° 1 pour reconstituer les mini-morts du passé, ou nous pouvons choisir la porte n° 2 et assumer la mission d'autoguérison.

Si nous nous abandonnons à la répétition des souffrances du passé, nous renforçons ces voies neurales. C'est pourquoi le TSPT s'aggrave souvent avec le temps ; j'appelle cela le « côté sombre de la neuroplasticité ». La thérapeute Patt Lind-Kyle note que le réseau du mode par défaut du chapitre 2 est « fortement actif chez les personnes ayant subi un traumatisme à long terme, des abus durant leur enfance et d'autres schémas et expériences émotionnels contraignants ».

7. 4. Nous devons choisir chaque jour entre les deux portes.

Mais si nous choisissons la porte n° 2, nous pratiquons les états émotionnels élevés que nous trouvons dans la méditation, l'EFT et d'autres techniques énergétiques. La neuroplasticité les transforme en traits. Nous prenons les dommages que nous avons subis dans le passé et nous les transformons en carburant pour la transformation.

En tant qu'adultes, nous avons le pouvoir et nous pouvons faire des choix que nous ne pouvions pas faire quand nous étions enfants. L'enfant de 5 ans qui est victime d'une agression ne peut pas s'enfuir de chez lui et trouver un emploi de serveur pour payer un appartement sécurisant. Un adulte le peut. Les adultes peuvent porter l'impact des traumatismes de l'enfance dans leur esprit et leur cerveau, mais ils ont un pouvoir qui leur manquait auparavant.

La science nous montre maintenant que nous pouvons guérir ces déficits de jeunesse, non seulement dans le logiciel de notre esprit mais aussi dans le matériel de notre cerveau. Les adultes résilients utilisent des parties de leur cerveau telles que le cortex préfrontal ventromédian et le cortex préfrontal dorsolatéral pour contrôler l'amygdale. Plus ils s'entraînent pendant des heures pour contrôler l'amygdale, plus l'effet est fort. La pratique peut entraîner une baisse de 50 % de l'activation des amygdales.

Le contrôle de l'attention est la clé. Le père de la psychologie américaine, William James, a qualifié de « la plus excellente des éducations » ce qui nous apprend à contrôler notre attention. Nous en apprendrons plus sur l'attention sélective au chapitre 8.

La thérapeute Linda Graham, dont le livre *Resilience* contient cent trente exercices pour construire un cerveau résilient, déclare : « Que nous soyons confrontés à une série de petits désagréments ou à une catastrophe totale, la résilience est enseignable, apprenable et récupérable. »

Les sages nous l'ont dit à travers les âges. Rabindranath Tagore, un poète bengali né au XIXe siècle, a écrit : « Que je prie, non pour être préservé des dangers, mais pour les regarder en face. Et que je ne demande point l'apaisement de ma souffrance, mais le cœur qu'il me faut pour la surmonter. »

Helen Keller a déclaré : « Le monde entier est plein de souffrance. Il est également plein de dépassements. » Le *Dhammapada* indien (IX.122) dit : « Le pot d'eau est rempli goutte à goutte. De même, le sage, en le recueillant petit à petit, se remplit de bien. » Le philosophe allemand du XIXe siècle, Nietzsche, a proclamé : « Ce qui ne me tue pas me rend plus fort. »

Une équipe de recherche du centre d'innovation scientifique de la Northwestern University a mené une étude pendant quinze ans sur l'échec professionnel. Ils s'attendaient à constater que cela avait eu un effet néfaste durable sur la carrière des participants. Au lieu de cela, à leur grande surprise, ils ont découvert qu'au cours de la décennie suivant l'échec, les gens « en moyenne, ont de bien meilleures performances à long terme » que ceux qui connaissent un succès précoce, selon l'auteur principal Yang Wang.

George Bonanno, professeur de psychologie clinique à l'université Columbia, estime que la résilience est en fait la réponse la plus courante à une tragédie. Entre 35 % et 65 % des « personnes qui vivent une catastrophe reprennent leur routine normale peu après l'événement et y restent ».

Cela produit à son tour des effets positifs sur notre biologie. Bruce McEwen, chef du laboratoire de neuroendocrinologie de l'université Rockefeller, déclare : « Une estime de soi saine et une bonne capacité de contrôle des impulsions et de prise de décision, toutes fonctions d'une architecture cérébrale saine, sont des facteurs importants » contribuant à la croissance post-traumatique. Il considère la résilience comme un état généré en interne, c'est-à-dire la capacité à produire des changements épigénétiques sains dans l'expression de ses propres gènes, lorsqu'il est soumis à un stress.

Au chapitre 4, nous avons vu les changements massifs de l'activité cérébrale qui résultent de la guérison de notre passé. Dans l'étude sur les microARN, après un traitement réussi, ces molécules de stress ont littéralement arraché l'ADN des vétérans. Nous avons constaté une relation statistiquement significative entre les améliorations de la santé mentale et huit microARN.

7. 5. L'étude des microARN a permis de découvrir des corrélations entre ces molécules épigénétiques et les symptômes de stress.

Le fait que nous puissions produire ces changements épigénétiques sur nos chromosomes en utilisant notre conscience est l'une des découvertes les plus passionnantes de ces dernières années. Au chapitre 8, nous verrons les implications révolutionnaires de cette superpuissance pour l'avenir de l'humanité.

LA CONSCIENCE ET LA LONGÉVITÉ

Si vos gènes, votre environnement et vos habitudes jouent un rôle dans votre santé et votre longévité, la qualité de votre conscience est primordiale.

Une étude à grande échelle menée par l'école de médecine de l'université de Boston a suivi 69 744 femmes et 1 429 hommes pendant des décennies : trente ans pour les hommes et dix ans pour les femmes. Elle a recherché une « longévité exceptionnelle », définie comme le fait de vivre jusqu'à 85 ans ou plus. Qu'est-ce qui a fait la différence ?

L'optimisme !

Les personnes les plus optimistes avaient une espérance de vie de 11 à 15 % plus longue. Ils avaient 60 % plus de chances d'atteindre 85 ans que les pessimistes.

Les résultats sont restés vrais même après que les auteurs de l'étude ont ajusté leurs statistiques pour tenir compte de facteurs tels que le tabagisme, la consommation d'alcool, le régime alimentaire, le niveau d'éducation, les maladies chroniques et l'exercice physique.

Et c'est justement le seul trait de résistance de l'optimisme. Lorsque vous ajoutez d'autres qualités de la conscience, comme l'amour, la joie, la compassion et l'altruisme, la recherche démontre que vous augmentez votre longévité.

À quel niveau ? Mon mentor, le célèbre neurochirurgien Norm Shealy, a fait le calcul et a conclu qu'il s'agissait de quarante ans. C'est un effet secondaire du changement de conscience par la méditation, le « tapping » (les stimulations d'EFT) et autres techniques de réduction du stress. Des études montrent que les méditants améliorent un large éventail de biomarqueurs, dont la longévité. Dans une de ces études, des changements épigénétiques de grande envergure ont été constatés après seulement vingt minutes de méditation.

CHOISIR LA PORTE N° 2

J'ai toujours eu des difficultés physiques. Une de mes jambes est plus courte de cinq centimètres que l'autre, ce qui entraîne un désalignement des hanches et une forte courbure du dos. Le terme médical pour cette courbe est « scoliose ». Je souffre de maux de dos depuis mon adolescence.

Dans la trentaine, c'était parfois si grave que je me blottissais contre un mur en position fœtale. Tout mouvement produisait des coups de poignard si intenses que je criais comme un animal blessé.

Dans la quarantaine, j'ai appris à gérer ma condition dorsale en faisant des étirements, de l'haltérophilie, du qi gong, du tapping et du yoga. Le résultat est que je mène depuis une vie relativement indolore. J'ai appris à remercier mon dos lorsqu'il me fait mal, en le prenant comme un signal de mon précieux corps qui me dit que je le travaille trop dur.

C'était avant l'incendie.

Après l'incendie, nous avons vécu un certain temps dans un hôtel branché de style français dans le centre de Petaluma. Il n'y avait pas d'ascenseur, seulement des escaliers étroits pour nous permettre d'accéder à notre chambre à l'étage.

Un jour, alors que je portais une lourde boîte dans les escaliers, j'ai ressenti une douleur aiguë sur le côté droit de mon abdomen. Je me suis allongé sur le lit pendant un moment et la douleur a disparu. Mais elle a commencé à réapparaître régulièrement. Le fait de s'allonger ou de faire une sieste la soulageait généralement.

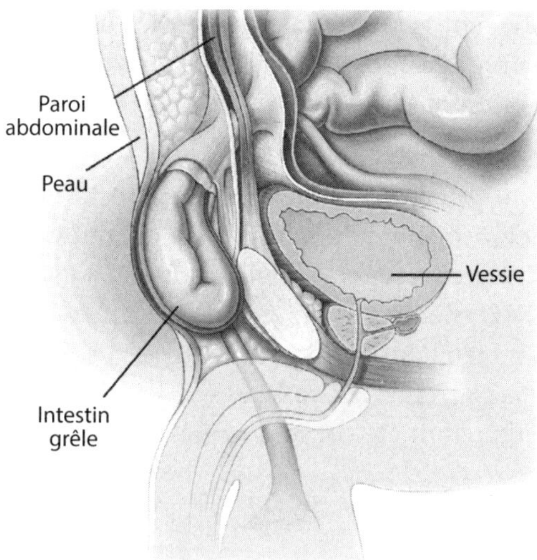

7. 6. Hernie inguinale.

Finalement, Christine a insisté pour que je voie mon médecin, et il a diagnostiqué une hernie. Il s'agit d'une déchirure des muscles du plancher de l'abdomen, ce qui entraîne une sortie des intestins.

Bien que le corps ait un remarquable pouvoir d'autoguérison, une chose qu'il ne peut pas guérir tout seul est une hernie. La réparation nécessite une opération chirurgicale.

Le système hospitalier était tellement débordé par les soins à donner aux blessés à la suite de l'incendie qu'ils ne pouvaient pas me programmer de sitôt. Il fallait que j'attende quelques mois.

Je suis resté aussi actif que possible pendant ce délai, en faisant du vélo, de la planche à voile et d'autres exercices qui ne stressaient pas mon abdomen. Mais tous les jours, Christine et moi devions faire face aux réalités de la vie d'après incendie.

Dans l'un des pires jours de ma vie, je me suis retrouvé à traîner de lourdes boîtes sur un parking jusqu'au camion que l'on m'avait prêté. La plupart de nos biens étaient entreposés dans le bureau d'un ami à environ cinquante kilomètres de là – et il y en avait certains dont je ne pouvais pas me passer. Au fil des trajets entre le bureau et le camion, mon dos et mon abdomen rivalisaient pour me faire vivre la pire des agonies.

Pourtant, je fis du tapping sur le chemin du retour, soutenu par la méditation de ce matin-là. Bien que l'opération de cette hernie ne fût planifiée que plusieurs semaines plus tard, je sentis mon humeur passer du désespoir à l'euphorie. C'est le pouvoir de la résilience.

Dans les jours, les semaines et les mois qui ont suivi l'incendie, je suis resté implacablement, obstinément, résolument optimiste. J'ai rendu grâce tous les jours. Je baignais mon esprit dans le Cerveau du bien-être tous les matins. Choisir la porte n° 2 vous rend plus résistant, non seulement lors d'une catastrophe soudaine comme un incendie, mais aussi en cas de douleur chronique à long terme.

Quelques mois après l'incendie, nous sommes tombés sur une connaissance lors d'une fête. Elle nous a demandé comment Christine et moi nous nous en sortions, et nous lui avons donné des détails sur les défis que nous avions rencontrés. L'opération de la hernie. Les problèmes d'argent. Vivre comme des nomades, transporter nos maigres possessions d'un abri temporaire à un autre dans des bacs en plastique.

Elle a été étonnée de voir à quel point nous étions joyeux. Elle se souvient: « Hier, j'ai parlé à mon amie Lynne, une autre victime de l'incendie. Elle est toujours aussi en colère et amère. »

C'est là que la porte n° 1 vous emmène. Nous pouvons laisser la tragédie nous rendre amers, ou nous pouvons célébrer notre résilience.

Dans son livre *Resilient*, le psychologue Rick Hanson déclare : « La résilience est plus que le fait de rebondir face à l'adversité. Les personnes qui sont résilientes continuent à poursuivre leurs objectifs face aux défis. » Linda Graham préconise « d'en arriver à se considérer comme des personnes qui *peuvent être* résilientes, qui sont *compétentes* pour faire face à l'adversité et qui savent comment apprendre à y faire face ».

Notre journal local, lauréat du prix Pulitzer, a marqué le premier anniversaire de l'incendie avec un numéro spécial. Il contenait des histoires déchirantes de personnes qui vivaient encore dans des caravanes un an après l'incendie. Des gens qui ont sombré dans le désespoir. Dans la dépression et le TSPT. Dans la lenteur de la reconstruction.

L'expression « croissance post-traumatique » n'est pas apparue une seule fois dans toutes ces pages. Les histoires de personnes comme Christine et moi n'ont pas été racontées. La lecture du journal ne donnait même pas au lecteur l'idée que la guérison était possible. Pourtant, les statistiques montrent que la croissance post-traumatique peut être la norme plutôt que l'exception.

Christine et moi avons visité notre propriété plusieurs fois dans les mois qui ont suivi l'incendie. Parmi les cendres, nous avons trouvé des fragments d'objets que nous aimions bien. Sous la direction de son professeur d'art, Carole Watanabe, Christine a décidé de transformer ces fragments en art. Elle les a disposés autour d'un miroir. Voici ce qu'elle a écrit alors qu'elle se préparait à les accrocher dans sa première exposition d'art.

7. 7. *Le Miroir du feu.*
Voir la version en couleurs au centre du livre.

Le miroir du feu

par Christine Church

Le miroir mosaïque appelé « Fragments du feu » raconte une histoire de mon passé. C'est un assemblage que j'ai fait à partir de pièces de poterie et de bijoux. Lorsque je trouvais chaque objet dans les décombres brûlés, je me demandais : « Parmi des milliers de choses, pourquoi cette pièce a-t-elle été fabriquée ? »

Ou « regardez où nous avons trouvé ça ! » Des objets qui n'avaient autrefois que peu ou pas de sens sont devenus des compagnons de route : des symboles de force et de courage.

En haut à droite : Nous n'avons jamais trouvé les diamants que je cherchais, mais nous avons trouvé une masse brune de bijoux soudés ensemble. Dans cette masse se trouvait l'alliance de ma mère ! Nous avons jeté les pièces méconnaissables dans un seau les unes après les autres. Notre ami Ray a même apporté son matériel d'orpaillage. Nous étions si fous que nous n'avons même pas utilisé nos masques ou nos gants.

En se déplaçant dans le sens inverse des aiguilles d'une montre : la porcelaine bavaroise de mon arrière-grand-mère, deux *Lladró* espagnols de la collection de mon père – « Une fille avec une chaussure » et « La chaussure » (coins supérieur gauche et inférieur gauche) avec une tasse et une soucoupe en porcelaine bavaroise.

Le chat à l'intérieur de la chaussure représente nos bien-aimés Apple et Pierre. Il y a un collier marocain que j'ai porté dans la vingtaine lors de mes voyages en Espagne et au Maroc (en bas) et un canard fait avec les cendres du volcan du mont Saint Helens.

L'espoir naît dans le coin inférieur droit avec une tasse provenant d'un service à thé en céramique que ma fille Julia a fabriqué en classe de cinquième, avec un morceau de verre fondu à l'intérieur. Le verre fond à 2 500 degrés, c'est la température incroyable à laquelle le feu a brûlé !

La clé de notre maison (à droite) se trouve dans un étang symbolique où notre tortue sans nom a été baptisée « Tubbs » lorsque nous avons découvert qu'elle avait survécu à l'incendie. Tubbs vit maintenant ses jours dans l'étang du jardin d'un ami.

Des bagues et des tessons de poterie que j'avais faits sont éparpillés un peu partout. Une graine et un cristal de notre nouvelle maison sont plantés (coin inférieur droit). Des anges veillent sur nous avec l'amour de cette nuit-là et de toujours (coins supérieurs droit et gauche).

Je ressens cela comme une bénédiction que ces morceaux brisés et brûlés provenant des cendres puissent être réutilisés dans une forme d'art. Le processus d'assemblage a été une guérison, et j'ai ressenti un sentiment d'achèvement et de lâcher-prise quand il a été terminé. Il est aujourd'hui accroché dans notre maison comme un rappel des choses perdues mais pas oubliées. Et de comment on peut transformer le désastre en beauté.

L'ARGENT, LE STRESS ET LES CHOIX

Je me souviens du jour où j'ai dû solder le compte de mon plus jeune fils à l'université. Les universités américaines sont chères et depuis douze ans, je faisais des virements automatiques de mon salaire mensuel pour couvrir les échéances prévues.

Mais maintenant, cette réserve d'argent était tout ce qui me séparait de l'insolvabilité financière.

L'enveloppe contenant la déclaration de TD Ameritrade, l'institution qui gère le compte, est restée dans la corbeille sur mon bureau pendant des jours, alors que je me débattais avec cette décision. Est-ce que je le fais ou pas? Y a-t-il un autre moyen? J'ai décroché le téléphone, puis je l'ai reposé. Je l'ai décroché, puis je l'ai reposé.

Nous avons tous eu des moments où nous avons dû prendre des décisions déchirantes. J'ai passé l'appel.

«Êtes-vous sûr de vouloir retirer ces fonds?» m'a demandé le gestionnaire de compte.

«Oui», lui répondis-je, me sentant minuscule.

Je me suis souvent retrouvé à ce point au cours de l'année passée. Christine et moi avions pris un crédit de cent mille dollars sur notre maison au printemps, quelques mois avant l'incendie. Nous avions prévu de rénover la structure vieille de soixante ans, avec de nouveaux sols, tapis, cuisine et appareils électroménagers.

Puis est arrivé le premier mois terrible où je n'ai pas pu payer les salaires. J'ai dû transférer dix mille dollars de la ligne de crédit sur la valeur nette de la maison dans mon entreprise pour garder mon équipe et mon organisation intactes. Alors que l'entreprise faisait un travail de transformation profonde, elle était en pleine transition d'une entreprise de formation professionnelle en présentiel à une entreprise d'enseignement en ligne, et les revenus ne couvraient pas les dépenses.

Le mois suivant fut encore plus affreux, « consumant » encore vingt mille dollars. Bientôt, la ligne de crédit disparut, mais cela ne suffisait toujours pas.

Sur le plan émotionnel, je trouvais incroyablement difficile de travailler si dur tout en perdant de l'argent chaque mois. C'est comme si je payais pour travailler. La plupart d'entre nous supposent très raisonnablement que si nous travaillons nos quarante heures par semaine, nous serons payés en échange.

Ma situation était à l'opposé. Je devais payer pour pouvoir travailler. Chaque heure que je travaillais, du liquide était aspiré de mon compte en banque.

Puis il y a eu l'incendie.

Nos revenus ont disparu, tandis que toutes nos dépenses ont continué.

Les supporteurs ont organisé une campagne GoFundMe pour nous aider à nous remettre sur pied. J'ai téléphoné à un ami qui était un collecteur de fonds expérimenté pour discuter de notre situation financière. Il m'a demandé combien il faudrait pour combler le vide. Je lui ai répondu: « Au moins 250 000 dollars. »

Il y a eu un long silence.

Puis, il m'a dit que si nous demandions un quart de million de dollars, les gens penseraient que c'est une somme impossible, se sentiraient désespérés et ne feraient pas de dons. Il nous a recommandé de demander plutôt cinquante mille dollars. Nous l'avons fait, et nous avons finalement reçu quarante-six mille dollars de notre communauté.

Bien que l'aide ait été la bienvenue, elle n'a pas été suffisante. Peu de temps après, j'ai dû liquider l'un de mes deux fonds de retraite. Je l'ai mis dans l'entreprise et j'ai poussé un soupir de soulagement, sachant qu'il nous permettrait de nous financer pendant les six ou sept mois à venir.

En soixante jours, il avait disparu. J'ai dû vider mon autre compte de retraite. Nous avons même dû vider le fonds d'urgence que la compagnie d'assurances nous avait avancé pour les frais de subsistance après l'incendie.

Ce n'était toujours pas suffisant. Cela a conduit au jour vraiment terrible où j'ai dû liquider le compte de l'université de mon fils. À la fin de l'année, nous avions plus de trois cent mille dollars de dettes.

Je me suis efforcé de rester positif chaque jour, malgré les problèmes d'argent, les problèmes de santé et les rappels constants de l'incendie. Il m'a fallu toute la concentration dont je disposais.

Six mois après l'incendie, au milieu de la crise financière, après une matinée de méditation, j'ai écrit ces mots dans mon journal :

« Je me suis réveillé ce matin en ayant l'impression d'être bercé dans les bras de Dieu. L'énergie de l'Esprit remplit de bénédiction chaque partie de mon être. L'univers rayonne de perfection tout autour de moi. Je suis bercé dans ce champ de bénédiction. Elle nous tient toujours dans l'amour et la joie. Il nous pousse chaque jour à faire l'expérience de la lumière et de la beauté au cœur de notre être.

Je me rends compte que je réussis à 100 % sur le plan spirituel. Je profite d'une vie en harmonie avec l'univers. Chaque jour, je célèbre l'unité entre ma conscience humaine et la conscience supérieure dont je fais partie. C'est le but de toute vie, et je le vis depuis le début.

Je choisis de m'en souvenir lorsque je suis fasciné par les choses qui ne se sont pas matérialisées dans mon monde matériel après tant d'années de visualisations et de travail acharné.

Lorsque je me branche sur l'énergie de l'univers, je sens que la mienne change en réponse. Mes pensées deviennent ordonnées et inspirées. Je commence la journée en me sentant optimiste, positif, enthousiaste et créatif.

J'incarne la prospérité. Je m'accorde quotidiennement à l'énergie de la prospérité, comme je le fais depuis tant d'années. Je sais que la réalité matérielle s'organise autour du signal que produit ma conscience.

La vérité est que je suis dans l'abondance de toutes les manières possibles, y compris financièrement. Je choisis de maintenir la joie de cette vibration. Je célèbre chaque manifestation de succès dans mon monde, aussi petite soit-elle.

Je suis reconnaissant pour ma vie telle qu'elle est. Je reste positif quoi qu'il arrive.

J'ai la chose la plus importante que l'on puisse atteindre dans une vie : l'unité avec l'univers ! J'écoute sa musique tous les matins en méditant. Mon esprit, mes cellules et mon champ énergétique entrent en résonance avec son chant. J'avance alors dans ma journée, inspiré et aligné. Quelle vie merveilleuse. »

Après avoir écrit ces mots, j'ai décidé de me réjouir de cette expérience. Je me suis allongé sur mon lit et j'ai visualisé l'expérience se transformer d'un sentiment délicieux mais intangible en un fait neural câblé dans mon corps. Pendant une demi-heure, j'ai imaginé des synapses se connectant autour de cette nouvelle réalité. J'ai imaginé que cet état inspiré devenait le trait neurobiologique de mon cerveau.

Ainsi, tout au long de cette année de défis financiers, je suis resté implacablement positif.

L'entreprise a rebondi l'année suivante, retrouvant sa rentabilité et affichant le meilleur revenu annuel de son histoire.

Lorsque le crash du coronavirus s'est produit en 2020, la vie m'a généreusement donné une autre occasion de rester positif. Tous les ateliers en présentiel qui payaient nos factures ont été annulés. Nous étions plongés dans un gouffre financier.

Un dimanche après-midi, je lisais une étude décrivant la recherche d'un vaccin contre le MERS, le coronavirus qui a causé l'épidémie de 2012. Pour commencer, j'ai regardé l'une des molécules illustrées dans la recherche. L'immunoglobuline, l'anticorps qui attaque les coronavirus ! Mes recherches précédentes avaient montré que ces anticorps avaient augmenté de 27 % après l'atelier Éco-Méditation du week-end à Esalen, et qu'ils avaient grimpé de 113 % après une semaine d'EFT.

Avec mon équipe EFT Universe, j'ai organisé un brainstorming sur les implications. Nous avons pris conscience que nous devions transmettre ces informations au monde entier. En deux semaines, nous avions produit deux méditations d'immunité gratuites, un programme à prix réduit et un atelier « Esalen virtuel » en direct.

Les membres de notre communauté ont été incroyablement reconnaissants de ces ressources de renforcement de l'immunité. Les méditations gratuites ont touché plus de cent mille personnes. Les revenus des programmes rémunérés ont permis à l'organisation de se maintenir à flot.

LE SOI LOCAL COMME HÔTE POUR LE SOI NON LOCAL

Lorsque vous revenez dans votre vie quotidienne après la méditation, vous êtes changé. Vous avez communiqué avec un esprit non local pendant une heure, en expérimentant la plus haute cadence possible de ce que vous êtes. Cette version du Soi supérieur, que vous êtes, réarrange les neurones de votre tête pour créer une structure physique qui l'ancre. Vous avez maintenant un cerveau qui s'adapte à la fois au moi local et au moi non local.

D'après mon expérience, plus on passe de temps dans le Cerveau du bien-être et de la félicité, que l'on soit en méditation ou non, plus le volume de tissu neural disponible pour ancrer ce moi transcendant dans l'expérience physique est important.

Une fois qu'une masse critique de neurones est connectée, un point de basculement se produit. Vous commencez à flasher spontanément dans le Cerveau du bien-être tout au long de votre journée. Lorsque vous êtes inactif pendant un certain temps, comme lorsque vous êtes coincé dans la circulation ou que vous faites la queue à l'épicerie, l'activité la plus naturelle semble être d'entrer dans le Cerveau du bien-être pendant quelques instants.

Cela vous rappelle, au milieu de la vie quotidienne, que la composante non locale de votre Soi existe. Et cela vous apporte également toute la créativité, la productivité et la capacité de résolution des problèmes accrue par cet état pour vous permettre d'accomplir vos tâches quotidiennes. Vous devenez une personne heureuse, créative et efficace.

Ces capacités améliorées vous rendent beaucoup plus apte à faire face aux défis de la vie. Elles ne confèrent pas une chance exceptionnelle. Quand la maison de tout le monde brûle, la vôtre aussi. Lorsque l'économie s'effondre, elle vous emporte avec elle.

Mais parce que vous avez de la résilience et que vous faites l'expérience quotidienne de votre identité non locale, vous la prenez à bras-le-corps. Même lorsque les choses extérieures disparaissent, vous avez toujours le réseau neuronal que le Cerveau du bien-être a créé. Personne ne peut vous l'enlever.

L'APPROFONDISSEMENT DES PRATIQUES

Voici des exercices que vous pouvez faire cette semaine pour intégrer les informations de ce chapitre dans votre vie :

- **Exercice de croissance post-traumatique 1** : Dans votre journal, notez les noms des personnes les plus résilientes que vous avez connues personnellement. Elles peuvent être vivantes ou décédées. Ce sont des personnes qui ont vécu une tragédie et en sont sorties intactes. Prenez rendez-vous pour passer du temps avec au moins deux d'entre elles qui pourront vous recevoir au cours du mois à venir. Écoutez leur histoire et laissez-vous inspirer.

- **Exercice de reconsolidation neurale**: Cette semaine, après une méditation particulièrement profonde, savourez l'expérience. Réglez une minuterie et allongez-vous pendant quinze à trente minutes. Visualisez vos synapses en train de s'interconnecter alors que vous les allumez délibérément en vous souvenant de la délicieuse méditation.
- **Exercice de choix**: Faites dix photocopies de l'illustration 7.4, les deux portes. Ensuite, analysez dans quels domaines de votre environnement vous faites souvent des choix négatifs. C'est peut-être dans les réunions en ligne avec un collègue de travail ennuyeux. C'est peut-être à cause des choix alimentaires que vous faites quand vous vous approchez de votre réfrigérateur. Peut-être que ce sont les films que vous regardez à la télévision. Collez une copie de l'illustration des deux portes sur ces objets, comme le moniteur, le réfrigérateur ou la télévision. Cela vous aidera à vous souvenir, lorsque vous êtes stressé, que vous avez toujours le choix.
- **Exercice de croissance post-traumatique 2**: Écrivez dans votre journal un événement du passé qui vous a profondément blessé. Maintenant, faites preuve d'imagination en dressant une liste des façons dont cela vous a aidé. Peu de détails sont nécessaires; quelques mots suffisent. Par exemple sous la rubrique «Divorce terrible», vous pourriez citer «(a) m'a fait prendre conscience de la valeur de faire des économies, (b) je suis devenu meilleur pour repérer les catastrophes potentielles, (c) j'ai trouvé le merveilleux thérapeute qui m'a soutenu depuis, (d) j'ai découvert qui étaient mes vrais amis», et ainsi de suite.

RESSOURCES MULTIMÉDIA COMPLÉMENTAIRES (EN ANGLAIS)

La partie en ligne de ressources complémentaires de ce chapitre comprend:

- l'Éco-Méditation guidée par Dawson: Construire un cerveau résilient;
- le projet sur le stress des vétérans;

- un entretien audio avec Linda Graham, auteure de *Resilience* ;
- une séance vidéo de Dawson travaillant avec un survivant de la maltraitance précoce ;
- des chapitres gratuits du livre de Dawson sur l'EFT pour le PTSD.

  Obtenez ces ressources complémentaires à cette adresse : BlissBrainBook.com/7.

CHAPITRE 8

S'ÉPANOUIR DANS LA COMPASSION

Bien que ce livre se concentre sur les changements produits par la méditation, en réalité, *tout* ce que nous faisons change notre cerveau. Les violonistes classiques ajoutent du volume et de la vitesse aux parties du cerveau associées à la dextérité manuelle. Les athlètes d'élite augmentent la taille et la capacité de signalisation des régions du cerveau qui gèrent la coordination et la proprioception. Les conducteurs de voitures de course connectent plus les parties de leur cerveau responsables du temps de réaction.

Nous changeons tous nos cerveaux tout le temps. Tout ce sur quoi nous portons notre attention envoie des signaux à travers les voies neurales. En passant nos doigts dans les cheveux de nos enfants. En savourant une gorgée de bon vin. En réagissant aux informations. En regardant notre équipe sportive préférée. En regardant de la pornographie. En jouant avec de l'argent. En jouant aux échecs. En s'inquiétant pour notre fonds de retraite. En jouant à des jeux vidéo. En bavardant. En travaillant. En pratiquant nos hobbys. En stressant à cause de ________________ (insérez votre bête noire ici).

Une fois que ce concept est bien ancré en nous, l'étape suivante consiste à prendre le contrôle conscient du processus. Nous voulons un cerveau remodelé pour la joie, et non pour la misère que la plupart des cerveaux choisissent « par défaut ». En *choisissant l'endroit où nous dirigeons notre attention*, nous pouvons installer cette mise à niveau dans la matière (et le câblage) de notre cerveau.

DE LA SURVIE À LA BÉATITUDE

Dans les temps anciens, la fonction la plus importante de notre cerveau était de nous maintenir en vie. Le cerveau de l'homme des cavernes était orienté vers la survie : se souvenir des mauvaises choses qui se sont passées hier. Balayer l'horizon à la recherche des mauvaises choses qui pourraient arriver demain. Éviter les menaces. Chercher des opportunités. Remodeler le cerveau pour qu'il soit plus réactif, plus soupçonneux, plus paranoïaque et plus craintif nous donnait un avantage pour la survie.

Le nom de notre espèce est *Homo sapiens. Sapiens* signifie « sage ». Pour le cerveau de l'homme des cavernes, « sage » signifie combattre les ennemis, esquiver les prédateurs, tailler des silex, creuser pour trouver des racines, trouver de l'eau, faire des bébés et allumer du feu. « Sage » signifie la capacité de soulever un morceau d'excrément séché pour le mettre sous son nez et savoir de quel animal il provient. « Sage » signifie être capable de chasser et de tuer pour votre dîner.

Pour les humains du XXe siècle, être « sage » signifiait quelque chose de différent. Être sage signifiait avoir de bonnes notes, trouver un emploi, se marier, élever des enfants, s'amuser, rester en bonne santé, éviter les mauvaises habitudes et économiser suffisamment d'argent pour vivre des années dorées.

Pour le nouvel humain, « sage » a une signification très différente. Cela signifie être conscient de soi. Aspirer à votre plein potentiel. Remarquer vos défauts de caractère. Identifier ce qui vous rend heureux et ce qui vous rend malheureux, puis prendre des mesures pour vous pousser vers la fin heureuse du continuum. Vivre comme un être spirituel sur un chemin physique. Prendre soin de tous vos besoins matériels, comme vos ancêtres, puis aller au-delà de ces besoins pour atteindre la félicité du cerveau.

Bliss Brain, le Cerveau du bien-être et de la félicité, est le cerveau du futur. Il nous fait signe de passer à la prochaine étape de l'évolution et d'acquérir une sagesse qui transcende le meilleur de nos ancêtres.

L'ATTENTION SÉLECTIVE

L'attention sélective est le processus qui consiste à mettre *les expériences souhaitées au premier plan de la conscience* tout en déléguant les autres à l'arrière-plan. Lorsque nous nous entraînons à diriger notre attention *délibérément*, nous sommes capables de faire évoluer nos émotions dans une direction positive, même au milieu des distractions et des désagréments de la vie quotidienne.

L'astuce consiste à pratiquer le changement de sujet-objet que nous avons appris au chapitre 3. Même lorsque vous êtes secoué par une émotion forte, comme la peur qui a si bien servi le cerveau de l'homme des cavernes, l'attention sélective vous permet de changer. Vous pouvez passer à la perspective d'un témoin, diminuer l'intensité des sentiments et vous mettre dans un état positif.

Une attention sélective ne signifie pas que vous niez les problèmes auxquels vous êtes confronté. Ce n'est pas de l'évitement, c'est faire un choix parmi une palette d'options. Alors qu'agir sous l'effet de la peur était la meilleure option pour le cerveau de l'homme des cavernes. Une personne consciente examine toutes les options avant de choisir une pensée, un sentiment ou un comportement. En utilisant le pouvoir de l'attention sélective, nous remodelons notre cerveau.

Van Gogh et les tournesols

par Carole Watanabe

Je souffrais de la maladie de Lyme. J'étais dans le coma une partie du temps, et paralysée. Je ne pouvais pas parler. Tout le monde autour de moi pensait que j'étais en train de mourir. Je pensais que je pouvais mourir aussi.

Puis je me suis souvenue d'une vision que j'ai eue dans mon enfance, où je me tenais dans un champ de tournesols et je peignais comme Van Gogh. Il représentait mon idée de l'artiste ultime qui peint dans la nature quelque chose de glorieux.

Finalement, j'ai récupéré suffisamment pour utiliser mon bras droit. J'ai écrit sur le mur à côté de mon lit: « Peindre des tournesols en France. »

J'ai pensé: « Il y a un nouveau tournant sur la route; il va te mener à ta guérison. »

J'ai récupéré suffisamment pour rester debout et peindre pendant trente minutes, après quoi je devais me reposer pendant quelques heures. Dès que j'ai pu, je suis partie en France.

J'ai fini par acheter une maison à la mode dans le village de Sorèze, près de Toulouse. C'était la maison la moins chère du village.

Mais elle était entourée de tournesols. C'était comme si un beau bijou avait atterri sur mes genoux après la mauvaise expérience de la maladie de Lyme.

Debout dans les champs, à peindre des tournesols, j'ai senti comme une infusion de lumière jaune qui entrait et imprégnait mon corps. J'ai réalisé la vision de mon enfance. J'ai guéri.

Carole, la professeure d'art de ma femme Christine, utilisait une attention sélective pour se concentrer sur sa vision des tournesols, même lorsqu'elle était proche de la mort. Sa vision l'a amenée à dépasser sa mort. L'histoire des tournesols de Carole est l'une des nombreuses histoires partagées dans la communauté en ligne de mon « Master Manifestor's Club ». Elle est un maître en la matière. De nombreuses synchronicités ont façonné sa vie et celle de ses étudiants.

8. 1. Tournesols entourant un village dans le sud de la France.

VOTRE SUPERPUISSANCE AU QUOTIDIEN

La capacité des êtres humains à modifier l'anatomie de leur cerveau est impressionnante. Nous dirigeons notre attention de manière sélective, certaines régions du cerveau s'illuminent, d'autres s'assombrissent, et le remodelage neural du chapitre 6 commence.

La plupart des gens utilisent cette superpuissance de manière inconsciente. Ils vivent leur vie sans réflexion. Ils attribuent leur façon d'être à des forces extérieures à eux-mêmes, et répètent leur comportement conditionné jour après jour. Ils croient qu'ils sont malheureux à cause d'un schéma, en colère à cause des grandes entreprises, frustrés à cause du gouvernement, rancuniers à cause des défauts de leurs proches, et misérables à cause de l'argent. Inconscients de son pouvoir de diriger son attention, le cerveau de « l'homme des cavernes » façonne son réseau neuronal autour de ses « bêtes noires ».

Les personnes conscientes prennent le contrôle du processus. Elles utilisent une attention sélective pour *diriger leurs pensées et leurs sentiments*. Elles décident de remplir leur esprit de pensées positives, puis de passer à l'action pour atteindre cet objectif. Elles utilisent ce superpouvoir de manière consciente. Leur vie s'améliore à mesure que leur cerveau se remodèle.

8. 2. Les jumeaux identiques se ressemblent à la naissance.
Voir la version en couleurs au centre du livre.

Les jumeaux identiques sont l'un des sujets favoris des chercheurs. C'est parce que, à la naissance, ils ont des gènes identiques. Leur cerveau est identique, tout comme leur corps. Il semble logique de supposer que biologiquement, ils mèneront des vies presque identiques, année après année et décennie après décennie.

Pourtant, ils le font rarement. L'écart de leurs niveaux de santé et de bonheur augmente au fil du temps. L'un peut rester en bonne santé et l'autre tomber malade. Ou l'un être heureux et l'autre malheureux. Ou bien l'un est stressé et l'autre détendu. En moyenne, *les jumeaux identiques meurent à plus de dix ans d'intervalle*. C'est le pouvoir de remodelage du cerveau et du corps.

En tant qu'individus, nous pouvons utiliser notre superpuissance consciemment, pour améliorer notre cerveau et notre vie, ou laisser cette superpuissance fonctionner en arrière-plan, en reproduisant le conditionnement de notre passé.

Si nous devenons maîtres de l'attention sélective, sans compromis dans notre engagement envers l'amour, la joie et la transformation, qu'arrive-t-il à notre cerveau ? Si nous décidons d'augmenter notre superpuissance au maximum, quelle amélioration peut-elle produire dans notre cerveau ?

8. 3. Mais ils divergent au fil des ans et peuvent être très différents à 60 ans.
Bien qu'ils aient chronologiquement le même âge,
certaines paires de jumeaux ont biologiquement onze ans d'écart.
Voir la version en couleurs au centre du livre.

JUSQU'OÙ LE REMODELAGE NEURAL PEUT-IL ALLER?

Le chapitre 3 a montré comment nous activons certaines parties du cerveau pendant la méditation, tout en coupant le réseau du mode par défaut (RMD) du chapitre 2. Le chapitre 6 a montré comment cela fait croître le circuit d'illumination tout en réduisant le réseau de stress. Jusqu'où ce processus de remodelage neural peut-il aller?

Si vous décidez de devenir l'un des superhéros X-Men et de développer votre superpouvoir, quelle sera sa taille? Maintenant que vous connaissez le pouvoir de la conscience pour façonner l'anatomie de votre cerveau, jusqu'où pourrez-vous aller dans le processus? Le remodelage neural a-t-il des limites, et si oui, lesquelles?

Les études d'IRMf comparant des groupes de méditants nous donnent un guide. Au chapitre 6, nous avons vu que même quelques heures d'esprit éveillé (Awakened Mind) commencent à produire des changements dans le cerveau. Lorsque les gens maintiennent un niveau alpha constant dans une pratique quotidienne de méditation, l'anatomie de leur cerveau change de façon mesurable en seulement huit semaines.

Chez les adeptes, les changements sont énormes. Ceux qui ont médité pendant dix mille heures ou plus font preuve d'un contrôle attentionnel complet, d'une suppression du Soi et d'un rétrécissement de leurs réseaux de stress. Le Cerveau du bien-être et de la béatitude est leur mode par défaut.

Mais le cerveau continue de changer même au-delà de ce point. Richard Davidson a mesuré la facilité avec laquelle l'« alarme incendie » du cerveau, l'amygdale, pouvait être activée chez les adeptes de la méditation. Il a comparé un groupe de moines qui avaient passé en moyenne 19 000 heures de leur vie en méditation avec un groupe encore plus expérimenté. Ces super-méditants avaient 44 000 heures de pratique sous leur ceinture de safran. C'est l'équivalent de dix ans de pratique assidue douze heures par jour. Il a constaté « une différence stupéfiante de 400 % dans la taille de la réponse amygdalienne » entre les deux groupes.

Cela signifie que les réseaux de stress du cerveau continuent à se contracter tout au long de la vie du méditant.

Les Cerveaux du bien-être vieillissent également plus lentement. L'épaisseur de la matière grise est un marqueur qui permet aux scientifiques de mesurer l'âge biologique (par opposition à l'âge chronologique) du cerveau d'une personne. Mingyur Rinpoché, un adepte de 41 ans étudié par Davidson, avait l'âge cérébral d'un homme de 33 ans. Même après des dizaines de milliers d'heures de pratique, le cerveau ne cesse de changer.

8. 4. Mingyur Rinpoché.

Cette recherche nous donne la réponse à la question clé pour savoir quelle quantité de changement vous pouvez produire : si vous exercez votre superpuissance de manière constante, *il n'y a pas de limite supérieure*. Votre cerveau peut continuer à évoluer tout au long de votre vie.

Alors pourquoi ne pas exploiter au maximum votre potentiel ? Visez les sommets. Créez le cerveau le plus heureux possible.

Les effets secondaires du Cerveau du bien-être

Comme tout être humain, j'ai de bonnes et de mauvaises qualités. L'une de ces dernières est l'impatience. J'ai toujours voulu que le problème soit résolu – et tout de suite !

Christine et moi visitons chaque année de magnifiques stations balnéaires, à la recherche des contextes les plus enrichissants à offrir aux participants de nos retraites « Vision de vie ». Nous avons réservé un week-end à San Diego pour visiter la station de Rancho Bernardo, un site que nous avions repéré.

Après avoir profité du week-end, nous sommes arrivés à l'aéroport le dimanche soir pour notre vol de retour. Il a été retardé de quatre heures en raison du brouillard qui régnait à San Francisco. Nous avons attendu patiemment dans le salon.

Puis la compagnie aérienne nous a annoncé que le vol avait été annulé. Nous avons rejoint une longue file de passagers mécontents qui attendaient de pouvoir réserver le prochain vol disponible.

Nous sommes finalement arrivés en tête de file et avons parlé à une préposée dont le badge nous a indiqué qu'elle s'appelait Sally. Elle nous a annoncé que tous les vols étaient pleins jusqu'au mardi. De plus, nous ne serions pas dédommagés pour un hôtel ou une voiture de location, car l'annulation était due au mauvais temps et non par la faute de la compagnie aérienne.

Je me suis tourné vers Christine et lui ai proposé : « Que dirais-tu d'un autre jour de vacances à San Diego, puis de louer une décapotable et de rentrer à San Francisco ? » Elle s'est illuminée à l'idée du plaisir que nous aurions à faire ce voyage.

J'ai souri, j'ai remercié Sally et je me suis préparé à me détourner, mais elle a fait la remarque suivante : « Je suis étonnée de votre patience. »

« Sally, j'apprécie vraiment la façon dont vous faites de votre mieux », ai-je répondu, « et je vous suis reconnaissant de prendre soin de nous. » Ses yeux se sont embués lorsque Christine et moi sommes partis, main dans la main.

En rentrant chez nous, le toit ouvrant baissé, en profitant des collines vertes d'un printemps californien, j'ai eu beaucoup de temps pour réfléchir. J'ai compris que rien pendant le voyage n'avait déclenché mon impatience. Je me suis tourné vers l'ultime testeur de la réalité : ma femme. « Hé, Christine », lui ai-je demandé, « as-tu remarqué, à un pendant ce voyage, une impatience quelconque de ma part ?

Elle a réfléchi un instant et a répondu : « Je n'en vois pas. »

« Tu te souviens de la dernière fois où j'ai été impatient ? » lui ai-je demandé.

Elle a dû revenir un an ou deux en arrière pour se souvenir d'un incident.

Je me suis rendu compte alors que je n'étais plus une personne généralement impatiente. D'une certaine manière, l'impatience s'était glissée à l'arrière-plan de mon expérience. Les désagréments qui me rendaient autrefois impatient ne m'activent plus maintenant.

C'est probablement un des effets secondaires lié au fait de passer beaucoup de temps dans l'état du Cerveau du bien-être. Mes circuits du bonheur sont suffisamment développés, et mes circuits de souffrance suffisamment réduits au silence. Le tissu cérébral consacré à la souffrance a diminué en proportion de l'ensemble de mon cerveau. Le rapport entre les neurones du « soi-disant » et les neurones du bonheur a basculé en ma faveur. Le changement d'état a entraîné un changement de traits, et le trait d'impatience n'est plus moi.

Je me retrouve à glisser spontanément dans le Cerveau du bien-être plusieurs fois par jour, comme si je méditais. Cet état est si proche de la surface de ma conscience qu'il atteint parfois le sommet.

Lorsque j'ai une longue route devant moi, je me rends souvent dans le Cerveau du bien-être les yeux ouverts. Je ressens la pression à l'intérieur de ma tête alors que ma conscience se connecte avec l'esprit non local. J'intensifie l'expérience et j'apprécie l'opportunité d'habiter cet état de conscience pendant un certain temps.

Cela va probablement stimuler une croissance supplémentaire dans le circuit de l'illumination, en m'éloignant toujours plus du cerveau de l'homme des cavernes dont j'ai hérité de mes ancêtres.

Donc, utilisez votre superpuissance au maximum. Engagez ce circuit d'illumination régulièrement et intensément. Votre récompense ? Un cerveau beaucoup plus heureux de vivre.

Si le remodelage neural nous permet d'avoir une vie individuelle plus heureuse, que se passe-t-il lorsque des groupes entiers de personnes commencent à le faire ? Qu'est-ce qui change lorsque la conscience commence à se déplacer à l'échelle mondiale, et comment cela se traduit-il dans les événements sociaux et historiques ?

UNE CONSCIENCE FLORISSANTE, UN MONDE EN PLEIN ESSOR

L'évolution par sélection naturelle se fait lentement. Par exemple, il a fallu environ un milliard d'années pour que les premières formes de vie vivant dans l'océan se transforment en habitants de la terre. Il a fallu encore 250 millions d'années avant que les premiers mammifères n'apparaissent.

Mais il y a des exceptions, des moments où l'évolution est rapide et où elle fait d'énormes bonds en avant. La futuriste Jean Houston appelle ces périodes « Jump Time », des sauts temporels.

Un saut célèbre appelé l'explosion cambrienne s'est produit il y a 535 millions d'années. En un laps de temps très court selon les normes de l'évolution, alors que la vie était majoritairement restée unicellulaire pendant près de trois milliards d'années, de très nombreux organismes multicellulaires – plus précisément des animaux complexes aux restes squelettiques minéralisés – ont subitement apparu et se sont diversifiés en quelques millions d'années. Avant la période cambrienne, il n'y avait ni étoile de mer, ni poux, ni méduse, ni palourde sur terre. Soudain, il y en eut.

8. 5. Nouvelles formes de vie apparues lors de l'explosion cambrienne.
Voir la version en couleurs au centre du livre.

Certains sauts sont biologiques alors que d'autres se produisent dans la conscience. Lorsque la conscience de groupes de personnes change, des changements tectoniques peuvent se produire dans la religion, la société, l'art et la culture. Souvent, cela commence par quelques individus seulement, mais lorsque la masse critique est atteinte, une civilisation entière peut rapidement changer son esprit collectif.

En 1890, le nombre de pays dans lesquels les femmes pouvaient voter était nul, puis en 1893, le premier pays, la Nouvelle-Zélande, a donné le droit de vote aux femmes. En quarante ans, après des milliers d'années de répression politique, les femmes ont pu voter dans pratiquement toutes les démocraties. En tant qu'espèce humaine, nous avons changé notre façon de penser collectivement. La conscience a changé, et la sagesse sociale de 50 % de la race humaine s'est ajoutée.

Il existe de nombreux autres exemples. Ce n'est que dans une histoire relativement récente que la race humaine a changé d'avis sur le travail des enfants.

En 1800, le travail des enfants n'était pas controversé. Dans les mines de charbon de Grande-Bretagne, des enfants de 8 ans poussaient des bacs lourds dans des tunnels. En transpirant et en respirant la poussière de charbon, ils sortaient des puits noirs de crasse. Ils mouraient jeunes.

Puis nous avons changé les lois, et en quelques décennies, le travail des enfants a été interdit.

Nous avons condamné et aboli l'esclavage, et même s'il existait depuis l'aube de la société, il a disparu en quelques décennies.

Nous sommes en train de changer de manière de penser sur la légalisation des drogues. Sur le suicide médicalement assisté. Sur la peine de mort. Sur le mariage homosexuel. Sur le contrôle des armes. Sur le racisme. Sur les soins de santé universels.

Chacun d'entre eux est un exemple de changement de la conscience humaine de masse. J'utilise ici le mot « conscience » dans le sens de l'image collective de la réalité que nous avons dans notre tête en tant qu'espèce. Dans mon livre *De l'esprit à la matière*, je résume plus de quatre cents études montrant que lorsque la conscience (notre réalité interne) change, le monde matériel (la réalité externe) change en même temps.

Il est également intéressant de noter que chacun de ces changements historiques a impliqué *plus de compassion*. Nous avons commencé à nous préoccuper du bien-être d'autres êtres humains, en l'occurrence des enfants, des esclaves et des femmes privées de leurs droits. Les personnes au pouvoir, *ont su faire preuve d'empathie à l'égard d'une population peu privilégiée*. Ils ont progressivement partagé leur pouvoir.

Nous sommes au milieu d'un énorme saut dans la conscience et la réalité matérielle. Selon pratiquement toutes les normes, le bien-être mondial s'est rapidement amélioré. Ces améliorations sont résumées dans un brillant livre intitulé *Enlightenment Now: The Case for Reason, Science, Humanism, and Progress* de Steven Pinker. Il montre à quel point la société humaine a été statique pendant des siècles ou des millénaires, mais qu'un énorme bond s'est produit au cours des trois cents dernières années.

Prenons quelques exemples parmi des centaines d'autres :

- Entre 2000 et 2015, un milliard de personnes (un septième de la population mondiale) ont échappé à la pauvreté.
- La durée de vie du citoyen mondial moyen a doublé au cours du siècle dernier.
- Dans les pays développés, la proportion des dépenses publiques consacrées à des projets sociaux tels que l'éducation

et l'aide aux pauvres est passée de moins de 2% au début du XXe siècle à une moyenne de 22% aujourd'hui.

- La déforestation de la forêt amazonienne a diminué de 80% dans les deux dernières décennies.
- Les guerres entre les grandes puissances, celles capables de projeter une force au-delà de leurs frontières, étaient continues il y a quatre cent cinquante ans. Elles ont décliné depuis lors et sont inexistantes aujourd'hui.
- La richesse mondiale a triplé au cours des quatre dernières décennies, et cela inclut les krachs de 2000, 2008 et 2020.
- De 1921 à aujourd'hui, le nombre de décès dans les accidents de la route aux États-Unis a été multiplié par vingt-quatre. Les décès accidentels dus à toutes les autres causes ont diminué.
- Dans le monde entier, les droits de l'homme se sont améliorés au cours des soixante-dix dernières années.
- Les recherches sur Google pour les termes « homophobes », « racistes » et « misogynes » ont diminué d'au moins 80% depuis 2004.
- Malgré l'interruption de guerres horribles, la paix progresse dans le monde.
- Depuis 1909, dans toutes les régions du monde, les scores du quotient intellectuel (QI) n'ont cessé d'augmenter, de 3 points en moyenne par décennie.
- De 1960 à aujourd'hui, le taux de pauvreté américain a diminué de plus de la moitié au regard des revenus de chaque citoyen ; au regard de la consommation, il a diminué de 90%
- Les émissions mondiales de carbone ont diminué de plus de 50% au cours des cinquante dernières années.
- Le travail des enfants, la mortalité infantile, la mortalité maternelle et la violence domestique ont diminué au niveau mondial.
- La proportion de la population mondiale n'ayant pas accès à l'air pur et à l'eau potable a diminué de moitié en dix ans.

Ces améliorations ne sont visibles que si vous prenez une vue d'ensemble de 10000 mètres de haut. Elles ne sont pas visibles depuis le sol. Lorsque nos esprits sont pris dans un drame mondial comme celui du krach immobilier de 2008, il est pratiquement impossible de voir qu'il s'agit d'un petit saut dans un grand arc de cercle ascendant.

En regardant les informations sur les millions de personnes infectées par le coronavirus en 2020, il était tout aussi difficile de se rappeler que la santé mondiale est sur une trajectoire ascendante. Lorsque le virus a fait s'effondrer le marché boursier et que le chômage aux États-Unis a atteint 20% de la population active, la pente ascendante sur un graphique de dix ans a semblé être une blague cruelle.

Pourtant, dans ces moments difficiles, il est plus important que jamais de libérer son esprit de la peur, de prendre du recul et de se concentrer sur l'essentiel. Voici quelques graphiques illustrant la vue de 10000 mètres.

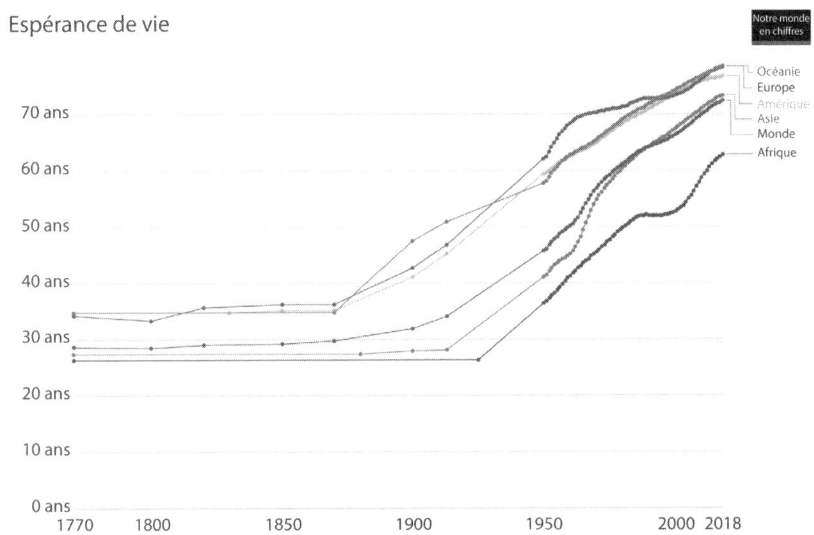

Sources : Riley (2005), Clio Infra (2015) et la division Population des Nations Unies.
Notes : ce schéma montre l'espérance de vie à la naissance, c'est-à-dire le nombre moyen d'années qu'un nouveau-né vivrait si le taux de mortalité de l'année donnée restait le même tout au long de sa vie.

8. 6. Espérance de vie par région du monde de 1770 à 2018.

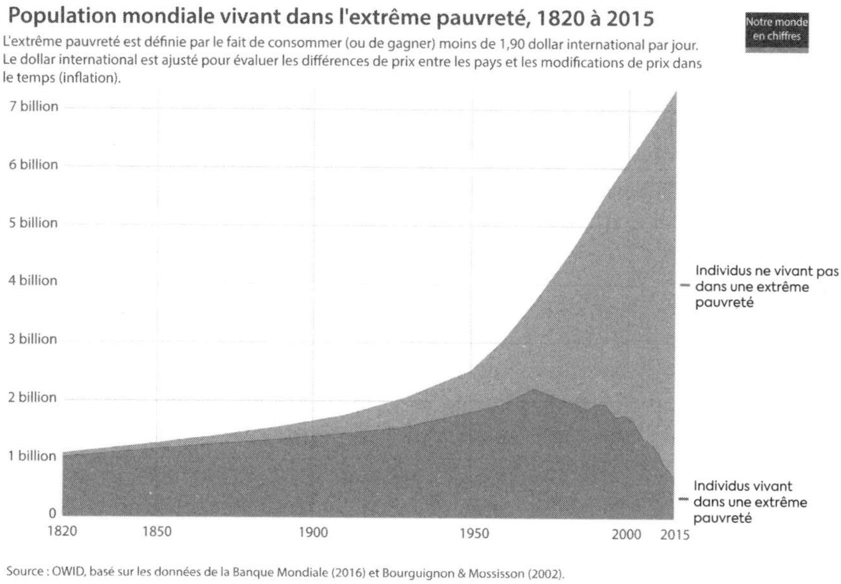

8. 7. Pauvreté mondiale de 1820 à 2015.

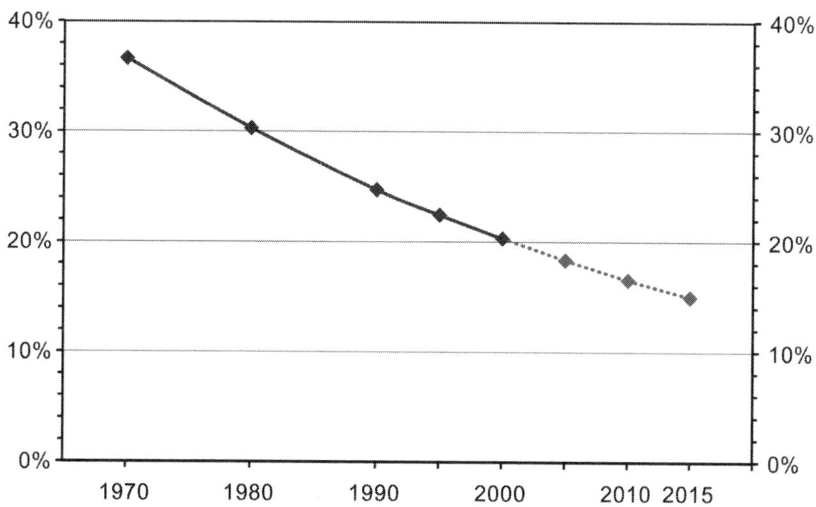

8. 8. L'analphabétisme mondial a diminué de moitié entre 1970 et 2015.

L'analyse empirique montre que nous sommes en pleine explosion de bien-être spirituel, physique et matériel, mais ce n'est pas relayé par les médias. En fait, nous sommes induit en erreur et nous n'en avons pas conscience. Une archive de la fréquence des mots utilisés par les médias dans cent trente pays montre qu'entre 1979 et aujourd'hui, les mots à connotation négative comme « horrible » et « terrible » n'ont cessé d'augmenter. Dans le même temps, les mots positifs comme « s'améliorer » et « bien » ont diminué, tout comme le niveau de bonheur des citoyens américains.

Les médias dépeignent le contraire de ce qui se passe réellement, à savoir une recrudescence de l'épanouissement humain. Elle coïncide avec des changements mondiaux massifs dans la conscience, comme l'abolition de l'esclavage, la réglementation du travail des enfants, et la montée de la démocratie et des droits des femmes. Depuis environ trois cents ans, la conscience collective humaine a particulièrement progressé sur le plan des libertés et des droits de l'homme. Ces changements sont intervenus dans un esprit d'intérêt commun et de justice.

Nous disposons maintenant des outils scientifiques permettant de mesurer ce qui se passe à l'intérieur du cerveau lorsque la conscience change. Nous savons qu'il se produit des changements cérébraux.

Il est donc probable que le *cerveau des êtres humains change également depuis ces trois cents dernières années*. Les changements radicaux de la réalité matérielle mentionnés ci-dessus peuvent être la preuve extérieure de changements radicaux de la conscience, de notre réalité mentale interne collective, ainsi que de changements parallèles de l'anatomie du cerveau.

LA COMPASSION A-T-ELLE ÉTÉ LE MOTEUR DE L'ÉVOLUTION DU CERVEAU ?

La méditation a-t-elle connu un essor depuis trois cents ans ? Ce n'est pas mesurable. Mais il y a eu une augmentation constante des réformes sociales qui témoignent de la compassion pour les autres. Les recherches sur les différents types de méditation résumées au chapitre 4 montrent que *la compassion fait bouger l'aiguille comme rien d'autre.*

Il est donc possible que la compassion ait changé le cerveau des êtres humains petit à petit depuis des siècles. On ne peut pas revenir en arrière et faire des IRM sur les abolitionnistes ou les suffragettes, mais les changements rapides évidents des normes sociales suggèrent qu'un changement du cerveau à grande échelle ait pu se produire.

Comme les sociétés sont devenues beaucoup plus compatissantes au cours des dernières décennies, l'évolution du cerveau pourrait s'être accélérée. Les preuves convaincantes de l'évolution rapide que l'on trouve dans des outils de mesure tels que Google, qui permet de rechercher des termes racistes et homophobes – 80 % en moins de vingt ans – laissent entrevoir cette possibilité.

Si cette hypothèse est vraie, le changement social continuera à s'accélérer, car les cerveaux compatissants créent des cerveaux toujours plus compatissants. La société humaine pourrait être complètement différente en quelques années, et non en quelques décennies. Nous pourrions être au seuil de la civilisation la plus compatissante et la plus éclairée de l'histoire.

L'idée que des émotions comme la compassion puisse être le moteur d'un changement évolutif n'est pas nouvelle. Charles Darwin s'est intéressé aux émotions plus tard dans sa carrière. Dans son livre de 1871, *L'Origine des espèces*, il écrit : « L'empathie aura été accrue par la sélection naturelle ; car les communautés, qui comprenaient le plus grand nombre de membres les plus empathiques, s'épanouissaient le mieux... »

Une étude scientifique à grande échelle a identifié le rôle que la compassion a joué dans l'évolution. Elle suggère que nos lointains ancêtres « préféraient probablement s'accoupler avec des individus plus compatissants – un processus qui, avec le temps, augmenterait les tendances à la compassion au sein du pool génétique ».

L'étude souligne également que la compassion confère un avantage évolutif à une société parce qu'elle « permet des relations de coopération avec des personnes non apparentées ». Les sociétés compatissantes s'épanouissent davantage. Le processus pourrait avoir poussé l'évolution depuis les temps préhistoriques.

Nous ne sommes pas simplement dans le Saut temporel. Grâce à nos nouveaux cerveaux compatissants, nous sommes peut-être en train de *créer* le Saut temporel. Dans mon prochain livre et dans une série d'articles scientifiques, j'explorerai les implications de cette hypothèse pour chaque facette de l'activité humaine, de l'éducation à la médecine, au droit, à la science, au commerce, à la technologie et à l'art.

LE RYTHME EFFRÉNÉ DU CHANGEMENT ÉVOLUTIF

Les délais de l'évolution et du changement social permettent de comprendre à quel point votre superpuissance de remodelage du cerveau est extraordinaire. L'explosion cambrienne a duré plus de douze millions d'années du début à la fin. C'est rapide en termes d'évolution.

La taille du cerveau humain a triplé au cours des trois millions d'années qui se sont écoulées entre l'invention des premiers outils de l'âge de pierre et aujourd'hui. C'est rapide comme l'éclair.

Il a fallu quarante ans pour obtenir le vote des femmes. Et vous voilà, vous, le « super-manifesteur », capable de produire un changement majeur dans votre cerveau en seulement huit semaines.

C'est un événement sans précédent dans l'histoire de l'évolution. Jamais auparavant une espèce n'a été capable de modifier l'anatomie de son propre cerveau avec sa conscience. Cette superpuissance est unique à *Homo sapiens*, et elle est en train de changer le monde.

Combien d'êtres humains sont donc engagés dans cette grande expérience ? Quel est le pourcentage de la population que l'on peut classer dans la catégorie des *Bliss Brainers*, les « Cérébrés pour le bien-être » et comment contribuent-ils au « Saut temporel » ?

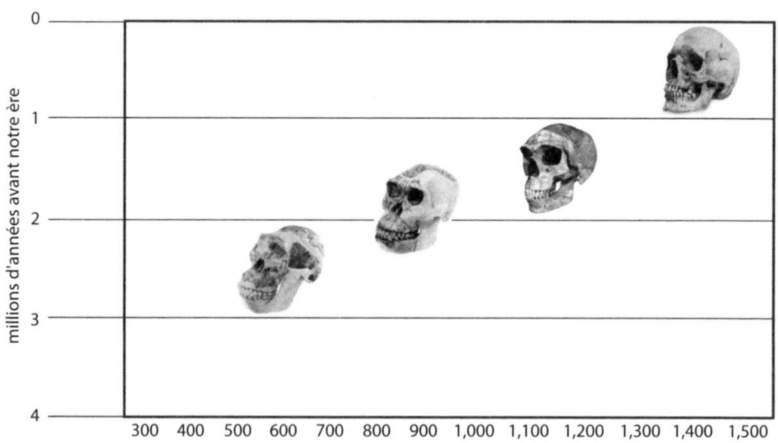

8. 9. Capacité cérébrale en centimètres cubes avant et après que l'homme a commencé à utiliser des outils, soit une période de trois millions d'années. De gauche à droite : *Australopithecus africanus, Homo habilis, Homo erectus, Homo sapiens.*

QUEL EST LE POURCENTAGE DE PERSONNES QUI MÉDITENT AUJOURD'HUI ?

Au chapitre 4, nous avons examiné les éléments qui suggèrent qu'au cours de l'histoire, environ 1 % des humains ont activement cherché à s'éveiller. Au Tibet, la région la plus spirituelle du monde, ce chiffre est de 12 %. Quel est le chiffre comparable pour les sociétés occidentales d'aujourd'hui ? Et pour le monde dans son ensemble ?

L'une des réponses provient d'une enquête à grande échelle menée par le Centre national américain des statistiques de santé. Elle révèle que le nombre de personnes qui pratiquent la méditation a triplé entre 2012 et 2017, passant de 4 % à 14 % de la population. C'est une énorme augmentation en très peu de temps. Elle continue d'augmenter.

Non seulement les adultes mais aussi les enfants pratiquent de plus en plus. Chez les 4 à 17 ans, le pourcentage est passé de moins de 1 % à plus de 5 %.

8. 10. Mère et fille méditant ensemble.

Selon l'étude sur les valeurs européennes, près de la moitié de la population prie ou médite au moins une fois par semaine. La méditation est depuis longtemps une pierre angulaire de la pratique religieuse en Chine, en Inde et dans d'autres pays de l'Est, qui représentent ensemble la moitié de la population mondiale.

Ces tendances sont susceptibles de s'accélérer dans les décennies à venir. En état de *Bliss Brain*, les uns se sentent bien, leur cerveau est inondé par les agréables substances neurochimiques décrites au chapitre 5. Ces drogues les incitent à en obtenir davantage. Le bien-être augmente, alors ils élargissent leur pratique. Les autres remarquent le bonheur des méditants et s'essaient aussi à la méditation qui se renforce et se diffuse dans la société dans un cycle vertueux.

Hier, le Cerveau du bien-être était le domaine exclusif du groupe des 1%. Aujourd'hui, il s'étend à 14%. Demain, à la majorité. C'est ainsi que nous atteindrons le point de basculement de l'histoire.

UNE RESSOURCE INFINIE POUR UNE PLANÈTE FINIE

Nous avons besoin de ce potentiel humain renforcé pour résoudre les problèmes auxquels l'humanité est confrontée aujourd'hui. Les ressources de la planète sont limitées. Dans son deuxième discours inaugural en 1985, le président américain Ronald Reagan a déclaré: «Il n'y a pas de limites à la croissance et au progrès humain.» Et pourtant, elles existent.

Même si la richesse mondiale a augmenté de manière exponentielle, nous vivons sur une planète finie. Nous avons besoin à la fois de la conscience et des systèmes économiques qui permettront à notre espèce de vivre en équilibre avec le reste de la nature. Le futuriste David Houle appelle cela «l'économie de la terre finie».

La science du climat nous dit que nous sommes confrontés à une augmentation potentielle d'un mètre du niveau de la mer au cours de ce siècle. Dans un pays proche du niveau de la mer, le Bangladesh, une élévation d'un mètre inondera 20% du pays et trente millions de personnes deviendront des réfugiés climatiques.

L'altitude moyenne des terres de la Floride est de deux mètres au-dessus du niveau de la mer. On prévoit une élévation du niveau de la mer de trois mètres entre 2050 et 2075, et de quinze mètres d'ici 2500. Le changement climatique n'est que l'un des mauvais problèmes auxquels nos cerveaux en pleine évolution doivent faire face.

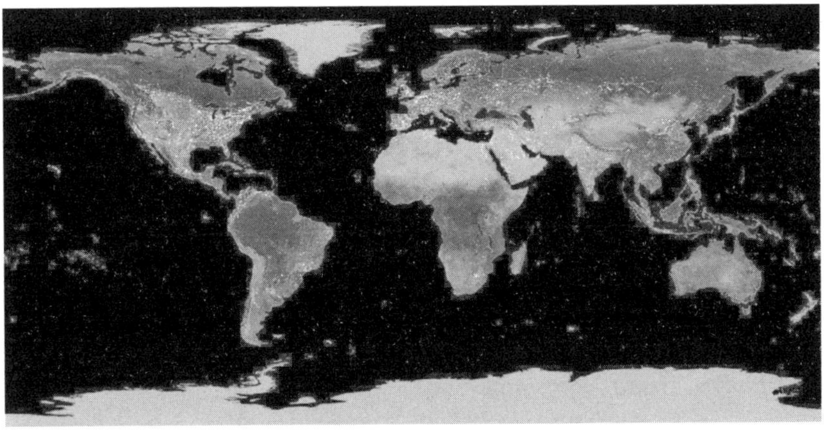

8. 11. Carte de la Terre avec une élévation du niveau de la mer de six mètres (vingt pieds) représentée en rouge.
Voir la version en couleurs au centre du livre.

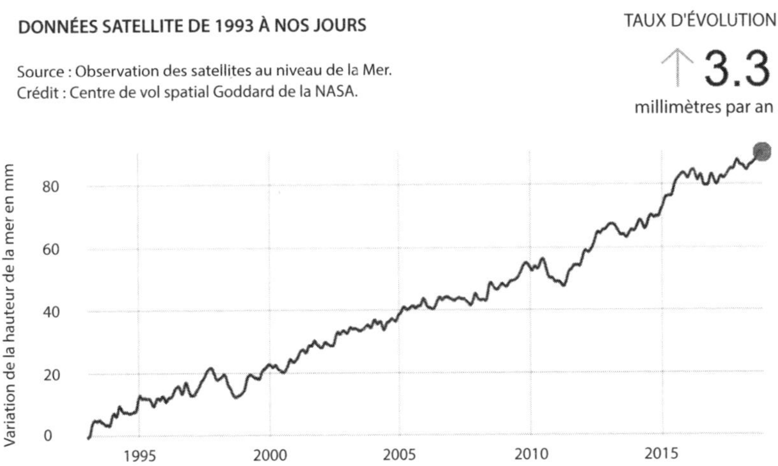

8. 12. Changements du niveau de la mer 1993-2019.

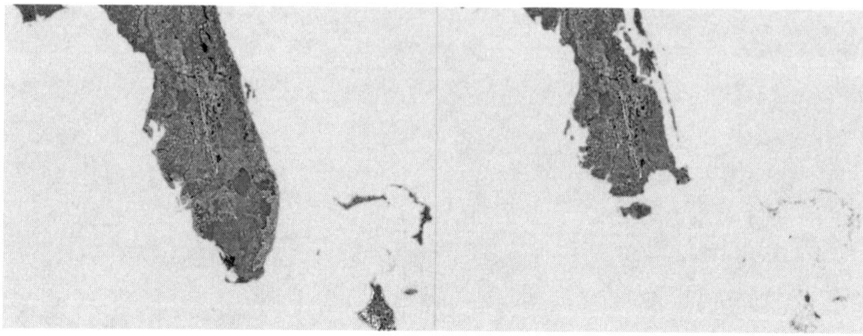

8. 13. Carte de l'État américain de Floride montrant les zones au-dessus de l'eau après l'augmentation de trois mètres prévue pour 2050-2075.
Voir la version en couleurs au centre du livre.

INTELLIGENCE ARTIFICIELLE ARMÉE

Si les guerres armées physiques entre pays sont rares, les guerres de l'informatique font constamment rage. Des pays et des organisations sophistiquées utilisent l'intelligence artificielle (IA) pour perturber les systèmes électroniques de leurs rivaux. Les barrages, les réseaux électriques, les systèmes de défense, les satellites, l'Internet, les chaînes d'approvisionnement et les usines sont tous vulnérables face aux cyberattaques de l'intelligence artificielle.

Le futurologue Daniel Schmachtenberger utilise le terme « IA armée » pour cette compétence. Il souligne qu'aucun pays ne peut se permettre de mettre en place son arsenal numérique unilatéralement. Si le pays A décide d'arrêter de développer des cyberarmes IA, il est rapidement dépassé par le pays B. Le pays B a alors la possibilité de mettre le pays A à genoux. Et *vice versa*. Les deux pays sont donc contraints de continuer à investir dans la cyberguerre dans un cycle sans fin.

Dans une course aux armements numériques qui s'intensifie, le pays qui possède les meilleures armes IA exerce son hégémonie sur les autres. La guerre informatique étant invisible et imparable, comment négocier un armistice mondial de cette guerre ?

LE SURDIMENSIONNEMENT DE LA CAPACITÉ DE L'HUMANITÉ À RÉSOUDRE LES PROBLÈMES

La terre limitée et l'IA militarisée ne sont que deux des problèmes épineux auxquels l'humanité est confrontée. Beaucoup d'autres sont d'origine naturelle et humaine. La dette mondiale équivaut à plus de deux cent cinquante milliards de dollars, par conséquent elle n'est pas remboursable. Elle représente trois fois la taille de l'économie mondiale tout entière.

Une analyse des Nations unies a révélé que plus d'un million d'espèces animales et végétales sont menacées d'extinction. Une guerre sans fin au Moyen-Orient a coûté six mille milliards de dollars américains depuis le début du siècle. Plus de deux milliards d'êtres humains n'ont pas accès à l'eau potable. Au cours des cinquante dernières années, 29 % des oiseaux d'Amérique du Nord ont disparu.

Selon une étude du Forum économique mondial sur les objectifs du millénaire, d'autres problèmes majeurs sont la corruption gouvernementale, les rivalités religieuses, la qualité des aliments, la transparence des entreprises, la discrimination et l'inégalité des revenus. La liste des défis de l'humanité est longue et décourageante.

Nous avons besoin du génie de la résolution de problèmes du Cerveau du bien-être et du bien-être pour résoudre ces problèmes pernicieux. Le cerveau de l'homme des cavernes ne produit que rivalité, survie, impasse, inertie, suspicion et désespoir.

Au chapitre 4, nous avons noté l'augmentation de 490 % de la capacité de résolution de problèmes que produit le Cerveau du bien-être. Notre espèce a beaucoup plus de chances de survivre en utilisant ce quintuplement des capacités de l'homme des cavernes qui nous a menés au bord de l'extinction.

Dans mon livre *De l'esprit à la matière*, je consacre la plus grande partie d'un chapitre à la branche de la science appelée « émergence ». Ce mot désigne la façon dont l'ordre surgit spontanément dans les systèmes complexes.

Lorsque vous insérez le Cerveau du bien-être dans des systèmes émergents comme l'industrie de la terre, ou le climat, ou l'IA militarisée, ou l'inégalité des revenus, vous perturbez le système. Vous l'orientez vers la compassion et la capacité de reconnaître les besoins et l'égalité entre les hommes. Vers l'amour.

8. 14. Dans les systèmes complexes comme les volées d'oiseaux, les bancs de poissons et les colonies de fourmis, l'ordre émerge spontanément.

Si les ressources planétaires sont limitées, la compassion et la créativité sont infinies. Bien que nous ne puissions pas empêcher les pays rivaux d'utiliser l'IA armée, de dépenser sans compter ou d'exterminer des espèces, nous pouvons changer la conscience qui rend un tel comportement possible. Le Cerveau du bien-être est peut-être la seule voie par laquelle la race humaine peut sauver la planète et éviter le désastre.

CONTAGION ÉMOTIONNELLE

Dans le chapitre 2 de mon livre *De l'esprit à la matière,* je passe en revue un phénomène extraordinaire appelé « contagion émotionnelle ». Les émotions se propagent dans les communautés tout comme la grippe. Une seule personne heureuse rend son entourage plus heureux de 34 %. Les personnes touchées rendent à leur tour les autres plus heureuses de 15 %. L'onde continue à se propager, et la couche suivante est plus heureuse de 6 %.

Les personnes négatives propagent-elles aussi la contagion ? Oui, mais « Germaine la négative » a moins d'influence que « Robert le positif ». Avoir une relation malheureuse n'augmente vos chances d'être malheureux que de 7 %.

Le contact de personne à personne n'est pas nécessaire pour induire une contagion émotionnelle. Nous sommes également affectés par nos environnements virtuels. Dans une expérience notoire, des chercheurs ont utilisé un système automatisé pour modifier le contenu émotionnel des utilisateurs de Facebook. Ils ont réussi à provoquer une contagion émotionnelle.

Lorsque les expérimentateurs manipulaient les « journaux Facebook » des internautes (timelines) pour mettre l'accent sur les émotions positives, les utilisateurs les transmettaient dans leurs « posts » et leurs « likes ». Lorsque les journaux étaient faussés pour mettre l'accent sur les émotions négatives, les messages des utilisateurs devenaient plus sombres. En seulement sept jours, la contagion émotionnelle s'est étendue à 689 003 utilisateurs, sans contact physique ou verbal.

Les 14 % de la population américaine qui méditent, et le grand nombre des méditants dans le monde entier, propagent une émotion positive perceptible autour d'eux. Le Cerveau du bien-être est contagieux.

EFFETS DE CHAMP

La contagion émotionnelle n'est qu'une des explications de la croissance de la méditation. Les effets de champ en sont une autre. Tout commence comme une énergie qui se fraye un chemin dans la matière. Bien que les champs d'énergie soient invisibles, ils façonnent la matière. Albert Einstein a dit que « le champ est la seule instance qui contrôle la particule ».

De nombreuses études montrent que les êtres humains sont influencés par les champs énergétiques des autres. Dans une série de cent quarante-huit essais d'une minute impliquant vingt-cinq personnes, des volontaires formés à la cohérence cardiaque ont pu induire la cohérence chez des sujets testés à distance. Ils n'ont pas eu besoin de toucher leurs cibles pour produire l'effet. Leurs champs d'énergie étaient suffisants.

Lorsque vous êtes dans un état de cohérence cardiaque, votre cœur diffuse un signal électromagnétique cohérent dans l'environnement qui vous entoure. Ce champ est détectable par un magnétomètre situé à plusieurs mètres de distance. Lorsque d'autres personnes entrent dans ce champ d'énergie cohérent, la cohérence de leur cœur augmente également, produisant un effet de champ collectif.

Non seulement nous sommes affectés par les champs des autres, mais nous sommes aussi affectés par les énergies de la planète et du Système solaire.

Une remarquable série d'expériences menées par une équipe de recherche dirigée par Rollin McCraty, directeur de recherche à l'Institut HeartMath, a permis de relier l'énergie humaine individuelle aux cycles solaires.

McCraty et ses collègues suivent l'activité solaire à l'aide de grands magnétomètres placés à des endroits stratégiques à la surface de la Terre. Les éruptions solaires affectent les champs électromagnétiques de la planète. Les chercheurs comparent les flux et les reflux de l'énergie solaire avec les lectures de cohérence cardiaque de volontaires formés. Ils ont découvert que lorsque les gens sont en cohérence cardiaque, leurs schémas électromagnétiques suivent ceux du système solaire.

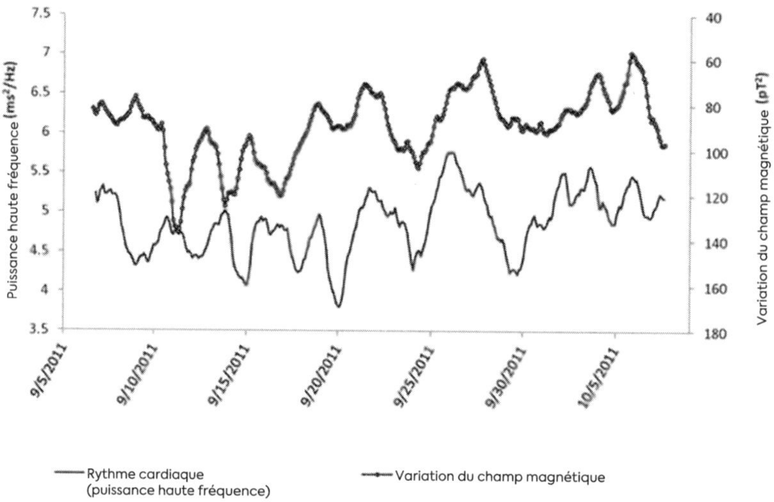

8. 15. Rythmes de cohérence cardiaque d'un volontaire par rapport à l'activité solaire au cours d'un mois. Une étude ultérieure portant sur seize participants pendant cinq mois a révélé un effet similaire.

McCraty écrit : « Un ensemble croissant de preuves suggère qu'un champ est formé entre les individus d'un groupe par lequel la communication entre tous les membres du groupe se fait simultanément. En d'autres termes, il existe un véritable "champ de groupe" qui relie tous les membres entre eux. »

Les résultats de cette recherche confirment une hypothèse dont McCraty et moi-même avons discuté lors d'une conférence au moment où j'écrivais *De l'esprit à la matière* : non seulement ces personnes en cohérence cardiaque sont en phase avec les cycles mondiaux à grande échelle, mais elles sont aussi en *phase les unes avec les autres*.

McCraty poursuit: «Nous sommes tous comme de petites cellules dans le cerveau de la Terre, partageant des informations à un niveau subtil et invisible qui existe entre tous les systèmes vivants, pas seulement les humains, mais aussi les animaux, les arbres, etc. Lorsque nous utilisons l'attention sélective pour nous accorder à l'énergie cohérente positive, nous participons au champ énergétique de groupe d'autres êtres humains qui font de même. Nous pouvons également entrer en résonance avec les champs planétaires et universels cohérents.»

8. 16. Le cerveau fonctionne comme récepteur des informations provenant du terrain.

La capacité du cerveau à détecter des champs

L'idée de champs d'énergie invisibles a toujours été difficile à admettre par de nombreux scientifiques. Vers 1900, lorsque le médecin néerlandais Willem Einthoven a proposé que le cœur humain possède un champ énergétique, il a été ridiculisé. Il a construit des galvanomètres de plus en plus sensibles pour le détecter, et il a finalement réussi.

Aujourd'hui encore, les sceptiques se moquent des expériences de terrain comme celles de McCraty. Pourtant, à mesure que les preuves continuent de s'accumuler, il devient de plus en plus difficile de les écarter.

Une équipe de scientifiques du California Institute of Technology (Caltech) a conçu une expérience ingénieuse pour déterminer si les humains pouvaient détecter des champs d'énergie similaires à ceux de la Terre.

Ils ont branché les participants à des EEG et les ont confinés dans une salle blindée, en éliminant pratiquement toutes les sources d'énergie et de rayonnement connues. Ils ont créé un générateur de champ magnétique qui imitait précisément le champ terrestre.

Ils ont ensuite fait varier la direction du champ magnétique de façon imprévisible, en de très courtes salves d'un dixième de seconde. C'est trop rapide pour être consciemment détectable. L'EEG a enregistré les changements d'amplitudes et de fréquences des ondes cérébrales tout au long de l'expérience, qui a été répétée jusqu'à cent fois par sujet.

Les enquêteurs ont trouvé des chutes dans les ondes alpha allant jusqu'à 60 % chaque fois qu'ils changeaient la direction du champ. Ils en conclurent que « le cerveau humain peut détecter des champs magnétiques terrestres, ce qui démontre que nous avons un système sensoriel qui traite le champ géomagnétique tout autour de nous ».

Les auteurs de Caltech (California Institute of Technology) l'ont également noté : « Nous connaissons les cinq sens fondamentaux : la vision, l'ouïe, le toucher, l'odorat et le goût depuis l'Antiquité, mais c'est la première découverte d'un sens humain entièrement nouveau dans les temps modernes. »

UN SAUT DANS LE TEMPS POUR LA PLANÈTE

Par les effets de champ, la contagion émotionnelle, l'influence sociale, la résonance et le simple désir humain de se sentir bien, la méditation se répand. Un nombre important et croissant de personnes dans le monde entier vivent dans cet état de Cerveau du bien-être. Cela accélère les tendances positives vers l'épanouissement humain que nous avons examinées dans ce chapitre. Il fournit également le substrat de la compassion qui détourne la conscience de l'Armageddon, la fin du monde.

Lors d'une conférence de la Fondation Gates, l'ancien président américain Barack Obama a déclaré : « Si vous deviez choisir un moment de l'histoire où naître, et que vous ne sachiez pas à l'avance si vous allez être un homme ou une femme, de quel pays vous allez venir, quel est votre statut, vous choisiriez notre époque. » Il observe que le monde n'a jamais été « plus sain, ou plus riche, ou mieux éduqué, ou à bien des égards plus tolérant, ou moins violent, qu'il ne l'est aujourd'hui ».

En tant qu'espèce, nous allons bien au-delà de l'instinct de survie du cerveau de l'homme des cavernes. Nous laissons derrière nous les normes de comportement qui définissaient la « normalité » au siècle dernier. Une masse critique de personnes utilise la superpuissance humaine – unique dans l'histoire de l'évolution – pour remodeler les tissus de leur propre cerveau. Le Cerveau du bien-être est un état merveilleux, mais lorsqu'il est pratiqué de manière systématique, il entraîne un changement de traits, car les voies neurales sont remodelées de manière beaucoup plus saine.

Il ne s'agit pas seulement de nous aider à nous sentir mieux en tant qu'individus. Il s'agit de contribuer au saut temporel dans l'évolution planétaire collective. Tout comme la Renaissance des années 1300 a changé l'art, le droit, l'éducation, la politique, la religion, l'agriculture, la science et tous les autres domaines de l'existence humaine, la compassion produite par le Cerveau du bien-être transforme la réalité matérielle dans laquelle nous vivons. C'est la période la plus excitante de toute l'histoire à vivre.

Alors que notre espèce passe à l'étape suivante de son épanouissement, nous débloquons un potentiel créatif que le monde n'a jamais connu auparavant. Qu'il s'agisse de changer nos esprits, nos cerveaux, nos sociétés ou de résoudre des problèmes mondiaux, nous ouvrons la voie à un avenir complètement différent pour la planète.

L'APPROFONDISSEMENT DES PRATIQUES

Voici des exercices que vous pouvez faire cette semaine pour intégrer les informations de ce chapitre dans votre vie :

- **Exercice d'attention sélective 1** : Dans quels domaines de votre vie vous concentrez-vous sur le négatif plutôt que sur le positif ? Écrivez trois affirmations positives sur ce domaine de votre vie. Faites-en dix copies. Placez-en une dans votre portefeuille. Collez les autres sur votre réfrigérateur, le miroir de la salle de bains, l'écran de votre ordinateur, l'écran vidéo, le tableau de bord de votre voiture et les autres endroits où vous ne pouvez pas éviter de les remarquer. Entraînez-vous à répéter les affirmations positives à la seconde où vous vous surprenez à vous concentrer sur le négatif.
- **Exercice de journalisation** : Notez une liste de défauts de personnalité que vous aimeriez changer en vous. Créez un rappel dans votre calendrier en ligne pour

l'année prochaine, en vous souvenant de vérifier la date d'aujourd'hui dans votre journal. L'année prochaine, vous pourriez être surpris de voir combien certains de vos défauts ont changé après un an de méditation.

- **Pratique de la contagion émotionnelle**: Mettez le pouvoir de la contagion émotionnelle à votre service. Faites une liste des personnes les plus heureuses que vous connaissez et prévoyez de vous réunir avec au moins quatre d'entre elles au cours du mois à venir.
- **Exercice d'attention sélective 2**: Chaque fois que vous entendez une mauvaise nouvelle qui vous dérange, faites une recherche sur le Web pour trouver des preuves contradictoires (par exemple, « Bonne nouvelle sur… »). Cela permettra de replacer les mauvaises nouvelles dans leur contexte.
- **Exercice sur les effets de champ**: Regardez l'application Insight Timer chaque jour où vous méditez et remarquez combien d'autres personnes méditent dans le monde. Il s'agit généralement de centaines de milliers de personnes. Cela vous rappelle que vous n'êtes pas seul.

RESSOURCES MULTIMÉDIA COMPLÉMENTAIRES (EN ANGLAIS)

La partie en ligne de ressources complémentaires ce chapitre comprend:

- l'Éco-Méditation guidée par Dawson: Méditation dans le champ énergétique du groupe;
- *Le Chant de la marée de grâce* avec Julia et Tyler;
- une chronologie de l'évolution de la vie;
- une vidéo de l'initiative de cohérence globale de HeartMath;
- le discours d'Obama sur le « meilleur moment pour être en vie »;
- les pays et économies dans lesquels les gens vivent à une altitude inférieure à cinq mètres;
- le rapport Caltech sur l'étude de terrain.

Obtenez les ressources multimédia complémentaires à cette adresse: BlissBrainBook.com/8.

POSTFACE

L'HABITUDE DU BONHEUR

Je vous suis très reconnaissant de m'avoir rejoint dans ce voyage d'exploration. Je suis reconnaissant à la magnifique communauté des « adeptes du Cerveau du bien-être » dont vous et moi faisons partie. Alors que j'observe les autres et moi-même nous libérer de la souffrance qui nous a retenus toute notre vie, je suis profondément reconnaissant que nous ayons maintenant la science, la connaissance, l'intention et les outils pratiques pour faire de cette libération une réalité.

Je rêve de voir ces outils devenir accessibles à tous. La révolution que je décris au chapitre 8 transforme la vie de chaque citoyen du monde. Elle crée également un avenir positif pour d'autres espèces et pour la planète elle-même. Je passe mes journées à jouer et à travailler pour atteindre cet objectif.

LA PRIORITÉ QUI TRANSFORME TOUTES LES AUTRES PRIORITÉS

Cette révolution commence par la conscience. Transformez votre conscience, dirigez votre attention avec sagesse, et la transformation de votre situation matérielle commencera immédiatement.

Selon la plupart des traditions, le moment où la méditation est la plus puissante est le matin. L'état délicieux du Cerveau du bien-être est comme une chaîne de télévision. Vous pouvez décider d'y accorder votre attention à tout moment. Lorsque vous faites ce choix dès le matin au réveil, lorsque votre cerveau est en alpha élevé, vous alignez votre expérience sur l'énergie de cette chaîne comme premier acte de votre journée.

C'est une déclaration d'intention puissante. Vous dites à l'univers : « Ma priorité aujourd'hui est de m'aligner sur toi. Je choisis de vivre en synchronisation avec la nature et le cosmos pendant toute cette journée, à partir de maintenant. Rien n'est plus important pour moi que cet alignement. J'abandonne mon esprit local à la grandeur de l'esprit non local, et j'ouvre toute mon existence à l'amour, la joie et la paix. »

Mettez cette priorité au clair, et toutes vos autres priorités s'alignent derrière elle. En vous mettant au diapason de l'univers, vous entrez en synchronisation avec toute la nature. Vous entrez dans un état de flux, votre vie devient plus facile, et les défis que vous devez relever sont placés dans le contexte de l'amour, de la joie et de la paix que l'on trouve dans l'état du Cerveau du bien-être.

Lorsque je donne des ateliers en direct ou que je prononce des discours, je finis souvent par demander aux participants de lever la main s'ils s'engagent à méditer pendant quinze minutes chaque matin. Je vous ai donné dans ce livre des liens vers de nombreuses pistes gratuites d'Éco-Méditation. Les recherches montrent que si vous les utilisez régulièrement, elles vous mèneront à cet état de *Bliss Brain*.

Si vous vous engagez à respecter ces quinze minutes quotidiennes, veuillez lever la main maintenant.

Merci ! Vous venez de voter vous-même pour faire partie de la communauté *Bliss Brain*.

9. 1. Des personnes lèvent la main lors d'un événement en direct.

LES RAISONS DE LA SOUFFRANCE

Je voudrais que vous ayez une vie heureuse. Aussi bonnes que soient vos raisons de souffrir, la plupart sont le fruit de votre imagination. Ce sont des chaînes invisibles qui peuvent vous obliger à vous sentir mal pour la vie. Vous pouvez vous dire : « Je souffre pour cette raison ______________ (insérez votre raison principale ici).

Je pourrais encore dire : « Je souffre parce que j'ai perdu ma maison et tous mes biens dans l'incendie. Je souffre parce que j'ai perdu toutes mes économies dans la catastrophe financière qui a suivi. Je souffre parce que mon corps s'est effondré quand j'ai traîné ces lourdes boîtes. »

Mais je ne souffre pas, malgré ces événements extrêmes. J'ai fait des choix différents, à commencer par ce moment dans la chambre d'hôtel sur la côte où, chamboulé et désorienté, j'ai dit à Christine : « Nous devons agir. Nous avons besoin de méditer. »

J'ai choisi une nouvelle histoire, et j'ai transformé la tragédie du chapitre 1 en une croissance post-traumatique du chapitre 7.

Nous avons tous connu des tragédies dans notre vie. Vous avez eu des tragédies dans la vôtre. Quelles sont les insultes qui continuent à se déchaîner dans votre réseau du mode par défaut transportant la misère de votre passé dans la promesse de votre avenir, qui cimentent la souffrance d'hier dans le mystère de demain, qui garantissent que vous souffrirez par la suite comme vous avez souffert auparavant ?

Je vous invite à examiner chaque histoire de souffrance de votre vie entière, et à vous ouvrir à la possibilité d'une nouvelle narration.

Nous ne pouvons pas supprimer de notre passé les moments difficiles. Mais nous pouvons *changer notre histoire par rapport au passé.* Cet exercice nous aligne sur le pouvoir du possible ; nous embrassons la rédemption et la croissance.

Changer nos histoires ne signifie pas que nous justifions les actions des personnes qui nous ont fait du mal. Nous n'avons pas besoin de pardonner tant que nous ne sommes pas prêts à 100 %. Et notre pardon n'excuse pas, mais nous libère de notre propre stress. Nous ne changeons pas notre histoire pour les aider. Nous le faisons pour nous aider nous-mêmes et pour libérer notre propre avenir des souffrances du passé. Si nous ne pouvons pas changer le passé, nous pouvons changer l'histoire que nous nous racontons à propos du passé. Cela crée un nouvel avenir.

FAIRE DE LA BÉATITUDE DU CERVEAU UNE HABITUDE

Je veux que le Cerveau du bien-être devienne une habitude pour vous, comme pour les 1 % d'initiés. Une fois que vous aurez fait l'expérience des produits neurochimiques de la félicité que je décris au chapitre 5, et qu'ils commenceront à conditionner votre cerveau, vous serez « accro » pour la vie. En seulement huit semaines vous construirez les circuits neuronaux pour réguler vos émotions négatives et contrôler votre attention, comme nous l'avons vu au chapitre 6. Vous allumerez le circuit de l'illumination et réduirez la souffrance du « soi-disant », celle de l'histoire que nous nous racontons sur notre vie et notre identité. Dans quelques mois, vous aurez créé le matériel et le câblage cérébral de la résilience, de la créativité et de la joie.

Vous transformerez le sentiment de bien-être d'un état à un trait de caractère. Alors, le Cerveau du bien-être ne sera pas seulement *ce que vous ressentez*. Il sera *ce que vous êtes*. Le Cerveau du bien-être sera devenu votre nature, câblé dans les circuits des quatre lobes de votre cerveau. Il sera en votre possession, et sera devenu un bien si précieux que vous ne l'abandonnerez jamais. Personne ne pourra jamais vous l'enlever.

PERSPECTIVE SUR LA VIE LOCALE

Lorsque vous appuyez sur le bouton « Cerveau du bien-être » en méditation chaque jour, vous vous retrouvez dans un lieu de paix et de joie infinie. Vous êtes dans un lieu de pure conscience. Vous n'êtes pas limité par votre corps ou votre histoire.

Vivre cet état vous donne l'impression que c'est la seule chose qui compte vraiment dans la vie. La vie locale et l'esprit local n'ont de sens et de but que lorsqu'ils sont vécus dans ce lieu d'esprit non local. La méditation quotidienne du matin est ce qui vous ancre dans l'expérience de la conscience infinie.

Tout le reste de votre vie est alors vécu à partir de ce lieu de connexion avec l'esprit non local. Il encadre tout, en mettant la réalité locale en perspective.

Tout ce qui semble si important quand on est piégé à l'intérieur des limites d'un esprit local nous apparaît trivial, banal : l'argent, la célébrité, le sexe, l'admiration, les opinions, l'image corporelle, les délais, les objectifs, les réalisations, les échecs, les problèmes, les solutions, les besoins, les routines, le dialogue avec soi-même, les troubles physiques, l'état du monde, le confort, les insultes, les pulsions, l'inconfort, les souvenirs, les pensées, les désirs, les frustrations, les plans, les réseaux sociaux, les tragédies, les événements, les nouvelles, les maladies, les divertissements, les émotions, les blessures, les jeux, les plaies, les compliments, les désirs, les douleurs, les aspirations, le passé, l'avenir, les soucis, les déceptions, les urgences, et tout ce qui demande votre temps et votre attention.

Tout s'évanouit dans l'insignifiance. Seule la conscience reste. Le vaste universel maintenant, imprégné de perfection.

Cela devient la perspective à partir de laquelle vous regardez votre vie locale. C'est le point de départ de chaque journée. Il devient le point de départ de tout ce que vous pensez et faites ce jour-là. Votre réalité locale est façonnée par l'esprit. Vous êtes tout. Vous avez tout. Vous ne manquez de rien. Vous entrez dans votre journée, en créant à partir de cet ancrage de perfection. Ce que vous créez reflète cette perfection.

9. 2. Dans l'esprit local, tant de choses semblent importantes.

LA RÉSONANCE DE L'ÉMISSION

Ancrée dans une conscience non locale, votre vie locale commence à changer. Alors que vous résonnez avec les cycles de la nature, que la cohérence de votre cœur conditionne l'espace énergétique autour de vous, que vous vibrez au signal d'amour et de joie dans votre conscience, vous attirez des personnes et des conditions qui correspondent à vos états et à vos traits.

Sans effort, alors que votre magnifique nouveau signal se diffuse autour de vous, en résonance avec la musique de l'univers, vous entrerez en synchronisation avec les événements, les hommes et les femmes qui vous bénissent et vous ravissent.

Vous découvrirez que vous n'êtes pas seul. En écoutant chaque jour la grande symphonie de la vie, vous découvrirez que vous êtes à l'écoute de millions d'autres personnes qui sont également à l'écoute. Sans aucun effort, vous découvrirez de merveilleux nouveaux amis et compagnons de voyage, où que vous alliez. Lorsque la lumière brille dans vos yeux, elle rencontre la lumière dans les yeux des autres. Lorsque vous êtes éveillé, vous appréciez naturellement les autres personnes qui sont éveillées.

9. 3. Synchronisation.

AIMER LE DORMEUR

Tout le monde n'est pas réveillé, et c'est bien ainsi. Parfois, vos amis et les membres de votre famille sont plongés dans leur sommeil et souffrent inutilement. Leur détresse vous touche. Vous ressentez leur misère. Vous aimeriez les voir se réveiller et se débarrasser des croyances, des pensées et des habitudes qui les accablent.

Vous ne pouvez pas les forcer à le faire, peu importe combien vous les aimez. Chacun fait son propre choix.

Ce que vous *pouvez* faire pour les personnes qui souffrent, c'est de briller vous-même. S'ils sont prêts, ils se réveilleront. S'ils ne le sont pas, faites confiance à l'univers. Chacun de nous se réveille au bon moment. Leur heure peut venir plus tard; ce n'est pas à vous de décider. Vous pouvez partager ce livre et d'autres ressources avec eux. Vous pouvez partager votre histoire comme j'ai partagé la mienne, et peut-être que ces exemples les inspireront. Se réveiller ou pas, et quand le faire, est un choix personnel qui appartient à chacun d'entre nous.

LIBÉRER VOTRE POTENTIEL

En vivant en synchronisation avec l'univers, en profitant de la communauté des autres *Bliss Brainers*, les adeptes du Cerveau du bien-être, vous découvrirez de nouvelles possibilités qui s'ouvrent à vous. Vous commencerez à libérer le potentiel qui a été emprisonné dans le moi en souffrance du «moi-disant».

De plus en plus, vous n'êtes pas seulement dans le Cerveau du bien-être pendant la méditation. Vous êtes dans l'état d'esprit éveillé, les yeux ouverts, en train de vivre votre journée. Toutes sortes de possibilités qui vous étaient auparavant inaccessibles deviennent maintenant disponibles.

Pendant vingt-cinq ans, j'ai travaillé dans l'édition de livres. Je n'étais pas un auteur; mon travail consistait à promouvoir le travail de personnes *importantes* – des personnes qui avaient quelque chose à dire – en gérant la publication de leurs livres. Je ne pensais pas avoir moi-même quelque chose de valable à transmettre au monde, ni de grande contribution à apporter à l'éveil humain. Je me contentais d'être un administrateur, travaillant dans les coulisses.

Quand j'ai commencé à méditer quotidiennement, cela a commencé à changer. J'ai découvert que j'avais une voix, et que lorsque je faisais un exposé, les gens étaient inspirés. J'ai compris l'importance de la science, et même si j'avais presque 50 ans, je me suis recyclé dans la recherche. J'ai coécrit le livre *Soul Medicine*, sur le pouvoir de guérison des thérapies énergétiques.

J'ai pris conscience que lorsque la science et le mysticisme étaient réunis, ils formaient une puissante combinaison évolutive. Je me suis rendu compte que la méditation et le travail énergétique pouvaient produire d'énormes changements dans l'expression des gènes, et que la science pouvait mesurer ces changements. La science pouvait également nous montrer quelles pratiques spirituelles étaient efficaces et lesquelles étaient des miroirs aux alouettes.

Dans mon livre suivant, *Le Génie dans vos gènes*, j'ai parlé de ces découvertes, et les lecteurs ont réagi. Cela a lancé un tout nouveau cheminement de carrière. Il incarnait un potentiel que je n'avais jamais réalisé auparavant.

Imaginez que des changements similaires se produisent pour vous.

Attendez-vous à ce que votre vie devienne différente. Maintenant que vous avez levé la main, attendez-vous à ce que le Cerveau du bien-être vous emmène bien au-delà de ce que vous avez commencé aujourd'hui. Attendez-vous à ce que votre vie amoureuse, votre carrière, vos relations familiales, votre corps physique, votre argent, vos amitiés, votre cheminement spirituel et votre sentiment de bien-être soient complètement transformés.

Attendez-vous à ce que votre potentiel soit libéré. Attendez-vous à goûter à l'extase tous les jours. Attendez-vous à ce que les états de flux deviennent votre nouvelle normalité. Attendez-vous à ce que des émotions élevées parcourent votre cœur tandis que des pensées inspirées inondent votre esprit. Attendez-vous à ce que l'adversité vous renforce plutôt qu'elle ne vous écrase. Attendez-vous à ce que vos journées commencent et se terminent dans la félicité. Attendez-vous à être une personne heureuse. Attendez-vous agir comme vous ne l'aviez jamais cru possible.

Mes yeux sont pleins de larmes alors que j'écris cette lettre d'amour pour vous. J'ai mis tout mon cœur, mon esprit et mon âme dans l'écriture de ce livre, afin de vous inciter à revendiquer votre plein potentiel. Maintenant, c'est à votre tour. Il est temps de mettre tout cela en pratique, car c'est ainsi que vous vous créerez une vie extraordinaire. Je vous retrouverai au cours de ce voyage.

RÉFÉRENCES

Chapitre 2

Un mystique tibétain du XIVe siècle : Rinpoché, T. D. (2008), *Great perfection, volume II: Separation and breakthrough*, Snow Lion.

Les recherches montrent que les adeptes deviennent beaucoup plus spirituels après des expériences mystiques : Newberg, A., & Waldman, M. R. (2017), *How enlightenment changes your brain: The new science of transformation*, Penguin.

[...] il a établi des parallèles entre les états mystiques et extatiques non ordinaires : Greeley, A. (1974), *Ecstasy: A way of knowing*, Prentice Hall.

Éléments communs à l'expérience de la transcendance : Greeley, A. (1975), *The sociology of the paranormal: A reconnaissance*, Sage.

Les chercheurs ultérieurs se sont appuyés sur les premières découvertes de Greeley : Spilka, B., Brown, G. A., & Cassidy, S. A. (1992), « The structure of religious mystical experience in relation to pre-and postexperience lifestyles », *International Journal for the Psychology of Religion, 2*(4), 241-257.

La vision sacramentelle de la réalité de Huxley et d'autres citations : Huxley, A. (1954), *Les Portes de la perception*, Le Rocher.

Les déclarations de William James après ses propres expériences transcendantes : James, W. (2013), *L'expérience religieuse : essai de psychologie descriptive*, Hachette BnF.

Tous les mystiques ont des expériences similaires : Newberg, A., & Waldman, M. R. (2017), *How enlightenment changes your brain: The new science of transformation*, Penguin.

Une étude importante réalisée à l'université Emory : Hasenkamp, W., & Barsalou, L. W. (2012), « Effects of meditation experience on functional connectivity of distributed brain networks », *Frontiers in Human Neuroscience*, 6, 38.

Citations de François de Sales : Huxley, A. (1946), *La Philosophie éternelle*, Plon.

Byron Katie : Massad, S. (2001), « An interview with Byron Katie », *Realization*, consulté en ligne le 1er décembre 2018.

La consommation d'énergie du cerveau varie rarement de plus de 5 % : Newberg, A., & Waldman, M. R. (2017), *How enlightenment changes your brain: The new science of transformation*, Penguin.

[...] le réseau dit à « tâches positives » (RTP) : Mulders, P. C., van Eijndhoven, P. F., & Beckmann, C. F. (2016), « Identifying large-scale neural networks using fMRI », *Systems neuroscience in depression* (pp. 209-237), Academic Press.

En décrivant cette découverte, Raichle note : Raichle, M. E. (2014), « The restless brain: how intrinsic activity organizes brain function », *Philosophical Transactions of the Royal Society of London. Series B, Biological Sciences*, 370(1668).

Quand nous nous détendons, le RMD est la zone la plus active du cerveau : Davanger, S. (9 mars 2015), « The brain's default mode network–what does it mean to us? », *The Meditation Blog*, consulté en ligne le 13 novembre 2018.

Raichle théorise qu'une telle activité peut aider le cerveau à rester organisé : Hughes, V. (6 octobre 2010), « The brain's dark energy », *National Geographic*, consulté en ligne le 13 novembre 2018.

Le RMD commence à recruter d'autres régions cérébrales : Vatansever, D., Manktelow, A. E., Sahakian, B. J., Menon, D. K. et Stamatakis, E. A. (2017), « Angular default mode network connectivity across working memory load », *Human Brain Mapping*, 38(1), 41-52.

Le vagabondage mental du RMD a une orientation « moi » : Mason, M. F., Norton, M. I., Van Horn, J. D., Wegner, D. M., Grafton, S. T. et Macrae, C. N. (2007), « Wandering minds: The default network and stimulus-independent thought », *Science*, 315(5810), 393-395.

Mâra savait que s'il pouvait perturber la concentration de Siddhartha, il l'éloignerait du chemin de l'illumination : Gyatso, K. (2004), *Introduction au bouddhisme : une explication du mode de vie bouddhiste*, Tharpa.

La connexion neurale régulatrice des adeptes de la méditation est plus forte que celle des novices : Froeliger, B., Garland, E. L., Kozink, R. V., Modlin, L. A., Chen, N. K., McClernon, F. J., Sobin, P. (2012), « Meditation-state functional connectivity (msFC): strengthening of the dorsal attention network and beyond », *Evidence-Based Complementary and Alternative Medicine*, 1-10.

Les recherches montrent que les méditants de longue date voient cette zone rétrécir (noyau accumbens) : Marchand, W. R. (2014), « Neural mechanisms of mindfulness and meditation: evidence from neuroimaging studies », *World Journal of Radiology*, 6(7), 471.

Ils ont constaté que les gens passaient environ 47 % de leur temps dans la négativité : Bradt, S. (2010), « Wandering mind not a happy mind », *Harvard Gazette*, consulté en ligne le 15 novembre 2018.

Lorsque les participants ont échappé à la fixation du démon sur le passé et le futur, ils sont revenus dans le moment présent. C'est à ce moment qu'ils étaient le plus heureux : Killingsworth, M. A., & Gilbert, D. T. (2010), « A wandering mind is an unhappy mind », Science, 330(6006), 932.

Les méditants peuvent éteindre le RMD : Brewer, J. A., Worhunsky, P. D., Gray, J. R., Tang, Y. Y., Weber, J., & Kober, H. (2011), « Meditation experience is associated with differences in default mode network activity and connectivity », *Proceedings of the National Academy of Sciences*, 108(50), 20254-20259.

Le RMD recrute d'autres régions du cerveau : Fox, K. C., Spreng, R. N., Ellamil, M., AndrewsHanna, J. R., & Christoff, K. (2015), « The wandering brain: Meta-analysis of functional neuroimaging studies of mind-wandering and related spontaneous thought processes », *Neuroimage*, 111, 611-621.

Le psychologue Mark Leary de l'université Duke montre les nombreux inconvénients de cette perpétuelle conscience de soi : Leary, M. R. (2007), *The curse of the self: Self-awareness, egotism, and the quality of human life*, Oxford University Press.

Le RMD est actif dans les tâches sociales et d'orientation de soi : Sormaz, M., Murphy, C., Wang, H. T., Hymers, M., Karapanagiotidis, T., Poerio, G., Smallwood, J. (2018), « Default mode network can support the level of detail in experience during active task states », *Proceedings of the National Academy of Sciences*, 115(37), 9318-9323.

Kegan et le déplacement sujet-objet : Kegan, R. (1994), *In over our heads: The mental demands of modern life*, Harvard University Press.

Nos émotions et nos pensées deviennent moins « collantes » et perdent leur pouvoir autohypnotique : Goleman, D., & Davidson, R. J. (2018), *Altered traits: Science reveals how meditation changes your mind, brain, and body*, Avery.

Les Américains dépensent chaque année près de cent cinquante milliards de dollars en drogues illicites : Midgette, G., Davenport, S., Caulkins, J. P., & Kilmer, B. (2019), *What America's Users Spend on Illegal Drugs*, 2006-2016, RAND.

L'économie des états modifiés représente quatre mille milliards de dollars par an : Kotler, S., & Wheal, J. (2017), *Stealing fire: How Silicon Valley, the Navy SEALs, and maverick scientists are revolutionizing the way we live and work* (p. 28), HarperCollins.

Kotler et Wheal datent la pulsion humaine pour l'extase aussi loin qu'au temps des Grecs anciens : Kotler, S., & Wheal, J. (2017), Stealing fire: *How Silicon Valley, the Navy SEALs, and maverick scientists are revolutionizing the way we live and work*, HarperCollins.

Ronald Siegel appelle le besoin de nous intoxiquer pour sortir de nos états de conscience ordinaires la « quatrième pulsion » : Siegel, R. K. (1998), *Intoxication: The universal drive for mind-altering substances* (p. 11), Park Street.

Ils désactivent le CCP du cerveau et le cortex préfrontal médian, l'axe neurologique du démon : Van Lutterveld, R., Houlihan, S. D., Pal, P., Sacchet, M. D., McFarlane-Blake, C., Patel, P. R., Brewer, J. A. (2017), « Source-space EEG neurofeedback links subjective experience with brain activity during effortless awareness meditation », *NeuroImage*, 151, 117-127.

Des études sur des moines tibétains ayant des dizaines de milliers d'heures de pratique : Brewer, J. A., Worhunsky, P. D., Gray, J. R., Tang, Y. Y., Weber, J. et Kober, H. (2011), « Meditation experience is associated with differences in default mode network activity and connectivity », *Proceedings of the National Academy of Sciences*, 108(50), 20254-20259.

Les cerveaux des mystiques qui font le déplacement sujet-objet partagent un profil commun : Newberg, A., & Waldman, M. R. (2017), *How enlightenment changes your brain: The new science of transformation*, Penguin.

Régions associées au Cerveau du bien-être : Tang, Y. Y., Hölzel, B. K., & Posner, M. I. (2015), « The neuroscience of mindfulness meditation », *Nature Reviews Neuroscience*, 16(4), 213.

CHAPITRE 3

Fonction des régions du cerveau: Corballis, M. C. (2014), «Left brain, right brain: Facts and fantasies», *PLoS Biology*, 12(1).

Le cerveau en trois parties: Audesirk, T., Audesirk, G., & Byers, B. E. (2008), *Biology: Life on earth with physiology*, Pearson Prentice Hall.

Alors que la consommation d'énergie du cerveau ne varie que de plus ou moins 5% chaque jour, elle chute jusqu'à 40% lorsqu'ils entrent dans un état modifié de conscience: Newberg, A., & Waldman, M. R. (2017), *How enlightenment changes your brain: The new science of transformation*, Penguin.

Les personnes isolées et solitaires montrent l'effet inverse: Holt-Lunstad, J., Smith, T. B., & Layton, J. B. (2010), «Social relationships and mortality risk: A meta-analytic review», *PLoS Medicine*, 7(7), e1000316.

Une étude de Stanford sur les personnes qui ont vécu «le profond moment présent»: Rudd, M., Vohs, K., & Aakers, J. (2011), «Awe expands people's perception of time, alters decision-making, and enhances well-being», *Psychological Science*, 23(10), 1130-1136.

Dans une enquête menée auprès de deux mille personnes ayant vécu des expériences d'illumination, plus de 90% d'entre elles ont déclaré qu'elles étaient plus réelles que la réalité quotidienne : Newberg, A., & Waldman, M. R. (2017), *How enlightenment changes your brain: The new science of transformation*, Penguin.

L'attaque cérébrale de Jill Bolte Taylor: Koontz, K. (2018), «Listening in with Jill Bolte Taylor», *Unity*, consulté en ligne le 9 décembre 2019.

Équilibre entre les deux hémisphères: Corballis, M. C. (2014), «Left brain, right brain: Facts and fantasies», *PLoS Biology*, 12(1).

Le corpus callosum chez les méditants: Luders, E., Kurth, F., Mayer, E. A., Toga, A. W., Narr, K. L., & Gaser, C. (2012), «The unique brain anatomy of meditation practitioners: Alterations in cortical gyrification», *Frontiers in Human Neuroscience*, 6, 34.

Les sens de Babe Ruth étaient plus aiguisés que la moyenne: Fullerton, H. S. (1921), «Why Babe Ruth is the greatest home-run hitter», *Popular Science*, 99(4), 19-21.

Albert Einstein avait également un corps calleux amélioré: Men, W., Falk, D., Sun, T., Chen, W., Li, J., Yin, D., Fan, M. (2014), «The corpus callosum of Albert Einstein's brain: Another clue to his high intelligence?», *Brain*, 137(4), e268-e278.

Fonctions de l'hippocampe: Chan, R. W., Leong, A. T., Ho, L. C., Gao, P. P., Wong, E. C., Dong, C. M., Wu, E. X. (2017), «Low-frequency hippocampal-cortical activity drives brain-wide resting-state functional MRI connectivity», *Proceedings of the National Academy of Sciences*, 114(33), E6972-E6981.

Le court-circuit améliore la vitesse de réaction, mais au détriment de la précision: Sapolsky, R. M. (2017), *Behave: The biology of humans at our best and worst*, Penguin.

Voie courte et la voie longue: Church, D. (2017), *Psychological trauma: Healing its roots in brain, body, and memory*, Energy Psychology Press.

Fonctions de l'amygdale: Church, D. (2017), *Psychological trauma: Healing its roots in brain, body, and memory*, Energy Psychology Press.

Les adeptes réguliers montrent 400 % de réactivité en moins aux événements stressants : Goleman, D., & Davidson, R. J. (2018), *Altered traits: Science reveals how meditation changes your mind, brain, and body*, Avery.

Les « neurones de von Economo » (NVE) qui facilitent l'intégration des informations provenant de nombreuses parties différentes du cerveau : Namkung, H., Kim, S. H., & Sawa, A. (2017), « The insula: An underestimated brain area in clinical neuroscience, psychiatry, and neurology », *Trends in Neurosciences*, 40(4), 200-207.

Les vétérans du Vietnam et l'engagement social : Lutz, A., Brefczynski-Lewis, J., Johnstone, T., & Davidson, R. J. (2008), « Regulation of the neural circuitry of emotion by compassion meditation: Effects of meditative expertise », *PloS One*, 3(3), e1897.

Après seulement quarante jours, leurs JTP traitaient les informations plus efficacement : Hölzel, B. K., Carmody, J., Vangel, M., Congleton, C., Yerramsetti, S. M., Gard, T. et Lazar, S. W. (2011), « Mindfulness practice leads to increases in regional brain gray matter density », *Psychiatry Research: Neuroimaging*, 191(1), 36-43.

De nouvelles connaissances sur les expériences de sortie du corps (appelées aussi expériences de hors-corps) ont émergé des recherches du neurologue suisse Olaf Blanke sur les crises d'épilepsie : Blakeslee, S. (3 octobre 2006), « Out of body experience? Your brain is to blame », *The New York Times*, consulté en ligne.

Les fonctions de l'insula : Blakeslee, S. (6 février 2007), « A small part of the brain, and its profound effects », *The New York Times*, consulté en ligne.

Le niveau d'activité dans les circuits d'empathie de Mingyur a augmenté de 700 % : Goleman, D., & Davidson, R. J. (2018), *Altered traits: Science reveals how meditation changes your mind, brain, and body*, Avery.

Les dualités habituelles réifiées entre sujet et objet, soi et les autres, dans le groupe et hors du groupe se dissipent : Vieten, C., Wahbeh, H., Cahn, B. R., MacLean, K., Estrada, M., Mills, P., Presti, D. E. (2018), « Future directions in meditation research: Recommendations for expanding the field of contemplative science », *PloS One*, 13(11), e0205740.

Le cortex préfrontal change avec l'âge : Département américain de la santé et des services sociaux. (n.d.), « Maturation of the prefrontal cortex », *U.S. Department of Health and Human Services (HHS)*, consulté en ligne le 9 décembre 2019.

Fonctions du cortex préfrontal ventromédian : Viviani, R. (2014), « Neural correlates of emotion regulation in the ventral prefrontal cortex and the encoding of subjective value and economic utility », *Frontiers in Psychiatry*, 5, 123.

Fonctions du cortex préfrontal dorsolatéral : Miller, E. K., & Buschman, T. J. (2013), « Cortical circuits for the control of attention », *Current Opinion in Neurobiology*, 23(2), 216-222.

Une fois que le CPF dorsolatéral a pris une décision, il supprime les informations entrantes qui ne sont plus pertinentes : Sapolsky, R. M. (2017), *Behave: The biology of humans at our best and worst*, Penguin.

Les étudiants formés à la pleine conscience ont amélioré leurs résultats au GRE : Mrazek, M. D., Franklin, M. S., Phillips, D. T., Baird, B., & Schooler, J. W. (2013), « Mindfulness training improves working memory capacity and GRE performance while reducing mind wandering », *Psychological Science*, 24(5), 776-781.

Le noyau caudé nous aide à nous souvenir de ce que nous avons appris : Fox, K. C., Dixon, M. L., Nijeboer, S., Girn, M., Floman, J. L., Lifshitz, M., Christoff, K. (2016), « Functional neuroanatomy of meditation: A review and meta-analysis of 78 functional neuroimaging investigations », *Neuroscience and Biobehavioral Reviews*, 65, 208-228.

Les plus performants engagent le noyau caudé : Vago, D. R. (31 juillet 2015), « Brain's response to meditation: How much meditation does it take to change your brain and relieve stress? », *Psychology Today*, consulté en ligne.

Pour le cerveau, l'imagination est la réalité : Reddan, M. C., Wager, T. D., & Schiller, D. (2018), « Attenuating neural threat expression with imagination », *Neuron*, 100(4), 994-1005.

L'imagination est une réalité neurologique qu'un enquêteur cite : université du Colorado à Boulder. (10 décembre 2018), « Your brain on imagination: It's a lot like reality, study shows », *Science Daily*, consulté en ligne.

Les pensées négatives interrompent la capacité du cerveau à être performant à tous les niveaux : Newberg, A., & Waldman, M. R. (2017), *How enlightenment changes your brain: The new science of transformation*, Penguin.

Cela active des centaines de gènes qui régulent notre immunité : Bhasin, M. K., Dusek, J. A., Chang, B. H., Joseph, M. G., Denninger, J. W., Fricchione, G. L., Libermann, T.A. (2013), « Relaxation response induces temporal transcriptome changes in energy metabolism, insulin secretion and inflammatory pathways », *PLoS One*, 8(5), e62817.

Une transformation qui repousse les limites de façon spectaculaire : Goleman, D., & Davidson, R. J. (2018), *Altered traits: Science reveals how meditation changes your mind, brain, and body*, Avery.

Un aperçu des études sur la méditation montre que cela ouvre la conscience non locale : Vieten, C., Wahbeh, H., Cahn, B. R., MacLean, K., Estrada, M., Mills, P., Presti, D. E. (2018), « Future directions in meditation research: Recommendations for expanding the field of contemplative science », *PloS one*, 13(11), e0205740.

CHAPITRE 4

1 % des plus riches du monde contrôlent plus de 50 % de la richesse totale : Institut de recherche du Crédit Suisse (2018), « Global wealth report », *Credit Suisse*, consulté en ligne le 9 décembre 2019.

Au début des années 1300, l'Angleterre comptait une population monastique d'environ 22 000 personnes : Mortimer, I. (2009), *The time traveler's guide to medieval England: A handbook for visitors to the fourteenth century*, Simon and Schuster.

Les estimations sont similaires pour les autres pays européens médiévaux : Brucker, G. A. (1998), *Florence: The golden age, 1138-1737*, University of California Press.

Pourcentage de monastiques au Tibet et en Thaïlande : Goldstein, M. C. (2010), « Bouddhisme tibétain et monachisme de masse », *Des moines et des moniales de par le monde : La vie monastique dans le miroir de la parenté*, Presses Universitaires de Toulouse le Mirail.

L'historien romain Cicéron a écrit : Cicéron, M. T. (2017), *On the commonwealth and on the laws*, Cambridge University Press.

Les mystères d'Éleusis : Tripolitis, A. (2002), *Religions of the Hellenistic-Roman age*, W. B. Eerdmans.

Étapes d'initiation incluses : Hoffman, A., Wasson, R. G., & Ruck, C. A. P. (1978), *The Road to Eleusis: Unveiling the Secret of the Mysteries*, North Atlantic Books.

Max Cade et le miroir de l'esprit : Cade, M., & Coxhead, N. (1979), *The awakened mind: Biofeedback and the development of higher states of awareness*, Dell.

Robert Becker et les premiers travaux sur l'EEG : Becker, R. O. (1990), « The machine brain and properties of the mind », *Subtle Energies and Energy Medicine Journal Archives*, 1(2).

Le schéma de l'esprit éveillé et Anna Wise : Wise, A. (1995), *The high performance mind: Mastering brainwaves for insight, healing, and creativity*, Putnam. Wise, A. (2002), *Awakening the mind: A guide to harnessing the power of your brainwaves*, Tarcher.

Des gens en état de flux et de grand alpha : MindLabPro (12 mai 2018), « Nootriopics for flow—state brain-boosters to initiate supreme task performance », *MindLabPro*, consulté en ligne.

L'âge du néocortex et du tronc cérébral : Rakic, P. (2009), « Evolution of the neocortex: A perspective from developmental biology », *Nature Reviews Neuroscience*, 10(10), 724.

En 2015, les instituts nationaux de la santé des États-Unis ont estimé que moins de 10 % de la population américaine méditait : Clarke, T. C., Black, L. I., Stussman, B. J., Barnes, P. M., & Nahin, R. L. (2015), « Trends in the use of complementary health approaches among adults: United States, 2002-2012 », *National Health Statistics Reports*, 79, 1-16.

L'une des principales raisons de cette situation est que la méditation est difficile : Rutrowski, R. (2018), « Only 12% of U.S. adults use meditation. Here's why... », *HerbalMind*, consulté en ligne le 9 décembre 2019.

Vous fermez les yeux et détendez votre langue sur le fond de la bouche : Schmidt, J. E., Carlson, C. R., Usery, A. R., & Quevedo, A. S. (2009), « Effects of tongue position on mandibular muscle activity and heart rate function », *Oral Surgery, Oral Medicine, Oral Pathology, Oral Radiology, and Endodontology*, 108(6), 881-888.

Vous imaginez le volume de l'espace à l'intérieur de votre corps, en particulier entre vos yeux : Fehmi, L., & Robbins, J. (2008), *The open-focus brain: Harnessing the power of attention to heal mind and body*, Trumpeter.

Vous envoyez un faisceau d'énergie depuis votre cœur vers une personne ou un endroit qui vous fait vous sentir merveilleusement bien : McCraty, R., Atkinson, M., Tomasino, D., & Bradley, R. T. (2009), « The coherent heart: Heart-brain interactions, psychophysiological coherence, and the emergence of system-wide order », *Integral Review: A Transdisciplinary and Transcultural Journal for New Thought, Research, and Praxis*, 5(2), 7-14.

Le sentiment de compassion universelle produit les changements cérébraux majeurs observés dans les scanners IRM des méditants de longue date : Goleman, D., & Davidson, R. J. (2018), *Altered traits: Science reveals how meditation changes your mind, brain, and body*, Avery.

En deux jours, de nombreux participants ont acquis des états cérébraux élevés : Pennington, J., Sabot, D., & Church, D. (2019), « EcoMeditation and EFT (Emotional Freedom Techniques) produce elevated brainwave patterns and states of consciousness », *Energy Psychology: Theory, Research, and Treatment*, 11(1), 13-28. L'étude IRMf de l'université Bond : Stapleton, P., Baumann, O., Church, D., & Sabot, D. (2020), « Functional brain changes associated with EcoMeditation », *Transformational Leadership Conference.*

Esalen Institute Eco-Meditation study : Groesbeck, G., Bach, D., Stapleton, P., Blickheuser, K., Church, D., & Sims, R. (2017), « The interrelated physiological and psychological effects of EcoMeditation », *Journal of Evidence-Based Integrative Medicine*, 23, 1–6.

La baisse de 40 % de la fonction CPF mesurée chez les méditants : Newberg, A., & Waldman, M. R. (2017), *How enlightenment changes your brain: The new science of transformation*, Penguin.

Les expériences de Paul Brunton : Brunton, P. (2014), *The short path to enlightenment*, Larson.

On se muscle beaucoup plus vite quand on soulève des poids très lentement : Ferriss, T. (2010), *The four-hour body*, Crown Archetype.

L'haltérophilie ne nécessite pas plus de trente minutes par séance : Ferriss, T. (2010), *The four-hour body*, Crown Archetype.

Les différentes méthodes de méditation produisent des effets différents dans le cerveau : Lumma, A. L., Kok, B. E. et Singer, T. (2015), « Is meditation always relaxing? Investigating heart rate, heart rate variability, experienced effort and likeability during training of three types of meditation », *International Journal of Psychophysiology*, 97(1), 38-45.

La règle des dix mille heures : Goleman, D., & Davidson, R. J. (2018), *Altered traits: Science reveals how meditation changes your mind, brain, and body*, Avery.

Étude à grande échelle lors d'un atelier animé par le Dr Joe Dispenza : Church, D., Yang, A., Fannin, J., & Blickheuser, K. (2018), « The biological dimensions of transcendent states: A randomized controlled trial », *Association for Comprehensive Energy Psychology (ACEP).*

Lorsque vous entretenez des ondes cérébrales alpha, plusieurs autres ondes changent : Pennington, J. (2012), *Your psychic soul: Embracing your sixth sense*, 4th Dimension Press.

Les yogis avancés ont une activité gamma vingt-cinq fois supérieure à celle des gens ordinaires : Goleman, D., & Davidson, R. J. (2018), *Altered traits: Science reveals how meditation changes your mind, brain, and body*, Avery.

Le gamma est observé dans les états d'union mystique : Beauregard, M., & Paquette, V. (2008), « EEG activity in Carmelite nuns during a mystical experience », *Neuroscience Letters*, 444, 1-4.

Synchronisation gamma entre les régions du cerveau : Goleman, D., & Davidson, R. J. (2018), *Altered traits: Science reveals how meditation changes your mind, brain, and body*, Avery.

Le gamma est observé chez les gens ordinaires ayant un moment de perspicacité créative : JungBeeman, M., Bowden, E. M., Haberman, J., Frymiare, J. L., Arambel-

Liu, S., Greenblatt, R., Kounious, J. (2004), « Neural activity when people solve problems with insight », *PLoS Biology*, 2, 0500-0510.

Le gamma est également associé à :

Sentiments d'amour et de compassion : Pennington, J. (2012), *Your psychic soul: Embracing your sixth sense*, 4th Dimension Press.

Augmentation de l'organisation perceptuelle : Elliott, M. A., & Muller, H. J. (1998), « Synchronous information presented in 40-Hz flicker enhance visual feature binding », *Psychological Science*, 9, 277-283.

Apprentissage associatif : Miltner, W. H., Braun, C., Arnold, M., Witte, H. et Taub, E. (1999), « Coherence of gamma-band EEG activity as a basis for associative learning », *Nature*, 397(6718), 434-436.

Efficacité de la circulation de l'information entre les synapses : Sheer, D. E. (1975), « Biofeedback training of 40-Hz EEG and behavior », *Behavior and brain electrical activity*, Plenum.

Guérison : Hendricks, L., Bengston, W. F., & Gunkelman, J. (2010), « The healing connection: EEG harmonics, entrainment, and Schumann's resonances », *Journal of Scientific Exploration*, 24, 655-666.

Attention et états de béatitude transcendante : Das, N., & Gastaut, H. (1955), « Variations in the electrical activity of the brain, heart, and skeletal muscles during yogic meditation and trance », *Electroencephalography and Clinical Neurophysiology*, 6, 211-219.

Les ondes gamma synchronisent les quatre lobes du cerveau : Engel, A., Konig, P., Kreiter, A. et Singer, W. (1991), « Direct physiological evidence for scene segmentation by temporal coding », *Proceedings of the National Academy of Science*, 88(20), 9136-9140. Pennington, J. (2012), *Your psychic soul: Embracing your sixth sense*, 4th Dimension Press.

Judith Pennington, experte en neurofeedback, étudie huit sujets : Pennington, J., Sabot, D., & Church, D. (2019), « EcoMeditation and EFT (Emotional Freedom Techniques) produce elevated brainwave patterns and states of consciousness », *Energy Psychology: Theory, Research, and Treatment*, 11(1), 13-28.

Étude de 208 participants à une retraite de méditation : Church, D., & Sabot, D. (2019), « Group-based EcoMeditation is associated with improved anxiety, depression, PTSD, pain and happiness », *Global Advances in Health and Medicine*.

Types de méditation : Bornemann, B., Herbert, B. M., Mehling, W. E., & Singer, T. (2015), « Differential changes in self-reported aspects of interoceptive awareness through 3 months of contemplative training », *Frontiers in Psychology*, 5, 1504.

L'étude de Planck a comparé les personnes qui éprouvent de l'empathie avec celles qui s'engagent activement dans la bonté : Klimecki, O. M., Leiberg, S., Lamm, C. et Singer, T. (2012), « Functional neural plasticity and associated changes in positive affect after compassion training », *Cerebral Cortex*, 23(7), 1552-1561.

On a trouvé chez les novices de forts échos des schémas cérébraux de méditants expérimentés : Weng, H. Y., Fox, A. S., Shackman, A. J., Stodola, D. E., Caldwell, J. Z., Olson, M. C., Davidson, R. J. (2013), « Compassion training alters altruism and neural responses to suffering », *Psychological Science*, 24(7), 1171-1180.

Citations d'une étude de Telomere comparant un groupe non méditant à des groupes pratiquant la méditation de la pleine conscience et de l'amour bienveillant : Dolan, E. W. (24 août 2019), « Study provides evidence that loving-kindness meditation slows cellular aging », *Psypost*, consulté en ligne le 10 septembre 2019.

Adrénaline et durée de vie considérablement réduite : De Rosa, M. J., Veuthey, T., Florman, J., Grant, J., Blanco, M. G., Andersen, N., Alkema, M. J. (2019), « The flight response impairs cytoprotective mechanisms by activating the insulin pathway », *Nature*, 573, 135-138.

Les premières études ont montré que huit semaines de méditation en pleine conscience avaient un effet : Goldin, P. R., & Gross, J. J. (2010), « Effects of mindfulness-based stress reduction (MBSR) on emotion regulation in social anxiety disorder », *Emotion*, 10(1), 83–91.

Desbordes, G., Negi, L. T., Pace, T. W., Wallace, B. A., Raison, C. L., & Schwartz, E. L. (2012), « Effects of mindful-attention and compassion meditation training on amygdala response to emotional stimuli in an ordinary, non-meditative state », *Frontiers in Human Neuroscience*, 6(292), 1-15.

Même quatre semaines de méditation ont fait une différence : Walsh, E., Eisenlohr-Moul, T., & Baer, R. (2016), « Brief mindfulness training reduces salivary IL-6 and TNF-α in young women with depressive symptomatology », *Journal of Consulting and Clinical Psychology*, 84(10), 887-897.

Pace, T. W., Negi, L. T., Adame, D. D., Cole, S. P., Sivilli, T. I., Brown, T. D., Raison, C. L. (2009), « Effect of compassion meditation on neuroendocrine, innate immune and behavioral responses to psychosocial stress », *Psychoneuroendocrinology*, 34(1), 87-98.

Même quatre jours de méditation ont été associés à une augmentation de la flexibilité cognitive, de la créativité, de la mémoire et de l'attention : Zeidan, F., Johnson, S. K., Diamond, B. J., David, Z., & Goolkasian, P. (2010), « Mindfulness meditation improves cognition: Evidence of brief mental training », *Consciousness and Cognition*, 19(2), 597-605.

Des changements cérébraux plus importants chez ceux qui ont fait de longues retraites intensives : Sahdra, B. K., MacLean, K. A., Ferrer, E., Shaver, P. R., Rosenberg, E. L., Jacobs, T. L., Mangun, G. R. (2011), « Enhanced response inhibition during intensive meditation training predicts improvements in self-reported adaptive socioemotional functioning », *Emotion*, 11(2), 299-312.

Goleman, D., & Davidson, R. J. (2018), *Altered traits: Science reveals how meditation changes your mind, brain, and body*, Avery.

Dix semaines de méditation suffisent pour faire bouger l'aiguille : Lumma, A. L., Kok, B. E., & Singer, T. (2015), « Is meditation always relaxing? Investigating heart rate, heart rate variability, experienced effort and likeability during training of three types of meditation », *International Journal of Psychophysiology*, 97(1), 38-45.

Diminution de 400 % de l'activation des amygdales : Goleman, D., & Davidson, R. J. (2018), *Altered traits: Science reveals how meditation changes your mind, brain, and body*, Avery.

Les trois niveaux de méditation : Goleman, D., & Davidson, R. J. (2018), *Altered traits: Science reveals how meditation changes your mind, brain, and body*, Avery.

Sept minutes d'amour bienveillant peuvent renforcer l'humeur positive et les liens sociaux : Hutcherson, C. A., Seppala, E. M., & Gross, J. J. (2008), « Loving-kindness meditation increases social connectedness », *Emotion*, 8(5), 720.

Enquête auprès de 1 120 méditants : Vieten, C., Wahbeh, H., Cahn, B. R., MacLean, K., Estrada, M., Mills, P., Presti, D. E. (2018), « Future directions in meditation research: Recommendations for expanding the field of contemplative science », *PloS One*, 13(11), e0205740.

Il faut quarante à soixante minutes pour atteindre un état contemplatif profond : Newberg, A., & Waldman, M. R. (2017), *How enlightenment changes your brain: The new science of transformation*, Penguin.

Après seulement les huit premières minutes d'attention, la concentration s'améliore : Goleman, D., & Davidson, R. J. (2018), *Altered traits: Science reveals how meditation changes your mind, brain, and body*, Avery.

Augmentation de la matière grise des zones du cerveau après des séances de méditation de ving-sept minutes : Lazar, S. (2014), « Change in brainstem gray matter concentration following a mindfulness-based intervention is correlated with improvement in psychological well-being », *Frontiers in Human Neuroscience*, 8, 33.

Chez les moines tibétains, les changements cérébraux étaient plus importants chez ceux qui faisaient de longues retraites intensives : Goleman, D., & Davidson, R. J. (2018), *Altered traits: Science reveals how meditation changes your mind, brain, and body*, Avery.

Lorsque vous intensifiez l'expérience, le lobe pariétal s'arrête et l'égoïsme cesse : Newberg, A., & Waldman, M. R. (2017), *How enlightenment changes your brain: The new science of transformation*, Penguin.

Déjeuner avec Warren Buffett :

Umoh, R. (28 mai 2018), « These two men paid over $650,000 for lunch with Warren Buffett—here are 3 things they learned », *CNBC*, consulté en ligne.

Spier, G. (12 juin 2018), « Opinion: What lunch with Warren Buffett taught me about investing and life », *MarketWatch*, consulté en ligne.

Mejia, Z. (29 mai 2018), « Warren Buffett has raised $26 million auctioning lunch dates—here's how the tradition started », *CNBC*, consulté en ligne.

Stempel, J. (1er juin 2019), « Warren Buffett charity lunch fetches record $4.57 million winning bid », *Reuters*, consulté en ligne.

CHAPITRE 5

Les physiciens conçoivent des expériences pour transformer les photons de la lumière (énergie) en électrons (matière) : Luo, W., Wu, S. D., Liu, W. Y., Ma, Y. Y., Li, F. Y., Yuan, T., Sheng, Z. M. (2018), « Enhanced electron-positron pair production by two obliquely incident lasers interacting with a solid target », *Plasma Physics and Controlled Fusion*, 60(9), 095006.

Les effets hormonaux peuvent s'étendre de quelques secondes à quelques jours : Singh, G. K. (2016), « What is the difference between hormones and neurotransmitters? », *Quora*, consulté en ligne le 2 janvier 2020.

Les neurotransmetteurs ne parcourent que des distances microscopiques: Purves, D., Augustine, G. J., Fitzpatrick, D., Hall, W. C., Lamantia, A. S., Mooney, R. D., Platt, M. L., & White, L. E. (2001), *What defines a neurotransmitter? Neuroscience*, Sinauer Associates.

Certaines molécules fonctionnent à la fois comme des hormones et des neurotransmetteurs: Singh, G. K. (2016). (2016), « What is the difference between hormones and neurotransmitters? », *Quora*, consulté en ligne le 2 janvier 2020.

Le glutamate est le neurotransmetteur le plus excitateur et le GABA le plus inhibiteur: Sapolsky, R. M. (2017), *Behave: The biology of humans at our best and worst*, Penguin.

Le GABA est le « Valium du cerveau »: Blesching, U. (2015), *The cannabis health index: Combining the science of medical marijuana with mindfulness techniques to heal 100 chronic symptoms and diseases*, New World Library.

Temps nécessaire aux neurotransmetteurs pour agir: Sapolsky, R. M. (2017), *Behave: The biology of humans at our best and worst*, Penguin.

La découverte de Twarog a été « la pierre angulaire de la révolution antidépressive »: Greenberg, G. (2011), *Manufacturing depression: The secret history of a modern disease*, Simon and Schuster.

Le discours de Pavlov sur le prix Nobel: Pavlov, I. (1904), « Physiology of digestion », *The Nobel Prize*, consulté en ligne le 2 janvier 2020.

Sérotonine identifiée dans le tractus gastro-intestinal en 1935: Beck, T. (17 décembre 2015), « A vaccine for depression? Ketamine's remarkable effect bolsters a new theory of mental illness », *Nautilus*, consulté en ligne.

Twarog a identifié de la sérotonine dans le cerveau de singes, de rats et de chiens: Greenberg, G. (2011), *Manufacturing depression: The secret history of a modern disease*, Simon and Schuster.

Lorsque Welsh a rencontré le rédacteur en chef du journal lors d'une conférence, celui-ci a dit au mentor de Twarog qu'il n'y avait aucun moyen de demander à ses éminents examinateurs de regarder un article d'« une fille inconnue »: Greenberg, G. (2011), *Manufacturing depression: The secret history of a modern disease*, Simon and Schuster.

Ventes et effets des psychotropes: Whitaker, R. (2011), *Anatomy of an epidemic: Magic bullets, psychiatric drugs, and the astonishing rise of mental illness in America*, Random House.

L'idée erronée selon laquelle un déséquilibre chimique dans le cerveau provoque des troubles mentaux: Pies, R. W. (11 juillet 2011), « Psychiatry's new brain-mind and the legend of the "chemical imbalance" », *Psychiatric Times*, consulté en ligne.

Les effets néfastes et de grande portée de la caractérisation des troubles mentaux en tant que maladie: Maisel, E. (2016, March 8), « Gary Greenberg on manufacturing depression », *Psychology Today*, consulté en ligne.

Les effets antivieillissement de la DHEA: Forti, P., Maltoni, B., Olivelli, V., Pirazzoli, G. L., Ravaglia, G., & Zoli, M. (2012), « Serum dehydroepiandrosterone sulfate and adverse health outcomes in older men and women », *Rejuvenation Research*, 15(4), 349-358.

La carence en DHEA a été liée au cancer, aux maladies cardiaques, à l'obésité et au diabète: Rizvi, S. I., & Jha, R. (2011), « Strategies for the discovery of anti-aging compounds », *Expert Opinion on Drug Discovery*, 6(1), 89-102.

Do Vale, S., Martin, J. M., Fagundes, M. J., & do Carmo, I. (2011), « Plasma dehydroepiandrosterone-sulphate is related to personality and stress response », *Neuroendocrinology Letters*, 32(4), 442-448.

Les molécules exogènes comme les opioïdes sont efficaces parce qu'elles s'adaptent aux mêmes sites récepteurs: Sapolsky, R. M. (2017), *Behave: The biology of humans at our best and worst*, Penguin.

Les effets des médicaments sur ordonnance et des drogues récréatives sur les neurotransmetteurs excitateurs et inhibiteurs: Sherman, C. (9 mars 2017), « Impacts of drugs on neurotransmission », *National Institute on Drug Abuse*, consulté en ligne le 2 janvier 2020.

L'effet de l'alcool sur les différents neurotransmetteurs: AccèsMédecine (2018), « The effect of alcohol on neurotransmitters in the brain », *AccessMedicine Network*, consulté en ligne le 2 janvier 2020.

Types de benzodiazépines: Tuck (2017), « Benzodiazepines—types, side effects, addiction, and withdrawal », *Tuck*, consulté en ligne le 7 janvier 2020.

Les similarités chimiques entre le LSD et la sérotonine: Beck, T. (17 décembre 2015), « A vaccine for depression? Ketamine's remarkable effect bolsters a new theory of mental illness », *Nautilus*, consulté en ligne le 4 janvier 2020.

Comme pour les neurotransmetteurs, les rapports entre les hormones sont plus importants: Kamin, H. S., & Kertes, D. A. (2017), « Cortisol and DHEA in development and psychopathology », *Hormones and Behavior*, 89, 69-85.

Il a été démontré que la méditation produit une augmentation de la noradrénaline dans le cerveau: Hölzel, B. K., Carmody, J., Vangel, M., Congleton, C., Yerramsetti, S. M., Gard, T. et Lazar, S. W. (2011), « Mindfulness practice leads to increases in regional brain gray matter density », *Psychiatry Research: Neuroimaging*, 191(1), 36-43.

Le pont alpha: Cade, M., & Coxhead, N. (1979), *The awakened mind: Biofeedback and the development of higher states of awareness*, Dell.

Ondes cérébrales associées à des changements d'hormones et de neurotransmetteurs: Sakuta, A. (2016), « Neurophenomenology of flow and meditative moving », *University of Chichester*, consulté en ligne le 8 avril 2019.

Des zones du cerveau font partie intégrante du système de récompense de la dopamine: Newberg, A., & Waldman, M. R. (2017), *How enlightenment changes your brain: The new science of transformation*, Penguin.

L'anticipation d'une récompense financière peut activer la dopamine: Knutson, B., Adams, C. M., Fong, G. W., & Hommer, D. (2001), « Anticipation of increasing monetary reward selectively recruits nucleus accumbens », *Journal of Neuroscience*, 21(16), RC159.

Les niveaux de dopamine peuvent être diminués par des douleurs chroniques ou un stress chronique: Sapolsky, R. M. (2017), *Behave: The biology of humans at our best and worst*, Penguin.

La dopamine concerne le bonheur de la poursuite d'une récompense : Sapolsky, R. M. (2017), Behave: *The biology of humans at our best and worst*, Penguin.

Sérotonine et comportement : Bortolato, M., Pivac, N., Seler, D. M., Perkovic, M. N., Pessia, M. et Di Giovanni, G. (2013), « The role of the serotonergic system at the interface of aggression and suicide », *Neuroscience*, 236, 160-185.

Un faible taux de sérotonine est lié à l'agressivité et au suicide : Bortolato, M., Pivac, N., Seler, D. M., Perkovic, M. N., Pessia, M. et Di Giovanni, G. (2013), « The role of the serotonergic system at the interface of aggression and suicide », *Neuroscience*, 236, 160–185. Åsberg, M., Träskman, L. et Thorén, P. (1976), « 5-HIAA in the cerebrospinal fluid: A biochemical suicide predictor? », *Archives of General Psychiatry*, 33(10), 1193-1197.

Les expériences de Gordon Wasson avec les champignons magiques : Wasson, R. G. (4 avril 2015), « Seeking the magic mushroom », *Door of Perception*, consulté en ligne le 7 janvier 2020.

Le rôle de la norépinéphrine dans l'amplification de la concentration : Kotler, S., & Wheal, J. (2017), *Stealing fire: How Silicon Valley, the Navy SEALs, and maverick scientists are revolutionizing the way we live and work*, HarperCollins.

Le cerveau des méditants produit de la norépinéphrine : Lazar, S. (2014), « Change in brainstem gray matter concentration following a mindfulness-based intervention is correlated with improvement in psychological well-being », *Frontiers in Human Neuroscience*, 8, 33.

Ocytocine et comportement : Sapolsky, R. M. (2017), *Behave: The biology of humans at our best and worst*, Penguin.

Couples amoureux et ocytocine : Esch, T., & Stefano, G. B. (2005), « The neurobiology of love », *Neuroendocrinology Letters*, 26(3), 175-192.

Ocytocine et érections : Filippi, S., Vignozzi, L., Vannelli, G. B., Ledda, F., Forti, G. et Maggi, M. (2003), « Role of oxytocin in the ejaculatory process », *Journal of Endocrinological Investigation*, 26(3 Suppl), 82-86.

Tapez sur la joue, comme nous le faisons en EFT, pour produire un pic de 800 % dans le delta : Harper, M. (2012), « Taming the amygdala: An EEG analysis of exposure therapy for the traumatized », *Traumatology*, 18(2), 61-74.

Le cerveau orgasmique : Mitrokostas, S. (24 janvier 2019), « 12 things that happen in your brain when you have an orgasm », *Business Insider*, consulté en ligne le 12 janvier 2020.

L'ocytocine élimine le glutamate : Theodosis, D. T. (2002), « Oxytocin-secreting neurons: A physiological model of morphological neuronal and glial plasticity in the adult hypothalamus », *Frontiers in Neuroendocrinology*, 23(1), 101-135.

L'ocytocine stimule la libération d'oxyde nitrique dans les vaisseaux sanguins : Thibonnier, M., Conarty, D. M., Preston, J. A., Plesnicher, C. L., Dweik, R. A., & Erzurum, S. C. (1999), « Human vascular endothelial cells express oxytocin receptors », *Endocrinology*, 140(3), 1301-1309.

Une étude sur trente-quatre couples mariés et le « toucher d'écoute » : Holt-Lunstad, J., Birmingham, W. A., & Light, K. C. (2008), « Influence of a "warm touch" support enhancement intervention among married couples on ambulatory blood pressure, oxytocin, alpha amylase, and cortisol », *Psychosomatic Medicine*, 70(9), 976-985.

Human and dog gazers: Nagasawa, M., Mitsui, S., En, S., Ohtani, N., Ohta, M., Sakuma, Y., Kikusui, T. (2015), «Oxytocin-gaze positive loop and the coevolution of human-dog bonds», *Science*, 348(6232), 333-336.

L'ocytocine fait monter en flèche l'anandamide: Wei, D., Lee, D., Cox, C. D., Karsten, C. A., Peñagarikano, O., Geschwind, D. H., Piomelli, D. (2015), «Endocannabinoid signaling mediates oxytocin-driven social reward», *Proceedings of the National Academy of Sciences*, 112(45), 14084-14089.

La bêta-endorphine est dix-huit à trente-trois fois plus puissante que la morphine: Loh, H. H., Tseng, L. F., Wei, E., & Li, C. H. (1976), «Beta-endorphin is a potent analgesic agent», *Proceedings of the National Academy of Sciences*, 73(8), 2895-2898.

La bêta-endorphine est quarante-huit fois plus puissante que la morphine: Loh, H. H., Brase, D. A., Sampath-Khanna, S., Mar, J. B., Way, E. L., & Li, C. H. (1976), «β-Endorphin in vitro inhibition of striatal dopamine release», *Nature*, 264(5586), 567.

L'anandamide est impliquée dans la génération neurale du plaisir et de la motivation: Mukerji, S. (n.d.), «Anandamide–the joy chemical», *SOHAM Happiness Program*, consulté en ligne le 7 janvier 2020.

Oxyde nitrique, neuroplasticité et flux d'oxygène: Petrie, M., Rejeski, W. J., Basu, S., Laurienti, P. J., Marsh, A. P., Norris, J. L., Burdette, J. H. (2016), «Beet root juice: An ergogenic aid for exercise and the aging brain», *Journals of Gerontology Series A: Biomedical Sciences and Medical Sciences*, 72(9), 1284-1289.

Les avantages de l'oxyde nitrique pour la santé:

Coleman, J. W. (2001), «Nitric oxide in immunity and inflammation», *International Immunopharmacology*, 1(8), 1397-1406.

Alam, M. S., Akaike, T., Okamoto, S., Kubota, T., Yoshitake, J., Sawa, T., Maeda, H. (2002), «Role of nitric oxide in host defense in murine salmonellosis as a function of its antibacterial and antiapoptotic activities», *Infection and Immunity*, 70(6), 3130-3142.

Bryan, N. S. (2006), «Nitrite in nitric oxide biology: Cause or consequence?: A systems-based review», *Free Radical Biology and Medicine*, 41(5), 691-701.

Webb, A. J., Patel, N., Loukogeorgakis, S., Okorie, M., Aboud, Z., Misra, S., MacAllister, R. (2008), «Acute blood pressure lowering, vasoprotective, and antiplatelet properties of dietary nitrate via bioconversion to nitrite», *Hypertension*, 51(3), 784-790.

Diminution de l'oxyde nitrique avec l'âge: Mercola, J. (14 janvier 2019), «Top 9 reasons to optimize your nitric oxide production», *Mercola*, consulté en ligne le 2 janvier 2020.

Avantages de l'oxyde nitrique d'origine végétale: Mercola, J. (14 janvier 2019), «Top 9 reasons to optimize your nitric oxide production», *Mercola*, consulté en ligne le 6 janvier 2020.

Associations entre les ondes cérébrales et les neurotransmetteurs: Sakuta, A. (2016), «Neurophenomenology of flow and meditative Moving», *University of Chichester*, consulté en ligne le 3 janvier 2020.

Le rôle du système endocannabinoïde dans l'appétit, la douleur, l'inflammation, le sommeil, le stress, l'humeur, la mémoire, la motivation et la récompense:

Fallis, J. (20 juillet 2017), «25 powerful ways to boost your endocannabinoid system», *Optimal Living Dynamics*, consulté en ligne le 7 janvier 2020.

Localisation des récepteurs CB1 et CB2: Hanuš, L. O. (2007), «Discovery and isolation of anandamide and other endocannabinoids», *Chemistry and Biodiversity*, 4(8), 18281-841.

Les faibles niveaux d'endocannabinoïdes sont liés à la dépression majeure, au trouble d'anxiété généralisée, au SSPT, à la sclérose en plaques, au trouble de déficit de l'attention/hyperactivité (TDAH), la maladie de Parkinson, la fibromyalgie et les troubles du sommeil: Fallis, J. (20 juillet 2017), «25 powerful ways to boost your endocannabinoid system», *Optimal Living Dynamics*, consulté en ligne le 7 janvier 2020.

Les aliments qui stimulent le système endocannabinoïde: Fallis, J. (20 juillet 2017), «25 powerful ways to boost your endocannabinoid system», *Optimal Living Dynamics*, consulté en ligne le 5 janvier 2020.

Méthodes comportementales qui stimulent le système endocannabinoïde: Mukerji, S. (n.d.), «Anandamide-the joy chemical», *SOHAM Happiness Program*, consulté en ligne.

Signalisation de l'anandamide par l'ocytocine: Wei, D., Lee, D., Cox, C. D., Karsten, C. A., Peñagarikano, O., Geschwind, D. H., Piomelli, D. (2015), «Endocannabinoid signaling mediates oxytocin-driven social reward», *Proceedings of the National Academy of Sciences*, 112(45), 14084-14089.

Lumír Hanuš et sa molécule de félicité: D'Mikos, S. (2019), «The discovery of anandamide», *Vimeo*, consulté en ligne le 7 janvier 2020.

La découverte de l'anandamide dans le cerveau humain: Hurt, L. (13 décembre 2016), «Meet Lumir Hanus, who discovered the first endocannabinoid», *Leafly*, consulté en ligne le 2 janvier 2020.

Méditation et taux de dopamine élevé: Kjaer, T. W., Bertelsen, C., Piccini, P., Brooks, D., Alving, J. et Lou, H. C. (2002), «Increased dopamine tone during meditation-induced change of consciousness», *Cognitive Brain Research*, 13(2), 255-259.

Revue et synthèse de la littérature de recherche sur les changements neuronaux et hormonaux associés à la méditation: Newberg, A. B., & Iversen, J. (2003), «The neural basis of the complex mental task of meditation: neurotransmitter and neurochemical considerations», *Medical Hypotheses*, 61(2), 282-291.

La méditation augmente l'oxyde nitrique: Chiesa, A., & Serretti, A. (2010), «A systematic review of neurobiological and clinical features of mindfulness meditations», *Psychological Medicine*, 40(8), 1239-1252.

L'ocytocine est augmentée par la méditation, et déclenche la libération d'autres produits chimiques de plaisir: Millière, R., Carhart-Harris, R. L., Roseman, L., Trautwein, F. M., & Berkovich-Ohana, A. (2018), «Psychedelics, meditation, and self-consciousness», *Frontiers in Psychology*, 9.

Ashar, Y. K., Andrews-Hanna, J. R., Yarkoni, T., Sills, J., Halifax, J., Dimidjian, S. et Wager, T. D. (2016), «Effects of compassion meditation on a psychological model of charitable donation», *Emotion*, 16(5), 691.

Van Cappellen, P., Way, B. M., Isgett, S. F., & Fredrickson, B. L. (2016), «Effects of oxytocin administration on spirituality and emotional responses to meditation», *Social Cognitive and Affective Neuroscience*, 11(10), 1579-1587.

La libération d'oxyde nitrique est étroitement liée à la production d'anandamide; ainsi, la méditation et d'autres activités de réduction du stress peuvent stimuler les deux: Esch, T., & Stefano, G. B. (2010), «The neurobiology of stress management», *Neuroendocrinology Letters*, 31(1), 19-39.

L'ocytocine augmentée mobilise la synthèse de l'anandamide: Wei, D., Lee, D., Cox, C. D., Karsten, C. A., Peñagarikano, O., Geschwind, D. H., Piomelli, D. (2015), «Endocannabinoid signaling mediates oxytocin-driven social reward», *Proceedings of the National Academy of Sciences*, 112(45), 14084-14089.

L'anandamide peut également améliorer les fonctions cognitives, la motivation, l'apprentissage et la mémoire: Mechoulam, R., & Parker, L. A. (2013), «The endocannabinoid system and the brain», *Annual Review of Psychology*, 64, 21-47.

La méditation stimule le cerveau à produire de nombreuses substances chimiques gratifiantes en même temps: Ospina, M. B., Bond, K., Karkhaneh, M., Tjosvold, L., Vandermeer, B., Liang, Y., Klassen, T. P. (2007), «Meditation practices for health: State of the research», *Evidence Report/Technology Assessment*, 155-163.

Jindal, V., Gupta, S. et Das, R. (2013), «Molecular mechanisms of meditation», *Molecular Neurobiology*, 48(3), 808-811.

Les chercheurs qui utilisent les IRMf constatent que le fait de baigner le cerveau dans les substances chimiques de la félicité conditionne son fonctionnement le reste de la journée: Britton, W. B., Lindahl, J. R., Cahn, B. R., Davis, J. H., & Goldman, R. E. (2014), «Awakening is not a metaphor: the effects of Buddhist meditation practices on basic wakefulness», *Annals of the New York Academy of Sciences*, 1307(1), 64-81.

Teresa Amabile, professeure à Harvard, a constaté que les gens en flux étaient encore plus créatifs le lendemain: Amabile, T. M., & Pillemer, J. (2012), «Perspectives on the social psychology of creativity», *Journal of Creative Behavior*, 46(1), 3-15.

L'état méditatif est apparenté à l'état de «flux» ou d'être dans «la zone»: Edinger-Schons, L. M. (2019), «Oneness beliefs and their effect on life satisfaction», *Psychology of Religion and Spirituality* 11(1).

Commentaires sur l'étude de vol en réalité virtuelle du laboratoire de bio-ingénierie de l'université Columbia: École d'ingénierie et de sciences appliquées de l'université Columbia (12 mars 2019), «Neurofeedback gets you back in the zone: New study from biomedical engineers demonstrates that a brain-computer interface can improve your performance», *ScienceDaily*, consulté en ligne le 13 mai 2019.

Étude de McKinsey sur les cadres à haut rendement appelés à résoudre des problèmes stratégiques difficiles: Cranston, S., & Keller, S. (2013), «Increasing the meaning quotient of work», *McKinsey Quarterly*, 1(48-59).

Les élèves ont résolu un problème conceptuel huit fois mieux: Chi, R. P., & Snyder, A. W. (2012), «Brain stimulation enables the solution of an inherently difficult problem», *Neuroscience Letters*, 515(2), 121-124.

Étude de neurofeedback DARPA sur la résolution de problèmes complexes dans les états de flux: Adee, S. (2012), «Zap your brain into the zone: Fast track to pure focus», *New Scientist*, 2850, 1-6, (2012). Zap your brain into the zone: Fast track to pure focus. *New Scientist*, 2850, 1-6.

Le LSD, la psilocybine et le DMT activent les récepteurs de la sérotonine : Carhart-Harris, R. L. (2018), « Serotonin, psychedelics and psychiatry », *World Psychiatry: Official Journal of the World Psychiatric Association (WPA)*, 17(3), 358-359.

Le LSD, la psilocybine et le DMT activent les récepteurs de la norépinéphrine, tandis que les cannabinoïdes de la marijuana utilisent les récepteurs de l'anandamide : King, C. (2013), « The cosmology of conscious mental states (Part I) », *Journal of Consciousness Exploration and Research*, 4(6), 561-581.

Les deux plantes se sont combinées pour former l'ayahuasca et leurs propriétés moléculaires : Riba, J., Valle, M., Urbano, G., Yritia, M., Morte, A. et Barbanoj, M. J. (2003). « Human pharmacology of ayahuasca: Subjective and cardiovascular effects, monoamine metabolite excretion, and pharmacokinetics ». *Journal of Pharmacology and Experimental Therapeutics*, 306(1), 73-83.

Physiologiquement, le chemin de la béatitude est le même, qu'il soit provoqué par la drogue, la méditation ou une autre expérience qui altère l'esprit : King, C. (2013), « The cosmology of conscious mental states (Part I) », *Journal of Consciousness Exploration and Research*, 4(6), 561-581.

Hamlet sur le hasch : Thackeray, F. (2015), « Shakespeare, plants, and chemical analysis of early 17th century clay "tobacco" pipes from Europe », *South African Journal of Science*, 111(7/8), article a0115.

Thackeray, J. F., Van der Merwe, N. J., & Van der Merwe, T. A. (2001), « Chemical analysis of residues from seventeenth century clay pipes from Stratford-upon-Avon and environs », *South African Journal of Science*, 97, 19-21.

Article du magazine *Time* sur les pipes de Shakespeare : Jenkins, N. (10 août 2015), « Scientists detect traces of cannabis on pipes found in William Shakespeare's garden », *Time*, consulté en ligne.

Quelques joints de marijuana suffisent à affecter le cerveau d'un adolescent : Orr, C., Spechler, P., Cao, Z., Albaugh, M., Chaarani, B., Mackey, S., Bromberg, U. (2019), « Grey matter volume differences associated with extremely low levels of cannabis use in adolescence », *Journal of Neuroscience*, 39(10), 1817-1827.

Les adolescents qui consomment du cannabis présentent un risque de dépression supérieur de près de 40 % et un risque d'idées suicidaires supérieur de 50 % : Gobbi, G., Atkin, T., Zytynski, T., Wang, S., Askari, S., Boruff, J., Mayo, N. (13 février 2019), « Association of cannabis use in adolescence and risk of depression, anxiety, and suicidality in young adulthood: A systematic review and meta-analysis », *JAMA Psychiatry*.

En cas de consommation prolongée de marijuana chez les adultes, le câblage du cerveau se dégrade : Filbey, F. M., Aslan, S., Calhoun, V. D., Spence, J. S., Damaraju, E., Caprihan, A. et Segall, J. (2014), « Long-term effects of marijuana use on the brain », *Proceedings of the National Academy of Sciences*, 111(47), 16913-16918.

Les auteurs d'une étude ont constaté que la consommation régulière de cannabis est associée à une réduction du volume de la matière grise : Battistella, G., Fornari, E., Annoni, J. M., Chtioui, H., Dao, K., Fabritius, M., Giroud, C. (2014), « Long-term effects of cannabis on brain structure », *Neuropsychopharmacology*, 39(9).

La consommation de cannabis augmente l'anxiété et la dépression et entraîne une détérioration de la santé: Black, N., Stockings, E., Campbell, G., Tran, L. T., Zagic, D., Hall, W. D., Degenhardt, L. (2019), «Cannabinoids for the treatment of mental disorders and symptoms of mental disorders: a systematic review and meta-analysis», *The Lancet Psychiatry*, 6(12), 995-1010.

Vingt-cinq ans de recherche sur la MDMA ont montré qu'elle a de graves effets secondaires: Parrott, A. C. (2013), «Human psychobiology of MDMA or "Ecstasy": An overview of 25 years of empirical research», *Human Psychopharmacology: Clinical and Experimental*, 28(4), 289-307.

CHAPITRE 6

Marian Diamond: Diamond, M. C. (n.d.), «Marian Cleeves Diamond», *Society of Neuroscience*, consulté en ligne le 7 janvier 2020.

Grimes, W. (16 août 2017), «Marian C. Diamond, 90, student of the brain, is dead», *The New York Times*, consulté en ligne le 7 janvier 2020.

Sanders, R. (28 juillet 2017), «Marian Diamond, known for studies of Einstein's brain, dies at 90», *Berkeley News*, consulté en ligne le 2 janvier 2020.

Scheidt, R. J. (2015), «Marian Diamond: The "Mitochondrial Eve" of successful aging», *Gerontologist*, 55(1).

Le fossé de la traduction: Church, D., Feinstein, D., Palmer-Hoffman, J., Stein, P. K., & Tranguch, A. (2014), «Empirically supported psychological treatments: The challenge of evaluating clinical innovations», *Journal of Nervous and Mental Disease*, 202(10), 699-709.

Progression d'état: Hall, M. L. (2009), *Achieving peak performance: The science and art of taking performance to ever higher levels*, Crown House.

Traits modifiés: Haidt, J. (2012), *The righteous mind: Why good people are divided by politics and religion*, Vintage.

Schwartz, J. M., Stapp, H. P., & Beauregard, M. (2005), «Quantum physics in neuroscience and psychology: A neurophysical model of mind-brain interaction», *Philosophical Transactions of the Royal Society of London B: Biological Sciences*, 360(1458), 1309-1327.

Sara Lazar: Lazar, S. W., Kerr, C. E., Wasserman, R. H., Gray, J. R., Greve, D. N., Treadway, M. T., Rauch, S. L. (2005), «Meditation experience is associated with increased cortical thickness», *Neuroreport*, 16(17), 1893-1897.

Hölzel, B. K., Carmody, J., Vangel, M., Congleton, C., Yerramsetti, S. M., Gard, T. et Lazar, S. W. (2011), «Mindfulness practice leads to increases in regional brain gray matter density», *Psychiatry Research: Neuroimaging*, 191(1), 36-43.

Schulte, B. (26 mai 2015), «Harvard neuroscientist: Meditation not only reduces stress, here's how it changes your brain», *Washington Post*, consulté en ligne le 9 janvier 2020.

Cromie, W. J. (2 février 2006), «Meditation found to increase brain size», *Harvard Gazette*, consulté en ligne le 9 janvier 2020.

Une méta-analyse des études d'imagerie cérébrale : Boccia, M., Piccardi, L., & Guariglia, P. (2015), « The meditative mind: A comprehensive meta-analysis of MRI studies », *BioMed Research International*, 419808.

Étude de Kirtan Kriya : Khalsa, D. S., Amen, D., Hanks, C., Money, N. et Newberg, A. (2009), « Cerebral blood flow changes during chanting meditation », *Nuclear Medicine Communications*, 30(12), 956-961.

La taille compte : Men, W., Falk, D., Sun, T., Chen, W., Li, J., Yin, D., Fan, M. (2014), « The corpus callosum of Albert Einstein's brain: Another clue to his high intelligence? », *Brain*, 137(4), e268-e278.

Falk, D., Lepore, F. E., & Noe, A. (2012), « The cerebral cortex of Albert Einstein: A description and preliminary analysis of unpublished photographs », *Brain*, 136(4), 1304-1327.

Witelson, S. F., Kigar, D. L., & Harvey, T. (1999), « The exceptional brain of Albert Einstein », *Lancet*, 353(9170), 2149-2153.

Healy, M. (11 octobre 2013), « Einstein's brain really was bigger than most people's », *Seattle Times*, consulté en ligne le 9 janvier 2020.

Les quatre réseaux clés : Goleman, D., & Davidson, R. J. (2018), *Altered traits: Science reveals how meditation changes your mind, brain, and body*, Avery.

Newberg, A., & Waldman, M. R. (2017), *How enlightenment changes your brain: The new science of transformation*, Penguin.

Références du réseau de régulation des émotions

Prise de conscience hostile par l'émotion : LeDoux, J. E. (2002), *Synaptic self: How our brains become who we are*, Penguin.

Chez les personnes déprimées, l'hippocampe rétrécit avec le temps : Sheline, Y. I., Liston, C. et McEwen, B. S. (2019), « Parsing the hippocampus in depression: Chronic stress, hippocampal volume, and major depressive disorder », *Biological Psychiatry*, 85(6), 436-438.

La méditation entraîne une augmentation de la concentration de matière grise dans l'hippocampe : Hölzel, B. K., Carmody, J., Vangel, M., Congleton, C., Yerramsetti, S. M., Gard, T. et Lazar, S. W. (2011), « Mindfulness practice leads to increases in regional brain gray matter density », *Psychiatry Research: Neuroimaging*, 191(1), 36-43.

Pickut, B. A., Van Hecke, W., Kerckhofs, E., Mariën, P., Vanneste, S., Cras, P. et Parizel, P. M. (2013), « Mindfulness based intervention in Parkinson's disease leads to structural brain changes on MRI: A randomized controlled longitudinal trial », *Clinical Neurology and Neurosurgery*, 115(12), 2419-2425.

Thalamus : Newberg, A., & Waldman, M. R. (2017), *How enlightenment changes your brain: The new science of transformation*, Penguin.

Connexions amygdaliennes : Goleman, D., & Davidson, R. J. (2018), *Altered traits: Science reveals how meditation changes your mind, brain, and body*, Avery.

La vraie marque d'un méditant est qu'il a discipliné son esprit : Goleman, D., & Davidson, R. J. (2018), *Altered traits: Science reveals how meditation changes your mind, brain, and body*, Avery.

L'amygdale peut également être régulée par les ganglions basaux, en particulier le striatum : Rodriguez Romaguera, J., Do Monte, F. H., & Quirk, G. J. (2012), « Deep brain stimulation of the ventral striatum enhances extinction of conditioned fear », *Proceedings of the National Academy of Sciences*, 109(22), 8764-8769.

Tout ce que vous faites, que ce soit grand ou petit, n'est qu'un huitième du problème : Abba Dorotheus, cité dans Kadloubovsky, E., & Palmer, G. E. H. (1971), *Early fathers from the Philokalia*, Faber & Faber.

Graham Phillips : Catalyseur (7 juin 2016), « The science of meditation – can it really change you? », *ABC*, consulté en ligne le 2 janvier 2020.

Image de gyrus dentelé : Noguchi, H., Murao, N., Kimura, A., Matsuda, T., Namihira, M. et Nakashima, K. (2016), « DNA methyltransferase 1 is indispensable for development of the hippocampal dentate gyrus », *Journal of Neuroscience*, 36(22), 6050-6068.

Régions cérébrales qui se développent :

Cortex préfrontal ventromédian : Chau, B. K., Keuper, K., Lo, M., So, K. F., Chan, C. C., & Lee, T. M. (2018), « Meditation-induced neuroplastic changes of the prefrontal network are associated with reduced valence perception in older people », *Brain and Neuroscience Advances*, 2.

Thalamus : Luders, E., Toga, A. W., Lepore, N., & Gaser, C. (2009), « The underlying anatomical correlates of long-term meditation: Larger hippocampal and frontal volumes of gray matter », *Neuroimage*, 45(3), 672-678.

Jonction temporo-pariétale : Hölzel, B. K., Carmody, J., Vangel, M., Congleton, C., Yerramsetti, S. M., Gard, T. et Lazar, S. W. (2011), « Mindfulness practice leads to increases in regional brain gray matter density », *Psychiatry Research: Neuroimaging*, 191(1), 36-43.

Boccia, M., Piccardi, L., & Guariglia, P. (2015), « The meditative mind: A comprehensive meta-analysis of MRI studies », *BioMed Research International*, 419808.

Hippocampe : Fox, K. C., Nijeboer, S., Dixon, M. L., Floman, J. L., Ellamil, M., Rumak, S. P., Sedlmeier, P. et Christoff, K. (2014), « Is meditation associated with altered brain structure? A systematic review and meta-analysis of morphometric neuroimaging in meditation practitioners », *Neuroscience and Biobehavioral Reviews*, 43, 48-73.

Sous-programme : Boccia, M., Piccardi, L., & Guariglia, P. (2015), « The meditative mind: A comprehensive meta-analysis of MRI studies », *BioMed Research International*, 419808.

Cingulaire antérieur et moyen : Fox, K. C., Nijeboer, S., Dixon, M. L., Floman, J. L., Ellamil, M., Rumak, S. P., Sedlmeier, P. et Christoff, K. (2014), « Is meditation associated with altered brain structure? A systematic review and meta-analysis of morphometric neuroimaging in meditation practitioners », *Neuroscience and Biobehavioral Reviews*, 43, 48-73.

Cortex orbitofrontal : Fox *et al.*, 2014 ; Luders, Toga, Lepore, & Gaser, 2009.

Précuneus : Kurth, F., Luders, E., Wu, B., & Black, D. S. (2014), « Brain gray matter changes associated with mindfulness meditation in older adults: An exploratory pilot study using voxel-based morphometry », *Neuro: Open journal*, 1(1), 23-26.

Cortex orbitofrontal ventromédian : Hernández, S. E., Suero, J., Barros, A., González-Mora, J. L., & Rubia, K. (2016), « Increased grey matter associated with long-term sahaja yoga meditation: A voxel-based morphometry study », *PloS One*, 11(3).

Les connexions entre le cortex préfrontal et l'amygdale se renforcent : Gotink, R. A., Meijboom, R., Vernooij, M. W., Smits, M., & Hunink, M. M. (2016), « 8-week mindfulness based stress reduction induces brain changes similar to traditional long-term meditation practice-a systematic review », *Brain and Cognition*, 108, 32-41.

Plus ce lien est fort, moins vous êtes réactif : Goleman & Davidson, 2018, p. 97.

Références du réseau d'attention

Des régions cérébrales qui se développent :

Insula : Gotink, R. A., Meijboom, R., Vernooij, M. W., Smits, M., & Hunink, M. M. (2016), « 8-week mindfulness based stress reduction induces brain changes similar to traditional long-term meditation practice-a systematic review », *Brain and Cognition*, 108, 32-41.

Zones somatomotrices corticales : Fox, K. C., Nijeboer, S., Dixon, M. L., Floman, J. L., Ellamil, M., Rumak, S. P., Sedlmeier, P. et Christoff, K. (2014), « Is meditation associated with altered brain structure? A systematic review and meta-analysis of morphometric neuroimaging in meditation practitioners », *Neuroscience and Biobehavioral Reviews*, 43, 48-73.

Régions centrales du cortex préfrontal : Tang, Y. Y., Hölzel, B. K., & Posner, M. I. (2015), « The neuroscience of mindfulness meditation », *Nature Reviews Neuroscience*, 16(4), 213.

Cortex cingulaire postérieur : Hölzel, B. K., Carmody, J., Vangel, M., Congleton, C., Yerramsetti, S. M., Gard, T. et Lazar, S. W. (2011), « Mindfulness practice leads to increases in regional brain gray matter density ». *Psychiatry Research: Neuroimaging*, 191(1), 36-43.

Précuneus : Kurth, F., Luders, E., Wu, B., & Black, D. S. (2014), « Brain gray matter changes associated with mindfulness meditation in older adults: An exploratory pilot study using voxel-based morphometry », *Neuro: Open journal*, 1(1), 23-26.

Cortex cingulaire et orbitofrontal antérieur et moyen : Fox, K. C., Nijeboer, S., Dixon, M. L., Floman, J. L., Ellamil, M., Rumak, S. P., Sedlmeier, P. et Christoff, K. (2014), « Is meditation associated with altered brain structure? A systematic review and meta-analysis of morphometric neuroimaging in meditation practitioners », *Neuroscience and Biobehavioral Reviews*, 43, 48-73.

Gyrus angulaire : Boccia, M., Piccardi, L., & Guariglia, P. (2015), « The meditative mind: A comprehensive meta-analysis of MRI studies », *BioMed Research International*, 2015, 419808.

Pons : Singleton, O., Hölzel, B. K., Vangel, M., Brach, N., Carmody, J. et Lazar, S. W. (2014), « Change in brainstem gray matter concentration following a mindfulness-based intervention is correlated with improvement in psychological well-being », *Frontiers in Human Neuroscience*, 8, 33.

Corpus Callosum : Fox, K. C., Nijeboer, S., Dixon, M. L., Floman, J. L., Ellamil, M., Rumak, S. P., Sedlmeier, P. et Christoff, K. (2014), « Is meditation associated with altered brain structure? A systematic review and meta-analysis of morphometric neuroimaging in meditation practitioners », *Neuroscience and Biobehavioral Reviews*, 43, 48-73.

Gyrification : Luders, E., Kurth, F., Mayer, E. A., Toga, A. W., Narr, K. L., & Gaser, C. (2012), « The unique brain anatomy of meditation practitioners: Alterations in cortical gyrification », *Frontiers in Human Neuroscience*, 6, 34.

La méditation augmente le volume de la matière grise : Last, N., Tufts, E., & Auger, L. E. (2017), « The effects of meditation on grey matter atrophy and neurodegeneration: A systematic review », *Journal of Alzheimer's Disease*, 56(1), 275-86.

Augmentation de l'épaisseur corticale associée à trois types de méditation étudiés par l'Institut Planck : Goleman, D., & Davidson, R. J. (2018), *Altered traits: Science reveals how meditation changes your mind, brain, and body*, Avery.

Nucleus accumbens shrinks : Goleman, D., & Davidson, R. J. (2018), *Altered traits: Science reveals how meditation changes your mind, brain, and body*, Avery.

Références du réseau de contrôle du « soi-disant »

Connexion plus forte dans les méditants entre le cortex préfrontal dorsolatéral et le cortex cingulaire postérieur : Brewer, J. A., Worhunsky, P. D., Gray, J. R., Tang, Y. Y., Weber, J. et Kober, H. (2011), « Meditation experience is associated with differences in default mode network activity and connectivity », *Proceedings of the National Academy of Sciences*, 108(50), 20254-20259.

Des régions cérébrales qui se développent :

Le cortex préfrontal : Lazar, S. W., Kerr, C. E., Wasserman, R. H., Gray, J. R., Greve, D. N., Treadway, M. T., Fischl, B. (2005), « Meditation experience is associated with increased cortical thickness », *Neuroreport*, 16(17), 1893-1897.

Gotink, R. A., Meijboom, R., Vernooij, M. W., Smits, M., & Hunink, M. M. (2016), « 8-week mindfulness based stress reduction induces brain changes similar to traditional long-term meditation practice-a systematic review », *Brain and Cognition*, 108, 32-41.

Cortex préfrontal ventromédian : Chau, B. K., Keuper, K., Lo, M., So, K. F., Chan, C. C., & Lee, T. M. (2018), « Meditation-induced neuroplastic changes of the prefrontal network are associated with reduced valence perception in older people », *Brain and Neuroscience Advances*, 2.

Sillon frontal inférieur et jonction frontale inférieure : Chau, B. K., Keuper, K., Lo, M., So, K. F., Chan, C. C., & Lee, T. M. (2018), « Meditation-induced neuroplastic changes of the prefrontal network are associated with reduced valence perception in older people », *Brain and Neuroscience Advances*, 2.

Cingulaire antérieur et moyen : Fox, K. C., Nijeboer, S., Dixon, M. L., Floman, J. L., Ellamil, M., Rumak, S. P., Sedlmeier, P. &, Christoff, K. (2014), « Is meditation associated with altered brain structure? A systematic review and meta-analysis of morphometric neuroimaging in meditation practitioners », *Neuroscience and Biobehavioral Reviews*, 43, 48-73.

Cortex orbitofrontal : Fox *et al.*, 2014. Luders, E., Toga, A. W., Lepore, N., & Gaser, C. (2009), « The underlying anatomical correlates of long-term meditation: Larger hippocampal and frontal volumes of gray matter », *Neuroimage*, 45(3), 672-678.

Augmentation de la capacité de régulation de le RMD seulement 72 heures après le début de la pratique de la méditation : Creswell, J. D., Taren, A. A., Lindsay, E. K., Greco, C. M., Gianaros, P. J., Fairgrieve, A., Ferris, J. L. (2016), « Alterations in resting-state functional connectivity link mindfulness meditation with reduced interleukin-6: a randomized controlled trial », *Biological Psychiatry*, 80(1), 53-61.

Le RMD est mieux contrôlé même dans les états non méditatifs : Jang, J. H., Jung, W. H., Kang, D. H., Byun, M. S., Kwon, S. J., Choi, C. H. et Kwon, J. S. (2011), « Increased default mode network connectivity associated with meditation », *Neuroscience Letters*, 487(3), 358-362.

Références du réseau d'empathie

L'insula s'agrandit : Fox, K. C., Nijeboer, S., Dixon, M. L., Floman, J. L., Ellamil, M., Rumak, S. P., Sedlmeier, P. et Christoff, K. (2014), « Is meditation associated with altered brain structure? A systematic review and meta-analysis of morphometric neuroimaging in meditation practitioners », *Neuroscience and Biobehavioral Reviews*, 43, 48-73.

Lazar, S. W., Kerr, C. E., Wasserman, R. H., Gray, J. R., Greve, D. N., Treadway, M. T., Fischl, B. (2005), « Meditation experience is associated with increased cortical thickness », *Neuroreport*, 16(17), 1893-1897.

Gotink, R. A., Meijboom, R., Vernooij, M. W., Smits, M., & Hunink, M. M. (2016), « 8-week mindfulness based stress reduction induces brain changes similar to traditional long-term meditation practice-a systematic review », *Brain and Cognition*, 108, 32-41.

Luders, E., Kurth, F., Mayer, E. A., Toga, A. W., Narr, K. L., & Gaser, C. (2012), « The unique brain anatomy of meditation practitioners: Alterations in cortical gyrification », *Frontiers in Human Neuroscience*, 6, 34.

Activation de la TPJ : Goleman & Davidson, 2018.

L'ACC s'allume : Lockwood, P. L., Apps, M. A., Valton, V., Viding, E. et Roiser, J. P. (2016), « Neurocomputational mechanisms of prosocial learning and links to empathy », *Proceedings of the National Academy of Sciences*, 113(35), 9763-9768.

Le cortex prémoteur s'allume et le noyau accumbens se rétrécit : Goleman, D., & Davidson, R. J. (2018), *Altered traits: Science reveals how meditation changes your mind, brain, and body*, Avery.

CHAPITRE 7

Projet sur le stress des vétérans : Church, D. (2017), *Psychological trauma: Healing its roots in brain, body, and memory*, Energy Psychology Press.

À la suite d'événements traumatisants, certaines personnes deviennent plus résistantes : Tedeschi, R. G., & Calhoun, L. G. (2004), « Posttraumatic growth: Conceptual foundations and empirical evidence », *Psychological Inquiry*, 15(1), 1-18.

Un tiers des vétérans souffrent de SSPT, mais deux tiers n'en souffrent pas : Tanielian, T. L., & Jaycox, L. H. (2008), *Invisible wounds of war: Psychological and cognitive injuries, their consequences, and services to assist recovery*, RAND.

Les recherches révèlent une corrélation entre les événements négatifs de l'enfance et le développement du SSPT à l'âge adulte: Ozer, E. J., Best, S. R., Lipsey, T. L., & Weiss, D. S. (2008), « Predictors of posttraumatic stress disorder and symptoms in adults: A meta-analysis », *Psychological Trauma: Theory, Research, Practice, and Policy*, 5(1), 3-36.

Étude de 218 vétérans et de leurs conjoints participant à une retraite d'une semaine: Church, D., & Brooks, A. J. (2014), « CAM and energy psychology techniques remediate PTSD symptoms in veterans and spouses », *Explore: The Journal of Science and Healing*, 10(1), 24-33.

Viktor Frankl: Burton, N. (24 mai 2012), « Man's search for meaning: Meaning as a cure for depression and other ills », *Psychology Today*, consulté en ligne le 2 janvier 2020.

Frankl, V. (1959), *Man's search for meaning*, Beacon Press.

Environ 75 % des Américains vivront un événement traumatisant: Joseph, S. (2011), *What doesn't kill us: The new psychology of posttraumatic growth*, Basic Books.

Les femmes sont plus susceptibles d'être victimes de violence domestique que d'avoir un cancer du sein: Van der Kolk, B. A. (2014), *The body keeps the score: Brain, mind, and body in the healing of trauma*, Viking.

Chaque année, un garçon sur dix et une fille sur cinq sont victimes d'agressions sexuelles, généralement commises par un membre de la famille: Gorey, K. M., & Leslie, D. R. (1997), « The prevalence of child sexual abuse: Integrative review adjustment for potential response and measurement biases », *Child Abuse and Neglect*, 21(4), 391-398.

60 % des adolescents sont témoins ou victimes de violences au cours d'une année: Département américain de la santé et des services sociaux (2012), « Child maltreatment 2011 », *Washington, DC: Administration for Children and Families, Administration on Children, Youth and Families, Children's Bureau*, consulté en ligne.

Au cours des quinze années de guerre en Irak et en Afghanistan, plus d'Américains sont morts sous les coups des membres de leur famille qu'au Moyen-Orient: Van der Kolk, B. A. (2014), *The body keeps the score: Brain, mind, and body in the healing of trauma*, Viking.

Encastrement biologique: Shonkoff, J. P., Boyce, W. T., & McEwen, B. S. (2009), « Neuroscience, molecular biology, and the childhood roots of health disparities: Building a new framework for health promotion and disease prevention », *JAMA*, 301(21), 2252-2259.

ECR des vétérans atteints de SSPT avec des microARN liés à l'ADN: Yount, G., Church, D., Rachlin, K., Blickheuser, K. et Cardonna, I. (2019), « Do noncoding RNAs mediate the efficacy of Energy Psychology? », *Global Advances in Health and Medicine*, 8, 2164956119832500.

Le VMCPF et le DLCPF contrôlent l'amygdale: Goleman, D., & Davidson, R. J. (2018), *Altered traits: Science reveals how meditation changes your mind, brain, and body*, Avery.

Plus le nombre d'heures de pratique est élevé, plus l'effet est fort: Goleman, D., & Davidson, R. J. (2018), *Altered traits: Science reveals how meditation changes your mind, brain, and body*, Avery.

La pratique peut entraîner une baisse de 50 % de l'activation des amygdales : Goleman, D., & Davidson, R. J. (2018), *Altered traits: Science reveals how meditation changes your mind, brain, and body*, Avery.

Les exercices de Linda Graham pour construire un cerveau résilient : Graham, L. (2019), *Resilience: Powerful practices for bouncing back from disappointment, difficulty, and even disaster*, New World Library.

Bruce McEwen considère la résilience comme un état généré en interne : McEwen, B. S. (2016), « In pursuit of resilience: stress, epigenetics, and brain plasticity », *Annals of the New York Academy of Sciences*, 1373(1), 56-64.

La résilience est plus que le fait de rebondir face à l'adversité : Hanson, R., & Hanson, F. (2018), *Resilient: How to grow an unshakable core of calm, strength, and happiness*, Harmony Books.

Linda Graham préconise « d'en arriver à se considérer comme des personnes qui peuvent être résilientes : Graham, L. (2019), *Resilience: Powerful practices for bouncing back from disappointment, difficulty, and even disaster*, New World Library.

Une étude de quinze ans sur l'échec professionnel : Wang, Y., Jones, B. F., & Wang, D. (2019), « Early-career setback and future career impact », *Nature Communications*, 10(1).

Entre 35 et 65 % des personnes qui vivent une catastrophe reprennent leurs activités normales : Jaffe, E. (juillet/août 2012), « A glimpse inside the brains of trauma survivors », *Association for Psychological Science*, consulté en ligne.

Étude sur l'optimisme de l'école de médecine de l'université de Boston : Lee, L. O., James, P., Zevon, E. S., Kim, E. S., Trudel-Fitzgerald, C., Spiro, A., Kubzansky, L. D. (2019), « Optimism is associated with exceptional longevity in 2 epidemiologic cohorts of men and women », *Proceedings of the National Academy of Sciences*, 116(37), 18357-18362.

Des études montrent que les méditants améliorent un large éventail de biomarqueurs : Pelletier, K. R. (2018), *Change your genes, change your life: Creating optimal health with the new science of epigenetics*, Red Wheel/Weiser.

CHAPITRE 8

Violonistes classiques, athlètes d'élite et pilotes de course : Church, D. (2013), *The genie in your genes*, Energy Psychology.

La définition de l'attention sélective : Raz, A. (2004), « Anatomy of attentional networks », *Anatomical Record Part B: The New Anatomist*, 281(1), 21-36.

Nous sommes capables de faire évoluer nos émotions dans une direction positive, même au milieu des distractions et des désagréments de la vie quotidienne : Baumeister, R. F., DeWall, C. N., Vohs, K. D., & Alquist, J. L. (2010), « Does emotion cause behavior (apart from making people do stupid, destructive things)? » *Then a miracle occurs: Focusing on behavior in social psychological theory and research* (pp. 119-136), Oxford University Press.

Les jumeaux identiques meurent à plus de dix ans d'intervalle : Church, D. (2013), *The genie in your genes*, Energy Psychology.

Les cerveaux des adeptes vieillissent plus lentement : Goleman, D., & Davidson, R. J. (2018), *Altered traits: Science reveals how meditation changes your mind, brain, and body*, Avery.

Le bien-être mondial s'améliore rapidement : Pinker, S. (2018), *Le Triomphe des lumières*, Les Arènes.

La déforestation de la forêt amazonienne a diminué de 80 % dans les deux dernières décennies : Boucher, D. (2014), « How Brazil has dramatically reduced tropical deforestation », *Solutions Journal* 5(2), 66-75.

De 1960 à aujourd'hui, le taux de pauvreté américain a diminué de plus de la moitié au regard des revenus de chaque citoyen : Economist, (1er mars 2018), « Poverty in America: A never-ending war », *Economist*, consulté en ligne 26 novembre 2019.

Une étude scientifique à grande échelle a identifié le rôle que la compassion a joué dans l'évolution : Goetz, J. L., Keltner, D., & Simon-Thomas, E. (2010), « Compassion: an evolutionary analysis and empirical review », *Psychological Bulletin*, 136(3), 351.

Darwin et l'évolution de l'émotion : DiSalvo, D. (26 février 2009), « Forget survival of the fittest: It is kindness that counts », *Scientific American*, consulté en ligne le 4 janvier 2020.

Le nombre de personnes qui pratiquent la méditation a triplé entre 2012 et 2017 : Clarke, T. C., Barnes, P. M., Black, L. I., Stussman, B. J., & Nahin, R. L. (2018), « Use of yoga, meditation, and chiropractors among U.S. adults aged 18 and older », *NCHS Data Brief, n° 325*, National Center for Health Statistics.

Étude sur les valeurs européennes (n.d.), « Religion », *European Values Study*, consulté en ligne le 9 janvier 2020.

Le deuxième discours inaugural de Reagan : La bibliothèque de droit Lillian Goldman (2008), « Second inaugural address of Ronald Reagan », *Yale Law School*, consulté en ligne le 2 janvier 2020.

David Houle et l'« économie de la terre finie ». Houle, D. (2019), « Moving to a Finite Earth Economy », *Presentation at Transformational Leadership Council*, San Diego.

Prévisions d'élévation du niveau de la mer : Meyer, R. (4 janvier 2019), « A Terrifying Sea-Level Prediction Now Looks Far Less Likely: But experts warn that our overall picture of sea-level rise looks far scarier today than it did even five years ago », *The Atlantic*, consulté en ligne le 12 janvier 2020.

L'élévation du niveau de la mer et le Bangladesh : Glennon, R. (21 avril 2017), « The Unfolding Tragedy of Climate Change in Bangladesh », *Scientific American*, consulté en ligne le 2 janvier 2020.

Le futurologue Daniel Schmachtenberger utilise le terme « IA armée » : Schmachtenberger, D. (2019), « Winning at the wrong game », *Presentation at Transformational Leadership Council*, San Diego.

Plus d'un million d'espèces animales et végétales sont menacées d'extinction : CBS News (6 mai 2019), « One million species of plants and animals at risk of extinction, UN report warns », *CBS News*, consulté en ligne le 4 janvier 2020.

Une guerre sans fin au Moyen-Orient a coûté six mille milliards de dollars américains depuis le début du siècle : Crawford, N. (2016), « US budgetary costs of wars through 2016: $4.79 trillion and counting », *Watson Institute, Brown University*, consulté en ligne le 4 janvier 2020.

La dette mondiale équivaut à plus de deux cent cinquante milliards de dollars, soit trois fois la taille de l'économie mondiale tout entière: Durden, T. (2019), « Global Debt Hits $246 Trillion, 320% Of GDP, As Developing Debt Hits All Time high », *ZeroHedge*, consulté en ligne le 21 novembre 2019.

Plus de deux milliards d'êtres humains n'ont pas accès à l'eau potable: Organisation mondiale de la santé (18 juin 2019), « 1 in 3 people globally do not have access to safe drinking water », *World Health Organization*, consulté en ligne le 2 janvier 2020.

Au cours des cinquante dernières années, 29 % des oiseaux d'Amérique du Nord ont disparu: Rosenberg, K. V., Dokter, A. M., Blancher, P. J., Sauer, J. R., Smith, A. C., Smith, P. A., Marra, P. P. (2019), « Decline of the North American avifauna », *Science*, 366(6461), 120-124.

Problèmes mondiaux et objectifs du millénaire: Jackson, A. (29 août 2017), « These are the world's 10 most serious problems, according to millennials », *Inc Magazine*, consulté en ligne le 11 janvier 2020.

Les émotions se propagent dans les communautés comme la grippe: Hatfield, E., Cacioppo, J. T., & Rapson, R. L. (1994), *Emotional contagion*, Cambridge University Press.

Chapman, R., & Sisodia, R. (2015), *Everybody matters: The extraordinary power of caring for your people like family*, Penguin.

Fowler, J. H., & Christakis, N. A. (2008), « Dynamic spread of happiness in a large social network: Longitudinal analysis over 20 years in the Framingham Heart Study », *British Medical Journal*, 337, a2338.

Ces chercheurs ont réussi à provoquer une contagion émotionnelle chez des utilisateurs de Facebook: Kramer, A. D., Guillory, J. E., & Hancock, J. T. (2014), « Experimental evidence of massive-scale emotional contagion through social networks », *Proceedings of the National Academy of Sciences*, 111(24), 8788-8790.

Des volontaires formés à la cohérence cardiaque ont pu induire la cohérence chez des sujets testés à distance: Morris, S. M. (2010), « Achieving collective coherence: Group effects on heart rate variability coherence and heart rhythm synchronization », *Alternative Therapies in Health and Medicine*, 16(4), 62-72.

Recherche sur les effets de terrain: Institut HeartMath (n.d.), « Global coherence research: The science of interconnectivity », *HeartMath Institute*, consulté en ligne le 2 janvier 2020.

Nous sommes tous comme de petites cellules dans le grand cerveau terrestre: McCraty, R., Atkinson, M., & Bradley, R. T. (2004), « Electrophysiological evidence of intuition: Part 1. The surprising role of the heart », *The Journal of Alternative & Complementary Medicine*, 10(1), 133-143.

L'expérience Caltech a conçu une expérience ingénieuse pour déterminer si les humains pouvaient détecter des champs d'énergie similaires à ceux de la Terre: Wang, C. X., Hilburn, I. A., Wu, D. A., Mizuhara, Y., Cousté, C. P., Abrahams, J. N., Kirschvink, J. L. (2019), « Transduction of the geomagnetic field as evidenced from alpha-band activity in the human brain », *eNeuro*, 6(2), 4-19.

Lors d'une conférence de la Fondation Gates, l'ancien président américain Barack Obama: Discours de Barack Obama à la conférence de la Fondation Gates (20 septembre 2017).

CRÉDITS PHOTOS

1.8. Planet Labs, Inc – CC BY-SA 4.0, Wikimedia Commons.

Rumi : « La maison d'hôtes ».

2.2. © Can Stock Photo/edharcanstock

2.5. Andreashorn – CC BY-SA 4.0, Wikimedia Commons.

2.6. By Hintha – CC BY-SA 3.0, Wikimedia Commons.

2.10. © Can Stock Photo/tomwang

4.2. Dennis Jarvis – CC BY-SA 2.0, Wikimedia Commons.

4.5. Morn – CC BY-SA 3.0, Wikimedia Commons.

4.22. Ailia Jameel – CC BY-SA 4.0, Wikimedia Commons.

4.24. Sabh Benziadi – CC BY-SA 4.0, Wikimedia Commons.

4.26. © Istockphoto/Fatcamera

4.30. Photo © Alex Ze'evi Christian ; Site Web : alexzphotography.com. Reproduit avec la permission de Guy Spier et d'Alex Ze'evi Christian.

5.1. © Istockphoto/Nerthuz

5.6. Dannybalanta – CC BY-SA 3.0, Wikimedia Commons.

5.20. © Istockphoto/nyshooter

5.22. © Istockphoto/AntonioGuillem

6.6. © Istockphoto/CasarsaGuru

6.7. © Istockphoto/ArtMarie

6.9. Reproduit avec la permission du Dr. Kinichi Nakashima et du Dr. Masakazu Namihira.

7.1. © Istockphoto/vm

7.3. Christoph Bock, Max Planck Institute for Informatics – CC BY-SA 3.0, Wikimedia Commons.

7.5. Soldat : © Istockphoto/Highwaystarz

Photographie MicroRNA : Ppgardne – CC BY-SA 3.0, Wikimedia Commons.

8.1. © Istockphoto/fcafotodigital

8.2. © Istockphoto/BorupFoto

8.3. © Istockphoto/middelveld

8.4. Gazebo – CC BY-SA 3.0, Wikimedia Commons.

8.5. CNX OpenStax – CC BY 4.0, Wikimedia Commons.

8.6. Max Roser – CC BY 4.0, Wikimedia Commons.

8.7. Max Roser – CC BY 4.0, Wikimedia Commons.

8.8. Alfi© – CC BY-SA 3.0, Wikimedia Commons.

REMERCIEMENTS

On ne peut pas déléguer une coupe de cheveux. Si le PDG d'une entreprise de dix milliards de dollars ou le président des États-Unis peuvent déléguer presque toutes les tâches, aucun des deux ne peut dire à quelqu'un : « Va me faire couper les cheveux. » Vous devez être présent en personne.

La méditation, c'est comme ça. Vous ne pouvez pas engager un surdoué pour méditer à votre place. Et quel que soit le niveau qu'un saint a atteint, vous ne pouvez pas dupliquer son état dans votre cerveau. La méditation est l'un des grands égalisateurs. Vous devez atteindre ces états tout seul. Mon intention est que *Le Cerveau du bien-être* vous ait aidé à y parvenir.

La science, c'est le contraire. Chaque découverte scientifique s'appuie sur la précédente. Nous sommes « sur les épaules des géants ». Nous rassemblons les filaments brillants et nous les portons au niveau supérieur. La génération suivante commence la construction au sommet du gratte-ciel, et non au rez-de-chaussée.

Je suis redevable aux milliers de scientifiques dont les travaux ont fourni les bases de ce livre. Des centaines d'entre eux sont répertoriés dans les notes de fin de page. Dans les références à leurs œuvres, vous en trouverez des milliers d'autres. Ce sont les géants sur les épaules desquels ce livre est construit.

Il y a aussi plusieurs ouvrages absolument brillants qui ont inspiré certaines parties de celui-ci. Ce sont les penseurs qui ont construit les étages sur lesquels est construit *Le Cerveau du bien-être*. J'ai la chance d'en avoir rencontré ou interviewé beaucoup d'entre eux.

L'écriture scientifique telle que nous la pratiquons est une entreprise exigeante. Vous lisez les recherches des autres, et vous cherchez à les expliquer au grand public. Cela signifie étudier des articles portant des titres comme « L'ADN méthyltransférase 1 est indispensable au développement du gyrus denté de l'hippocampe ».

Il faut faire plus que comprendre le jargon hautement technique qu'ils contiennent. Vous devez déterminer s'ils sont pertinents, puis les expliquer aux lecteurs d'une manière qui fasse sens. Vous devez également tisser vos sources en un récit scientifique significatif qui montre comment toutes les parties s'imbriquent les unes dans les autres.

Trois livres remarquables le font magnifiquement. Je me suis beaucoup inspiré d'eux pour écrire *Le Cerveau du bien-être*. Ce sont :

Stealing Fire : How Silicon Valley, the Navy SEALs, and Maverick Scientists Are Revolutionizing the Way We Live and Work (*Voler le feu : comment la Silicon Valley, les Navy SEALs et les scientifiques non conformistes révolutionnent notre façon de vivre et de travailler*) par Steven Kotler et Jamie Wheal.

Altered Traits : Science Reveals How Meditation Changes Your Mind, Brain, and Body (*Traits modifiés : La science révèle comment la méditation change votre esprit, votre cerveau et votre corps*) par Daniel Goleman et Richard Davidson.

How Enlightenment Changes Your Brain : The New Science of Transformation (*Comment l'illumination modifie votre cerveau : La nouvelle science de la transformation*) par Andrew Newberg et Mark Robert Waldman.

Ces trois livres sont audacieux dans leur portée et leur profondeur. Non seulement ils sont pleins de science étonnante, mais ils sont aussi magnifiquement écrits. Ce sont des livres à savourer. Je vous recommande de les lire attentivement, en vous délectant de chaque page. Lisez-les plus d'une fois. D'autres idées clés de *ce livre* sont issues de ces excellents ouvrages :

Behave : The Biology of Humans at Our Best and Worst (*Se comporter : La biologie de l'homme à son meilleur et à son pire)* par Robert M. Sapolsky.

Aware : The Science and Practice of Presence – The Groundbreaking Meditation Practice (*Conscient : La science et la pratique de la présence – La pratique révolutionnaire de la méditation*) par Daniel Siegel.

Resilience : Powerful Practices for Bouncing Back from Disappointment, Difficulty, and Even Disaster (*La Résilience : Pratiques puissantes pour rebondir après une déception, une difficulté ou même un désastre*) par Linda Graham.

Resilient : How to Grow an Unshakable Core of Calm, Strength, and Happiness (*Résilient : Comment faire croître un noyau inébranlable de calme, de force et de bonheur*) par Rick Hanson et Forrest Hanson.

Enlightenment Now : The Case for Reason, Science, Humanism, and Progress (*L'Illumination maintenant*) par Steven Pinker.

Plusieurs amis ont lu tout ou partie du manuscrit et m'ont fait part de leurs commentaires. Une telle opinion éclairée est comme de l'or. Pourtant, vous priez certaines des personnes les plus occupées du monde de prendre de leur temps et de vous fournir un retour d'information détaillé. C'est beaucoup demander, et je suis très reconnaissant à ceux qui m'ont aidé à faire mûrir le texte et à détecter mes erreurs de compréhension ou de fait.

David Feinstein, coauteur de *Energy Medicine* et de plusieurs autres livres primés, a lu le livre en entier et m'a fait part de ses commentaires ligne par ligne. Chaque chapitre est meilleur et plus clair grâce à ses commentaires.

Bob Hoss est le coéditeur de *Dreams That Change Our Lives*, un ami de longue date et un membre du conseil d'administration de l'Institut national des soins intégratifs (NIIH). Il m'a donné des informations pointues sur les chapitres relatifs aux fonctions cérébrales et à la structure du cerveau, et s'est montré particulièrement diligent en soulignant les fonctions utiles du réseau du mode par défaut, m'empêchant ainsi de le transformer en un vilain méchant.

John Dupuy de iAwake Technologies a lu les chapitres sur les fonctions et structures cérébrales pour s'assurer que je n'ai pas fait d'erreurs flagrantes. Gary Groesbeck est un expert en EEG ayant une vaste connaissance des fonctions cérébrales, et a commenté plusieurs chapitres. L'experte de Mind Mirror, Judith Pennington, a fait de même. Gary, Judith et la femme de Gary, Donna Bach, ont réalisé des expériences EEG dans plusieurs de mes ateliers, ce qui a permis de valider empiriquement les « peak states » que les participants y vivent. Leur présence chaleureuse et attentionnée m'a profondément touché.

Je remercie Lisa Nichols pour son mentorat. Son atelier d'orateur a amélioré ma façon de raconter les histoires. Elle est membre du Transformational Leadership Council (TLC) de Jack Canfield, tout comme moi. Je remercie les nombreux membres du TLC qui ont lu les premières ébauches du livre et l'ont approuvé.

Il semble surréaliste qu'au cours de l'année qui a suivi l'incendie, et pendant les krachs sanitaires et financiers qui ont suivi, j'ai écrit un livre intitulé *Le Cerveau du bien-être*. Je n'arrive toujours pas à y croire. Sans ma chère amie et éditrice de longue date, Stephanie Marohn, ce livre n'aurait jamais vu le jour. Elle a écrit les premières ébauches de plusieurs chapitres alors que je n'avais pas une heure dans un mois à consacrer à l'écriture.

Kira Theine transcrit des audios pour moi depuis plusieurs années. Le chapitre 1 a été dicté dans mon iPhone alors que je me rendais en voiture à une retraite, et envoyé à Kira pour transcription. Comme beaucoup de mes articles de blog.

J'apprécie ma rédactrice en chef chez Hay House, Anne Barthel, ainsi que l'éditrice Patty Gift et les nombreuses personnes de l'équipe de production de Hay House. Le PDG Reid Tracy est à la fois un ami de confiance et un brillant mentor professionnel.

Je suis également reconnaissant à Jennifer Ellis, ma responsable de la promotion, et à Christy Granzotto, ma responsable des médias sociaux, pour leur soutien de longue date et leur éternelle positivité. Cathy Veloskey et Lindsay McGinty, de l'équipe de promotion de Hay House, ont été des pom-pom girls enthousiastes et imaginatives pour avoir fait passer le message du Cerveau du bien-être, le *Bliss Brain*, dans le monde.

Je travaille avec une merveilleuse équipe au sein de mon organisation Energy Psychologie Group/EFT Universe. Heather Montgomery les a dirigés pendant trois ans, ce qui m'a permis d'écrire à la fois *De l'esprit à la matière* et *Le Cerveau du bien-être*. Merci, Seth, Kendra, Marion et Jackie, d'avoir géré tant de détails pour que je n'aie pas à le faire.

Je suis redevable à Dave Asprey d'être un ami drôle et sage, de m'avoir rencontré plusieurs fois et d'avoir écrit l'avant-propos. Dave est le roi non couronné du « biohacking », le piratage biologique. C'est la science qui consiste à accorder son esprit et son corps pour une longévité et des performances optimales. Dave a été mon premier choix pour écrire l'avant-propos parce que je voulais montrer clairement à quel point la méditation de « biohack » peut être profonde.

Lorsque je médite chaque matin, je me connecte à l'immense communauté de personnes qui pratiquent chaque jour. Je me sens uni en conscience avec eux et avec l'univers. Je suis reconnaissant du sentiment de connexion que partagent les méditants et qui a donné naissance au *Cerveau du bien-être*. Nous sommes motivés par la vision de chaque être qui abandonne sa souffrance et se joint à nous dans la béatitude.

À PROPOS DE L'AUTEUR

Dawson Church est un auteur primé dont le best-seller *Le Génie dans vos gènes* (www.YourGeniusGene.com) a été salué par les critiques comme une avancée dans notre compréhension du lien entre les émotions et la génétique. Son titre suivant, *De l'esprit à la matière* (www.MindToMatter.com), passe en revue la science des états mentaux de pointe.

Il a fondé le National Institute for Integrative Healthcare (www.NIIH.org) pour étudier et mettre en œuvre des techniques psychologiques et médicales prometteuses basées sur des preuves. Dans le cadre de ses travaux de premier et deuxième cycles à l'université Baylor, il est devenu le premier étudiant à obtenir un diplôme du rigoureux programme universitaire en 1979. Il a obtenu un doctorat à l'université Holos sous le mentorat du neurochirurgien Norman Shealy, fondateur de l'American Holistic Medical Association.

Après une première carrière dans l'édition de livres en tant qu'éditeur puis président d'Aslan Publishing (www.aslanpublishing.com), Church a reçu un doctorat de troisième cycle en médecine naturelle ainsi qu'une certification clinique en psychologie énergétique. Les recherches révolutionnaires de Church ont été publiées dans des revues scientifiques prestigieuses. Il est le rédacteur en chef de la revue *Energy Psychology: Theory, Research & Treatment*, une revue professionnelle évaluée par des pairs.

Il nous explique comment appliquer les découvertes de la psychologie énergétique à la santé et aux performances sportives grâce à EFT Universe (www.EFTUniverse.com). EFT Universe a été la première organisation à faire accréditer ses cours pour la formation médicale continue pour toutes les grandes professions, y compris les médecins (AMA), les psychologues (APA) et les infirmières (ANCC). Il a formé des milliers de praticiens aux techniques de la psychologie énergétique et offre le premier programme de certification dans ce domaine dans le monde anglo-saxon.

Composition : Soft Office

Achevé d'imprimer en mars 2021
sur les presses de la Nouvelle Imprimerie Laballery
58500 Clamecy
Dépôt légal : mars 2021
N° d'impression : 103311

Imprimé en France

La Nouvelle Imprimerie Laballery est titulaire de la marque Imprim'Vert®